메가스터디 중학국어 비문학 독해 연습 2

구성과 특징

+ 이 교재는 영역별, 난이도별 엄선된 42개 비문학 제재를 체계적으로 연습할 수 있는 기본서입니다.

+ 이 교재는 중학생이 알아야 할 2015 개정 교육과정의 국어 읽기 영역 성취 기준에 기반한 독해 스킬을 문제를 통해 파악할 수 있는 기본서입니다.

+ 이 교재는 중학생들이 한 번에 학습하기 적절한 분량인 두 개의 지문(제재)으로 하나의 STUDY를 구성하여 비문학 독해에서의 효율적 학습 시스템을 적용한 기본서입니다.

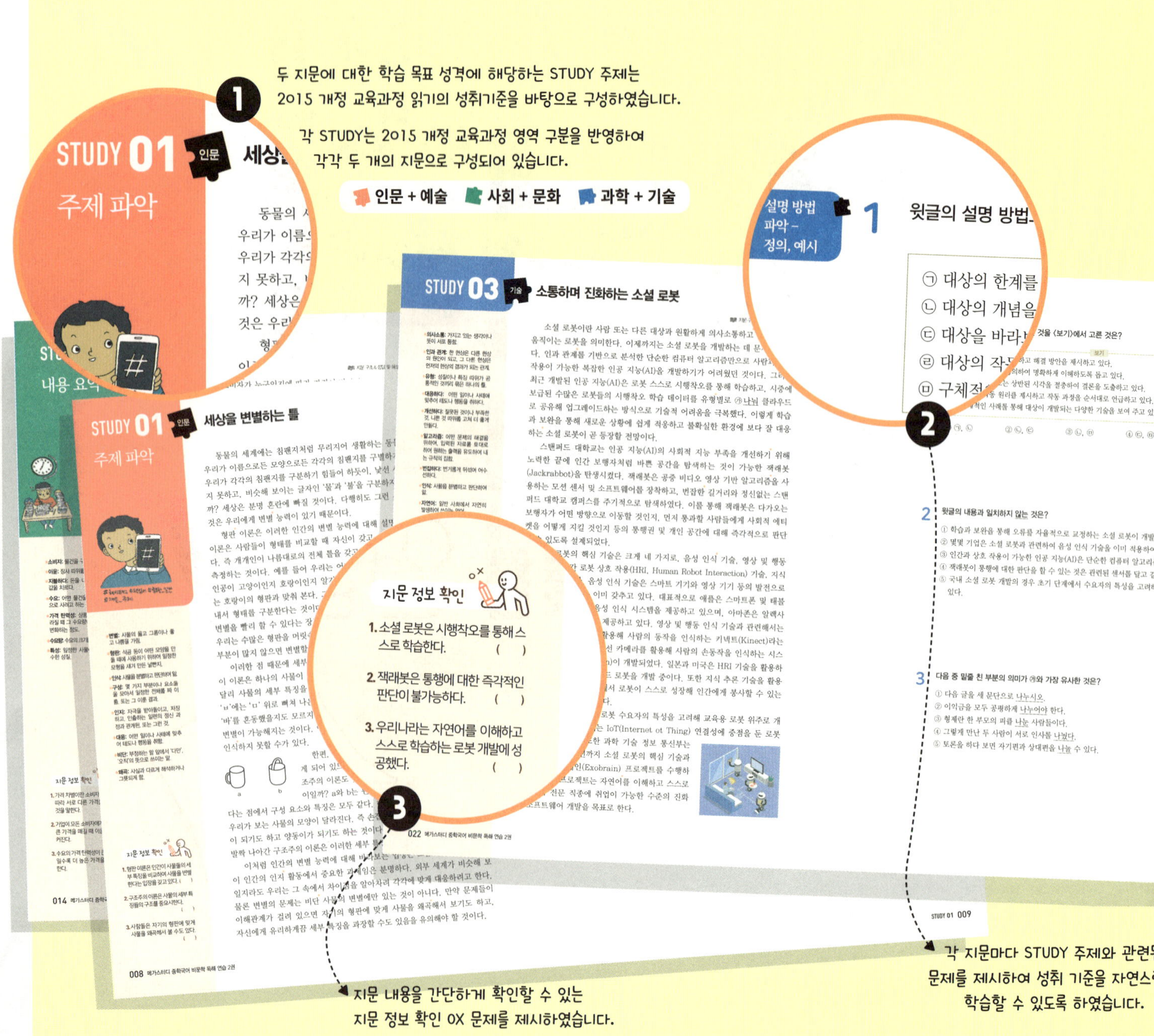

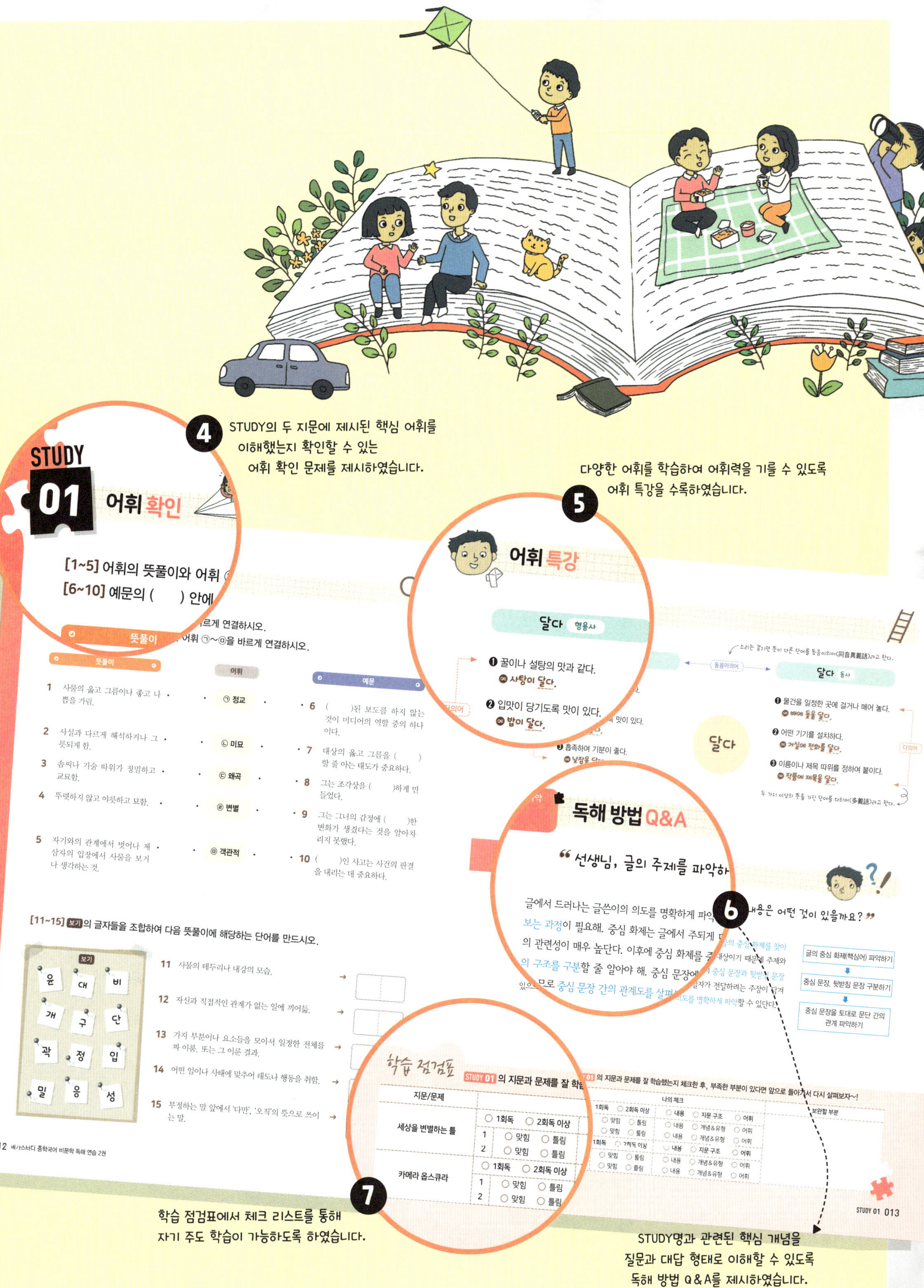

학습 점검표

지문/문제			나의 체크						보완할 부분
세상을 변별하는 틀	○ 1회독	○ 2회독 이상		○ 내용	○ 지문 구조	○ 어휘			
	1	○ 맞힘	○ 틀림	○ 내용	○ 개념&유형	○ 어휘			
	2	○ 맞힘	○ 틀림	○ 내용	○ 개념&유형	○ 어휘			
카메라 옵스큐라	○ 1회독	○ 2회독 이상							
	1	○ 맞힘	○ 틀림						
	2	○ 맞힘	○ 틀림						

2권 차례 21 STUDY

시─작!

주제 파악

지문 구조 & 정답 및 해설 004쪽

동물의 세계에는 침팬지처럼 무리 지어 생활하는 동물들이 많다. 하지만 우리가 이름으로든 모양으로든 각각의 침팬지를 구별하기는 쉽지 않다. 만약 우리가 각각의 침팬지를 구분하기 힘들어 하듯이, 낯선 사람과 친구를 구분하지 못하고, 비슷해 보이는 글자인 '물'과 '불'을 구분하지 못한다면 어떻게 될까? 세상은 분명 혼란에 빠질 것이다. 다행히도 그런 사태가 일어나지 않는 것은 우리에게 변별 능력이 있기 때문이다.

형판* 이론은 이러한 인간의 변별 능력에 대해 설명해 주는 이론이다. 이 이론은 사람들이 형태를 비교할 때 자신이 갖고 있는 형판이 있다고 가정한다. 즉 개개인이 나름대로의 전체 틀을 갖고 있으며 두 형태가 겹치는 정도를 측정하는 것이다. 예를 들어 우리는 어떤 사진을 한 장 받으면 이 사진의 주인공이 고양이인지 호랑이인지 알기 위해 우리 자신이 갖고 있는 고양이 또는 호랑이의 형판과 맞춰 본다. 그리하여 형판에 가장 많이 겹치는 것을 찾아내서 형태를 구분한다는 것이다. 형판을 갖고 사물을 변별한다는 이 이론은 변별을 빨리 할 수 있다는 장점이 있다. 하지만 각각의 형태를 분간하기 위해 우리는 수많은 형판을 머릿속에 저장하고 있어야 하고, 그런 형판과 일치하는 부분이 많지 않으면 변별할 수 없게 된다.

이러한 점 때문에 세부 특징 이론은 변별에 대해 다른 설명을 보여 준다. 이 이론은 하나의 사물이 전체적인 하나의 단위로서 인식되는 형판 이론과는 달리 사물의 세부 특징을 비교함으로써 형태를 변별한다. 예를 들어 '바'의 'ㅂ'에는 'ㅁ' 위로 삐쳐 나온 획이 두 개 있다. 처음에는 글자를 배울 때 '마'와 '바'를 혼동했을지도 모르지만 두 글자의 세부적인 특징을 비교함으로써 쉽게 변별이 가능해지는 것이다. 이러한 세부 특징이 없다면 우리는 제대로 형태를 인식하지 못할 수가 있다.

한편, 같은 세부 특징을 갖고 있더라도 구성*이 어떻게 되어 있느냐에 따라 구분하는 형태가 달라진다는 구조주의 이론도 있다. 왼쪽 그림에서 a와 b는 모두 원통 하나와 반원의 손잡이를 갖고 있다는 점에서 구성 요소와 특징은 같다. 하지만 어떻게 구성하느냐에 따라 우리가 보는 사물의 모양이 달라진다. 즉 손잡이를 어디에 붙이느냐에 따라 컵이 되기도 하고 양동이가 되기도 하는 것이다. 그래서 세부 특징 이론에서 한 발짝 나아간 구조주의 이론은 이러한 세부 특징들의 구조를 중시한다.

이처럼 인간의 변별 능력에 대해 바라보는 입장은 조금씩 다르지만 변별이 인간의 인지* 활동에서 중요한 과제임은 분명하다. 외부 세계가 비슷해 보일지라도 우리는 그 속에서 차이점을 알아차려 각각에 맞게 대응*하려고 한다. 물론 변별의 문제는 비단* 사물의 변별에만 있는 것이 아니다. 만약 문제들이 이해관계가 걸려 있으면 자기의 형판에 맞게 사물을 왜곡*해서 보기도 하고, 자신에게 유리하게끔 세부 특징을 과장할 수도 있음을 유의해야 할 것이다.

＊변별: 사물의 옳고 그름이나 좋고 나쁨을 가림.

＊형판: 석공 등이 어떤 모양을 만들 때에 사용하기 위하여 일정한 모형을 새겨 만든 널빤지.

＊인식: 사물을 분별하고 판단하여 앎.

＊구성: 몇 가지 부분이나 요소들을 모아서 일정한 전체를 짜 이룸. 또는 그 이룬 결과.

＊인지: 자극을 받아들이고, 저장하고, 인출하는 일련의 정신 과정과 관계된. 또는 그런 것.

＊대응: 어떤 일이나 사태에 맞추어 태도나 행동을 취함.

＊비단: 부정하는 말 앞에서 '다만', '오직'의 뜻으로 쓰이는 말.

＊왜곡: 사실과 다르게 해석하거나 그릇되게 함.

지문 정보 확인

1. 형판 이론은 인간이 사물들의 세부 특징을 비교하여 사물을 변별한다는 입장을 갖고 있다. (　)

2. 구조주의 이론은 사물의 세부 특징들의 구조를 중요시한다. (　)

3. 사람들은 자기의 형판에 맞게 사물을 왜곡해서 볼 수도 있다. (　)

1 윗글의 표제와 부제로 가장 적절한 것은?

① 인간의 인지 활동의 특징
　　– 뇌의 자극과 반응 활동을 중심으로
② 인간이 대상을 기억할 수 있는 원리
　　– 형태 이론의 특징과 사례를 중심으로
③ 인간과 동물이 형태를 인식하는 방법
　　– 동물과 인간의 인지 활동 사례를 중심으로
④ 인간이 올바른 변별 능력을 갖추기 위해 필요한 조건
　　– 잘못된 변별에 대한 사례와 대처 방안을 중심으로
⑤ 인간이 대상을 변별할 수 있는 원리
　　– 인간의 변별 능력에 대한 이론들의 특징을 중심으로

2 윗글을 바탕으로 〈보기〉의 ㉮와 ㉯에 들어갈 내용을 적절하게 연결 지은 것은?

보기

선생님: 위의 캐리커처 주인공은 미국의 유명 배우입니다. (　㉮　) 이론에 따르면 캐리커처의 주인공이 누구인지 구분하기 어렵습니다. 캐리커처의 눈과 코, 입, 귀 등이 실물과 차이가 커서 우리가 가지고 있는 이 인물에 대한 (　㉮　)과(와) 일치되는 부분이 거의 없기 때문이지요. 하지만 (　㉯　) 이론에 의하면, 우리가 그의 (　㉯　)을(를) 알고 있다면 이 캐리커처의 주인공이 누구인지 바로 알 수 있습니다.

	㉮	㉯
①	세부 특징	형판
②	형판	세부 특징
③	형판	구조
④	구조	형판
⑤	세부 특징	구조

카메라 옵스큐라

지문 구조&정답 및 해설 006쪽

17세기 네덜란드의 풍속화가 페르메이르는 정교한 그림 솜씨로 많은 사람들로부터 사랑받는 작가 중의 하나이다. 그의 작품은 특유의 미묘한 빛의 표현, 단순하지만 조화로운 구성, 선명한 색채가 특징이다. 그는 붓 터치 하나까지도 정밀하게 계산하면서 칠하였는데, 사람들은 그의 그림보다 더 사실적인 그림을 그린다는 것은 불가능해 보인다고 생각할 정도였다. 17~18세기 서양의 그림들을 살펴보면 페르메이르뿐만 아니라 다수의 작품들이 놀랄 만할 정도로 정교함을 보여 준다. 어떻게 이런 일이 가능할 수 있는 것일까?

17~18세기의 서양의 미술이 이런 수준에 도달할 수 있었던 배경에는 화가들의 그림 실력이 늘어서이기도 하지만, '카메라 옵스큐라'라는 기계의 역할이 매우 컸다. 당시에 많은 서양의 화가들은 화가의 보조 도구라 불리는 카메라 옵스큐라를 이용하여 그림을 그렸다. 카메라 옵스큐라는 '어두운 방'이라는 뜻으로 어두운 방의 벽에 구멍을 뚫으면 그 구멍을 통해 외부의 빛이 들어와 맞은편 벽면에 바깥 풍경이 거꾸로 맺히는 장치이다. 그런데 그 빛에는 놀랍게도 그림이 담겨져 있다. 형태가 빛에 담겨 날아온 것이다. 카메라 옵스큐라 속으로 날아 들어온 이 빛을 그대로 고정시키면 사진이 된다. 사진까지는 얻지 못한다 해도 카메라 옵스큐라의 구멍을 통해 들어온 이 빛의 윤곽을 따라 선을 그리면 정확한 형태를 얻을 수 있다. 그러면 원근법이나 데생, 해부학, 나아가 색채 명암법의 문제까지 간단히 해결된다. 특히 데생력이 약한 미술가들은 이 기계의 유혹에서 벗어나기가 쉽지 않았으며, 정물화, 풍경화, 인물화 등 각 장르에서 세밀한 묘사가 가능해졌다.

카메라 옵스큐라를 통해 제작된 그림들의 등장은 19세기 중반, 대상을 사진같이 사실적으로 재현하겠다는 사실주의 화가들의 등장에 영향을 주었다. 사실주의의 대표적인 화가 ㉠쿠르베는 화가가 그림을 그릴 때 어떠한 감정도 개입시켜서는 안 된다는 입장이었다. 감정이 개입되면 주관적인 그림이 되기 때문이다. 그의 사실주의는 마치 사진기와 같이 아무런 감정 없이 눈앞의 사실을 기록하는 것이다. 화가가 할 일이란 그냥 우연히 일상에서 마주친 현실의 한 장면을 포착하여 카메라의 셔터를 누르듯이 그리는 일인 것이다. 그러나 당시 미술계에서는 그림이란 적어도 아름다운 풍경이나 신화 또는 역사적 사실 등 자신들이 경험하지 않았던 것들을 그려야 한다고 생각하였기에 쿠르베의 사실주의 미술은 예술성이 없다는 비판을 받았다.

이처럼 카메라 옵스큐라가 등장하지 않았다면 아마 쿠르베처럼 객관적인 사실에 마주하려는 움직임이 일어나기 어려웠을 것이다. 또한 수백 년 전의 화가들이 적극적으로 과학 기술을 수용하지 않았다면 아마 우리는 사진과 다를 바 없는 명화들을 감상할 기회를 놓쳤을지도 모른다.

---

* **정교하다:** 솜씨나 기술 따위가 정밀하고 교묘하다.
* **미묘하다:** 뚜렷하지 않고 야릇하고 묘하다.
* **정밀하다:** 아주 정교하고 치밀하여 빈틈이 없고 자세하다.
* **윤곽:** 사물의 테두리나 대강의 모습.
* **원근법:** 일정한 시점에서 본 물체와 공간을 눈으로 보는 것과 같이 멀고 가까움을 느낄 수 있도록 평면 위에 표현하는 방법.
* **명암법:** 회화에서, 한 가지 색상의 명도 차에 의하여 입체감을 나타내는 기법. ≒음영법
* **개입:** 자신과 직접적인 관계가 없는 일에 끼어듦.

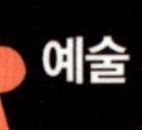

지문 정보 확인

1. 페르메이르는 대상의 특징을 정밀하게 계산하면서 그림을 정확하게 그리고자 하였다. (   )

2. 카메라 옵스큐라는 화가들이 세밀하게 대상을 묘사할 수 있도록 도움을 주었다. (   )

3. 사실주의 미술을 강조한 쿠르베의 그림은 미술계로부터 예술성을 인정받았다. (   )

1 윗글을 바탕으로 할 때, 〈보기〉의 ㉮, ㉯에 들어갈 말로 알맞은 것은?

보기

카메라 옵스큐라는 17~18세기 화가들이 (　㉮　) 묘사를 할 수 있도록 보조 역할을 하였으며, 이는 대상을 (　㉯　)으로 재현하려는 사실주의 화가들의 등장에 영향을 주었다.

	㉮	㉯
①	단순한	추상적
②	선명한	주관적
③	세밀한	객관적
④	정교한	비판적
⑤	정확한	감정적

2 윗글을 참고할 때, ㉠이 〈보기〉의 작품에 대해 보일 반응으로 적절한 것은?

보기

말레비치,
'눈보라 후 마을에서의 아침'

　20세기 초의 작품인 말레비치의 '눈보라 후 마을에서의 아침'은 "미술의 본질은 형태에 있고, 지상에 있는 모든 형태는 구, 원통, 원뿔이라는 본질적인 형태로 단순화시킬 수 있다."라고 주장한 화가 세잔의 화풍을 따른 것이다. 말레비치는 세잔의 영향을 받아 구와 원통으로 대상을 재구성하였다.

① 카메라 옵스큐라를 이용하여 대상의 명암과 윤곽을 단순하게 표현하였군.
② 대상을 있는 그대로 묘사하지 않았다는 점에서 나의 화풍과 성격이 비슷하군.
③ 작품의 예술성을 높이기 위해서는 역사적 사실을 다양한 관점에서 표현하는 것이 좋겠군.
④ 구와 원통으로 대상을 재구성하는 것은 현실을 사실적으로 반영하지 못한 것으로 볼 수 있군.
⑤ 작가의 감정을 개입하지 않고 대상을 정밀하게 표현하였다는 점에서 일상을 충실하게 재현하였군.

어휘 확인

[1~5] 어휘의 뜻풀이와 어휘 ㉠~㉤을 바르게 연결하시오.

[6~10] 예문의 (　　) 안에 들어갈 어휘 ㉠~㉤을 바르게 연결하시오.

뜻풀이	어휘	예문
1 사물의 옳고 그름이나 좋고 나쁨을 가림.	㉠ 정교	**6** (　　)된 보도를 하지 않는 것이 미디어의 역할 중의 하나이다.
2 사실과 다르게 해석하거나 그릇되게 함.	㉡ 미묘	**7** 대상의 옳고 그름을 (　　)할 줄 아는 태도가 중요하다.
3 솜씨나 기술 따위가 정밀하고 교묘함.	㉢ 왜곡	**8** 그는 조각상을 (　　)하게 만들었다.
4 뚜렷하지 않고 야릇하고 묘함.	㉣ 변별	**9** 그는 그녀의 감정에 (　　)한 변화가 생겼다는 것을 알아차리지 못했다.
5 자기와의 관계에서 벗어나 제삼자의 입장에서 사물을 보거나 생각하는 것.	㉤ 객관적	**10** (　　)인 사고는 사건의 판결을 내리는 데 중요하다.

[11~15] 보기 의 글자들을 조합하여 다음 뜻풀이에 해당하는 단어를 만드시오.

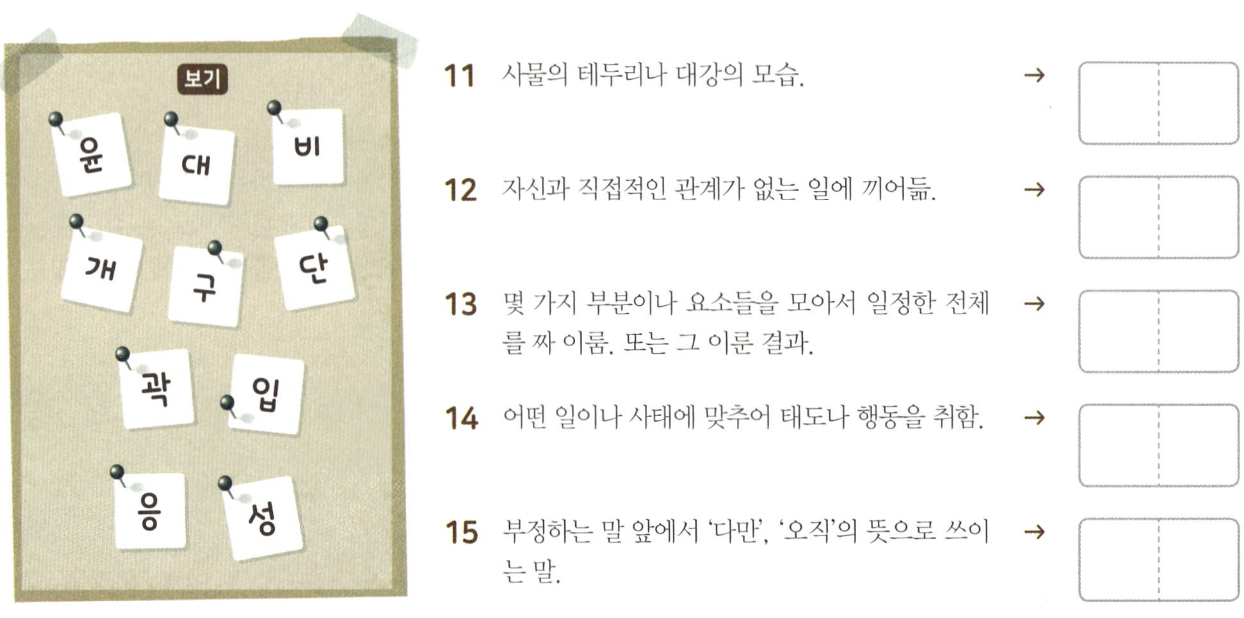

11 사물의 테두리나 대강의 모습. →

12 자신과 직접적인 관계가 없는 일에 끼어듦. →

13 몇 가지 부분이나 요소들을 모아서 일정한 전체를 짜 이룸. 또는 그 이룬 결과. →

14 어떤 일이나 사태에 맞추어 태도나 행동을 취함. →

15 부정하는 말 앞에서 '다만', '오직'의 뜻으로 쓰이는 말. →

어휘 특강

소리는 같지만 뜻이 다른 단어를 동음이의어(同音異義語)라고 한다.

달다7 형용사 ◄┈┈┈ 동음이의어 ┈┈┈► **달다3** 동사

다의어

달다

① 꿀이나 설탕의 맛과 같다.
   예 사탕이 **달다**.

② 입맛이 당기도록 맛이 있다.
   예 밥이 **달다**.

③ 흡족하여 기분이 좋다.
   예 낮잠을 **달게** 자다.

① 물건을 일정한 곳에 걸거나 매어 놓다.
   예 배에 돛을 **달다**.

② 어떤 기기를 설치하다.
   예 거실에 전화를 **달다**.

③ 이름이나 제목 따위를 정하여 붙이다.
   예 작품에 제목을 **달다**.

두 가지 이상의 뜻을 가진 단어를 다의어(多義語)라고 한다.

독해 방법 Q&A

> **선생님, 글의 주제를 파악하기 위해서 중요한 내용은 어떤 것이 있을까요?**

글에서 드러나는 글쓴이의 의도를 명확하게 파악하기 위해서는 먼저 글의 중심 화제를 찾아보는 과정이 필요해. 중심 화제는 글에서 주되게 다루어지는 핵심 대상이기 때문에 주제와의 관련성이 매우 높단다. 이후에 중심 화제를 중심으로 문단에서 중심 문장과 뒷받침 문장을 구분할 줄 알아야 해. 중심 문장에는 글을 통해 글쓴이가 전달하려는 주장이 담겨 있으므로 중심 문장 간의 관계를 살펴보면 글쓴이의 의도를 명확하게 파악할 수 있단다.

글의 중심 화제(핵심어) 파악하기

⬇

중심 문장, 뒷받침 문장 구분하기

⬇

중심 문장을 토대로 문단 간의 관계 파악하기

학습 점검표

STUDY 01의 지문과 문제를 잘 학습했는지 체크한 후, 부족한 부분이 있다면 앞으로 돌아가서 다시 살펴보자~!

지문/문제	나의 체크			보완할 부분
세상을 번별하는 틀	○ 1회독　○ 2회독 이상	○ 내용　○ 지문 구조	○ 어휘	
	1 ○ 맞힘　○ 틀림	○ 내용　○ 개념&유형	○ 어휘	
	2 ○ 맞힘　○ 틀림	○ 내용　○ 개념&유형	○ 어휘	
카메라 옵스큐라	○ 1회독　○ 2회독 이상	○ 내용　○ 지문 구조	○ 어휘	
	1 ○ 맞힘　○ 틀림	○ 내용　○ 개념&유형	○ 어휘	
	2 ○ 맞힘　○ 틀림	○ 내용　○ 개념&유형	○ 어휘	

내용 요약

지문 구조&정답 및 해설 008쪽

똑같은 상품인데 소비자가 누구인지에 따라 가격이 달라지는 경우를 종종 ㉠발견할 수 있다. 예컨대 영화관에서 학생 할인을 해 준다거나, 패밀리 레스토랑에서 65세 이상 고객에게 특별 할인을 해 주는 것 등이다. 영화관과 레스토랑의 경영자들이 학생이나 노인 계층을 특별히 좋아하기 때문에 그들에게 가격을 깎아 주는 것은 아닐 것이다. 기업이 자신의 이익을 가장 ㉡중시하는 조직이라는 점을 생각하면, 할인을 통해 이윤이 더 커지기 때문이라고 추측할 수 있다.

이처럼 소비자가 누구인지에 따라 서로 다른 가격을 매기는 것을 가격 차별이라고 부른다. 그런데 현실에서의 가격 차별은 모든 사람에게 서로 다른 가격을 ㉢매기는 방식으로 이루어지지 않는다. 소비자를 특성에 따라 몇 개의 집단으로 나누고 각 집단마다 다른 가격을 매기는 형태로 이루어지는 것이 보통이다. 그렇다면 판매자는 소비자를 어떤 기준에 의해 ㉣구분하는 것일까? 소비자를 구분하는 기준의 핵심은 상품에 대해 지불할 마음이 있는 금액의 많고 적음이다. 다시 말해 높은 가격을 내고자 하는 소비자와 낮은 가격만 내고자 하는 소비자로 구분하는 것이 가격 차별의 핵심이라는 뜻이다.

[A]
일반적으로 수요의 가격 탄력성이 작은 소비자일수록 더 높은 가격을 낼 마음을 갖는다고 말할 수 있다. 가격 탄력성이 작다는 것은 가격이 올라가도 수요량을 별로 줄이지 않는다는 것을 의미한다. 반면에 가격 탄력성이 크다는 것은 가격이 조금만 올라도 수요량이 큰 폭으로 줄어든다는 것을 뜻한다. 따라서 가격 탄력성이 큰 소비자는 높은 가격을 지불할 마음을 갖지 않은 사람이라고 말할 수 있다. 판매자는 이러한 특성을 이용해 가격 탄력성이 상대적으로 큰 소비자의 집단에 대해 할인을 해 주는 형태로 수요를 발생시키기 위해 가격 차별을 하는 경우가 많다.

그런데 판매자가 원한다고 해서 언제나 가격 차별을 할 수 있는 것은 아니다. 예컨대 모든 소비자들의 성향이 비슷하다면 가격 차별을 하려 해도 할 수가 없다. 그러므로 소비자를 특성에 따라 두 개 이상의 다른 집단으로 나눌 수 있어야 한다. 그리고 기업이 각 소비자의 특성을 쉽게 알아낼 수 있어야 한다. 마지막으로 소비자가 가격이 낮은 시장에서 상품을 구입해 가격이 높은 시장으로 가서 되파는 행위를 막을 수 있어야 한다. 만약 그와 같은 재판매가 가능하다면 가격이 높게 매겨져 있는 시장에서는 상품이 전혀 팔리지 않는 결과가 ㉤빚어질 것이다.

---

* **소비자:** 물건을 구매하는 사람.
* **이윤:** 장사 따위를 하여 남은 돈.
* **지불하다:** 돈을 내어 주다. 또는 값을 치르다.
* **수요:** 어떤 물건을 일정한 가격으로 사려고 하는 욕구.
* **가격 탄력성:** 상품의 가격이 달라질 때 그 수요량이나 공급량이 변화하는 정도.
* **수요량:** 수요의 크기를 나타내는 양.
* **특성:** 일정한 사물에만 있는 특수한 성질.

지문 정보 확인

1. 가격 차별이란 소비자의 특성에 따라 서로 다른 가격을 매기는 것을 말한다. (　　)

2. 기업이 모든 소비자에게 서로 다른 가격을 매길 때 이윤이 가장 커진다. (　　)

3. 수요의 가격 탄력성이 큰 소비자일수록 더 높은 가격을 내고자 한다. (　　)

1 윗글에 대한 설명으로 가장 적절한 것은?

① 가격 차별에 대한 전문가의 견해를 소개하고 있다.
② 가격 차별의 개념이 변화하게 된 원인과 변화 과정을 언급하고 있다.
③ 가격 차별의 원인을 다양한 관점에서 분석하며 예상되는 결과를 제시하고 있다.
④ 가격 차별에 대한 다양한 의견을 제시하고 효율적인 해결 방안을 탐색하고 있다.
⑤ 구체적인 예를 통해 가격 차별의 개념을 제시하고 관련된 내용을 설명하고 있다.

2 [A]의 내용을 〈보기〉와 같이 요약할 때, ㉮에 들어갈 말로 가장 적절한 것은?

보기

(㉮) 사람들에게 할인을 해 주는 것이 판매자가 가격 차별을 하는 방식이다.

① 같은 제품을 많은 양으로 구입하는
② 가격이 비싸더라도 그 물건을 구입할
③ 가격이 비쌀 경우 그 물건을 구입하지 않을
④ 가격이 저렴하더라도 그 물건을 구입하지 않을
⑤ 가격과 상관없이 자신의 취향에 맞는다면 물건을 구입할

3 ㉠~㉤의 사전적 의미로 적절하지 <u>않은</u> 것은?

① ㉠: 없던 것을 만들어 낼
② ㉡: 크고 중요하게 여기는
③ ㉢: 기준에 따라 정하는
④ ㉣: 기준에 따라 나누는
⑤ ㉤: 일어날

* **소유권**: 물건을 지배하는 권리.
* **배제적**: 받아들이지 아니하고 물리쳐 제외하는.
* **합리적**: 이론이나 이치에 합당한.
* **부각되다**: 어떤 사물이 특징지어져 두드러지게 되다.
* **대륙붕**: 대륙 주위에 분포하는 극히 완만한 경사의 해저.
* **성명**: 어떤 일에 대한 자기의 입장이나 견해 또는 방침 따위를 공개적으로 발표함.
* **유엔(UN)**: 여러 가지 국제 협력을 달성하기 위하여 창설한 국제 평화 기구.
* **영유권**: 일정한 영토에 대한 해당 국가의 관할권.
* **선진국**: 다른 나라보다 정치 · 경제 · 문화 따위의 발달이 앞선 나라.
* **개발 도상국**: 산업의 근대화와 경제 개발이 선진국에 비하여 뒤떨어진 나라.

지문 정보 확인

1. 바다의 소유권을 규정하는 원칙으로 처음 기록된 것이 흐로티위스의 공해(公海)이다. (   )

2. 제이 차 세계 대전 이후 바다의 소유에 대한 법 제도가 붕괴하였다. (   )

3. 유엔 해양법 협약에서는 200마일 너머에 위치하는 해역에 대한 재산권 확립에 대해 합의하였다. (   )

　　지구 표면의 70%가 바다이지만 바다의 대부분은 법적 권리인 재산권의 영향력이 미치지 못한다. 16세기 말에서 17세기 초쯤 유럽에 거대한 해상 국가들이 탄생하자 바다의 소유권을 규정하는 국제적인 원칙이 필요하게 되었다. 이에 네덜란드인 휘호 흐로티위스는 공해(公海) 개념을 처음으로 제안하였다. 공해는 어느 나라의 소유도 아니며, 모든 나라가 공통으로 사용할 수 있는 바다를 의미한다. 그는 "바다는 마치 공기와 같이 잡아 놓을 수 없으므로 어떤 특정한 국가의 소유가 될 수 없다."고 말했다. 이 원칙이 거의 300년간 국제 사회 법률의 바탕을 이루었는데, 모든 국가는 해안선에서 3마일(mile)까지만 배제적인 권리를 갖고 이를 영해(領海)라고 불렀다. 1마일은 약 1.6km에 해당하므로 해안선에서 약 5km까지만 그 나라의 통치권이 미치는 범위로 본 것이다. 해안선에서 3마일이 넘어가는 곳부터는 공해라고 부르며, 그 누구도 자유로운 이용으로부터 배제되어서는 안 되는 공동의 자원이라고 흐로티위스는 주장하였다.

　　19세기 초중엽에 공해에 대한 이용이 증가하자 '자유로운 이용'이라는 말이 '합리적인 이용'으로 바뀌었다. 제이 차 세계 대전 이후에 배에 사람을 태워 보내거나 물건 따위를 실어 보내는 해상 운송, 영리를 목적으로 물고기 따위를 잡거나 기르는 어업, 그리고 해저 광물들의 중요성이 부각되자 바다의 소유에 대한 법 제도가 붕괴하였다. 1945년 미국의 트루먼 대통령은 미국의 대서양 해안선에서 200마일까지의 대륙붕에 묻혀 있는 석유와 천연가스에 대한 배제적인 소유권을 갖는다고 선언하였다. 그러자 다른 나라들도 비슷한 내용의 성명들을 발표하였다. 이후 이 문제에 대한 국제적인 협력은 성공과 실패를 거듭하였다.

　　일단 1974년에 열린 유엔(UN)의 유엔 해양법 협약(UNCLOS)에서는 국가들의 영해를 해안선에서 12마일까지로 정하고 12마일부터 일반적으로 대륙붕이 끝나는 200마일까지를 경제 수역이라고 하여 가까이 있는 국가가 완벽한 영유권은 아니지만 어업과 자원 등을 보유 · 관할할 수 있는 상당한 권리를 갖도록 하였다.

　　그렇지만 200마일 너머의 바다 위의 구역에 대해서 어떻게 재산권을 확립할지는 일반적인 합의에 이르지 못했다. 개별적 재산권을 주장하는 선진국과 공동 재산권을 주장하는 개발 도상국은 바다의 개발에 대한 입장이 달랐고, 결국 병행 제도라는 서로 알맞게 조절한 안이 채택되었다. 이에 의해 각 나라의 개별적인 개발과 유엔이 세운 '엔터프라이즈'라는 회사에 의한 개발이 동시에 이루어지게 되었다. 유엔은 엔터프라이즈 회사가 선진국의 회사들과 경쟁할 수 있는 여건을 마련해 주기 위하여 국제 해저 기구(ISA)라는 기구를 만들어 해저의 광물을 캘 수 있는 권리를 분배하도록 하였다.

1 윗글을 통해 확인할 수 있는 내용이 <u>아닌</u> 것은?

① 흐로티위스가 제안한 영해의 범위
② 국제 해저 기구가 갖는 채굴권의 한계
③ 유엔 해양법 협약에서 정한 경제 수역의 범위
④ 바다의 소유권에 대한 법 제도가 붕괴한 이유
⑤ 트루먼 대통령이 선언한 바다의 소유권에 대한 내용

2 윗글을 읽고 바다의 소유권에 대한 내용을 요약한 〈보기〉의 ㉠∼㉤ 중 적절하지 <u>않은</u> 것은?

<hr>

보기

- 최초의 국제적 원칙
  휘호 흐로티위스가 공해(公海), 영해(領海) 개념을 제시함. ⋯⋯⋯⋯⋯⋯⋯⋯⋯⋯ ㉠

- 바다 소유권의 변천 과정
  – 19세기 초중엽: '자유로운 이용'에서 '합리적인 이용'으로 변화함. ⋯⋯⋯⋯⋯ ㉡
  – 제이 차 세계 대전 이후: 바다의 소유권에 대한 법 제도가 붕괴됨. ⋯⋯⋯⋯ ㉢
  – 1945년 미국: 석유와 천연가스에 대한 공동 소유권을 선언함. ⋯⋯⋯⋯⋯⋯ ㉣
  – 1974년 유엔 해양법 협약(UNCLOS): 해안선에서 12마일까지를 영해, 12마일부터 200마일까지를 경제 수역이라고 정함.

- 200마일 너머 해역의 재산권
  – 병행 제도라는 절충안을 채택함. ⋯⋯⋯⋯⋯⋯⋯⋯⋯⋯⋯⋯⋯⋯⋯⋯⋯⋯⋯⋯⋯ ㉤
  – 국제 해저 기구(ISA)를 설립함.

① ㉠　　　② ㉡　　　③ ㉢　　　④ ㉣　　　⑤ ㉤

[1~10] 보기 에서 어휘의 뜻풀이 또는 예문의 (   ) 안에 들어갈 어휘 ㉠~㉤을 찾아 쓰시오.

보기

| ㉠ 지불 | ㉡ 배제적 | ㉢ 영유권 | ㉣ 합리적 | ㉤ 부각 |

뜻풀이

1 받아들이지 아니하고 물리쳐 제외하는. 또는 그런 것. [   ]

2 어떤 사물을 특징지어 두드러지게 함. [   ]

3 이론이나 이치에 합당한. 또는 그런 것. [   ]

4 돈을 내어 줌. 또는 값을 치름. [   ]

5 일정한 영토에 대한 해당 국가의 관할권. [   ]

예문

6 독도 (   )은/는 우리나라에 있다. [   ]

7 인간은 이성을 지닌 (   ) 존재이다. [   ]

8 물건의 값을 (   )하다. [   ]

9 서울은 아시아의 첨단이자 중심지로 (   )되고 있다. [   ]

10 그 나라처럼 (   ) 입장을 취하면 국제 사회에서 외톨이가 될 수 있다. [   ]

[11~15] 다음에서 설명하는 어휘가 무엇일지 사다리를 연결하고 주어진 낱자를 활용하여 쓰시오.

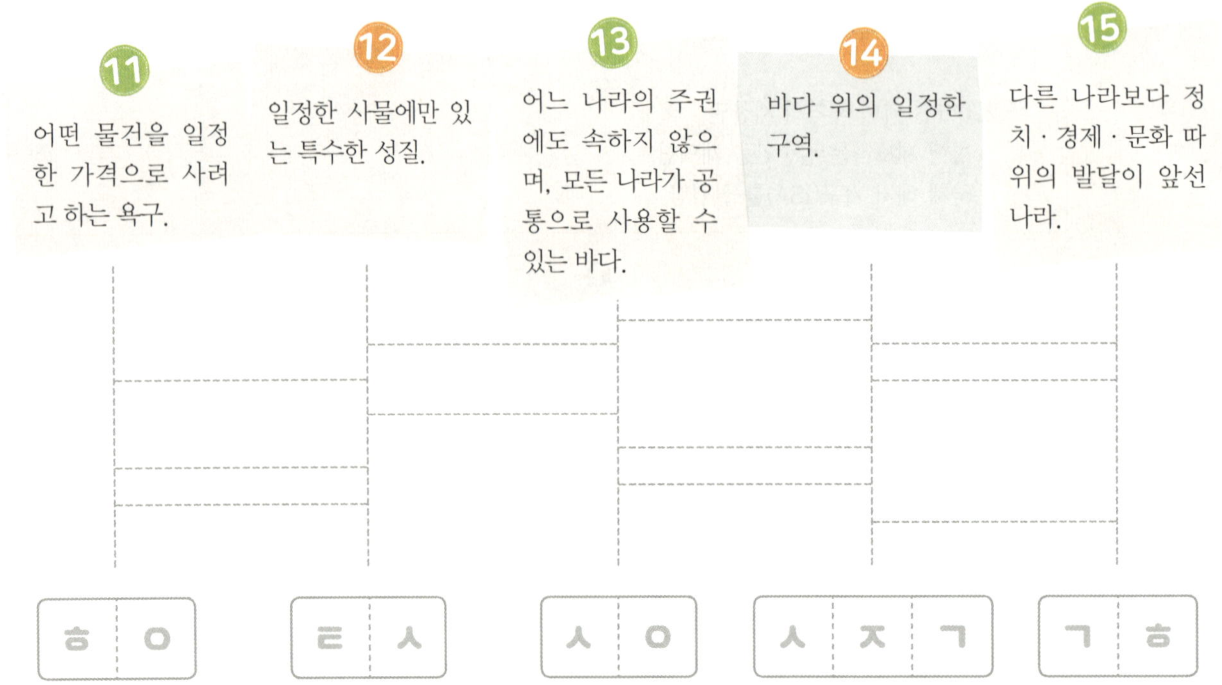

어휘 특강

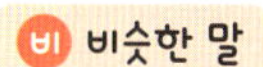

비 잇대다
서로 이어져 맞닿게 하다.
예 아내는 요 다섯 장을 잇대어 깔아 놓았다.

비 접속하다
서로 맞대어 잇다.
예 장면 장면을 잘 접속해야 한다.

비 연속하다
끊이지 아니하고 죽 이어지거나 지속하다.
예 그는 연속해서 세 번이나 1등을 했다.

잇다
두 끝을 맞대어 붙이다.
예 직선은 한 점과 또 다른 한 점을 잇는 가장 짧은 선이다.

반 끊다
실, 줄, 끈 따위의 이어진 것을 잘라 따로 떨어지게 하다.
예 실을 끊다.

반 자르다
동강을 내거나 끊어 내다.
예 생선을 자르다.

비 계승하다
선임자의 뒤를 이어받다.
예 왕의 아들이 왕위를 계승하였다.

독해 방법 Q&A

> **선생님, 요약하기의 방법이나 규칙에는 어떤 것이 있을까요?**

요약은 말이나 글의 내용을 간략하게 정리하는 방법으로, 선택, 삭제, 일반화, 재구성 등의 규칙에 따라 이루어지는 것이 일반적이야. '선택'은 중심 내용이 분명하게 드러나는 중심 문장을 찾는 것이고, '삭제'는 덜 중요하거나 반복되는 내용, 예로 든 내용을 지우는 것이야. 그리고 '일반화'는 구체적이고 개별적인 내용을 그것들을 포괄하는 표현으로 바꾸는 것이고, '재구성'은 중심 문장이 나타나 있지 않을 경우 제시된 내용을 바탕으로 중심 문장을 새로 만드는 것이지. 이러한 규칙에 따라 간략하게 정리하면 된단다.

> 중심 내용과 세부 내용 찾기
> ↓
> 선택, 삭제, 일반화, 재구성 등의 규칙에 따라 요약하기

학습 점검표

STUDY 02의 지문과 문제를 잘 학습했는지 체크한 후, 부족한 부분이 있다면 앞으로 돌아가서 다시 살펴보자~!

지문/문제		나의 체크			보완할 부분
특별 할인의 이유	○ 1회독 ○ 2회독 이상	○ 내용	○ 지문 구조	○ 어휘	
	1 ○ 맞힘 ○ 틀림	○ 내용	○ 개념&유형	○ 어휘	
	2 ○ 맞힘 ○ 틀림	○ 내용	○ 개념&유형	○ 어휘	
	3 ○ 맞힘 ○ 틀림	○ 내용	○ 개념&유형	○ 어휘	
바다의 소유권	○ 1회독 ○ 2회독 이상	○ 내용	○ 지문 구조	○ 어휘	
	1 ○ 맞힘 ○ 틀림	○ 내용	○ 개념&유형	○ 어휘	
	2 ○ 맞힘 ○ 틀림	○ 내용	○ 개념&유형	○ 어휘	

제로 에너지 하우스

📖 지문 구조 & 정답 및 해설 012쪽

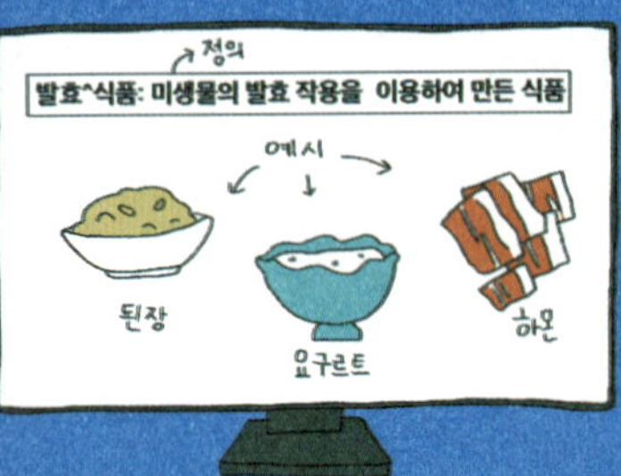

전 세계 에너지 중 36% 정도는 집이나 건물에서 소비하고 있다. 그리고 이러한 건물들의 에너지 사용량 중 상당한 부분이 난방에 사용된다. 이에 사람들은 난방에 사용되는 에너지를 줄일 수 있는 건물을 개발하였는데, 외부의 에너지를 공급받지 않고 자체적으로 에너지를 생산하거나 내부의 에너지 유출을 차단하는 집을 '제로 에너지 하우스'라고 한다.

제로 에너지 하우스는 에너지 소비량이 최종적으로 '0(영, zero)'이 되는 집을 뜻하는데, ㉠ 액티브(Active) 하우스와 ㉡ 패시브(Passive) 하우스로 나눌 수 있다. 액티브 하우스는 태양열, 풍력, 지열 등의 자연 에너지를 기계 장치를 이용하여 사용할 수 있는 에너지로 만들어 내는 집을 말한다. 반면 패시브 하우스는 건물의 단열 및 형태를 최대한 활용하여 에너지 손실을 최소화하는 집을 말한다. 액티브 하우스는 새롭게 에너지를 생산하고 패시브 하우스는 에너지가 새어 나가지 못하도록 차단한다는 점에서 차이점이 있다. 그러나 둘 다 화석 연료를 기반으로 한 외부 에너지를 사용하지 않고, 친환경 자재와 건축 방식으로 설계되는 등 환경을 생각한다는 점에서 공통점을 지니고 있다.

[A]

패시브 하우스에 적용되는 원리는 두 가지가 있다. 첫째, 내부와 외부의 열의 이동을 차단하는 단열이다. 패시브 하우스의 원리는 보온병의 구조에서 찾을 수 있는데, 패시브 하우스 창문은 보온병의 은도금을 한 이중 유리벽의 원리와 유사하다. 즉 유리를 통해 열이 빠져나가는 것을 막기 위해 3중 구조의 유리창을 설치하고, 유리창 표면에는 금속 또는 금속 산화물을 얇게 덧씌우며, 유리창 사이에는 열의 이동을 최소화시키는 가스를 채워 주어 열의 이동을 차단시킨다. 또한 지붕이나 바닥, 벽에도 첨단 단열재를 사용해 보온병처럼 겨울과 여름에 실내의 온도를 유지시켜 준다.

둘째, 건물에 외부 공기가 들어오거나 내부의 공기가 새어 나가지 않도록 틈새를 없애는 기밀이다. 패시브 하우스는 주로 남향으로 짓고 창을 많이 낸다. 또한, 겨울철에는 전자 제품에서 나오는 열, 사람의 몸에서 나오는 온기 등도 난방에 이용한다. 이렇게 집 안의 열이 밖으로 빠져 나가지 못하게 막고, 겨울철 외부의 차가운 공기는 들어오지 못하도록 철저히 차단하는 방식으로 난방을 하는 것이다.

독일의 프랑크푸르트 지역은 2009년부터 모든 건물에 대해 패시브 하우스 형태로 설계해야만 건축 허가를 내 주고 있다. 우리나라에서도 친환경·저에너지 건축 기술이 개발되면서 주택이나 아파트 건축에 패시브 하우스의 기술이 도입되고 있다. 그런데 패시브 하우스 기술로 건물을 지으면 건축 비용이 일반 건물보다 훨씬 많이 든다는 단점이 있다. 하지만 에너지 사용에 들어가는 비용을 절감할 수 있고, 환경을 보호할 수 있다는 큰 장점이 있다는 점에서 그 중요성이 점차 부각되고 있다.

---

*자체적: 다른 것을 제외한 사물 본래의 것에 의한 것.

*유출: 밖으로 흘러 나가거나 흘려 내보냄.

*차단하다: 액체나 기체 따위의 흐름 또는 통로를 막거나 끊어서 통하지 못하게 하다.

*단열: 물체와 물체 사이에 열이 서로 통하지 않도록 막음.

*자재: 무엇을 만들기 위한 기본적인 재료.

*은도금: 고체 재료의 표면에 얇은 은박을 입히는 일.

*기밀: 사방이 꽉 막혀 공기가 통하지 못하는 상태.

*절감: 아끼어 줄임.

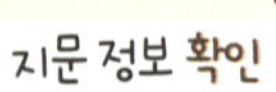

지문 정보 확인

1. 외부의 에너지를 효율적으로 활용할 수 있는 집을 제로 에너지 하우스라고 한다. ( )

2. 패시브 하우스의 효율을 위해서는 단열과 기밀이 중요하다. ( )

3. 독일 프랑크푸르트에서 건축 허가를 받기 위해서는 패시브 하우스 형태의 설계가 필수적이다. ( )

1 윗글의 내용 전개 방식으로 적절하지 <u>않은</u> 것은?

① 대상의 개념을 정의하며 중심 화제를 소개하고 있다.
② 대상을 일정한 기준으로 나누어 특징을 설명하고 있다.
③ 구체적 사례를 제시하여 대상의 한계점을 드러내고 있다.
④ 구체적인 수치를 제시하여 대상에 대한 관심을 불러일으키고 있다.
⑤ 담화 표지를 활용하여 대상에 적용되는 원리를 체계적으로 제시하고 있다.

2 ㉠과 ㉡에 대한 설명으로 적절한 것은?

① ㉠은 ㉡과 달리 화석을 연소시켜 외부로부터 에너지를 공급받는다.
② ㉡은 ㉠과 달리 불필요한 에너지를 방출하여 난방의 효율을 높인다.
③ ㉠과 ㉡은 모두 겨울에 비해 여름에 활용도가 높다는 특징이 있다.
④ ㉠과 ㉡은 모두 건축 비용과 에너지 사용 비용이 저렴하다는 장점이 있다.
⑤ ㉠과 ㉡은 모두 설계 단계부터 자연 환경을 오염시키지 않는 방법을 활용한다.

3 [A]를 읽고 학생들이 보인 반응으로 적절하지 <u>않은</u> 것은?

① 유리창 사이에 가스를 채우는 것이 단열의 효율성을 높이는 방법이군.
② 유리창 표면의 금속 산화물은 보온병에 도금된 은과 같은 역할을 하는군.
③ 패시브 하우스를 지을 때는 지붕이나 바닥에도 단열 관련 시공을 해야겠군.
④ 패시브 하우스는 집 안의 열이 새어 나가지 않도록 기밀하는 것이 중요하겠군.
⑤ 패시브 하우스는 내부 공기의 유출을 막기 위해 주로 북쪽을 향해 집을 짓는군.

소셜 로봇이란 사람 또는 다른 대상과 원활하게 의사소통하고 자율적으로 움직이는 로봇을 의미한다. 이제까지는 소셜 로봇을 개발하는 데 문제가 많았다. 인과 관계를 기반으로 분석한 단순한 컴퓨터 알고리즘만으로 사람과 상호 작용이 가능한 복잡한 인공 지능(AI)을 개발하기가 어려웠던 것이다. 그러나 최근 개발된 인공 지능은 로봇 스스로 시행착오를 통해 학습하고, 시중에 보급된 수많은 로봇들의 시행착오 학습 데이터를 유형별로 ㉮나눠 클라우드로 공유해 업그레이드하는 방식으로 기술적 어려움을 극복했다. 이렇게 학습과 보완을 통해 새로운 상황에 쉽게 적응하고 불확실한 환경에 보다 잘 대응하는 소셜 로봇이 곧 등장할 전망이다.

스탠퍼드 대학교는 인공 지능의 사회적 지능 부족을 개선하기 위해 노력한 끝에 인간 보행자처럼 바쁜 공간을 탐색하는 것이 가능한 잭래봇(Jackrabbot)을 탄생시켰다. 잭래봇은 공중 비디오 영상 기반 알고리즘을 사용하는 모션 센서 및 소프트웨어를 장착하고, 번잡한 길거리와 정신없는 스탠퍼드 대학교 캠퍼스를 주기적으로 탐색하였다. 이를 통해 잭래봇은 다가오는 보행자가 어떤 방향으로 이동할 것인지, 먼저 통과할 사람들에게 사회적 에티켓을 어떻게 지킬 것인지 등의 통행권 및 개인 공간에 대해 즉각적으로 판단할 수 있도록 설계되었다.

소셜 로봇의 핵심 기술은 크게 네 가지로, 음성 인식 기술, 영상 및 행동 인식 기술, 인간 로봇 상호 작용(HRI, Human Robot Interaction) 기술, 지식 추론 기술이 있다. 음성 인식 기술은 스마트 기기와 영상 기기 등의 발전으로 기술적 활용 환경을 이미 갖추고 있다. 대표적으로 애플은 스마트폰 및 태블릿에 시리(Siri)라는 음성 인식 시스템을 제공하고 있으며, 아마존은 알렉사(Alexa) 음성 서비스를 제공하고 있다. 영상 및 행동 인식 기술과 관련해서는 카메라와 레이저 등을 활용해 사람의 동작을 인식하는 키넥트(Kinect)라는 장비가 개발되었고, 적외선 카메라를 활용해 사람의 손동작을 인식하는 시스템인 립모션(Leap Motion)이 개발되었다. 일본과 미국은 HRI 기술을 활용하여 인간과 닮은 휴머노이드 로봇을 개발 중이다. 또한 지식 추론 기술을 활용해 사회적 상호 작용 속에서 로봇이 스스로 성장해 인간에게 봉사할 수 있는 소셜 로봇이 개발되고 있다.

국내의 경우에 소셜 로봇 수요자의 특성을 고려해 교육용 로봇 위주로 개발되어 왔으나, 최근에는 IoT(Internet of Things) 연결성에 중점을 둔 로봇이 개발되고 있다. 또한 과학 기술 정보 통신부는 2013년부터 2023년까지 소셜 로봇의 핵심 기술과 관련된 엑소브레인(Exobrain) 프로젝트를 수행하고 있다. 이 프로젝트는 자연어를 이해하고 스스로 학습하며 전문 직종에 취업이 가능한 수준의 진화형 소프트웨어 개발을 목표로 한다.

---

* **의사소통**: 가지고 있는 생각이나 뜻이 서로 통함.

* **인과 관계**: 한 현상은 다른 현상의 원인이 되고, 그 다른 현상은 먼저의 현상의 결과가 되는 관계.

* **알고리즘**: 어떤 문제의 해결을 위하여, 입력된 자료를 토대로 하여 원하는 출력을 유도하여 내는 규칙의 집합.

* **유형**: 성질이나 특징 따위가 공통적인 것끼리 묶은 하나의 틀.

* **대응하다**: 어떤 일이나 사태에 맞추어 태도나 행동을 취하다.

* **개선하다**: 잘못된 것이나 부족한 것, 나쁜 것 따위를 고쳐 더 좋게 만들다.

* **번잡하다**: 번거롭게 뒤섞여 어수선하다.

* **인식**: 사물을 분별하고 판단하여 앎.

* **자연어**: 일반 사회에서 자연히 발생하여 쓰이는 언어.

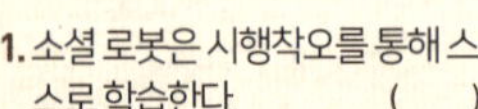

지문 정보 확인

1. 소셜 로봇은 시행착오를 통해 스스로 학습한다. (　)

2. 잭래봇은 통행에 대한 즉각적인 판단이 불가능하다. (　)

3. 우리나라는 자연어를 이해하고 스스로 학습하는 로봇 개발에 성공했다. (　)

1 윗글의 설명 방법으로 적절한 것을 〈보기〉에서 모두 고른 것은?

보기

㉠ 대상의 한계를 나열하고 해결 방안을 제시하고 있다.
㉡ 대상의 개념을 정의하여 명확하게 이해하도록 돕고 있다.
㉢ 대상을 바라보는 상반된 시각을 절충하여 결론을 도출하고 있다.
㉣ 대상의 작동 원리를 제시하고 작동 과정을 순서대로 언급하고 있다.
㉤ 구체적인 사례를 통해 대상이 개발되는 다양한 기술을 보여 주고 있다.

① ㉠, ㉡   ② ㉡, ㉢   ③ ㉡, ㉤   ④ ㉢, ㉤   ⑤ ㉣, ㉤

2 윗글의 내용과 일치하지 <u>않는</u> 것은?

① 학습과 보완을 통해 오류를 자율적으로 교정하는 소셜 로봇이 개발될 예정이다.
② 몇몇 기업은 소셜 로봇과 관련하여 음성 인식 기술을 이미 적용하여 실제로 사용하고 있다.
③ 인간과 상호 작용이 가능한 인공 지능(AI)은 단순한 컴퓨터 알고리즘만으로 개발하기 어렵다.
④ 잭래봇이 통행에 대한 판단을 할 수 있는 것은 관련된 센서를 달고 길거리 탐색을 했기 때문이다.
⑤ 국내 소셜 로봇 개발의 경우 초기 단계에서 수요자의 특성을 고려하지 못했다는 한계를 지니고
   있다.

3 다음 중 밑줄 친 부분의 의미가 ㉮와 가장 유사한 것은?

① 다음 글을 세 문단으로 <u>나누시오</u>.
② 이익금을 모두 공평하게 <u>나누어야</u> 한다.
③ 형제란 한 부모의 피를 <u>나눈</u> 사람들이다.
④ 그렇게 만난 두 사람이 서로 인사를 <u>나눴다</u>.
⑤ 토론을 하다 보면 자기편과 상대편을 <u>나눌</u> 수 있다.

[1~10] 보기에서 어휘의 뜻풀이 또는 예문의 (   ) 안에 들어갈 어휘 ㉠~㉤을 찾아 쓰시오.

보기

㉠ 대응하다 ㉡ 번잡하다 ㉢ 차단하다
㉣ 절감하다 ㉤ 개선하다

1 아끼어 줄이다.

[   ]

2 액체나 기체 따위의 흐름 또는 통로를 막거나 끊어서 통하지 못하게 하다. [   ]

3 어떤 일이나 사태에 맞추어 태도나 행동을 취하다.

[   ]

4 나쁜 것 따위를 고쳐 더 좋게 만들다.

[   ]

5 번거롭게 뒤섞여 어수선하다.

[   ]

6 정확하지 않은 소문을 (   ).

[   ]

7 장군은 병사들을 이끌고 그들과 (   ).

[   ]

8 기존 제도를 (   ).

[   ]

9 이번 프로젝트에서 가급적이면 비용을 (   ).

[   ]

10 주말 도심 한복판은 (   ).

[   ]

[11~15] 다음에서 설명하는 어휘가 무엇일지 주어진 낱자를 활용하여 쓰시오.

11 무엇을 만들기 위한 기본적인 재료.

12 가지고 있는 생각이나 뜻이 서로 통함.

13 밖으로 흘러 나가거나 흘려 내보냄.

14 사물을 분별하고 판단하여 앎.

15 물체와 물체 사이에 열이 서로 통하지 않도록 막음.

어휘 특강

● '귀'가 들어간 관용 표현 ●

관용 표현 → 둘 이상의 단어가 고정적으로 결합하여 새로운 의미를 만들어 낸 경우, 그 단어 구성을 이르는 말

사람이나 동물의 머리 양옆에서 듣는 기능을 하는 감각 기관.

- **귀가 얇다[엷다]**: 남의 말을 쉽게 받아들인다.
  - 예 사람이 그렇게 **귀가 얇아서** 무슨 일을 하겠는가?

- **귀에 못이 박히다**: 같은 말을 여러 번 듣다.
  - 예 불 끄라는 소리는 **귀에 못이 박히도록** 들었다.

- **귀를 의심하다**: 믿기 어려운 이야기를 들어 잘못 들은 것이 아닌가 생각하다.
  - 예 평생 독신으로 있겠다던 그녀가 결혼한다는 말에 **귀를 의심하지** 않을 수 없었다.

- **귀에 걸면 귀걸이 코에 걸면 코걸이**: 어떤 원칙이 정해져 있는 것이 아니라 둘러대기에 따라 이렇게도 되고 저렇게도 될 수 있음을 비유적으로 이르는 말.

- **귀에다 말뚝을 박았나**: 말을 잘 알아듣지 못하는 사람을 핀잔하는 말.

독해 방법 Q&A

> **" 선생님, 지문을 읽을 때 설명 방법도 같이 생각하며 읽어야 하나요? "**

독서 문제를 풀 때 시간이 부족한 것은 많은 친구들이 가지고 있는 고민이란다. 자, 우리 이제부터 무턱대고 지문을 읽지 말고 전략적으로 독해를 해 보자! 먼저 독해 전에는 문제의 발문을 먼저 살펴 어떤 점에 초점을 맞춰 글을 읽을지 계획을 세워야 해! 특히 설명 방법을 묻는 문제는 언제 출제되어도 이상하지 않은 빈출 유형이거든! 따라서 독해 중, 즉 지문을 읽으면서 두드러지는 설명 방법은 지문 옆 여백에 바로바로 기록해 놓는 습관을 기르자고. 정의, 예시 이렇게. 그럼 분명 문제 푸는 시간을 단축 시킬 수 있을 거야. 정의와 예시는 이전에도 익히 배워서 내용을 잘 알고 있지?

- **정의**: 어떤 대상의 뜻을 쉽게 풀어서 설명하는 방법
- **예시**: 구체적인 사례를 들어 글의 내용을 이해하기 쉽도록 도와주는 방법

학습 점검표

STUDY 03의 지문과 문제를 잘 학습했는지 체크한 후, 부족한 부분이 있다면 앞으로 돌아가서 다시 살펴보자~!

지문/문제		나의 체크				보완할 부분
제로 에너지 하우스	○ 1회독　○ 2회독 이상	○ 내용	○ 지문 구조	○ 어휘		
	1	○ 맞힘　○ 틀림	○ 내용	○ 개념&유형	○ 어휘	
	2	○ 맞힘　○ 틀림	○ 내용	○ 개념&유형	○ 어휘	
	3	○ 맞힘　○ 틀림	○ 내용	○ 개념&유형	○ 어휘	
소통하며 진화하는 소셜 로봇	○ 1회독　○ 2회독 이상	○ 내용	○ 지문 구조	○ 어휘		
	1	○ 맞힘　○ 틀림	○ 내용	○ 개념&유형	○ 어휘	
	2	○ 맞힘　○ 틀림	○ 내용	○ 개념&유형	○ 어휘	
	3	○ 맞힘　○ 틀림	○ 내용	○ 개념&유형	○ 어휘	

고고학에 관한 서문

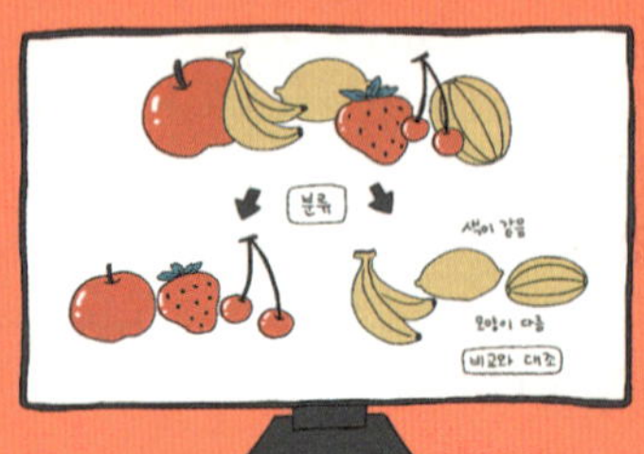

지문 구조&정답 및 해설 016쪽

사람들은 자신의 조상이나 인류의 과거에 흥미를 느끼는데, 고고학은 그 광대한 과거에 대한 정보를 제공해 주는 수단이다. 수백, 수천 년간 햇빛을 보지 못했던 그 무엇을 발굴한다는 것은 말로 표현할 수 없는 감흥을 불러일으킨다.

고고학자들이 하는 일은 탐정들이 하는 일과 비슷해 보일 수도 있다. 고고학자와 탐정은 둘 다 증거를 수집하고 이를 분석하는 작업을 통해 과거에 발생한 행위와 사건, 그 원인과 결과를 재구성하려고 애쓴다. 또한 두 경우 모두 대부분의 증거는 시간이라는 차원이 배어 있는 유형의 항목들, 다시 말해 뚜렷한 특징이나 패턴을 드러내거나 사용된 흔적이 있는 물질들로 구성된다. 고고학자에게는 탐정과 마찬가지로 단서를 찾고 수집하기 위해 대단한 주의력과 인내심이 필요하다. 즉 조금이라도 생산적인 결과를 얻기 위해서는 수많은 시행착오와 지루하고 고된 작업을 거쳐야 하는 것이다.

고고학자들의 추론은 증거와 합리적 사고방식에 입각한 논리적인 추리여야 한다. 그렇지 않으면 그것은 허황된 짐작에 불과하거나 모든 것을 날조하는 무의미한 작업에 머물지도 모른다. 오늘날에는 고고학 기록에서 과거의 고고학자들이 감히 꿈꾸지도 못했던 많은 정보를 추출할 수 있게 되었으며, 이러한 추세는 계속될 것이다. 그러나 타임머신이 발명되지 않는 한, 과거에 대한 우리의 추론 중 상당 부분은 입증은커녕 검증될 수 있을지조차 의심스럽다는 사실을 부인할 수 없다.

한편 고고학적 발견은 우연이나 영감에 의해 일어나기도 한다. 고고학적 연구의 전적은 대부분 끈질긴 추적, 고된 노력, 불굴의 집념을 통해 얻어지는 결실이다. 그러나 중국의 진시황릉이나 이탈리아의 냉동 인간처럼 우연히 발견된 경우에는 행운도 중요한 변수로 작용한다. 또 알타미라 동굴의 중요성을 인식한 고고학자 사우투올라의 경우처럼 순간적인 영감을 통해 진전되는 경우도 있다.

고고학이 하나의 학문 분야로 존재해 온 지난 세월 동안 그 연구 방법은 상당한 변화를 겪었다. 예를 들면 항공 사진의 출현으로 온갖 종류의 유적지 발견이 급증했고, 위성 사진, 열 형상 등을 이용해 유적지의 위치를 찾기도 한다. 또한 현미경 검사 덕분에 꽃가루를 분석해 주위 환경을 복원하고, 미세한 마모의 흔적을 연구해 도구의 정확한 용도를 추정하기도 한다. 최근에는 컴퓨터로 다량의 정보를 신속하게 처리하고 온갖 종류의 형상을 만들어 내기도 하는데, 이미 오래전 사라진 유적지나 건물을 가상 현실로 재현할 수도 있다.

그러나 앞서 말한 이 모든 발견은 증거가 사라진다면 미제로 남을 수밖에 없다. 아직도 밝혀지지 않은 수많은 정보들이 기술이 더욱 발전한 미래에는 어떠한 모습을 드러낼지 가늠하기 어렵다. 이를 위해서는 귀중한 유산의 도굴과 파괴를 방지하여 미래 세대들에게 충분한 연구 자료를 남겨 주어야 한다.

---

* **고고학**: 유물과 유적을 통하여 옛 인류의 생활, 문화 따위를 연구하는 학문.
* **광대하다**: 크고 넓다.
* **감흥**: 마음속 깊이 감동받아 일어나는 흥취.
* **입각하다**: 어떤 사실이나 주장 따위에 근거를 두어 그 입장에 서다.
* **허황되다**: 헛되고 황당하며 미덥지 못하다.
* **날조하다**: 사실이 아닌 것을 사실인 것처럼 거짓으로 꾸미다.
* **전적**: 이전에 이루어 놓은 업적.
* **불굴**: 온갖 어려움에도 굽히지 아니함.
* **영감**: 신령스러운 예감이나 느낌. 창조적인 일의 계기가 되는 기발한 착상이나 자극.
* **마모**: 마찰 부분이 닳아서 없어짐.
* **미제**: 수수께끼 같아서 잘 풀 수 없는 어려운 문제.

지문 정보 확인

1. 고고학자는 과거에 발생한 사건의 원인과 결과를 재구성하기 위해 애쓴다. (　　)

2. 고고학자의 추론은 우연이나 영감에 의해 이루어져야 한다. (　　)

3. 고고학의 연구 방법은 시간이 흐르면서 큰 변화를 겪었다. (　　)

1 윗글의 서술 방식에 대한 설명으로 적절하지 <u>않은</u> 것은?

① 구체적 사례를 활용하여 대상의 특성을 알기 쉽게 설명하고 있다.
② 미래의 상황에 대해 이야기하며 현재 우리가 해야 할 일을 밝히고 있다.
③ 핵심 개념이 지니고 있는 여러 속성들을 차례로 열거하며 상세히 설명하고 있다.
④ 사회적 문제를 제기한 후, 그 원인을 분석하고 이에 대한 해결책을 서술하고 있다.
⑤ 설명하고자 하는 대상과 다른 대상의 공통점을 밝히며 개념을 명확히 정리하고 있다.

2 윗글을 바탕으로 〈보기〉를 이해한 내용으로 적절한 것은?

보기

국립경주문화재연구소는 해자(垓子 · 적의 침입을 막기 위해 성 주위를 둘러서 판 물도랑 또는 못)를 둘러싼 구조물과 출토된 신라 시대 씨앗 및 열매 63종, 그리고 신라 시대 당시의 규조(물에 사는 식물성 플랑크톤) 등을 분석해서 해자와 주변의 식생 및 경관을 복원했다.

국립경주문화재연구소장은 "씨앗과 꽃가루를 분석한 결과 해자와 인접한 주변에는 초지, 즉 풀이 주로 자라는 환경이었을 것으로 추정된다."라고 밝혔다. 해자 속의 당대 규조류를 분석한 결과 계속해서 햇빛에 노출되었음을 가리키고 있었다는 것이다. 이것은 해자 주변이 나무가 없이 시야가 트인 공간이었음을 암시해 준다. 이 밖에 멀리 날아가는 특성이 있는 참나무와 소나무 꽃가루가 확인되어, 연구소 측에서는 느티나무 숲보다 멀리 떨어진 곳의 주변 산지에 참나무와 소나무 숲이 존재하는 것으로 복원했다. — 『○○신문』

① '해자'에서 발견된 '참나무와 소나무 꽃가루'는 고고학 연구의 목적에 해당한다.
② '해자'는 고고학적 발견이 우연에 의해 일어날 수도 있음을 보여 주는 사례이다.
③ 시간이 흘러도 '해자'에 대한 고고학적 연구 결과는 지금의 내용과 달라지지 않을 것이다.
④ '규조류'에 대한 분석은 고고학자가 증거를 바탕으로 논리적으로 추리하는 과정을 보여 준다.
⑤ '씨앗과 꽃가루'를 분석하는 기술은 아주 오래전부터 고고학에서 활용한 기술이었을 것이다.

전통 조각보의 아름다움

지문 구조&정답 및 해설 018쪽

조각보는 쓰다 남은 색색의 천 조각을 이어서 만든 것이다. 일상생활에서 쓰다 남은 천을 활용한 지혜의 소산으로, 주로 서민층에서 널리 사용되었다. 그런데 조각보 가운데에는 사용한 흔적이 전혀 없는 것도 많다. 현재 접할 수 있는 조각보의 대부분은 그것을 물려받은 집안의 장롱 속 깊이 간직되어 있던 것들이다. 이처럼 쓰지 않은 조각보가 많다는 사실에서 조각보는 특정한 목적을 염두에 두지 않고 만든 것이 많았음을 추측할 수 있다. 그렇다면 당장 쓰지 않을 물건을 정성 들여 만든 이유는 무엇일까?

천 조각을 나름대로 머릿속으로 그려서 마르고 꿰매어 잇는 작업은 상당히 공을 들여야 하는 일이다. 따라서 조각보를 만든 이유로 제작 자체의 즐거움도 빼놓을 수 없을 것 같다. 비록 예술 작품을 만든다는 의식으로 작업한 것은 아니겠지만 조각보를 만드는 동안 예술가가 작품을 창작할 때 가지는 희열을 느꼈을 법도 하다.

실제로 현재 남아 있는 조각보들을 보면 한결같이 조형 작품으로서 손색이 없다. 조형 예술 작품을 만들 때는 작품에 대해 구상을 하고 거기에 맞는 재료를 선택하는 것이 일반적이지만, 조각보는 선택의 여지가 없이 주어진 제한된 재료를 가지고 작품을 만들 수밖에 없었다. 버려질 운명이던 보잘것없는 조각을 모아 하나의 작품으로 만들 줄 알았던 능숙한 솜씨와 탁월한 미적 감각은 조각보를 예술적 평가의 대상이 되게 할 만하다.

[A]
조각보의 조각 천이 결합되어 있는 양상은 매우 다양하지만 몇 가지 패턴을 찾아볼 수 있다. 우선 조각 천 자체의 모양이 정사각형이거나 이등변 삼각형의 조각이 두 개나 네 개 모여 정사각형 모양을 이룬 것이 질서 정연하게 결합되어 있는 패턴이 있다. 이 경우 같은 색의 조각들이 사선을 이루도록 배치한 미적인 사고방식을 발견할 수 있다. 둘째, 보자기 중앙부의 네모꼴을 중심으로 동심원이 퍼져 나가듯 조각 천이 점차 확대되어 나가는 구조가 있다. 이때 보자기 중앙부가 우물 정 자를 이루도록 조각 천의 색과 면을 안배하거나 바람개비 날개가 돌아가듯 일정한 방향으로 회전하는 양상으로 조각 천을 배열함으로써 변화를 주었다. 셋째, 여의주문보라고 하여, 매우 작위적인 디자인을 보이는 이 조각보에는 일정한 크기의 원이 똑같은 크기의 겹친 부분을 네 군데 만들도록 서로 겹쳐져 있다. 그 결과 보자기 전체가 꽃 무리처럼 보이기도 하고 여의주가 겹쳐져 있는 것처럼 보이기도 한다.

그러나 구성미가 특히 빼어난 조각보들 중에는 조각 천들이 위와 같이 눈에 띄는 일정한 패턴을 형성하지 않고 자유롭게 결합된 것이 오히려 더 많다. 크기와 모양과 색상이 각양각색인 수십 개의 천 조각이 규칙성을 배제하면서도 산만하다거나 전체 속에 통합되지 못하고 따로 ㉠떨어진다는 느낌을 전혀 주지 않는다. 이것은 조각보에 계산된 질서의 미보다 한층 더 높은 미적 가치가 담겨 있음을 말해 준다.

＊소산: 어떤 행위나 상황 따위에 의한 결과로 나타나는 현상.

＊염두: 생각의 시초. 마음의 속.

＊마르다: 옷감이나 재목 따위의 재료를 치수에 맞게 자르다.

＊양상: 사물이나 현상의 모양이나 상태.

＊동심원: 같은 중심을 가지며 반지름이 다른 두 개 이상의 원.

＊안배하다: 알맞게 잘 배치하거나 처리하다.

＊작위적: 꾸며서 하는 것이 두드러지게 눈에 띄는 것.

＊배제하다: 받아들이지 아니하고 물리쳐 제외하다.

지문 정보 확인

1. 조각보는 주로 서민층에서 널리 사용된 물건이다. (　　)

2. 조각보 중에는 사용을 위한 목적이 없이 제작된 것도 있었다. (　　)

3. 조각 천이 결합되는 모양은 일정한 패턴을 띠고 있는 것일수록 예술성이 높다고 말할 수 있다. (　　)

1 윗글을 읽고 답을 할 수 있는 질문이 <u>아닌</u> 것은?

① 조각보를 만드는 데 사용된 재료는 무엇인가?
② 조각보를 만들어 사용한 계층은 주로 누구인가?
③ 일상생활에서 조각보는 어떤 용도로 사용되었는가?
④ 당장 사용하지 않을 조각보를 만든 이유는 무엇일까?
⑤ 조각보를 구성하는 조각 천의 모양에는 어떠한 것들이 있는가?

2 [A]에 사용된 설명 방식으로 가장 적절한 것은?

① 주요 개념에 대한 정의를 내리고 있다.
② 구체적 사례를 통해 핵심 개념에 대한 이해를 돕고 있다.
③ 주요 대상과 다른 대상과의 공통점과 차이점을 설명하고 있다.
④ 인과의 방식으로 대상이 구성되는 과정을 자세히 설명하고 있다.
⑤ 대상을 몇 가지 유형으로 나누어 그에 대해 구체적으로 설명하고 있다.

3 밑줄 친 표현 중 ㉠과 가장 유사한 의미로 쓰인 것은?

① 주머니에서 동전이 떨어졌다.
② 드디어 우리에게도 출동 명령이 떨어졌다.
③ 품질에서 다른 회사에 떨어지면 경쟁에서 진다.
④ 굵은 빗방울이 한두 방울씩 떨어지기 시작했다.
⑤ 지하철역은 우리 집에서 300미터쯤 떨어져 있다.

[1~5] 어휘의 뜻풀이와 어휘 ㉠~㉤을 바르게 연결하시오.
[6~10] 예문의 (   ) 안에 들어갈 어휘 ㉠~㉤을 바르게 연결하시오.

뜻풀이	어휘	예문
1 어떤 상황의 가변적 요인.	㉠ 불굴	6 그 학생은 우리 학교를 대표하기에 ( )이/가 없다.
2 온갖 어려움에도 굽히지 아니함.	㉡ 전적	7 투표 결과가 이번 협상에서 중요한 ( )이/가 될 것이다.
3 마찰 부분이 닳아서 없어짐.	㉢ 손색	8 ( )이/가 화려하다.
4 이전에 이루어 놓은 업적.	㉣ 변수	9 ( )의 정신.
5 다른 것과 견주어 보아 못한 점.	㉤ 마모	10 기계의 ( )이/가 심하다.

[11~15] 보기의 글자들을 조합하여 다음 뜻풀이에 해당하는 단어를 만드시오.

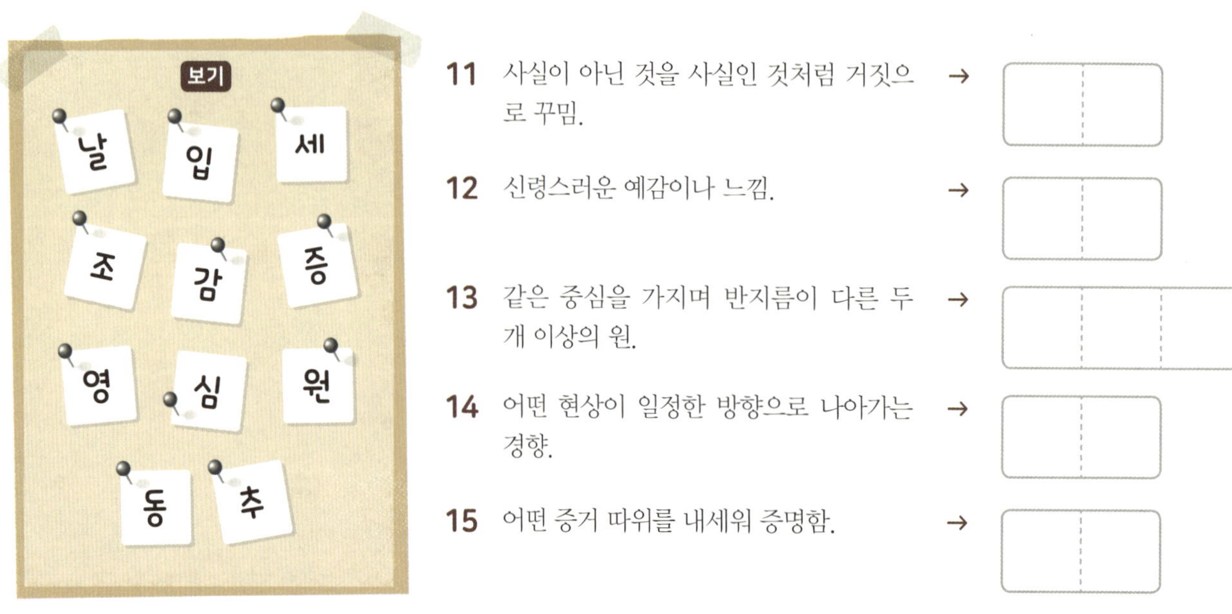

11 사실이 아닌 것을 사실인 것처럼 거짓으로 꾸밈. →

12 신령스러운 예감이나 느낌. →

13 같은 중심을 가지며 반지름이 다른 두 개 이상의 원. →

14 어떤 현상이 일정한 방향으로 나아가는 경향. →

15 어떤 증거 따위를 내세워 증명함. →

어휘 특강

소리는 같지만 뜻이 다른 단어를 동음이의어(同音異義語)라고 한다.

고르다¹ 타동사 ← 동음이의어 → **고르다³** 형용사

고르다

다의어

❶ (사람이 둘 이상의 대상에서 필요한 대상을) 가려 집어내다.
　예 아이는 많은 과자 중에서 빨간 막대사탕을 골랐다.

❷ (사람이 둘 이상의 사람에서 필요한 사람을) 가려 뽑다.
　예 면접관은 많은 사람 중에서 꼭 필요한 사람을 고르는 눈썰미를 갖추어야 한다.

다의어

❶ 다른 것들에 견주어 들쭉날쭉한 데가 없이 한결같다.
　예 치아가 고르다.

❷ (숨이나 날씨 따위가) 정상적이고 순조롭다.
　예 아이의 숨소리가 고르다.

두 가지 이상의 뜻을 가진 단어를 다의어(多義語)라고 한다.

설명 방법 파악 – 비교와 대조, 분류와 구분

독해 방법 Q&A

" 선생님, 글을 쓸 때 비교와 대조를 사용하는 이유는 뭘까요? "

우선 비교와 대조가 무엇인지는 알고 있겠지? 비교는 둘 이상의 사물에서 공통점과 차이점 등을 찾는 일이고, 대조는 둘 이상의 대상에서 반대되거나 대비되는 것을 찾는 일이란다. 아무 관련도 없는 두 대상을 설명하는 경우에는 비교와 대조를 쓸 필요가 없다는 뜻이지. 즉 두 대상을 비교하여 공통점과 차이점을 파악했을 때 더 중요한 사실을 알아낼 수 있다거나 대상에 대해서 더 명확하고 쉽게 이해할 수 있을 때 비교와 대조를 사용하는 거란다.

학습 점검표

STUDY 04 의 지문과 문제를 잘 학습했는지 체크한 후, 부족한 부분이 있다면 앞으로 돌아가서 다시 살펴보자~!

지문/문제		나의 체크			보완할 부분
고고학에 관한 서문		○ 1회독　○ 2회독 이상	○ 내용　○ 지문 구조　○ 어휘		
	1	○ 맞힘　○ 틀림	○ 내용　○ 개념&유형　○ 어휘		
	2	○ 맞힘　○ 틀림	○ 내용　○ 개념&유형　○ 어휘		
전통 조각보의 아름다움		○ 1회독　○ 2회독 이상	○ 내용　○ 지문 구조　○ 어휘		
	1	○ 맞힘　○ 틀림	○ 내용　○ 개념&유형　○ 어휘		
	2	○ 맞힘　○ 틀림	○ 내용　○ 개념&유형　○ 어휘		
	3	○ 맞힘　○ 틀림	○ 내용　○ 개념&유형　○ 어휘		

설명 방법 파악 – 인과, 분석

편향: 한쪽으로 치우침.

고수: 굳게 지킴.

담보: 맡아서 보증함.

검증: 검사하여 증명함.

관성: 사람의 말이나 행동에 버릇처럼 굳어진 습성.

손실: 감소하거나 잃어버려 입은 손해.

체감: 몸으로 어떤 감각을 느낌.

현저히: 뚜렷이 드러나 분명히.

콘텐츠: 인터넷이나 컴퓨터 통신 등을 통하여 제공되는 각종 정보나 그 내용물.

지문 정보 확인

1. 현상 유지 편향은 원시 시대의 습관, 보유 효과, 손실 회피 편향과 관련이 있다. (　)

2. 현상 유지 편향은 기업의 이윤 증대에 활용되고 있다. (　)

3. 보유 효과란 가지고 있는 것을 바꿨다가 손해 볼 것에 대해 인간이 지니고 있는 두려움이다. (　)

📖 지문 구조 & 정답 및 해설 020쪽

핸드폰을 개통할 때 할인을 받기 위해서 이런저런 부가 서비스에 가입하게 된다. 보통 처음 몇 달만 쓰면 된다는 말에 부가 서비스를 신청하지만 몇 달만 쓰고 해지하기보다는 계속해서 쓰는 사람들이 많다. 심리학자들은 이와 같은 현상이 발생하는 원인을 '현상 유지 편향'으로 설명했다. 현재 상황이 특별히 나쁘지 않은 한 변화를 시도할 경우, 좋아질 가능성과 나빠질 가능성이 존재하게 된다. 이때 변화를 시도함으로써 발생하는 손해를 회피하기 위해 현재 상황을 고수하려는 경향을 보이는 것을 현상 유지 편향이라고 한다.

어떤 심리학자들은 원시 시대 인류가 처한 환경이 현상 유지 편향을 낳았다고 분석했다. 원시인들에게 잠자리로 쓸 동굴을 결정하는 것과 어떤 버섯을 먹을지 말지를 결정하는 일은 생명을 담보로 하는 선택이다. 자칫 낯선 동굴에 들어가면 맹수를 만나거나 독충에게 쏘여 죽을 수도 있다. 못 보던 버섯을 함부로 먹었다가 그것이 독버섯일 경우 죽을 수도 있다. 따라서 원시인들이 특별한 변화나 확실한 정보가 없을 때 기존의 검증된 선택지만 고르는 것은 합리적인 선택이라고 할 수 있다.

그런데 현대 사회에서 버스를 탈 때 자리를 선택하는 것과 같은 일은 생명과는 무관한데도 많은 사람들은 기존의 선택을 바꾸지 않고 관성에 따라 선택하는 현상이 있다. 심리학자들은 현상 유지 편향이 발생하는 이유를 원시 시대의 습관으로만 제한하지 않고, '보유 효과'와 '손실 회피 편향'에서 찾았다. 사람들은 일반적인 상황에서 특별히 나쁘거나 큰 차이가 없다면 자신이 가진 것을 더 긍정적으로 평가하는 경향이 있는데, 이를 보유 효과라고 한다. 지금 내가 가진 것이 괜찮아 보이고, 혹시 쓸데없이 바꿨다가 손해 볼 것에 대한 두려움 즉 손실 회피 편향이 합쳐져 현상 유지 편향을 만든다는 것이다.

이러한 현상 유지 편향은 최근 주목받는 '구독 경제'의 비즈니스 모델을 설계하는 데 활용되고 있다. 구독 경제란 일정 금액을 내고 소비자가 원하는 상품이나 서비스를 정기적으로 공급받는 유통 형태를 말한다. 기업은 구독 경제와 연관된 상품을 설계하는 과정에서 구독 신청을 하고 나면 쉽게 변경하지 않는 소비자의 현상 유지 편향을 이용해 장기적으로 매출을 증대했다. 일시불로 제품을 판매하던 방식을 구독 형태로 바꾸면서 소비자가 피부로 체감하는 가격을 전보다 현저히 낮추어 비용 지불에 대한 심리적 부담이 감소했고, 이는 판매량 증가로 이어졌다. 음원 사이트나 콘텐츠 애플리케이션 기업에서 처음 1개월 동안 상품을 무료로 제공하거나 높은 할인율을 적용한 가격을 제시해 소비자가 상품을 구독하도록 유도한 후, 소비자가 무의식적으로 장기간 구독하는 시스템을 만드는 전략이 대표적이다. 특히 해지 과정을 번거롭거나 복잡하게 만들면 이와 같은 전략의 효과는 더욱 커진다.

1 윗글에 대한 설명으로 적절한 것을 〈보기〉에서 모두 고른 것은?

───── 보기 ─────

ㄱ. 현상 유지 편향이 기업에 끼치는 긍정적 측면과 부정적 측면을 비교하고 있다.
ㄴ. 현상 유지 편향이 발생하는 원인을 인간이 처한 환경, 성향과 관련지어 분석하고 있다.
ㄷ. 현상 유지 편향이 구독 경제에 활용되는 이유를 구독 경제의 특성과 연관시켜 분석하고 있다.
ㄹ. 현상 유지 편향을 설명하기 위해 보유 효과와 손실 회피 편향의 공통점과 차이점을 밝히고 있다.

① ㄱ, ㄴ　　　　　　② ㄱ, ㄷ　　　　　　③ ㄱ, ㄹ
④ ㄴ, ㄷ　　　　　　⑤ ㄷ, ㄹ

2 윗글을 바탕으로 〈보기〉에 대해 보인 반응으로 적절하지 <u>않은</u> 것은?

───── 보기 ─────

　독일은 전체 국민 중 12%가 장기 기증에 동의를 했고, 오스트리아는 100%에 가까운 국민이 장기 기증에 동의를 했다. 지리적으로 인접한 두 국가의 장기 기증에 동의한 국민 비율은 왜 차이가 나는 것일까? 대부분의 국가와 마찬가지로 독일에서는 장기 기증을 원하는 국민은 동의서를 작성하도록 하고 있다. 즉 장기 기증에 동의를 안 하는 것이 기본이고, 하고자 하는 사람은 별도로 신청하는 절차가 필요한 것이다. 그런데 오스트리아는 장기 기증에 동의하는 것을 기본으로 삼고 있고, 원하지 않는 국민은 전화 등을 통해 별도로 거부 의사를 밝히도록 하고 있다.

① 두 나라의 장기 기증에 동의하는 방법 차이가 동의 비율에 영향을 주었다고 볼 수 있군.
② 현상 유지 편향은 기업의 유통 방법에 활용될 뿐만 아니라 국가 정책에 활용되기도 하는군.
③ 독일의 장기 기증 동의 비율이 낮은 것은 국민이 별도의 동의서를 작성해야 하는 동의 절차에 대해 불만이 있기 때문이겠군.
④ 오스트리아가 장기 기증에 동의하는 것을 기본으로 삼은 것은 국민의 기본 선택을 바꾸지 않고 현재 상황을 고수하려는 경향을 활용한 사례로 볼 수 있겠군.
⑤ 오스트리아 국민은 장기 기증에 동의하는 기본 선택을 더 긍정적으로 평가하면서 다른 선택으로 바꾸는 것에 부담을 느껴서 대부분이 거부 의사를 밝히지 않았군.

코스타리카에서는 콧구멍에 플라스틱 빨대를 낀 채 피를 흘리는 바다거북이 포착되었고, 뉴질랜드의 바다에서 구조된 둥근 머리 돌고래의 배 속에는 80여 개의 비닐봉지가 들어 있었으며, 전 세계 천일염 브랜드 39개 중 36개 제품에서 미세 플라스틱이 발견되었다. 사람들이 함부로 버린 플라스틱 쓰레기가 바다를 오염시키고, 해양 생물을 해치고, 마침내 우리의 식탁에 올라 건강을 위협하고 있는 것이다. 이른바 ㉠'플라스틱의 역습'이 현실화되고 있다.

최초의 플라스틱은 당구공의 재료로 사용하던 코끼리 상아*를 대체할 물질을 찾다가 얻었다. 플라스틱은 제이 차 세계 대전 이후로 급격하게 대중화되기 시작하면서 단시간에 우리의 일상에서 없어서는 안 될 중요한 소재로 자리매김하였다. 그러나 ㉡인류에 무한한 축복이 되리라고 여겼던 플라스틱이 이제는 거대한 재앙*으로 바뀌고 있다. 자연에서 분해되지 않는 플라스틱이 계속 쌓이면서 지구 환경 오염의 주범이 되고 있는 것이다.

현재 전 세계 바다에는 1억 6천만 톤 이상의 플라스틱이 떠 있는 것으로 추정되고 있는데 매년 8백만 톤이 새로 유입되고 있다고 한다. 이 플라스틱 쓰레기의 대다수는 육지나 강에 아무렇게나 버려져 바다로 떠내려간 것으로, 바다에 떠다니다가 자외선, 파도, 소금기 때문에 점점 분해되어 미세 플라스틱을 배출*하게 된다. 미세 플라스틱은 크기가 5mm 이하인 것인데, 이것이 해양 플랑크톤의 먹이가 되고 플랑크톤은 해양 생물의 먹이가 된다. 그렇게 점점 올라간 먹이 사슬은 결국 인간에게까지 연결되어 인간의 체내에 쌓이게 되는 것이다.

번식을 위해 태평양의 어느 섬을 찾은 알바트로스라는 새의 사례는 충격적이다. 어미는 플라스틱을 먹이로 착각해 새끼에게 계속 물어다 주고, 이를 먹은 새끼들은 점차 죽어 간다. 죽은 새끼들의 위장에는 플라스틱 조각이 가득하다. 인근에 서식하는 물고기의 상황도 다르지 않은데, 바닷물에 플랑크톤보다 미세 플라스틱이 더 많기 때문이다. 인간이 지금까지와 마찬가지로 계속 플라스틱을 배출한다면 이로 인해 인간 역시 혹독한 대가를 치를 것으로 보인다.

이러한 플라스틱의 심각한 폐해*를 인식한 세계 각국은 최근 플라스틱 사용을 줄이기 위한 다양한 정책을 실시하고 있다. 영국은 지난 2015년부터 대형 유통업체들이 일회용 비닐봉지를 고객에게 무상으로 제공하지 못하도록 했다. 미국은 2019년부터 식당에서 플라스틱 빨대 사용을 금지하는 법안을 통과시켰고, 미국에 본사를 둔 유명 커피 체인점은 조만간 전 세계 모든 매장에서 플라스틱 빨대를 없애겠다고 발표했다. 최근 우리나라도 식당에서 일회용 컵, 일회용 비닐봉지 사용 금지 등의 법적 규제를 시행했다. 그러나 이러한 법적 노력보다 플라스틱 문제를 해결할 수 있는 근본적인 방법은 사람들이 생각과 행동을 바꿔 나가는 일일 것이다.

＊천일염: 일정한 공간에 바닷물을 가두어 놓고 햇볕과 바람으로 수분을 증발시키는 방법으로 얻는 소금.

＊역습: 갑자기 역으로 공격에 나섬.

＊상아: 코끼리의 위턱에 나서 입 밖으로 길게 튀어나온 엄니.

＊재앙: 뜻하지 않게 생긴 불행한 사고.

＊유입: 돈, 물품 따위의 재화가 들어옴.

＊배출: 안에서 밖으로 밀어 내보냄.

＊플랑크톤: 물속에 떠다니는 미생물의 총칭.

＊폐해: 폐단으로 생기는 해.

지문 정보 확인

1. 플라스틱은 지구 환경 오염의 주된 원인 중의 하나이다. ( )

2. 최초의 플라스틱은 코끼리 상아에서 얻었다. ( )

3. 미세 플라스틱은 먹이 사슬을 통해 인간의 체내에 쌓인다. ( )

1 윗글을 통해 알 수 있는 사실이 <u>아닌</u> 것은?

① 플라스틱의 기원
② 미세 플라스틱의 형성 과정
③ 해양 오염 방지를 위한 국제법 내용
④ 플라스틱으로 인한 해양 생물 피해 사례
⑤ 플라스틱 사용을 줄이기 위한 세계 각국의 정책

2 ㉠과 의미가 통하는 한자 성어로 가장 적절한 것은?

① 고진감래(苦盡甘來)
② 사필귀정(事必歸正)
③ 설상가상(雪上加霜)
④ 자승자박(自繩自縛)
⑤ 전화위복(轉禍爲福)

3 ㉡에 사용된 내용 전개 방식과 유사한 것은?

① 설명문이 독자에게 어떤 사실에 대한 정보 전달을 목적으로 한다면, 논설문은 독자를 설득시키는 것을 목적으로 한다.
② 과학 문명의 물질주의적인 사고방식이 무분별한 자연의 이용과 개발을 재촉하여 오늘날과 같은 생태계 위기를 초래하였다.
③ 버섯들 중에는 향과 맛이 좋아 식용으로 쓰이는 것이 많다. 이를테면 송이버섯, 팽이버섯, 양송이버섯, 느타리버섯 등이 그것이다.
④ 라면을 끓이는 방법은 먼저 적당량의 물을 끓인 후, 라면과 스프를 넣고 3분 정도 더 끓인다. 어느 정도 끓은 후 각자 기호에 따라 파와 달걀을 곁들일 수도 있다.
⑤ 국은 크게 소금이나 간장으로 간을 한 맑은장국, 된장을 풀어서 끓인 된장국, 뼈와 살코기 따위의 국거리를 넣고 푹 고아서 끓인 곰국, 찬물에 간장과 초를 쳐서 만든 냉국으로 나눌 수 있다.

[1~10] 보기 에서 어휘의 뜻풀이 또는 예문의 (   ) 안에 들어갈 어휘 ㉠~㉤을 찾아 쓰시오.

보기

| ㉠ 편향 | ㉡ 담보 | ㉢ 체감 | ㉣ 재앙 | ㉤ 유입 |

뜻풀이

1 뜻하지 않은 불행한 사고.　[　　]

2 돈·물품 따위의 재화가 들어옴.　[　　]

3 한쪽으로 치우침.　[　　]

4 맡아서 보증함.　[　　]

5 몸으로 어떤 감각을 느낌.　[　　]

예문

6 은행은 아파트를 (　　　)로 설정하고 돈을 빌려주었다.　[　　]

7 원전 사고로 발생한 방사능 오염수가 바다로 (　　　)된 사실이 밝혀졌다.　[　　]

8 현재 우리나라의 교육은 입시 위주의 교육으로 (　　　)되어 있다.　[　　]

9 지나치게 발달한 기술 문명이 (　　　)을/를 가져올 수 있다.　[　　]

10 오늘 바람이 많이 불어서 추위를 더 (　　　)할 수 있었다.　[　　]

[11~15] 다음에서 설명하는 어휘가 무엇일지 사다리를 연결하고 주어진 낱자를 활용하여 쓰시오.

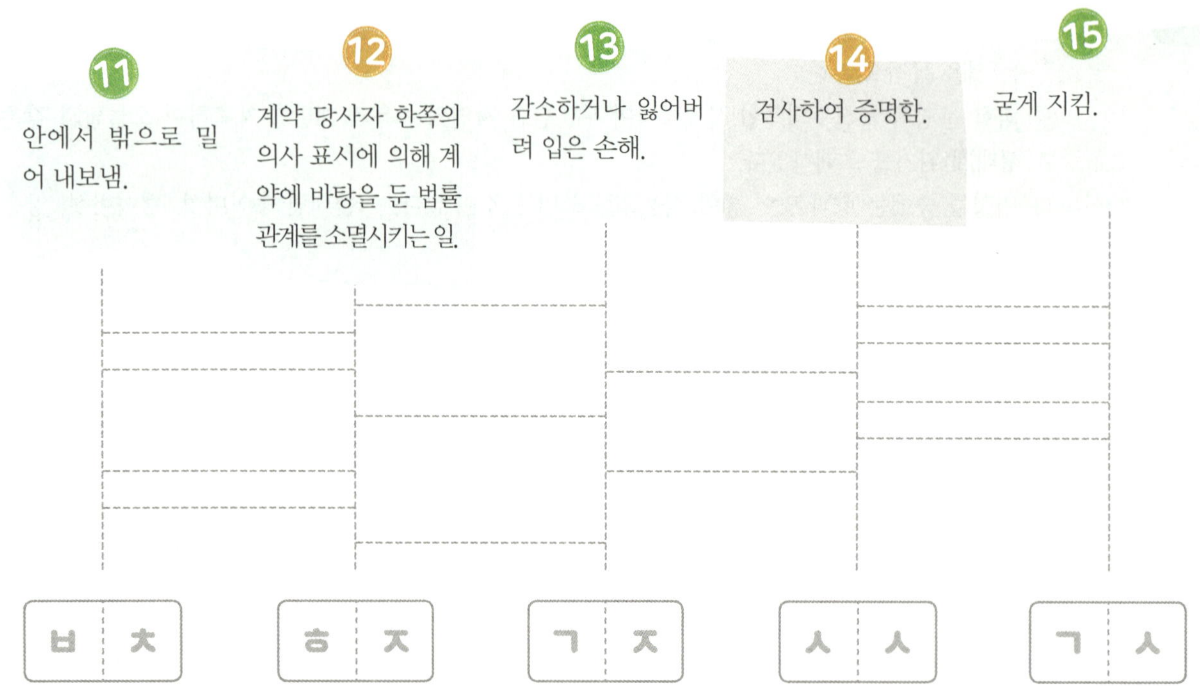

어휘 특강

비 비슷한 말   반 반대말

비 의문스럽다
보기에 의문 나는 데가 있다.
예 나는 그의 정체가 <u>의문스럽다</u>.

비 미심쩍다
분명하지 못하여 마음이 놓이지 않는 데가 있다.
예 만족스럽지 못하거나 <u>미심쩍은</u> 부분은 질문을 통하여 확인해야 한다.

비 수상하다
보통과는 달리 이상하여 의심스럽다.
예 <u>수상한</u> 기미를 보이다.

의심스럽다
확실히 알 수 없어서 믿지 못할 만한 데가 있다.
예 <u>의심스러운</u> 눈빛으로 바라보다.

반 믿음직하다
매우 믿을 만하다.
예 사람이 <u>믿음직해</u> 보인다.

반 미덥다
믿음성이 있다.
예 그는 아들이 <u>미덥지가</u> 않았다.

비 의아하다
의심스럽고 이상하다.
예 나는 그가 혼자 온 사실이 <u>의아하여</u> 그 이유를 물었다.

설명 방법 파악 – 인과, 분석

독해 방법 Q&A

> " 선생님, 글에 사용된 설명 방법 중에서 인과, 분석은 어떤 것인가요? "

말하고자 하는 바를 효과적으로 전달하기 위해서는 그에 맞는 설명 방법이 필요해. 인과는 원인과 결과를 중심으로 설명하는 방법이야. 예를 들면 '미세 먼지가 신체에 미치는 영향'을 설명할 때, 미세 먼지의 영향(원인)으로 생기는 신체 변화(결과)를 원인과 결과로 나누어 설명하는 것과 같은 것이지. 분석은 하나의 대상을 몇 개의 부분이나 구성 요소로 나누어 설명하는 방법이야. '인간의 신체 구조'나 '비행기의 구조' 등을 설명할 때 유용한 방법이지. 글에 사용된 설명 방법을 파악하기 위해서는 문단별 중심 화제를 살펴보고, 중심 화제를 설명하기 위해 사용한 설명 방법을 파악해야 함을 기억하자.

중심화제 파악
↓
중심 화제를 중심으로 문단별 내용 파악
↓
문단별로 사용한 설명 방법 파악

학습 점검표

STUDY 05의 지문과 문제를 잘 학습했는지 체크한 후, 부족한 부분이 있다면 앞으로 돌아가서 다시 살펴보자~!

지문/문제		나의 체크			보완할 부분
구독 경제에 숨어 있는 현상 유지 편향		○ 1회독 ○ 2회독 이상	○ 내용 ○ 지문 구조	○ 어휘	
	1	○ 맞힘 ○ 틀림	○ 내용 ○ 개념&유형	○ 어휘	
	2	○ 맞힘 ○ 틀림	○ 내용 ○ 개념&유형	○ 어휘	
플라스틱의 역습		○ 1회독 ○ 2회독 이상	○ 내용 ○ 지문 구조	○ 어휘	
	1	○ 맞힘 ○ 틀림	○ 내용 ○ 개념&유형	○ 어휘	
	2	○ 맞힘 ○ 틀림	○ 내용 ○ 개념&유형	○ 어휘	
	3	○ 맞힘 ○ 틀림	○ 내용 ○ 개념&유형	○ 어휘	

뚱보 균을 없애는 장내 미생물

지문 구조&정답 및 해설 024쪽

글의 핵심 내용, 설명 방법 연습

*배출: 안에서 밖으로 밀어 내보냄.

*분석: 물질의 성분을 물리·화학적 방법을 써서 알아내는 일.

*이식: 살아 있는 조직이나 장기를 생체로부터 떼어 내어, 같은 개체의 다른 부분 또는 다른 개체에 옮겨 붙이는 일.

*후속: 뒤를 이어 계속함.

*착상: 어떤 일이나 창작의 실마리가 되는 생각을 떠올림.

*추출: 전체 속에서 어떤 물건, 생각, 요소 따위를 뽑아냄.

지문 정보 확인

1. 인체 내 미생물의 90%는 장에 존재한다. ( )

2. 장내 미생물과 비만의 연관성은 실험을 통해 입증되었다. ( )

3. 장내 미생물이 불균형을 이루어도 건강에는 문제가 없다. ( )

영화 〈광해, 왕이 된 남자〉를 보면 궁궐 생활이 낯선 주인공이 대궐에서 변을 보는데 웃지 못할 상황이 나타난다. 왕의 건강 상태를 알아보기 위해 신하들이 대변을 맛보는 장면이다. 이 같은 장면은 다른 사극에서도 종종 볼 수 있다. 몸 밖으로 배출*된 음식 찌꺼기인 대변을 통해 건강 상태를 알아본다고 하니 의아하면서도 한편으로는 대변 속에 뭔가 특별한 게 들어 있는 건 아닌지 궁금증을 자아낸다.

우리 몸을 이루는 기본 단위는 세포이다. 세포는 우리 몸에 수십조 개가 존재한다. 그런데 이 세포보다 더 많이 우리 몸에 존재하는 생명체가 있다. 바로 미생물이다. 이들 미생물의 90%는 장에 존재하는데, 장에 존재하는 미생물을 장내 미생물이라고 부른다. 장내 미생물은 우리가 대변을 보면 그 대변 속에 같이 묻혀서 배출된다. 대변의 성분을 분석*해 보면 수분을 제외한 대부분을 장내 미생물이 차지하고 있다. 이 장내 미생물은 우리 몸에서 여러 가지 기능을 수행하지만 다양한 질병과도 관련이 깊은데, 그중 하나가 바로 비만이다.

장내 미생물과 비만의 연관성과 관련해 미국에서 흥미로운 연구가 진행되었는데 그 내용이 다소 충격적이다. 연구팀이 몸속 미생물을 없앤 쥐에게 뚱뚱한 쥐의 대변을 이식*했는데, 그 쥐가 뚱뚱해진 것이다. 반대로 마른 쥐의 대변을 이식했더니 그 쥐는 날씬해졌다. 뚱뚱한 쥐의 대변 속에 있는 장내 미생물이 쥐를 뚱뚱하게 만들고, 반대로 마른 쥐의 대변 속에 있는 장내 미생물이 쥐를 날씬하게 만든 것이다.

후속* 연구에서는 뚱뚱한 사람의 대변을 쥐에게 이식했더니 쥐가 뚱뚱해졌는데, 이는 사람이나 쥐나 뚱뚱한 생명체에는 비만을 일으키는 미생물이 존재하고, 반대로 마른 생명체에는 살을 빠지게 하는 미생물이 존재한다는 것을 의미한다. 뚱보 미생물과 홀쭉이 미생물이 따로 있다는 것이다.

여기에 착상*하여 비만을 해결하는 방법이 개발되었다. 바로 대변 이식술이다. 건강한 사람의 대변 속에 있는 장내 세균을 비만이거나 병든 사람에게 주입해 장내 세균 분포를 변화시키는 것이다. 물론 대변 그 자체를 주입하는 것은 아니다. 대변을 급속으로 냉동시켜 좋은 미생물을 추출*한 뒤 이를 내시경 등을 통해 환자의 장에 투입한다.

대변 이식의 핵심은 장내 미생물의 균형을 맞추는 것이다. 우리 몸속에는 수없이 많은 장내 미생물이 존재하는데 이 중에는 몸에 이로운 작용을 하는 미생물도 있지만, 반대로 몸에 해로운 작용을 하는 미생물도 있다. 건강한 사람은 이러한 미생물들이 균형을 이뤄 몸에 별다른 문제를 일으키지 않지만, 비만이거나 몸이 아픈 사람의 경우에는 몸에 해로운 미생물이 더 많아 건강에 안 좋은 영향을 끼치게 된다. 이 같은 불균형을 건강한 사람의 대변에서 추출한, 몸에 이로운 미생물을 이용하여 정상으로 되돌리려는 것이다. 대변이라는 용어 때문에 낯설기는 하지만, 대변 이식은 이미 선진국에서 시행되고 있을 만큼 인간의 질병 연구에 중요한 영향을 끼치고 있음을 알 수 있다.

1 윗글의 표제와 부제로 가장 적절한 것은?

① 장내 미생물의 종류
   – 미생물의 기능과 발생 원인을 중심으로
② 미생물의 탄생과 변화
   – 미생물의 움직임과 크기 변화를 중심으로
③ 장내 미생물 연구 현황
   – 미생물 연구를 통한 약품 개발 과정을 중심으로
④ 장내 미생물 연구의 의의
   – 장내 미생물의 균형 회복을 통한 비만 문제 해결
⑤ 장내 미생물의 효과
   – 장내 미생물이 일상생활에 미치는 부정적인 영향

2 윗글을 바탕으로 〈보기〉에 대해 보인 반응으로 가장 적절한 것은?

> **보기**
>
> 한국인의 장내 미생물을 분석하는 '스마일바이오미 프로젝트' 연구진은 나라마다 장내 미생물의 구성이 조금씩 다르다는 것을 밝혀냈다. 예를 들어 한국인의 장에서 가장 많이 발견되는 피르미쿠테스 등의 미생물은 미국인들에게서는 나타나지 않는다. 이런 경우 외국에서 장내 미생물과 관련된 약이 만들어지더라도 한국인에게는 맞지 않을 가능성이 높게 된다. 따라서 나라마다 다른 생활 환경을 갖고 있음을 고려해야 할 뿐만 아니라 우리의 대장 안에는 어떤 미생물들이 살고 있고, 어떤 특성을 지니고 있는지를 알아야 한다.

① 외국에서 생산된 장내 미생물과 관련된 약은 국내에서 판매할 수 없도록 규제해야겠군.
② 대변의 성분을 세밀하게 분석하여 장내 미생물의 종류를 명확하게 파악할 필요성이 있겠군.
③ 한국인의 장에서 발견되는 미생물과 미국인의 장에서 발견되는 미생물 간의 공통점을 찾아볼 필요가 있겠군.
④ 나라마다 비만에 영향을 줄 수 있는 요인이 다르다는 점을 인지하고 그 원인을 파악하기 위한 연구를 진행해야겠군.
⑤ 미국의 연구 결과를 참고하되, 장내 미생물이 식습관이나 문화와 밀접한 관계가 있을 수 있음을 간과해서는 안 되겠군.

📖 지문 구조 & 정답 및 해설 026쪽

스포츠에서 공정한 판정은 필수이다. 잘못된 판정으로 선수들의 땀과 노력에 대한 보상이 제대로 이루어지지 않을 수 있기 때문이다. 하지만 스포츠 경기에서는 사람(심판)의 눈으로 판단하기 힘든 순간이 발생하기도 한다. 때로는 경기 결과를 바꿀 수 있는 오심으로 인해 심판의 판정에 관련된 시비가 일어나기도 한다. 이 순간에 힘을 발휘하는 것이 바로 비디오 판독이다.

비디오 판독이란 경기를 초고속 카메라로 촬영한 영상을 자세히 들여다보고 분석한 뒤 판정의 근거로 사용하는 기술을 말한다. 스포츠 경기마다 각 종목에 특화된 비디오 시스템을 적용하고 있는데, 그중 '매의 눈'이라는 뜻의 '호크아이(Hawk-Eye)' 시스템은 테니스에서 오래전부터 도입해 써 왔던 것이다. 이 시스템은 경기에서 공의 위치와 궤적을 고속 카메라와 고성능 처리 과정으로 추적하고 통계적으로 분석하는 컴퓨터 시스템이다. 특히 테니스 경기에서는 공이 시속 200km를 넘나들기 때문에 공의 인·아웃을 판정하

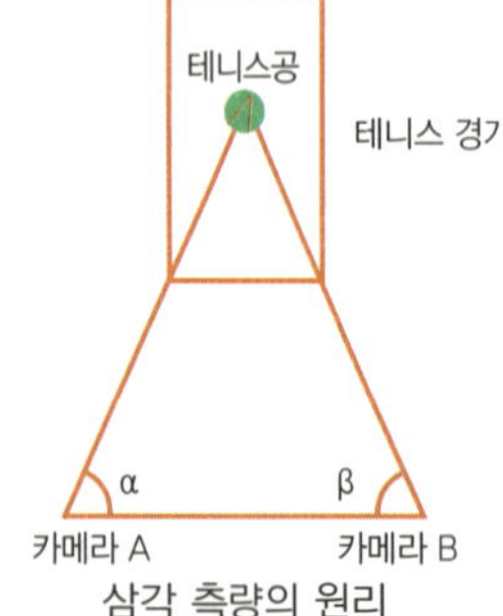

기 위해 공이 코트에 닿는 지점을 추적하는 데 호크아이 시스템이 유용하다. 호크아이 시스템은 경기장 안에서 다양한 각도와 위치에 설치된 초고속 카메라 여러 대가 촬영한 영상과 타이밍 정보를 종합해 삼각 측량의 원리로 공의 궤적을 파악한다. 삼각 측량은 고정된 한 점(카메라 A)과 다른 점(카메라 B) 사이의 각도를 측정해 또 다른 점(공)의 위치를 찾는 과정이다.

테니스의 경우 촬영 시간을 동일하게 맞춘 초고속 카메라를 6대 이상 이용한다. 카메라와 공 추적 장치에서 전송되는 영상 정보는 컴퓨터 시스템에서 고속으로 처리된다. 각 카메라는 움직이는 공을 서로 다른 각도에서 초당 100장(프레임) 찍는데, 호크아이 시스템은 동일한 시각에 다른 각도에서 촬영한 영상에서 배경과 공을 분리한 뒤, 3차원 공간에서 공이 이동하는 궤적을 알아낸다. 이렇게 재구성한 공의 궤적은 3차원 그래픽 영상으로 바뀌어 심판과 TV 중계진, 관중에게 실시간으로 전달된다. 또한 호크아이 시스템의 추적 시스템은 각 선수들의 움직임 및 경기 내용을 통계적으로 분석하는 데 활용될 수 있다. 그러므로 비디오 판독을 잘 활용한다면 판정 시비나 오심 논란을 잠재울 수 있는 장점이 있다.

[A] 그러나 비디오 판독 시스템이 오차 없이 모든 상황을 정확히 판단 내릴 수 있는 것은 아니다. 호크아이 시스템의 경우 테니스 경기에 적용할 때 생기는 평균 오차는 3.6mm이다. 때로는 정확한 판정을 내릴 수 있는 각도에서 촬영되지 않았거나, 카메라 움직임이 공의 속도를 따라가지 못해 판정이 불가능한 상황도 발생한다. 만일 고성능 카메라를 통해 고화질 영상을 얻을 수 없다면 정확한 판독이 어려우며, 짧은 시간 동안 여러 장면을 찾아 판단을 내리다 보면 오독이 일어나기도 한다. 결국 경기의 흐름을 끊지 않으면서 실시간으로 공의 정확한 위치를 알려 주는 기술이 확보되어야 비디오 판독으로 인한 또 다른 논란을 낳지 않을 것이다.

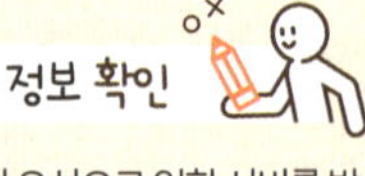

지문 정보 확인

1. 심판의 오심으로 인한 시비를 방지하기 위한 목적으로 도입한 것이 비디오 판독이다. ( )

2. 호크아이 시스템은 고성능 카메라가 아니어도 공의 위치를 정확하게 추적할 수 있다. ( )

3. 호크아이 시스템은 공의 궤적을 3차원 그래픽 영상으로 재구성한다. ( )

1 윗글의 내용과 일치하지 <u>않는</u> 것은?

① 스포츠 경기마다 각 종목의 특성에 맞는 비디오 판독 시스템이 존재한다.

② 호크아이 시스템에서 3차원 그래픽 영상으로 변환된 공의 궤적은 관중에게도 실시간으로 전달된다.

③ 삼각 측량은 고정된 한 카메라와 다른 카메라가 공과 이루는 각도를 측정해 공의 위치를 찾는 방식이다.

④ 호크아이 시스템은 동일한 시각에 같은 각도에서 여러 번 촬영한 영상을 바탕으로 공의 궤적을 알아낸다.

⑤ 호크아이 시스템은 정확한 판정 기능 이외에도 선수들의 활동과 경기 내용을 분석하는 데 유용하게 활용될 수 있다.

2 [A]를 참고하여 〈보기〉의 내용을 이해한 것으로 가장 적절한 것은?

> 보기

한국 프로 야구(KBO) 리그에서는 2017 시즌부터 비디오 판독을 도입하였다. 판독 업무를 판독 센터로 넘겨 경기 시간을 단축하고자 했으나 오히려 시간이 길어진 판정도 상당히 많았다. 비디오 판독은 고배율의 초고속 카메라가 필요한데, KBO 카메라의 성능이 방송사 카메라보다 떨어져 판독 결과에 대해 의문을 갖는 보도가 나오기도 했다.

① 스포츠 경기에서 비디오 판독을 실행하는 횟수를 엄격하게 제한해야겠군.

② 비디오 판독을 실시하여도 경기의 흐름에는 영향을 주지 않으므로 비디오 판독 사용 횟수를 늘려야겠군.

③ 비디오 판독 시스템의 신뢰성을 확보하기 위해서는 정확한 판단을 내릴 수 있는 기술력 확보가 중요하겠군.

④ 비디오 판독이 스포츠 경기에서 차지하는 비중이 커지면서 심판의 권위가 점차 떨어지고 있음을 알 수 있군.

⑤ 비디오 판독으로 인한 오심이 발생할 수 있다는 점을 인정하고, 심판에게 판정의 권한을 더욱 강하게 부여해야겠군.

[1~10] 보기 에서 어휘의 뜻풀이 또는 예문의 (　) 안에 들어갈 어휘 ㉠~㉤을 찾아 쓰시오.

보기

㉠ 후속　　㉡ 공정　　㉢ 측량

㉣ 궤적　　㉤ 오차

1 공평하고 올바름.

[　　]

2 뒤를 이어 계속함.

[　　]

3 실제로 셈하거나 측정한 값과 이론적으로 정확한 값과의 차이.

[　　]

4 물체가 움직이면서 남긴 움직임을 알 수 있는 자국이나 자취를 이르는 말.

[　　]

5 지표의 각 지점의 위치와 그 지점들 간의 거리를 구하고 지형의 높낮이, 면적 따위를 재는 일.

[　　]

6 (　　)을/를 줄일 수 있도록 길이를 정확히 측정해야 한다.

[　　]

7 (　　)한 결과를 얻기 위해서는 규칙을 지켜야 한다.

[　　]

8 문제 상황을 완전히 해결하기 위해서는 (　　) 대책을 마련해야 한다.

[　　]

9 토지를 (　　)하는 일은 쉽지 않다.

[　　]

10 항공기의 비행 (　　)을/를 자세히 살펴보려면 기계의 도움을 빌려야 한다.

[　　]

[11~15] 다음에서 설명하는 어휘가 무엇일지 주어진 낱자를 활용하여 쓰시오.

11 살아 있는 조직이나 장기를 생체로부터 떼어 내어, 같은 개체의 다른 부분 또는 다른 개체에 옮겨 붙이는 일.

12 재능, 능력 따위를 떨치어 나타냄.

13 전체 속에서 어떤 물건, 생각, 요소 따위를 뽑아냄.

14 어떤 일이나 창작의 실마리가 되는 생각을 떠올림.

15 사물의 자취를 더듬어 감.

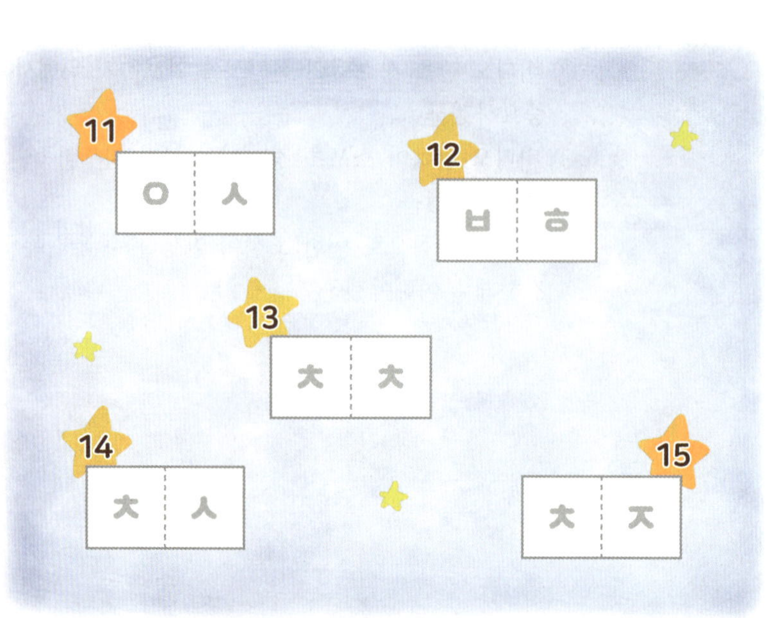

어휘 특강

● 헷갈리는 맞춤법 ●

'-데'

'-데'는 '-더라'의 의미로, 과거에 직접 경험한 내용임을 뜻한다.
- 예 · 진수가 말을 아주 잘하데.
  - → 진수가 말하는 것을 직접 본 상황임
  - · 신랑이 엄청 멋지데.
    - → 신랑을 직접 보고 멋지다고 생각함

VS

'-대'

'-대'는 '-다고 해'의 준말로, 남의 말을 전달하는 내용임을 뜻한다.
- 예 · 진수가 아주 똑똑하대.
  - → 진수에 대해 남에게 듣고 전달함
  - · 신랑이 엄청 멋지대.
    - → 신랑을 본 사람의 말을 전달함

'-던지'

'-던지'는 과거 회상의 의미로 쓰인다.
- 예 · 얼마나 춥던지 손이 곱아 펴지지 않았다.
  - · 동생도 놀이가 재미있었던지 더 이상 엄마를 찾지 않았다.

VS

'-든지'

'-든지'는 선택의 의미로 쓰인다.
- 예 · 노래를 부르든지 춤을 추든지, 한 가지는 해야 한다.
  - · 싫든지 좋든지 이 길로 가는 수밖에 없다.

독해 방법 Q&A

> " 선생님, 글의 중심 내용을 파악하기 위한 방법에는 어떤 것이 있을까요? "

글의 중심 내용은 글 전체에 나타난 생각의 핵심이 되는 것을 말한단다. 글의 내용 확인하기, 글의 주제 파악하기, 글의 핵심어 파악하기 등은 모두 이와 관련이 있지. 따라서 글의 중심 내용을 파악하기 위해서는 글에서 반복적으로 등장하는 핵심어를 찾아야 하며, 이를 중심으로 문장의 중요도를 평가하며 중심 내용을 찾아야 해. 또한 글의 전개 방식을 파악한다면 앞뒤 문단의 의미 관계가 어떻게 되는지 파악하기 쉽기 때문에 글 전체의 중심 내용 파악에 도움이 된단다.

핵심어 찾기
↓
문장의 중요도 평가
↓
글의 전개 방식을 통해 문단의 의미 관계 파악

학습 점검표

STUDY 06의 지문과 문제를 잘 학습했는지 체크한 후, 부족한 부분이 있다면 앞으로 돌아가서 다시 살펴보자~!

지문/문제		나의 체크			보완할 부분
뚱보 균을 없애는 장내 미생물		○ 1회독　○ 2회독 이상	○ 내용　○ 지문 구조　○ 어휘		
	1	○ 맞힘　○ 틀림	○ 내용　○ 개념&유형　○ 어휘		
	2	○ 맞힘　○ 틀림	○ 내용　○ 개념&유형　○ 어휘		
스포츠의 비디오 판독, 매의 눈 '호크아이'		○ 1회독　○ 2회독 이상	○ 내용　○ 지문 구조　○ 어휘		
	1	○ 맞힘　○ 틀림	○ 내용　○ 개념&유형　○ 어휘		
	2	○ 맞힘　○ 틀림	○ 내용　○ 개념&유형　○ 어휘		

개념 디렉토리

어떻게 읽느냐에 따라 의미가 달라진다!

한 권의 책, 한 편의 글을 읽는 사람들의 생각은 모두 같을까? 같은 내용이라도 읽는 사람이 어떤 목적이나 방법으로 읽는가에 따라 글의 의미는 여러 가지가 될 수 있다. 그리고 글을 잘 읽는 사람은 한 편의 글을 읽고도 여러 가지 의미를 발견해 낼 수 있다. 다양한 독서의 방법을 알고 독서의 목적을 고려해 가며 글을 읽으면 글의 의미를 더욱 풍부하게 할 수 있다.

사실적 독해

• 사실적 독해의 개념

사실적 독해는 글의 내용을 정확하게 파악하는 것을 목적으로 하는 독해 방법을 말한다. 글을 읽으면서 떠오르는 생각이나 글을 읽는 상황 등은 고려하지 않고, 글의 내용을 객관적으로 파악하는 것이다.

• 사실적 독해의 방법

– 단어의 의미를 바탕으로 문장의 의미를 확인하고, 문장의 의미를 모아서 문단의 의미를 파악한다.
– 글에서 핵심이 되는 단어나 화제 등을 찾고, 글쓴이가 그에 대해 설명한 내용을 찾는다.
– 문장 중에서 중심이 되는 문장을 찾아보고, 문단 중에서 중심이 되는 문단을 찾아본다.
– 글의 내용을 요약해 보고, 글의 구조를 머릿속으로 그려 본다.

추론적 독해

• 추론적 독해의 개념

추론적 독해는 글쓴이가 글을 쓴 의도와 목적, 또는 숨겨진 주제 등을 생각해 보는 독해 과정이다. 글쓴이가 주제를 명확하게 밝히는 경우도 있지만 그렇지 않은 경우도 있으므로, 글에서 생략된 내용을 생각해 보며 글을 읽는 것이다.

• 추론적 독해의 방법

– 글을 읽으며 문장들 사이에서 생략된 내용이 무엇일지 생각해 본다.
– 글쓴이가 글을 쓴 목적이 무엇일지 추측해 본다.

비판적 독해

• 비판적 독해의 개념

글을 읽을 때에는 글쓴이의 생각에 무조건 동의하는 것이 아니라, 글의 내용을 받아들일 것인지 받아들이지 않을 것인지 따져 보아야 한다. 글에서 사용한 자료나 글의 내용, 글쓴이의 관점 등에 대해 판단하며 읽는 것이 비판적 독해이다.

• 비판적 독해의 방법

- 글쓴이의 주장이나 근거가 올바른지 그렇지 않은지 생각해 본다.
- 글쓴이의 주장이 어느 한쪽으로 치우치지 않았는지 생각해 본다.
- 글쓴이가 사용한 자료가 글의 내용에 잘 맞는지 생각해 본다.

창의적 독해

• 창의적 독해의 개념

창의적 독해는 글을 읽으면서 글쓴이의 생각과 자신의 생각을 종합하여 새로운 의미를 만들어 내는 독해 과정이다. 글쓴이의 생각에 동의하기만 하는 것이 아니라, 자신의 생각을 더하여 부족한 부분을 채우거나 새로운 문제에 적용해 볼 수도 있다.

• 창의적 독해의 방법

- 글의 내용을 자신의 관점에서 재구성해 보면서 자신의 생각을 덧붙여 본다.
- 글을 읽으면서 자신의 주변에 이와 유사한 문제가 없는지, 이 글을 읽고 내 주변이나 사회의 문제를 해결할 수 있는지 생각해 본다.

여러 가지 독서의 방법들

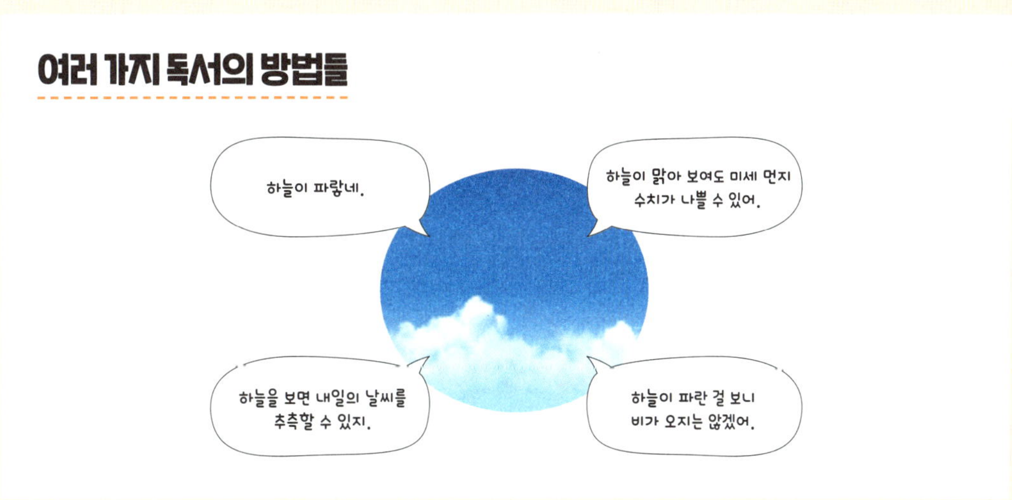

정신과 신체가 별개라고 생각한 데카르트

지문 구조 & 정답 및 해설 028쪽

내용 추론

17세기의 철학자 데카르트는 정신과 신체의 관계를 분리하여 생각하는 심신 이원론(心身二元論)을 주장하였다. 그는 정신은 사유(思惟)를 담당하며, 신체는 자연의 법칙에 따라 자동적으로 삶을 유지한다고 생각했다. 데카르트에 의하면 정신과 신체는 철저하게 구분되며 독립적으로 존재할 수 있다. 데카르트는 여러 동물 중에서 인간만이 정신과 신체라는 두 가지 실체로 이루어져 있다고 주장한다.

심신 이원론에서 중요한 것은 정신과 신체의 연결 고리를 찾는 일이었다. 이에 대해 데카르트는 정신과 신체가 뇌 안의 '송과선'에서만 접촉하며, 정신은 송과선을 제외한 신체의 어느 부분에도 영향을 받지 않는다고 생각했다. 신체가 지각한 내용이 신경을 통해 혈액을 자극하면 그것이 송과선을 통해 정신으로 전달된다. 정신은 신체에서 일어나는 모든 운동을 낱낱이 알 수는 없으며 포괄적으로만 의식할 수 있다. 우리가 고통을 느낄 때 위치를 착각한다거나, 소화 운동에 대해서 거의 인식하지 못하는 이유가 바로 이 때문이다.

데카르트의 심신 이원론이 지니는 한계는 정신과 신체를 서로 독립된 실체로 인정했다는 것에서 비롯된다. 독립된 실체라는 것은 어느 하나가 없어도 다른 것이 존재할 수 있다는 의미이며, 서로에게 의존하지 않는다는 의미이다. 데카르트에 의하면 인간이 아닌 동물은 정신이 없는 신체일 뿐이다. 반면 천사나 신은 신체가 없는 정신일 뿐이다.

그러나 신체 중 일부가 불에 데었다고 가정해 보자. 그 신체의 변화는 일정한 고통을 일으킨다. 그리고 고통을 겪은 사람은 자신이 겪은 고통에 대해서 생각하고, 되도록 그것을 피하려고 생각할 것이다. 이는 신체가 정신에 영향을 준 것이다. 반대 방향도 역시 성립한다. 예를 들어 손을 올리려고 하는 사람의 정신은 신체인 손이 올라가는 것에 영향을 준다. 이는 정신이 신체에 영향을 준 것으로 볼 수 있다.

정신과 신체는 서로 독립적으로 존재하는 것은 아니며 인과 관계를 맺고 있다. 그러나 데카르트의 심신 이원론은 정신과 신체를 독립된 실체로 생각했기 때문에 정신이 신체에 영향을 미치는 경우나 그 반대의 인과 관계를 잘 설명하지 못한다. 이 때문에 20세기의 철학자 라일(G. Ryle)은 데카르트의 심신 이원론을 ㉠'기계 속의 유령'이라는 말을 사용하여 비판하기도 했다.

＊사유: 개념, 구성, 판단, 추리 따위를 행하는 인간의 이성 작용.

＊독립적: 남에게 의존하거나 예속되지 아니한 것.

＊실체: 늘 변하지 아니하고 일정하게 지속하면서 사물의 근원을 이루는 것.

＊송과선: 좌우 대뇌 반구 사이 셋째 뇌실의 뒷부분에 있는 솔방울 모양의 내분비 기관.

＊지각하다: 알아서 깨닫다.

＊포괄적: 일정한 대상이나 현상 따위를 어떤 범위나 한계 안에 모두 끌어넣는.

＊의존하다: 다른 것에 의지하여 존재하다.

＊가정: 사실이 아니거나 또는 사실인지 아닌지 분명하지 않은 것을 임시로 인정함.

＊성립: 일이나 관계 따위가 제대로 이루어짐.

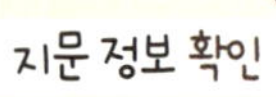

지문 정보 확인

1. 데카르트는 정신과 신체를 분리하여 생각했다. ( )

2. 데카르트는 정신이 신체에서 일어나는 모든 운동을 낱낱이 알 수 있다고 생각했다. ( )

3. 데카르트는 정신과 신체가 뇌의 일정한 부분에서만 접촉한다고 생각했다. ( )

1 윗글에 대한 설명으로 가장 적절한 것은?

① 심신 이원론의 변화 과정을 시간에 따라 설명하고 있다.
② 심신 이원론의 특징을 제시한 후 그 한계를 언급하고 있다.
③ 구체적인 사례를 제시하여 데카르트의 주장을 뒷받침하고 있다.
④ 여러 철학자들의 의견을 바탕으로 심신 이원론을 설명하고 있다.
⑤ 심신 이원론이 지닌 문제점과 그에 대한 해결책을 제시하고 있다.

2 윗글의 내용과 일치하지 <u>않는</u> 것은?

① 데카르트는 정신과 신체를 독립된 별개의 실체로 생각했다.
② 데카르트는 인간만이 정신과 신체로 구성되었다고 주장했다.
③ 데카르트는 정신이 모든 신체 활동을 파악하고 있다고 말했다.
④ 데카르트의 이론은 정신과 신체의 인과 관계를 설명할 수 없다.
⑤ 데카르트는 송과선에 의해 정신과 신체가 연결된다고 생각했다.

3 ㉠에 대한 이해로 적절하지 <u>않은</u> 것은?

① 데카르트가 제시한 정신은 '유령'과, 신체는 '기계'와 대응된다.
② 데카르트 이론의 한계를 보완하기 위해 라일이 사용한 말이다.
③ 심신 이원론이 지니고 있는 문제점에 대한 비판적 인식이 담겨 있다.
④ 데카르트에 따르면 동물은 정신이 결여되어 있으므로 '기계'로 볼 수 있다.
⑤ 데카르트에 따르면 천사나 신은 신체가 결여되어 있으므로 '유령'으로 볼 수 있다.

낭만주의는 어떻게 출발했을까?

지문 구조＆정답 및 해설 030쪽

고전주의는 절대적이고 엄격한 미(美) 관념에 입각하여 작품의 규칙을 세우는 문예 사조이다. 고전주의는 일종의 귀족 문화로서 복잡한 것보다 간단한 것을, 파격보다 균형을, 동적인 것보다 정적인 것을 추구한다. 그러나 18세기 중반, 유럽의 시민 문화가 발달하게 되면서 귀족 문화가 서서히 무너지기 시작하였다. 낭만주의는 바로 이러한 움직임에서 출발하였다.

낭만주의의 시작과 떼어 낼 수 없는 관계에 있는 것이 바로 과학 기술의 발전과 산업 혁명이다. 과학 기술의 발전은 생산 활동에 크게 기여하였으며, 기술의 발전을 바탕으로 한 생산의 증가는 산업 혁명의 토대가 되었다. 산업 혁명은 자연스럽게 시민 계층의 경제적 지위 향상을 가져왔다. 사람들은 농촌을 떠나 도시의 공장에 몰려들게 되었고, 과거와 비교해 삶의 기반은 근본적으로 달라졌다. 18세기에 농촌 공동체가 해체되면서 사람들은 도시의 삶에 적응해야만 했다.

이렇게 변화된 삶의 기반 속에서 사람들 사이에는 개인주의와 물질 만능주의가 널리 퍼지게 되었다. 산업 사회의 비인간적인 모습 속에서 작가는 진정한 삶의 모습이나 인간성을 확인하려고 노력하였으며, 이를 기존의 고전주의와는 다른 방법으로 표현하려 했던 것이다. 그렇기 때문에 낭만주의는 시민 문화의 성격이 강하며, 균형보다 파격을, 정적인 것보다 동적인 것을 추구하는 등 고전주의와는 상반된 특징을 보인다.

낭만주의는 자연스럽게 예술 작품의 창작 환경에도 변화를 가져왔다. 고전주의 시대에 예술 작품을 소비하는 계층은 주로 귀족이었다. 귀족은 작가에게 자신의 취향을 반영하도록 요구하는 위치에 있었다. 그러나 시민 계층은 그러한 요구를 할 수 있는 위치에 있는 것은 아니었다. 따라서 작가에게는 외부의 간섭 없이 작품을 창작할 수 있는 환경이 만들어질 수 있었고, 작가가 하나의 독립적 존재로 자리 잡을 수 있었던 것이다.

＊입각하다: 어떤 사실이나 주장 따위에 근거를 두어 그 입장에 서다.

＊문예 사조: 한 시대를 통하여 문예를 창작하는 데에 근원이 되는 사상의 흐름.

＊동적: 움직이는 성격의 것.

＊정적: 정지 상태에 있는 것.

＊산업 혁명: 18세기 후반부터 약 100년 동안 유럽에서 일어난 생산 기술과 그에 따른 사회 조직의 큰 변화. 수공업적 작업장이 기계 설비에 의한 큰 공장으로 전환되었는데, 이로 인하여 자본주의 경제가 확립되었다.

＊토대: 어떤 사물이나 사업의 밑바탕이 되는 기초와 밑천을 비유적으로 이르는 말.

＊기반: 기초가 되는 바탕. 또는 사물의 토대.

＊개인주의: 사회나 국가 따위의 집단보다 개인이 존재에 있어서도 먼저이고, 가치에 있어서도 상위라고 생각하는 사상.

＊물질 만능주의: 돈을 최고의 가치로 여겨 돈만 있으면 무엇이든지 마음대로 할 수 있다는 사고 방식이나 태도.

지문 정보 확인

1. 고전주의와 낭만주의는 상반된 특징을 지니고 있다. (　　)

2. 농촌에서 도시로 삶의 기반이 변화되면서 개인주의와 물질 만능주의가 만연하게 되었다. (　　)

3. 고전주의 시대에는 예술 작가의 지위가 독립적이지 않았다. (　　)

1 윗글에 대한 설명으로 가장 적절한 것은?

① 여러 문예 사조의 특징을 병렬적 구조로 제시하고 있다.
② 문예 사조들을 비교하며 공통점을 중심으로 서술하고 있다.
③ 문예 사조의 필요성에 대한 글쓴이의 견해가 제시되어 있다.
④ 문예 사조가 형성된 사회적 배경을 분석적으로 제시하고 있다.
⑤ 문예 사조에 따른 작가의 창작 방법을 예를 들어 설명하고 있다.

내용 추론

2 윗글을 바탕으로 〈보기〉의 (가)와 (나)에 대해 보인 반응으로 적절하지 <u>않은</u> 것은?

보기

(가)

(나)

미술 선생님: (가)는 고전주의 조각 작품의 대표작이고, (나)는 낭만주의 회화 작품의 대표작입니다. 두 작품의 특징을 이야기해 볼까요?

① (가)는 귀족들이 주로 감상한 작품입니다.
② (나)는 사회 구조의 변화와 관련이 있을 것입니다.
③ (가)는 정적인 데 비해 (나)는 동적인 특성이 강합니다.
④ (나)는 (가)와 달리 균형보다는 파격을 추구했을 것 같습니다.
⑤ (가)와 (나)를 창작할 때 작가의 독립성은 지켜지지 않았습니다.

어휘 확인

[1~5] 어휘의 뜻풀이와 어휘 ㉠~㉤을 바르게 연결하시오.
[6~10] 예문의 (   ) 안에 들어갈 어휘 ㉠~㉤을 바르게 연결하시오.

뜻풀이

1 사실이 아니거나 또는 사실인 지 아닌지 분명하지 않은 것을 임시로 인정함.

2 어떤 사물이나 사업의 밑바탕 이 되는 기초와 밑천을 비유적 으로 이르는 말.

3 실제의 물체, 또는 외형에 대한 실상.

4 기초가 되는 바탕. 또는 사물의 토대.

5 일정한 대상이나 현상 따위를 어떤 범위나 한계 안에 모두 끌 어넣는.

어휘

㉠ 가정

㉡ 토대

㉢ 포괄적

㉣ 실체

㉤ 기반

예문

6 그의 의식 속에는 만약이라는 (   )이/가 항상 존재한다.

7 발전의 (   )을/를 마련하다.

8 그의 (   )이/가 온세상에 밝혀졌다.

9 발표의 내용이 너무 (   ) 이다.

10 판소리는 설화에 (   )을/를 두고 형성되었다.

[11~15] 보기의 글자들을 조합하여 다음 뜻풀이에 해당하는 단어를 만드시오.

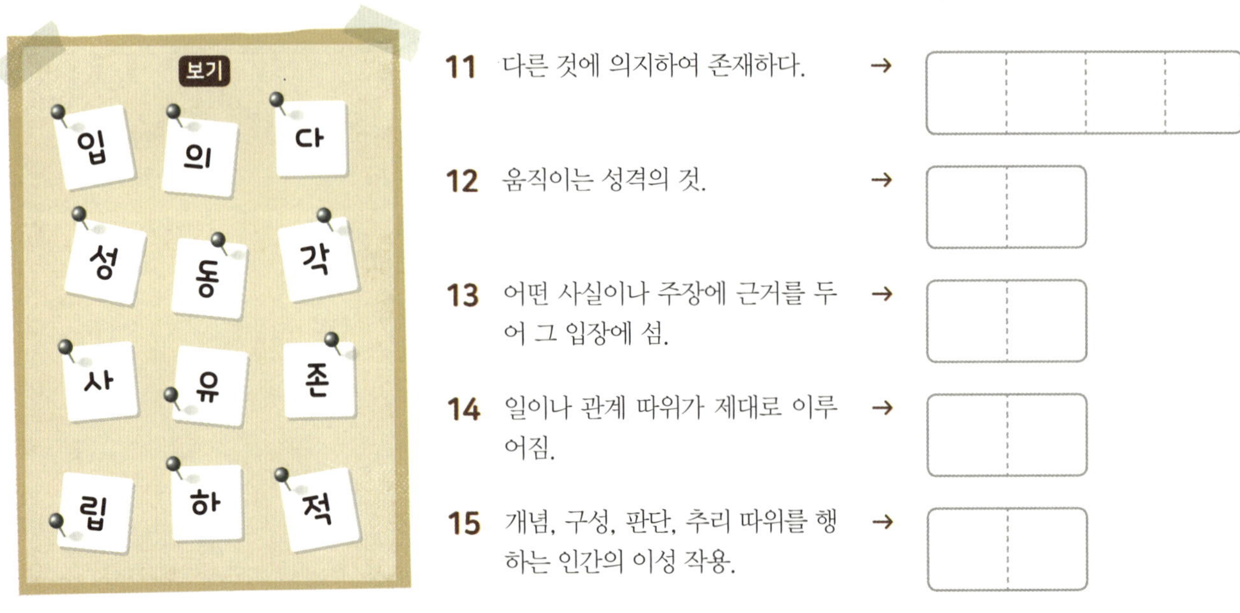

11 다른 것에 의지하여 존재하다. →

12 움직이는 성격의 것. →

13 어떤 사실이나 주장에 근거를 두 어 그 입장에 섬. →

14 일이나 관계 따위가 제대로 이루 어짐. →

15 개념, 구성, 판단, 추리 따위를 행 하는 인간의 이성 작용. →

어휘 특강

소리는 같지만 뜻이 다른 단어를 동음이의어(同音異義語)라고 한다.

이르다² 동사 ← 동음이의어 → **이르다¹** 동사

이르다

이르다² 동사 / 다의어

❶ 무엇이라고 말하다.
　예) 아이들에게 주의하라고 일렀다.

❷ 타이르다.
　예) 학생에게 주의 사항을 일렀다.

❸ 미리 알려 주다.
　예) 친구에게 약속 시간을 일러 주다.

❹ 어떤 사람의 잘못을 윗사람에게 말하여 알게 하다.
　예) 언니가 엄마에게 내가 늦잠 자는 것을 일렀다.

이르다¹ 동사 / 다의어

❶ 어떤 장소나 시간에 닿다.
　예) 자정에 이르러서야 집에 돌아왔다.

❷ 어떤 정도나 범위에 미치다.
　예) 죽을 지경에 이르다.

두 가지 이상의 뜻을 가진 단어를 다의어(多義語)라고 한다.

내용 추론

독해 방법 Q&A

" 선생님, 추론적 독해의 방법에는 어떤 것이 있나요? "

추론은 어떠한 판단을 근거로 삼아 다른 판단을 이끌어 내는 것이야. 따라서 추론적 독해는 글에 드러나지 않은 정보를 문맥과 배경지식을 활용하여 이끌어 내는 것이지. 추론적 독해에는 경험, 배경지식 등을 활용하여 글에서 생략된 내용을 추론하는 것, 글쓴이의 의도, 목적 등 표면에 드러나지 않은 중심 내용을 추론하는 것, 다양한 독서의 맥락을 고려하여 의미를 구성하는 것, 글의 내용을 종합하고 분석하는 것 등이 있단다.

글에 드러난 정보 파악
(사실적 독해)
↓
문맥, 배경지식 활용
↓
글에 드러나지 않은
정보 파악(추론적 독해)

학습 점검표

 의 지문과 문제를 잘 학습했는지 체크한 후, 부족한 부분이 있다면 앞으로 돌아가서 다시 살펴보자~!

지문/문제	나의 체크					보완할 부분
정신과 신체가 별개라고 생각한 데카르트	○ 1회독　○ 2회독 이상		○ 내용　○ 지문 구조　○ 어휘			
	1	○ 맞힘　○ 틀림	○ 내용　○ 개념&유형　○ 어휘			
	2	○ 맞힘　○ 틀림	○ 내용　○ 개념&유형　○ 어휘			
	3	○ 맞힘　○ 틀림	○ 내용　○ 개념&유형　○ 어휘			
낭만주의는 어떻게 출발했을까?	○ 1회독　○ 2회독 이상		○ 내용　○ 지문 구조　○ 어휘			
	1	○ 맞힘　○ 틀림	○ 내용　○ 개념&유형　○ 어휘			
	2	○ 맞힘　○ 틀림	○ 내용　○ 개념&유형　○ 어휘			

모내기의 정치 경제학

지문 구조 & 정답 및 해설 032쪽

생략된 내용, 전제와 이유 추론

- **도입:** 기술, 방법, 물자 따위를 끌어 들임.
- **제초:** 잡초를 뽑아 없앰.
- **수확:** 익은 농작물을 거두어들임.
- **절감:** 아끼어 줄임.
- **종사:** 어떤 일을 일삼아서 함.
- **축적:** 지식, 경험, 자금 따위를 모아서 쌓음.

지문 정보 확인

1. 고려 시대에 처음으로 우리나라에 모내기가 도입되었다. (　)

2. 직파 방식을 사용하면 단위 면적당 생산량이 훨씬 많아진다. (　)

3. 조선 시대의 정부는 모내기 방식을 제한하기도 했다. (　)

우리나라에 모내기가 도입된 것이 언제인지는 분명하지 않으나 고려 시대에는 이미 모판에 씨를 뿌려 일정 크기까지 자란 후에 논에 옮겨 심는 모내기가 시행되고 있었음이 여러 기록에 전하고 있다. 모내기를 하기 전에는 논에 직접 볍씨를 뿌리는 직파 방식이 사용되었다. 그렇다면 직파 방식과 비교했을 때 모내기의 좋은 점은 무엇일까?

우선 모내기는 직파 방식에 비해 제초 작업이 쉽다. 직파 방식의 경우 논에 씨를 바로 뿌려 모가 일정 크기만큼 자라기 전까지는 여유 공간이 있어 잡초가 많이 자라기 때문이다. 반면에 모내기를 하면 논에 일정 크기로 자란 모를 빼곡히 심을 수 있어, 잡초 씨앗이 날아와 자리를 잡을 공간이 그만큼 적은 것이다. 그리고 모내기를 하면 직파 방식에 비해 단위 면적당 생산량이 많다. 직파 방식으로 하면 벼를 일정한 규모나 계획적으로 심을 수 없는 반면, 모내기를 하면 같은 면적이라도 가장 효율적인 양의 모를 심을 수 있으니 생산량이 많을 수밖에 없는 것이다. 또한 모내기를 하면 같은 땅에서 1년에 종류가 다른 농작물을 두 번 심어 거두는 이모작이 가능하다. 모가 모판에서 자라는 시기 동안에 논을 다른 용도로 사용할 수 있기 때문이다. 반면에 직파 방식은 훨씬 더 이른 시기에 논에 씨를 뿌려 놓아야 하기 때문에 이모작이 불가능하다. 이런 이유로 동일한 양의 쌀을 수확한다고 할 때 모내기는 직파 방식에 비해 20퍼센트 내외의 노동력만을 활용하여 수확을 거둘 수 있었다.

하지만 논밭에 물을 대고 빼는 관개 시설이 구비되지 않은 조선 시대 모내기 방식은 커다란 위험 요인을 안고 있었다. 갑자기 가뭄이 들면 이미 일정 크기 이상 자라서 많은 물을 필요로 하는 모가 다 말라죽을 수 있고 홍수가 나도 물에 잠겨 죽을 수 있기 때문이었다. 따라서 모내기를 하기 위해서는 관개 시설이 필수적이고, 만일 관개 시설이 구비되어 있지 않은 경우에는 모내기 전후에 상당히 많은 양의 비가 내려야만 수확에 성공할 수 있었다. 이런 이유로 조선 시대 정부는 관개 시설을 갖추지 않은 경우 모내기를 제한하기도 했다.

조선 시대 정부가 모내기를 제한하기도 했던 또 다른 이유로 모내기가 야기하는 사회적 문제를 들 수 있다. 모내기는 기존의 직파 방식에 비해 노동력이 상당히 절감된다. 이는 백성의 대부분이 농사에 종사하고 있던 조선 시대에 수많은 사람들이 더 이상 일할 필요가 없음을 의미한다. 따라서 모내기를 하게 되면 일손이 풍부해지는데, 이때 땅을 가진 사람들은 저렴한 임금을 쓰고도 많은 수확물을 거둠으로써 점차 부를 축적할 수 있게 된 것이다.

1 윗글에 대한 설명으로 적절하지 <u>않은</u> 것은?

① 기존 방식에 비해 모내기가 갖는 장점을 제시하고 있다.
② 직파 방식과 모내기의 차이점에 대해 비교하여 설명하고 있다.
③ 모내기가 시대의 흐름에 따라 발전해 온 과정을 서술하고 있다.
④ 조선 시대 정부가 모내기를 제한했던 이유를 구체적으로 설명하고 있다.
⑤ 질문과 답변의 방식을 통해 중심 소재에 대한 독자의 흥미를 유발하고 있다.

2 〈보기〉는 윗글을 읽은 학생과 선생님이 나눈 대화이다. 윗글로 보아 〈보기〉의 ㉮에 들어갈 내용으로 가장 적절한 것은?

보기

학생: 선생님, 모내기는 조선 시대 사회에 긍정적인 영향을 미치기도 했지만 부정적인 영향을 미치기도 했던 것 같아요.
선생님: 그래, 그렇기 때문에 조선 시대 정부에서는 모내기를 제한했던 거란다. 조선 중기부터 빠른 속도로 진행된 땅의 집중화는 조선 후기에 이르러 절정에 달했고, 급기야 많은 토지를 소유한 대지주가 탄생하게 되었지.
학생: 아하, 조선 후기에 대지주가 탄생하게 된 이유는 (㉮) 때문이겠군요.

① 모내기로 인해 땅값이 떨어져서 땅을 소유하려는 사람들이 줄어들었기
② 모내기를 통해 임금이 줄어들어 모든 사람들이 땅을 소유할 수 있게 되었기
③ 노동력의 가치가 높아져서 열심히 일한 사람들이 부를 축적할 수 있었고, 그 돈으로 땅을 샀기
④ 땅을 가진 사람들이 축적된 부를 다시 논과 밭을 구입하는 데 사용하여 땅의 집중화가 이루어졌기
⑤ 땅을 가진 사람들이 자신들이 소유한 땅의 가치를 높이기 위해 모내기를 제한하고 직파 방식을 사용했기

두 종교가 공존하는 아야 소피아 성당

지문 구조 & 정답 및 해설 034쪽

*문명: 인류가 이룩한 물질적, 기술적, 사회 구조적인 발전.

*분열: 집단이나 단체, 사상 따위가 갈라져 나뉨.

*군림: 어떤 분야에서 절대적인 세력을 가지고 남을 압도함을 비유적으로 이르는 말.

*유례: 같거나 비슷한 예.

*돔: 반구형으로 된 지붕.

*개축: 집이나 축조물 따위가 허물어지거나 낡아서 새로 짓거나 고쳐 쌓음.

*복원: 원래대로 회복함.

터키는 유럽과 아시아 두 대륙에 걸쳐 있는 나라로, 터키 최대 도시인 이스탄불은 지중해와 흑해로 이어지는 보스포루스 해협을 사이에 두고 유럽, 아시아와 마주하고 있다. 이스탄불은 메소포타미아, 오리엔트, 그리스, 로마, 비잔틴 문화와 이슬람 문화에 이르기까지 동서양을 아우르는 문명이 배어 있는 곳이다. 영국의 역사학자 토인비는 이스탄불을 '살아 있는 인류 문명의 야외 박물관'이라고 표현하기도 했다. 유네스코(UNESCO)는 이러한 이스탄불의 역사적 가치를 인정하여 도시 전체를 세계 문화유산으로 지정했다.

이스탄불은 기원전 7세기경 그리스인들의 식민지로 건설되었다. 이후 로마의 콘스탄티누스 1세는 새로운 로마를 건설하기 위해 이곳으로 로마 제국의 수도를 옮겼고, 도시 이름 또한 자신의 이름을 따서 콘스탄티노플로 바꿨다. 로마 제국이 동과 서로 분열된 후 이곳은 동로마 제국의 중심으로 1,000년 동안 군림했다. 또한 1453년 동로마 제국이 오스만 제국에게 멸망한 이후 1922년까지 오스만 제국의 수도로서 그 지위를 누려 왔다. 이렇게 하나의 도시가 1,600년이란 긴 세월 동안 전혀 다른 두 거대 제국의 수도 역할을 한 경우는 세계사에서 유례를 찾아볼 수 없다. 이런 이유로 이스탄불에는 동로마 제국의 그리스 정교 문화와 오스만 제국의 이슬람 문화가 함께 뒤섞여 있어 그 흔적이 도시 전체에 남아 있다. 대표적인 예가 바로 아야 소피아(Aya Sofia) 성당이다.

아야 소피아 성당은 유스티니아누스 황제에 의해 500년대 중반에 세워진 건축물로, 성당 가운데에 지름 약 32m의 거대한 돔이 있는 대표적인 비잔틴 양식의 건축물이다. 그러나 오스만 제국이 이스탄불을 점령하면서 성당 내부의 모자이크에 회반죽을 덧붙여 놓았고 이슬람교의 경전인 코란 구절을 적은 장식을 달았으며, 외부에는 연필 모양의 뾰족한 첨탑인 미나레트를 세워 이슬람 사원으로 개축했다. 1935년 터키 초대 대통령 케말 파샤의 종교와 정치를 분리한다는 원칙에 의해 아야 소피아 성당은 더 이상 그리스도 교회도 이슬람 사원도 아닌, 과거 두 종교의 경배 장소였던 역사를 그대로 보여 주는 박물관으로 고쳐졌다.

교회 내부의 모자이크는 복원되어 동로마 제국 시대의 교회 역사를 보여 주고 있고, 이슬람교식 사원 장식을 비롯한 코란 구절을 쓴 벽면의 장식도 고스란히 남겨져 있다. 두 종교의 모습이 하나의 건물 안에 공존함으로써 서로 다른 문화의 공존이 가능함을 보여 주는 곳이 바로 아야 소피아 성당이다.

지문 정보 확인

1. 이스탄불은 동서양의 문명이 함께 배어 있어 역사적 가치를 갖는다. ( )

2. 현재는 이스탄불에서 이슬람 문화의 흔적을 찾아보기 어렵다. ( )

3. 아야 소피아 성당에는 그리스도교와 이슬람교의 특징이 모두 나타난다. ( )

1 윗글의 '아야 소피아 성당'에 대한 설명으로 적절하지 <u>않은</u> 것은?

① 유스티니아누스 황제에 의해 세워진 비잔틴 양식의 건축물이다.
② 지배 세력에 따라 그리스도 교회, 이슬람 사원으로 각각 역할을 했다.
③ 연필 모양의 뾰족한 첨탑은 비잔틴 양식을 대표하는 성당의 모습이다.
④ 그리스도교의 내부 모자이크와 코란 구절을 쓴 벽면 장식이 공존하고 있다.
⑤ 종교와 정치를 분리한다는 원칙에 의해 역사를 그대로 보여 주는 박물관으로 개조되었다.

2 〈보기〉는 윗글을 읽은 학생이 떠올린 생각이다. 윗글을 고려했을 때, ㉎에 들어갈 내용으로 가장 적절한 것은?

보기

　　아야 소피아 성당은 (　　　㉎　　　) 때문에 서로 다른 문화와 종교가 공존하는 공간이 될 수 있었어. 전 세계적으로 서로 다른 문화와 종교로 인한 갈등이 점점 심각해지는 현대 사회에서 그리스도 교회와 이슬람 사원의 모습이 조화롭게 공존하는 아야 소피아 성당은 우리에게 큰 울림을 주네. 아야 소피아 성당의 모습을 본받아서 사람들이 서로를 존중해 주는 마음을 가지면 좋을 것 같아.

① 개인보다 전체를 중시한 터키인들의 민족성
② 동로마 제국의 수도로 군림했다는 정치적 요인
③ 어떤 종교도 받아들이지 않는다는 무종교의 원칙
④ 터키 민속 종교의 중요성을 주장한 케말 파샤의 선언
⑤ 유럽과 아시아가 만나는 곳에 위치한다는 지리적 요인

[1~10] 보기 에서 어휘의 뜻풀이 또는 예문의 (   ) 안에 들어갈 어휘 ㉠~㉤을 찾아 쓰시오.

보기

㉠ 군림	㉡ 제초	㉢ 개축	㉣ 도입	㉤ 절감

뜻풀이

1 집이나 축조물 따위가 허물어지거나 낡아서 새로 짓거나 고쳐 쌓음. [   ]

2 어떤 분야에서 절대적인 세력을 가지고 남을 압도함을 비유적으로 이르는 말. [   ]

3 아끼어 줄임. [   ]

4 잡초를 뽑아 없앰. [   ]

5 기술, 방법, 물자 따위를 끌어 들임. [   ]

예문

6 이 건물은 10년 전에 (   )된 것이다. [   ]

7 한때 영국은 유럽에서 제일의 해군국으로 (   )하였다. [   ]

8 밭에서 (   ) 작업을 하다. [   ]

9 에너지 (   )이/가 필요한 시기이다. [   ]

10 첨단 장비의 (   )(으)로 편리한 부분이 생겼다. [   ]

[11~15] 다음에서 설명하는 어휘가 무엇일지 사다리를 연결하고 주어진 낱자를 활용하여 쓰시오.

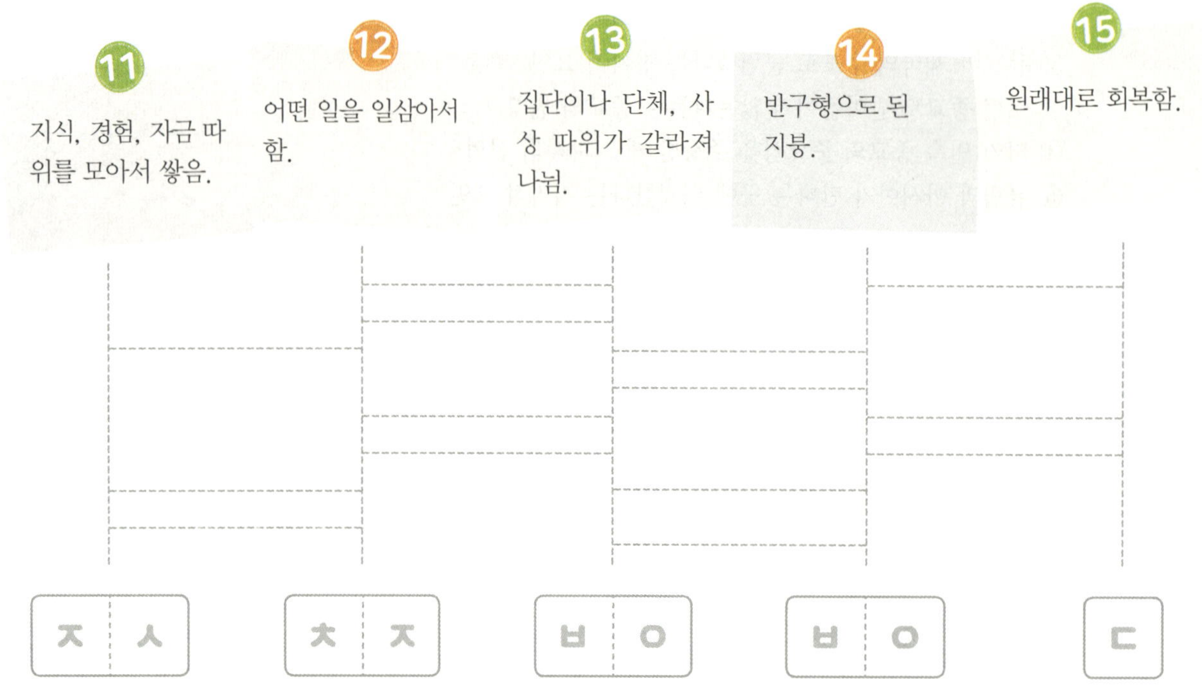

어휘 특강

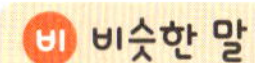

비 낙하하다
높은 데서 낮은 데로 떨어지다.
예 특공대가 적진에 낙하하다.

비 낮추다
아래에서 위까지의 높이를 기준이 되는 대상이나 보통 정도에 미치지 못하는 상태가 되게 하다.
예 몸을 낮추다.

비 내려가다
높은 곳에서 낮은 곳으로 또는 위에서 아래로 가다.
예 아래층에 내려가다.

내리다
위에 있는 것을 낮은 곳 또는 아래로 끌어당기거나 늘어뜨리다.
예 소매를 내리다.

반 떠오르다
솟아서 위로 오르다.
예 동해에 떠오르는 태양.

반 뜨다
물속이나 지면 따위에서 가라앉거나 내려앉지 않고 물 위나 공중에 있거나 위쪽으로 솟아오르다.
예 종이배가 물에 뜨다.

반 올리다
물질이나 물체 따위를 위쪽으로 움직이게 하다.
예 연기를 올리다.

생략된 내용, 전제와 이유 추론

독해 방법 Q&A

> **" 선생님, 글의 전제와 이유를 어떻게 추리할 수 있을까요? "**

글의 표면에 드러나지 않은 전제나 근거, 이유 등을 추리하며 글의 의미를 파악하는 것은 중요한 독해 능력이야. 이를 위해서는 문장 간의 논리적 연결 관계인 원인과 결과, 주장과 근거, 시간적 관계, 전제와 결론, 주지와 부연 등의 관계를 먼저 파악해야 해. 이를 바탕으로 글에 나타난 읽기 맥락, 즉 앞뒤 문맥을 살펴 생략된 전제나 근거를 파악해야 해.

문장 간 논리적 연결 관계 파악
⬇
앞뒤 문맥 파악
⬇
생략된 전제나 근거 파악

학습 점검표

STUDY 08의 지문과 문제를 잘 학습했는지 체크한 후, 부족한 부분이 있다면 앞으로 돌아가서 다시 살펴보자~!

지문/문제		나의 체크			보완할 부분
모내기의 정치 경제학		○ 1회독　○ 2회독 이상	○ 내용　○ 지문 구조　○ 어휘		
	1	○ 맞힘　○ 틀림	○ 내용　○ 개념&유형　○ 어휘		
	2	○ 맞힘　○ 틀림	○ 내용　○ 개념&유형　○ 어휘		
두 종교가 공존하는 아야 소피아 성당		○ 1회독　○ 2회독 이상	○ 내용　○ 지문 구조　○ 어휘		
	1	○ 맞힘　○ 틀림	○ 내용　○ 개념&유형　○ 어휘		
	2	○ 맞힘　○ 틀림	○ 내용　○ 개념&유형　○ 어휘		

관점 및 입장 추론

지문 구조&정답 및 해설 036쪽

물은 표면 장력이 매우 커서 수면에 마치 찢기 어려운 막이 있는 것 같다. 물에 빠진 개미가 잘 빠져나오지 못하는 것도, 납작한 돌로 물수제비를 뜰 수 있는 것도 이 때문이다. 액체의 표면 장력이 크다는 것은 액체가 공기와 접하는 표면적을 줄이려는 힘이 크다는 의미이다. 물은 다른 액체에 비해 표면 장력이 큰 편인데, 이는 물 분자 사이의 인력, 즉 응집력이 매우 크기 때문이다.

종이나 수건에 물이 스며들고 높은 나무 꼭대기까지 물이 올라가는 것도 표면 장력과 관련이 있다. 이런 현상들은 가는 관, 즉 모세관에서 일어난다 하여 특별히 '모세관 현상'이라고 부른다. 모세관 현상은 물 분자 사이의 응집력 외에도 물 분자와 물을 담는 용기 사이의 힘인 부착력과 관련되어 있다.

유리로 만든 비커에 물을 담아 두면 벽 쪽의 물이 조금 더 올라가 있는 것을 볼 수 있다. 이것은 물 분자와 유리의 부착력이 물 분자끼리의 응집력보다 크기 때문이다. 즉 물이 유리벽에 붙어 버림으로써 풀잎 위의 이슬과는 반대 방향으로 표면 장력이 작용하게 되고 결국 안쪽으로 오목한 형태가 된 것이다. 지름이 큰 비커의 수면은 가운데 부분이 평평한 모양인데, 지름이 작아질수록 평평한 부분이 좁아진다. 그리고 지름이 더욱 작아져서 유리관 정도로 좁아지면 평평한 부분이 아예 없어져 물의 표면은 U 자 모양으로 된다.

물이 담겨 있는 비커에 양쪽이 모두 뚫린 유리관을 세워 넣으면, 처음에 유리관에 들어온 물은 표면 장력에 의해 위쪽으로 볼록하게 부풀어 오른다. 이렇게 부풀어 오른 물은 다시 부착력에 의해 유리벽 쪽으로 끌려가서 U 자 모양을 만들면서 위로 올라간다. 여기서 다시 U 자 모양의 가운데 부분에 있던 물 분자들이 응집력에 의해 모이면서 가운데 부분이 또다시 위로 올라가게 된다. 가운데 부분이 올라가면 다시 부착력이 작용하여 새로이 U 자 모양을 만들려 하고, 결국 물의 응집력과 부착력이 번갈아 반복되면서 유리관에 들어온 물은 바깥쪽에 있는 물보다 더 높이 올라간다.

하지만 유리관에 들어온 물이 무한대로 올라가는 것은 아니다. 유리관에 들어온 물은 일정 높이가 되면 멈추게 되는데, 유리관을 따라 올라온 물기둥에 작용하는 중력과 물기둥을 만들어 낸 물의 부착력 및 응집력의 힘이 같아지면 멈추게 된다. 따라서 유리관이 가늘수록 물은 더 높이 올라갈 수 있다. 헝겊이나 종이에 물이 스며드는 것도 헝겊과 종이에 있는 미세한 틈이 모세관 역할을 하기 때문이다. 또한 키 큰 나무에 물이 올라가는 데에도 물의 응집력과, 물관과 물의 부착력이 큰 역할을 한다. 만약 물의 응집력이 작았다면 키가 큰 나무는 나타나지 않았을 것이다.

---

* **표면 장력:** 액체의 표면이 스스로 수축하여 가능한 한 작은 면적을 취하려는 힘.
* **표면적:** 물체 겉면의 넓이.
* **인력:** 공간적으로 떨어져 있는 물체끼리 서로 끌어당기는 힘.
* **응집력:** 원자, 분자 또는 이온 사이에 작용하여 고체나 액체 따위의 물체를 이루게 하는 인력(引力)을 통틀어 이르는 말.
* **모세관:** 털과 같이 가느다란 관.
* **부착력:** 서로 다른 두 물질 분자 사이의 끌어당기는 힘.
* **물관:** 물이 흘러가도록 만든 관.

지문 정보 확인

1. 종이에 물이 스며드는 현상은 물의 표면 장력과 관련이 있다. ( )

2. 물이 담긴 비커에 양쪽이 뚫린 유리관을 세워 넣으면, 유리관 안의 물은 처음에 위쪽으로 볼록하게 부풀어 오른다. ( )

3. 유리관이 두꺼울수록 유리관 안의 물은 더 높이 올라간다. ( )

1 윗글에 대한 이해로 적절하지 <u>않은</u> 것은?

① 키가 큰 나무가 자랄 수 있는 것은 물 분자 사이의 인력이 충분히 크기 때문이다.
② 물은 분자 사이의 응집력이 매우 크기 때문에 다른 액체에 비해 표면 장력이 크다.
③ 모세관 현상은 물 분자와 물을 담는 용기의 부착력과, 물 분자 사이의 응집력 차이로 발생한다.
④ 액체가 공기와 접하는 표면적을 줄이려는 힘이 크다는 것은 액체 분자 사이의 끌어당기는 힘이 크다는 의미이다.
⑤ 유리 비커에 담긴 물의 표면이 U 자 모양이 되는 것은, 물 분자와 유리의 부착력이 물 분자끼리의 응집력보다 작기 때문이다.

2 윗글을 참고하여 〈보기〉에 대해 보인 학생들의 반응으로 적절한 것은?

보기

선생님: 자, 이제 모세관 현상이 무엇인지 잘 알겠지? 모세관 현상은 모관 현상이라고도 하고, 물 이외의 다른 액체에서도 확인할 수 있단다. 만약 물 대신 수은을 유리관에 넣으면 어떻게 될까? 수은은 물처럼 표면 장력의 영향을 받는단다. 단, 수은은 물과 달리 유리관과의 부착력보다 수은 분자 사이의 응집력이 더 강하지. 그럼 친구들과 함께 고민해 볼까?

① 수은은 물과 달리 중력의 영향을 받지 않는다.
② 수은은 물과 달리 유리관 속에서 표면이 볼록해진다.
③ 수은은 물과 달리 유리관 속에서 끊임없이 움직인다.
④ 수은은 물과 같이 표면적이 가장 큰 둥근 모양이 된다.
⑤ 수은은 물과 같이 유리관 안의 수은이 바깥에 있는 수은보다 더 높이 올라간다.

📖 지문 구조 & 정답 및 해설 038쪽

* **평문:** 암호 통신에서, 변형이 없는 보통의 정보. 보내려는 공개된 전보문 자체를 이른다.
* **배열하다:** 일정한 차례나 간격에 따라 벌여 놓다.
* **열:** 사람이나 물건이 죽 벌여 늘어선 줄.
* **활용되다:** 충분히 잘 이용되다.
* **폭:** 평면이나 넓은 물체의 가로로 건너지른 거리.

정보화 사회가 도래하면서 인터넷 뱅킹, 전자 상거래, 전자 우편, 회원 전용 인터넷 사이트 등 우리 생활 곳곳에서 암호가 쓰이지 않는 곳이 거의 없게 되었다. 개인의 정보를 보호할 필요가 있는 현대의 일상생활 전반에서 암호가 사용되고 있는 것이다. 암호의 역사를 살펴보면 초기의 암호는 주로 군사적 목적으로 사용되었다. 그런데 놀라운 사실은 비밀 정보를 교환하기 위한 암호가 기원전부터 사용되었다는 사실이다.

고대 그리스부터 19세기 말까지의 1세대 고전 암호 중에서도 가장 먼저 나타난 암호는 문자의 위치를 다양하게 바꾸는 '전치 암호'이다. 예를 들어 'HELP ME I AM UNRER ATTACK.(도와주세요. 공격당하고 있어요.)'이라는 문장을 살펴보자. 평문을 전치 암호로 바꾸기 위해 다음과 같이 가로로 한 줄에 다섯 개씩 알파벳을 배열한다.

```
H E L P M
E I A M U
N R E R A
T T A C K
```

그리고 나서 1열부터 5열까지 위에서부터 아래로 순서대로 적으면 'HENTEIRT LAEAPMRCMUAK'가 된다.

이런 방법은 기원전 400년경 이미 고대 그리스의 스파르타에서도 활용되었다. 전쟁에 나간 군대와 본국에 남아 있는 군대가 같은 굵기의 원통형 막대를 나누어 갖는다. 스키테일(Scytale)이라는 이 원통형 막대에 폭이 좁고 긴 양피지 리본을 감고 평문을 가로로 쓴 뒤 풀어 놓으면, 문자가 뒤섞여 알아보기 어렵다. ㉠고대 그리스에서는 이렇게 스키테일을 이용해 전치 암호로 바꾼 것이다.

고전적인 암호화 방식으로 유명한 것은 알파벳을 일정한 간격으로 이동하여 적는 카이사르의 암호이다. 로마의 황제 카이사르는 브루투스에게 암살당하기 전 'QHYHUWUXVWEUXWXV'라는 암호문을 키케로에게 보냈다. 이에 Q를 N으로, H를 E로 바꾸는 식으로 알파벳을 세 자리씩 앞당겨 올라가는 규칙을 적용해 보면 'NEVER TRUST BRUTUS.(브루투스를 믿지 마라.)'가 된다. 암호를 푸는 단서를 '키'라고 하는데, 카이사르의 암호에서는 바로 3이 키가 된다. 그리고 이렇게 암호화하는 방식을 '이동 암호'라고 한다.

키가 3일 때의 알파벳	D	E	F	G	H	I	J	K	L
원래의 알파벳	A	B	C	D	E	F	G	H	I
키가 3일 때의 알파벳	M	N	O	P	Q	R	S	T	U
원래의 알파벳	J	K	L	M	N	O	P	Q	R
키가 3일 때의 알파벳	V	W	X	Y	Z	A	B	C	
원래의 알파벳	S	T	U	V	W	X	Y	Z	

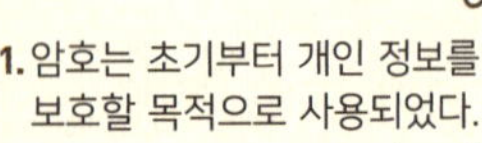

지문 정보 확인

1. 암호는 초기부터 개인 정보를 보호할 목적으로 사용되었다. (   )

2. 고대 그리스에서는 평문을 해독하기 위해 스키테일을 활용하였다. (   )

3. 카이사르는 문자의 위치를 일정한 간격으로 이동하는 방법으로 암호를 만들었다. (   )

1 ㉠의 이유를 추론한 것으로 적절한 것은?

① 전쟁에 나간 군대와 본국에 남은 군대를 구분하기 위하여
② 스키테일을 사용하여 암호를 풀 수 있는 '키'를 알아내기 위하여
③ 과거부터 전해 내려온 고대 자료를 스키테일로 정확하게 해독하기 위하여
④ 상대 국가에게 일부러 전치 암호에 대한 잘못된 해독을 전달하여 혼란을 주기 위하여
⑤ 같은 굵기의 원통형 막대로만 암호를 풀 수 있도록 하여 비밀 정보가 유출되지 않도록 하기 위
  하여

2 다음 선생님의 설명에 대한 학생들의 반응으로 적절한 것을 〈보기〉에서 모두 고른 것은?

> 선생님: 이제 '이동 암호'의 원리에 대해 잘 알겠지? 아는 것으로 그치지 말고, 예를 적용해 보자. 설명
> 으로 듣는 것보다 실제로 한 번 해 보는 게 좋잖아. 첫 번째 암호는 'NHBLVILYH'이고 키는 '3'이
> 야. 두 번째 암호는 'BMFYDTZYMNSP, DTZGJHTRJ'이고 키는 첫 번째 암호에 숨어 있단다.

보기

ㄱ. 첫 번째 암호를 평문으로 전환하면 'KEY IS FOUR'이다.
ㄴ. 첫 번째 암호를 통해 알 수 있는 두 번째 암호의 키는 '5'이다.
ㄷ. 두 번째 암호를 평문으로 전환하면 'WHAT YOU THINK, YOU BECOME'이다.
ㄹ. 두 번째 암호를 평문으로 전환하기 위해서는 알파벳을 다섯 자리씩 뒤로 밀어 내리는 규칙을 적
  용해야 한다.

① ㄱ, ㄴ
② ㄱ, ㄷ
③ ㄴ, ㄷ
④ ㄴ, ㄹ
⑤ ㄷ, ㄹ

[1~10] 보기 에서 어휘의 뜻풀이 또는 예문의 (   ) 안에 들어갈 어휘 ㉠~㉤을 찾아 쓰시오.

[11~15] 다음에서 설명하는 어휘가 무엇일지 주어진 낱자를 활용하여 쓰시오.

11 물건을 담는 그릇.

12 분간하기 어려울 정도로 아주 작음.

13 원기둥을 이르는 말.

14 가운데가 동그스름하게 폭 패거나 들어가 있는 모양.

15 공간적으로 벌어진 사이.

어휘 특강

● 상의어와 하의어 ●

상의어는 한쪽이 의미상 다른 쪽을 포함하는 단어를, 하의어는 다른 쪽에 포함되는 단어를 의미한다.

상의어(上義語): 어떤 말보다 일반적이고 포괄적인 뜻이 있는 말.

하의어(下義語): 어떤 말보다 구체적이고 자세한 뜻이 있는 말.

예		
새	-	참새
악기	-	건반 악기
건반 악기	-	피아노
식당	-	분식집
나무	-	대나무

독해 방법 Q&A

" 선생님, 글쓴이의 관점이나 입장이란 무엇인가요? "

'관점'은 글쓴이가 어떤 대상에 대해 갖는 시각을 의미하는데, 주체의 처지나 태도가 개입되면 '입장'이 된단다. 대립되는 주장에 대해 어느 하나의 주장을 지지하는 관점(입장)이나 비판적 관점(입장)을 가질 수도 있고, 또 두 주장을 절충하거나 두 주장에 대해 객관적 관점(입장)을 유지할 수도 있지. 따라서 글을 읽을 때 중심 화제에 대해 글쓴이가 어떤 관점을 가지고 있는지, 글에 제시된 관점이나 이론에 대해 어떤 입장을 보이는지 등을 파악하며 읽어야 한단다.

- 중심 화제에 대해 글쓴이가 어떤 관점을 가지고 있는지 파악
- 글에 제시된 관점이나 이론에 대해 어떤 입장을 보이는지 파악

↓

관점 및 입장을 추론하며 읽기

학습 점검표

STUDY 09 의 지문과 문제를 잘 학습했는지 체크한 후, 부족한 부분이 있다면 앞으로 돌아가서 다시 살펴보자~!

지문/문제		나의 체크			보완할 부분
모세관 현상	○ 1회독　○ 2회독 이상	○ 내용	○ 지문 구조	○ 어휘	
	1　○ 맞힘　○ 틀림	○ 내용	○ 개념&유형	○ 어휘	
	2　○ 맞힘　○ 틀림	○ 내용	○ 개념&유형	○ 어휘	
전치 암호와 이동 암호	○ 1회독　○ 2회독 이상	○ 내용	○ 지문 구조	○ 어휘	
	1　○ 맞힘　○ 틀림	○ 내용	○ 개념&유형	○ 어휘	
	2　○ 맞힘　○ 틀림	○ 내용	○ 개념&유형	○ 어휘	

열린사회의 적은 누구일까?

논증 방법 파악 – 귀납

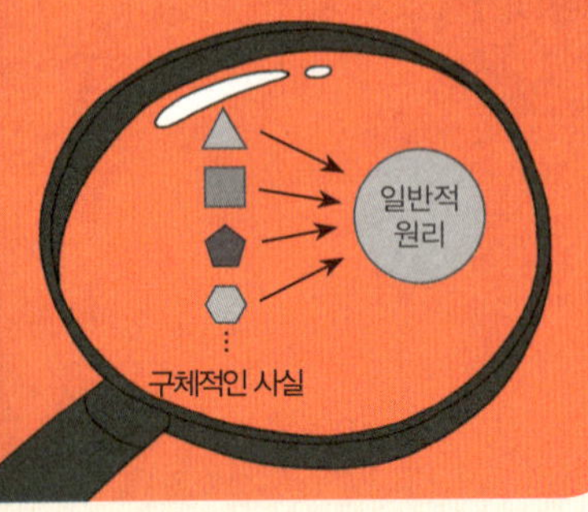

*가치관: 가치에 대한 관점. 인간이 자기를 포함한 세계나 그 속의 사상(事象)에 대하여 가지는 평가의 근본적 태도이다.

*비과학적: 과학적인 근거가 없는 것

*타당하다: 일의 이치로 보아 옳다.

*반증: 어떤 사실이나 주장이 옳지 아니함을 그에 반대되는 근거를 들어 증명함. 또는 그런 증거.

*명백하다: 의심할 바 없이 아주 뚜렷하다.

지문 정보 확인

1. 칼 포퍼는 누구나 자유롭게 의견을 주고받을 수 있는 사회가 열린사회라고 하였다. ( )

2. 우리가 토론을 하는 것은 다른 사람의 의견을 반박하고 내 견해를 관철시키기 위한 것이다. ( )

3. 과학적인 문장이란 반증 가능성이 없는 문장이다. ( )

📖 지문 구조 & 정답 및 해설 **040**쪽

철학자인 칼 포퍼는 그의 저서 『열린사회와 그 적들』을 통해 건강한 비판 문화를 바탕으로, 잘못이 드러났을 때 그 잘못을 인정하고 수용할 수 있는 사회가 바람직한 사회라고 말했다. 그것이 바로 '열린사회'인 것이다. 열린사회에서는 누구나 자유롭게 의견을 주고받으며 반대되는 주장을 펼치는 것이 가능하다. 모든 사람이 어떤 문제에 대해 똑같은 생각을 할 수는 없기 때문이다.

사람들이 어떤 문제에 대해 의견을 낼 때는 거기에 자신이 살아온 환경이 반영되고, 더불어 가치관과 경험들이 어우러져 자신만의 입장이 생기기 마련이다. 따라서 하나의 문제에도 여러 가지 입장이 나올 수밖에 없다. 열린사회는 바로 이런 입장의 차이를 이해하고 반대되는 의견에 귀를 여는 사회이다. 그러나 반대 의견을 듣기만 하는 것으로 열린사회가 될 수는 없다. 칼 포퍼는 '증거를 제시하지 못하는 주장은 비과학적인 주장'이라고 비판했다. 따라서 반대 의견이 타당한 근거를 가지고 있는지를 생각해서, 상대방의 의견이 나의 의견보다 타당한 증거를 가지고 있다면 이를 인정하고, 때에 따라서는 나의 의견을 수정할 수도 있다는 태도를 가지는 것이 중요하다.

우리가 다른 사람의 의견을 듣고 토론하는 것은 문제를 해결하는 더 좋은 방법을 찾기 위해서이다. 그렇다면 누군가와 토론을 하면서 다른 사람의 의견을 들을 때, 그 의견이 타당한지 그렇지 않은지를 판단하는 방법에는 무엇이 있을까? 어떤 의견이든, 그 의견이 타당성을 가지려면 과학적인 접근이 가능해야 한다. 과학적으로 타당한 의견인지를 판단할 때 필요한 것이 바로 '이유 있는 반증'이다. 이유 있는 반증은 '반대되는 증거가 있을 수 있느냐, 없느냐'를 따지는 것, 즉 Ⓐ반증 가능성을 확인하는 것이다.

예를 들어, ㉠"철수와 영희는 서로 사랑하는 사이이다."라는 말에는 반증 가능성이 있을까, 없을까? 방법은 이 문장을 반대로 생각해 보는 것이다. "철수와 영희는 서로 사랑하지 않는다."라고 말이다. 그다음은 이 문장이 실제로 확인 가능한 것인지 생각해 보는 것이다. 철수와 영희에게 물어보면 아주 간단히 확인이 될 것이므로, 결국 "철수와 영희는 서로 사랑하는 사이이다."라는 문장은 반증 가능성을 가진 과학적인 문장이라 할 수 있다. 이번에는 "이 세상에 귀신은 존재한다."라는 문장을 생각해 보자. 이 문장의 반증을 찾으려면 "이 세상에 귀신은 존재하지 않는다."의 증거를 찾아야 한다. 하지만 귀신에게 직접 물어볼 수 없으므로, 그 증거를 찾는 것은 불가능하다고 볼 수 있다. 그렇기 때문에 이 문장은 반증 가능성이 없는 비과학적인 문장이라 할 수 있다.

따라서 우리가 열린사회를 만들기 위해서는 반증 가능성이 없는 주장을 고집해서는 안 된다. 반증 가능성이 없는 주장은 비과학적인 주장이기 때문이다. 또한 분명히 명백한 반증이 있는데도 불구하고 그것을 인정하지 않는 태도 역시 바람직하지 않다.

1 윗글의 표제와 부제로 가장 적절한 것은?

① 토론의 목적 – 과학적인 해결책 찾기
② 과학의 연구 방법 – 타당한 증거란 무엇인가
③ 열린사회를 만드는 방법 – 반증 가능성을 중심으로
④ 칼 포퍼의『열린사회와 그 적들』– 우리 사회는 열린사회인가
⑤ 서로를 이해하는 사회의 모습 – 가치관과 경험의 다양성에 대하여

2 윗글을 참고할 때, ㉠과 성격이 <u>다른</u> 것은?

① 2018년에는 월드컵이 열렸다.
② 사람이 죽으면 영혼이 남는다.
③ 민성이는 어제 버스를 타고 집에 갔다.
④ 달은 지구 주위를 27.3일의 주기로 돈다.
⑤ 우리 반에서 안경을 쓴 학생은 12명이다.

3 Ⓐ와 〈보기〉의 Ⓑ를 비교한 내용으로 가장 적절한 것은?

보기

　철학자 베이컨은 모든 선입견을 지우고 사물을 관찰하는 데서 철학을 시작하였다. 그는 개개의 사물이나 현상을 관찰하여 그 속에 감추어진 진리를 발견해야 한다고 말했다. 그 방법이 바로 Ⓑ'귀납법'인데, 이는 인간의 다양한 경험과 실험 등의 결과를 일반화하여 결론을 내리는 방법으로, 개별적 사실로부터 일반적 법칙을 이끌어 내는 것이다.
　귀납법의 예로 다음과 같은 설명을 할 수 있다.
• 주몽이 죽었고, 을지문덕도 죽었고, 이순신도 죽었고, 세종 대왕도 죽었다.
• 이들은 모두 사람이다.
　위의 두 사실로부터 '모든 사람은 죽는다.'라는 결론을 내릴 수 있다.

① Ⓐ와 Ⓑ는 모두 개개의 현상을 관찰하여 진리를 판단한다.
② Ⓐ와 Ⓑ는 모두 '이 세상에 귀신은 존재한다.'라는 명제의 참, 거짓을 판단할 수 있다.
③ Ⓐ는 Ⓑ와 달리 의견이 타당성을 가지려면 수많은 경험이 필요하다고 본다.
④ Ⓐ는 Ⓑ와 달리 모든 사례를 직접 증명하지 않아도 반증 사례에 따라 명제를 판단할 수 있다.
⑤ Ⓑ는 Ⓐ와 달리 다른 사람과 토론을 하면서 타당성을 판단할 때 활용 가능하다.

지문 구조 & 정답 및 해설 042쪽

***비중:** 다른 것과 비교할 때 차지하는 중요도.

***속성:** 사물의 특징이나 성질.

***도입하다:** 기술, 방법, 물자 따위를 끌어 들이다.

***부합:** 사물이나 현상이 서로 꼭 들어맞음.

***이질적:** 성질이 다른 것.

***연출하다:** 어떤 상황이나 상태를 만들어 내다.

***구사하다:** 말이나 수사법, 기교, 수단 따위를 능숙하게 마음대로 부려 씀.

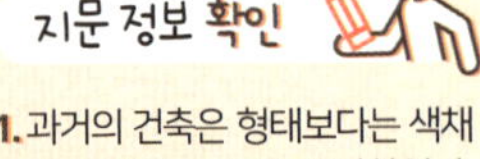

지문 정보 확인

1. 과거의 건축은 형태보다는 색채에 관련된 요소를 중시하였다. ( )

2. 건축물의 색채는 어떤 시점에서 바라보느냐에 따라 변화가 일어나기도 한다. ( )

3. 건축물의 색채는 건축가의 디자인 의도나 관점을 드러내 주는 도구로 활용되기도 한다. ( )

과거의 건축이 형태에 큰 비중을 두었다면 현대의 건축은 형태 이외의 요소에 많은 관심을 둔다. 이런 관점에서 볼 때 색채는 현대 건축물에 중요한 요소로서 건축가와 건축의 핵심적인 특징을 나타내고 있다. 건축물의 색채는 건축 자체의 색과 그를 둘러싼 주변의 색이 조화를 이루어야 하며 건축물이 위치한 지역의 문화적인 속성을 가장 잘 드러내 줄 때 그 가치를 발휘하게 된다. 즉 조화로운 색, 환경의 속성을 잘 나타내 주는 색이 좋은 건축 색채로 평가받을 수 있다.

건축에서 색채를 잘 선택하는 방법 가운데 가장 먼저 고려되어야 할 것은, 그 건물의 형태나 재질과 더불어 건축이 들어서는 지역에 어울리는 색채인가를 따져보는 일이다. 따라서 좋은 건축 색채는 그 자체로 문화를 형성하고 유지할 수 있어야 하며, 건축이 그러한 것처럼 문화를 담는 그릇으로서 그 지역의 역사와 문화를 형성하는 기초가 된다.

둘째, 건축가는 단순히 건축물에 색을 부여하는 것이 아니라 건축 안에 사람을 담아내고 사람과 함께 어울릴 수 있도록 해야 한다. 그래서 단순히 '빨강 색을 건물에 칠한다'는 관점으로 색을 선택할 수는 없다. 건축물의 상징적 의미가 강할수록 그 색채를 건축에 도입한 이유가 더욱 명확히 제시되어야 하고, 그 의미와 색채가 더 잘 부합되도록 해야 한다. 잘 부합된 건축 색채는 좋은 문화를 형성하게 하며, 거주하는 사람에게 좋은 공간을 제공함으로써 긍정적인 영향력을 끼치게 된다.

셋째, 건축에서의 색채는 건축물이 보이는 시점, 건축물에 접근하는 시점, 사람들이 건축물을 적극적으로 활용할 수 있는 시점을 고려해야 한다. 건축물에 쓰인 색채는 건축물이 보이는 시점과 상황에 따라 다양하게 변화할 수 있다. 어디를 중심으로 보는가에 따라, 그 용도가 무엇인가에 따라 건물의 색은 친숙하게도 느껴지고 이질적으로도 느껴진다. 때로는 사용자가 움직이지 않을 때에도 건물의 색이 변화를 일으켜 다양한 변화를 보여 주기도 한다. 따라서 건축에 색채를 잘 도입하려면 고정된 시점과 이동 시점을 모두 고려해야 한다.

넷째, 좋은 건축 색채는 많은 이야깃거리와 즐거움을 줄 수 있어야 한다. 사람들을 모이게 하고 흥미 있는 배경을 연출해야 하며 사람들에게 즐거움을 주는 친근한 색채로 도입되어야 한다.

건축 색채는 건축의 특성을 아주 적극적이고 강하게 드러낼 뿐 아니라 건축가의 특성을 드러내기도 한다. 따라서 건축가의 생각을 구체적으로 표현하는 방법은 물론, 건축가의 디자인 의도나 관점을 자세히 구사해 주는 좋은 도구가 된다. 색은 단순히 건축물을 장식하는 것이 아니라, 건축을 말하고, 건축을 숨 쉬게 하며, 건축을 빛나게 하는 것이다.

1 윗글의 논지 전개 방식으로 가장 적절한 것은?

① 구체적인 사례를 제시하며 주장을 뒷받침하고 있다.
② 핵심 개념과 그것이 갖추어야 하는 요건을 설명하고 있다.
③ 사람들의 통념을 소개하고 반대되는 사례를 제시하고 있다.
④ 시간에 따라 대상의 개념이 변화해 온 과정을 설명하고 있다.
⑤ 주요 개념에 대한 상반되는 생각을 제시하고 이를 절충하고 있다.

논증 방법
파악 –
귀납

2 윗글을 바탕으로 〈보기〉를 이해한 내용으로 적절하지 <u>않은</u> 것은?

보기

(가) 네덜란드에 있는 '하헌 이슬란드 하우징(Hagen Island housing)'은 주거 단지 전체를 마치 동화 나라처럼 통일된 하나의 색으로 집을 만들고, 그 색들의 집합으로 전체를 만들었다. 그래서 소박하고 단순한 집들이 각각 고유색을 가짐으로써 동화 나라가 된다. 이 마을에 사는 모든 사람들은 동화 속 주인공이 된다.

(나) 메사추세츠 공과 대학교의 기숙사인 '시몬스홀'은 10층짜리 건물이다. 한 층에 세 줄씩 배치된 작은 창으로 격자 무늬 파사드[*]를 연출한 이 건물은 고층 빌딩처럼 보인다. 알루미늄으로 연결된 5,000여 개가 넘는 창은 낮에는 빛을 반사하고, 어두워지면 내부 조명으로 빛이 난다.

* **파사드**: 건물의 면, 측면 또는 외관.

① (가)는 거주하는 사람들에게 특별한 경험을 하게 하여 긍정적인 영향력을 미칠 것이다.
② (가)는 사람들에게 많은 이야깃거리와 즐거움을 줄 수 있는 건축 색채의 특성을 드러내고 있다.
③ (나)는 사용자가 움직여야 건물의 색이 변화한다는 점에서 받아들이는 사람의 능동성을 강조하고 있다.
④ (나)는 시간에 따라 변화하는 건축의 색채로 인해 사람들에게 건축이 보이는 시점 면에서 특별하게 받아들여질 수 있다.
⑤ (가)와 (나)는 모두 건축가가 특별한 의도를 가지고 건축물에 색채를 도입한 사례로 평가할 수 있다.

[1~5] 어휘의 뜻풀이와 어휘 ㉠~㉤을 바르게 연결하시오.

[6~10] 예문의 (   ) 안에 들어갈 어휘 ㉠~㉤을 바르게 연결하시오.

뜻풀이	어휘	예문
1 말이나 수사법, 기교, 수단 따위를 능숙하게 마음대로 부려 씀.	㉠ 입장	**6** 사물의 ( )을/를 파악하다.
2 사물의 특징이나 성질.	㉡ 구사	**7** 외국어 ( ) 능력.
3 성질이 다른 것.	㉢ 속성	**8** 그 논쟁에 관한 자신의 ( ) ( )을/를 밝히다.
4 다른 것과 비교할 때 차지하는 중요도.	㉣ 비중	**9** 둘 사이에서 ( )인 요소를 찾다.
5 당면하고 있는 상황.	㉤ 이질적	**10** ( )이/가 낮다.

[11~15] 보기의 글자들을 조합하여 다음 뜻풀이에 해당하는 단어를 만드시오.

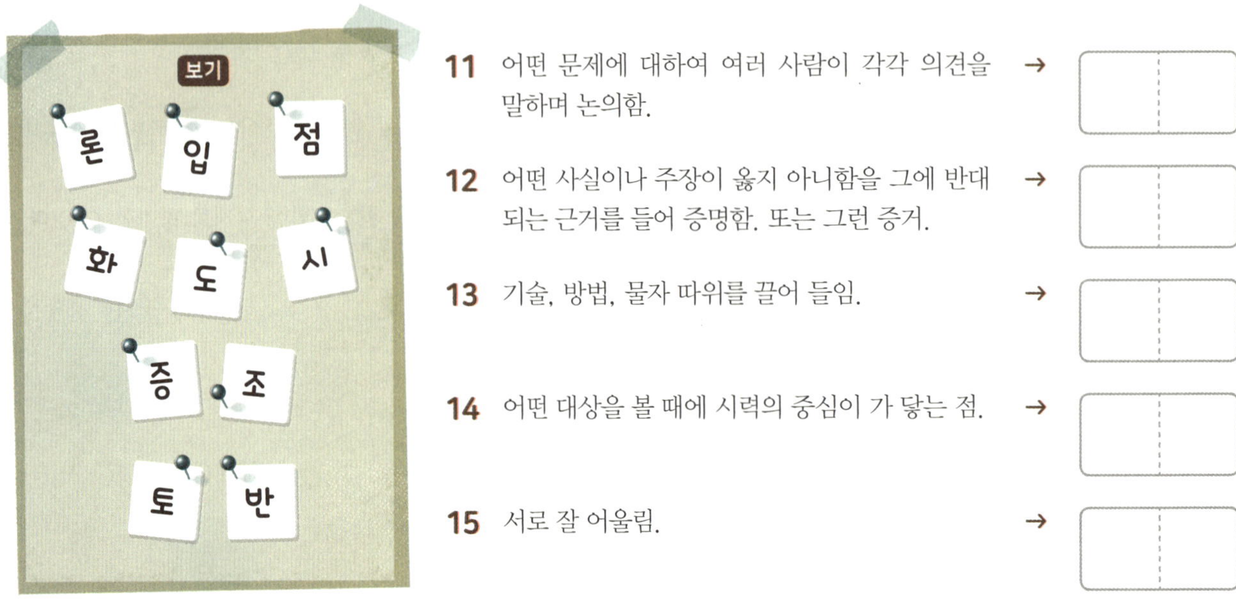

11 어떤 문제에 대하여 여러 사람이 각각 의견을 말하며 논의함. →

12 어떤 사실이나 주장이 옳지 아니함을 그에 반대되는 근거를 들어 증명함. 또는 그런 증거. →

13 기술, 방법, 물자 따위를 끌어 들임. →

14 어떤 대상을 볼 때에 시력의 중심이 가 닿는 점. →

15 서로 잘 어울림. →

어휘 특강

소리는 같지만 뜻이 다른 단어를 동음이의어(同音異義語)라고 한다.

| 따르다[1] 동사 | ← 동음이의어 → | 따르다[2] 동사 |

따르다

따르다[1] 동사

❶ 어떤 기준 따위에 바탕을 두거나 그러한 입장에 의거하다.
　例 정부의 발표에 **따르면** 버스 요금이 인상될 것이라고 한다.

❷ (관례, 유행이나 명령, 의견 따위를) 그대로 실행하다.
　例 아이들은 선생님의 말씀에 잘 **따랐다**.

❸ 뒤이어 생기거나 더불어 일어나다.
　例 일을 하다 보면 여러 가지 희생과 어려움이 **따른다**.

다의어

두 가지 이상의 뜻을 가진 단어를 다의어(多義語)라고 한다.

따르다[2] 동사

❶ 그릇을 기울여 안에 들어 있는 액체를 밖으로 조금씩 흐르게 한다.
　例 그녀는 빈 잔을 들어다가 우유를 **따르더니** 단숨에 마셔 버렸다.

독해 방법 Q&A

" 선생님, 설득하는 글은 어떻게 쓸까요? "

설득하는 글은 일반적으로 서론-본론-결론으로 전개된단다. 서론에서는 글을 쓰는 목적이나 동기 등을 밝히고, 본론에서는 여러 가지 근거를 들어 자신의 주장을 뒷받침하지. 이때 글쓴이의 주장은 주로 연역이나 귀납과 같은 논리적 방식을 활용하여 제시되는 경우가 많아. 결론에서는 글쓴이가 자신의 생각을 요약하면서 핵심 내용을 강조하게 된단다.

서론: 문제 제기
↓
본론: 주장 및 근거 제시
(연역, 귀납의 방식 활용)
↓
결론: 요약 및 강조

학습 점검표 **STUDY 10** 의 지문과 문제를 잘 학습했는지 체크한 후, 부족한 부분이 있다면 앞으로 돌아가서 다시 살펴보자~!

지문/문제	나의 체크					보완할 부분
열린사회의 적은 누구일까?	○ 1회독　○ 2회독 이상		○ 내용　○ 지문 구조　○ 어휘			
	1	○ 맞힘　○ 틀림	○ 내용　○ 개념&유형　○ 어휘			
	2	○ 맞힘　○ 틀림	○ 내용　○ 개념&유형　○ 어휘			
	3	○ 맞힘　○ 틀림	○ 내용　○ 개념&유형　○ 어휘			
건축과 색채	○ 1회독　○ 2회독 이상		○ 내용　○ 지문 구조　○ 어휘			
	1	○ 맞힘　○ 틀림	○ 내용　○ 개념&유형　○ 어휘			
	2	○ 맞힘　○ 틀림	○ 내용　○ 개념&유형　○ 어휘			

논증 방법 파악 – 연역

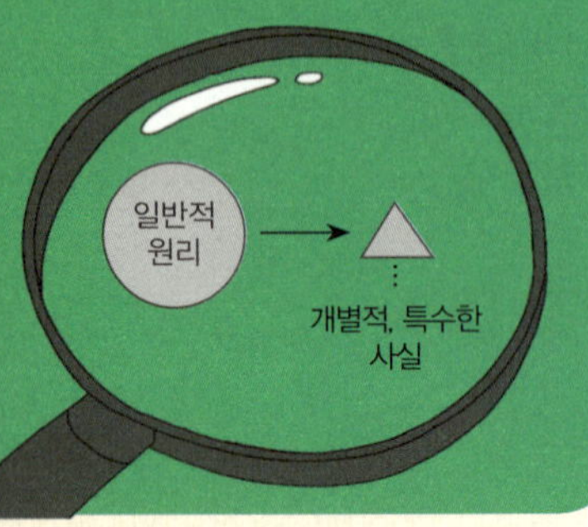

*경제학: 인간의 생활에 필요한 재화나 용역을 생산·분배·소비하는 모든 활동인 경제 현상을 분석하고 연구하는 학문.

*재화: 인간이 바라는 바를 충족시켜 주는 모든 물건.

*도달: 목표로 정한 곳이나 어떤 수준에 이르러 다다름.

*체감: 몸으로 어떤 감각을 느낌.

*누적: 어떤 사실이나 현상 따위가 거듭하여 반복되거나 겹쳐 늘어남.

*균등: 고르고 가지런해 차별이 없음.

지문 정보 확인

1. 동일한 상품을 많이 구매할수록 그 상품의 한계 효용은 점점 증가한다. (　　)

2. 한계 효용이 0이 되는 순간까지가 합리적인 소비이다. (　　)

3. 여러 가지 상품을 구입할 때 얻는 효용을 최대화하려면 각 상품에서 얻을 수 있는 한계 효용이 같아야 한다. (　　)

📖 지문 구조&정답 및 해설 044쪽

　경제학에서 합리적인 소비와 관련된 중요한 개념으로 한계 효용이라는 것이 있다. 한계는 '끝'을 의미하는 마지막 추가분, 효용은 어떤 재화를 소비할 때 얻어지는 효능이므로 한계 효용은 재화가 잇따라 소비할 때 마지막 한 단위의 재화로부터 얻어지는 만족감을 의미 한다고 볼 수 있다.

　한계 효용은 다음과 같은 예를 통해 설명될 수 있다. 배고플 때 비빔면을 먹는다고 할 때, 처음 한 개는 상당히 맛있다. 비빔면 한 개의 양이 적은 편이니 두 개째도 맛있게 먹을 수 있지만, 처음 한 개 먹을 때만은 못하다. 하지만 세 개째라면 어떨까? 배가 불러 억지로 먹게 되어 맛을 거의 못 느낄 것이다. 마지막으로 네 개째를 먹는다면 이제는 더 먹을 수가 없어 고통으로 느낄 수도 있을 것이다. 이때의 한계 효용은 0으로, 이를 통해 소비자가 상품을 많이 구매할수록 그 상품의 한계 효용은 점점 감소하여 마침내 더 이상의 추가적인 구매가 필요 없게 되는 지점에 도달함을 알 수 있다. 일반적으로 어떤 재화의 소비량이 증가할 때 한계 효용은 차츰 감소하는데, 이를 ㉠한계 효용 체감의 법칙이라고 한다. 이를 그래프로 표현하면 〈그림〉과 같이 나타나는데, 비빔면을 한 개씩 더 먹을 때마다 만족감의 누적은 늘어나지만, 상대적 만족감은 줄어드는 것을 표현한 것이다.

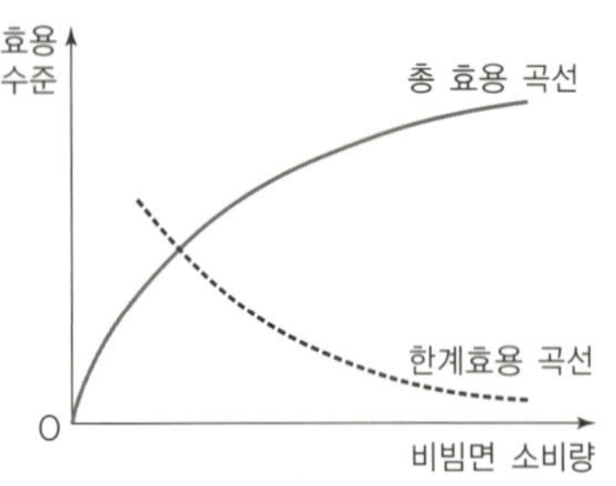

이를 달리 말하면 비빔면의 총 효용은 증가하지만 한계 효용은 점차 감소한다고 할 수 있다. 따라서 합리적인 소비 생활은 한계 효용이 0이 되는 순간까지이고, 그 이하는 낭비가 된다.

　한계 효용 체감의 법칙을 쉽게 찾을 수 있는 곳이 뷔페다. 우리는 뷔페에서 무한정 많은 음식을 먹을 수 있을 것 같지만 실제로 몇 접시 먹지 못하고 안타까워하면서 일어선 경험이 있을 것이다. 음식을 어느 정도 먹은 이후에는 한 접시를 더 먹을수록 만족감이 떨어져 더 이상 먹을 수 없기 때문이다. 그렇다면 뷔페에서 어떻게 먹어야 가장 큰 만족감을 얻을 수 있을까?

　㉡한계 효용 균등의 법칙에서 이에 대한 답을 찾을 수 있다. 소비자가 일정한 소득으로 여러 가지 재화를 소비하면서 최대의 효용을 얻으려면, 각 재화의 한계 효용이 균등하게 되도록 소비를 해야 한다는 것이 한계 효용 균등 법칙이다.

　자신이 갈비를 가장 좋아한다고 해도 갈비를 계속 먹는다면 한계 효용이 줄어든다고 하였다. 이때부터 치킨 등과 같은 다른 음식을 먹기 시작하면, 다른 음식의 효용이 갈비의 효용보다 커서 더 많이 먹을 수 있다. 이런 식으로 각각의 음식으로부터 얻는 한계 효용이 같아질 때까지 여러 음식을 먹으면서 효용을 최대화하는 것이 한계 효용 균등의 법칙이다. 결론적으로 뷔페에서는 여러 가지 음식을 조금씩 균등하게 먹는 것이 가장 경제학적인 식사인 것이다.

1 〈보기〉에서 ㉠과 ㉡의 내용과 유사한 성격을 지닌 속담을 바르게 짝지은 것은?

ⓐ 콩 한 쪽도 나눠 먹는다.
ⓑ 많아도 탈이요, 적어도 병이다.
ⓒ 멧돼지 잡으려다 집돼지 놓친다.
ⓓ 듣기 좋은 노래도 계속 들으면 싫다.
ⓔ 아홉 가진 놈, 하나 가진 놈 부러워한다.

	㉠	㉡
①	ⓐ	ⓑ
②	ⓑ	ⓓ
③	ⓒ	ⓔ
④	ⓒ	ⓐ
⑤	ⓓ	ⓑ

논증 방법
파악 –
연역

2 윗글의 내용을 바탕으로 〈보기〉의 ㉮, ㉯에 들어갈 내용을 추론한 것으로 적절한 것은?

민수는 주어진 돈으로 사과와 배를 사서 먹으려고 한다. 사과 1개를 먹었을 때의 한계 효용은 200이고, 2개일 때는 180, 3개일 때는 150이다. 배 1개를 먹었을 때의 한계 효용은 180, 2개일 때는 160, 3개일 때는 140이다. 사과와 배의 가격이 동일하다고 할 때 민수는 사과와 배를 각각 몇 개씩 사야 가장 합리적인 소비를 했다고 할 수 있을까? 한계 효용 균등의 법칙에 따르면 민수는 사과 (㉮)개, 배 (㉯)개를 구매했을 때 가장 합리적인 소비를 했다고 할 수 있을 것이다.

(단, 민수에게 주어진 돈은 사과 또는 배 4개를 살 수 있는 범위이다.)

	㉮	㉯
①	1개	2개
②	2개	1개
③	2개	2개
④	1개	3개
⑤	3개	1개

어느 은행 경비원이 총을 들고 협박하는 강도로부터 자신을 방어하기 위하여 그 강도를 넘어뜨려 부상을 입혔다. 그렇다면 경비원은 그 행위가 범죄로 인정이 되어 처벌을 받게 될까? 범죄의 성립 요건은 범죄가 법률상으로 성립하기 위한 요건으로 구성 요건 해당성, 위법성, 유책성이 있는데, 이 세 가지 요건 중에서 어느 하나라도 결여되면 범죄는 성립되지 않아서 처벌을 할 수 없게 된다.

먼저 구성 요건 해당성은 범죄가 성립되려면 구체적으로 어떤 행위를 해서는 안 되는지 법률에 미리 정해져 있어야 한다는 것이다. 예를 들어 사람을 폭행한 행위가 범죄가 되려면 폭행을 금지하는 규정이 있어야 한다. 이렇게 법률로 정해 놓은 범죄 행위의 유형을 범죄의 구성 요건이라고 한다.

다음으로 구성 요건이 충족되었다고 하여 바로 범죄가 성립하는 것은 아니다. 범죄가 되려면 법질서 전체의 관점으로 보아 위법성이 인정되어야 한다. 구성 요건에 해당하는 행위는 대개 위법성이 인정되지만, 예외적으로 그렇지 않은 때도 있다. 예를 들어 자신을 향해 돌진하는 자동차를 피하려고 가게로 몸을 피하다 가게의 물건을 파손한 경우에는 법질서 전체의 관점으로 보아 허용할 수 있는 일이기 때문에 위법하지 않고, 따라서 범죄가 성립되지 않는다. 이런 예외적인 경우를 위법성 조각 사유라고 하며, 그 종류로는 정당방위, 긴급 피난, 자구 행위, 피해자의 승낙, 정당 행위 등이 있다. 정당방위는 자기나 타인의 법익에 대한 현재의 부당한 침해를 방위하기 위한 상당한 이유가 있는 행위를 말하고, 긴급 피난은 자기나 타인의 법익에 대한 현재의 위난을 피하기 위한 상당한 이유가 있는 행위이다. 또 자구 행위는 자신의 권리를 침해당한 자가 법적 절차를 기다릴 수 없는 급한 상황에서 자신의 권리를 보존하기 위한 상당한 이유가 있는 행위이고, 피해자의 승낙은 피해자가 가해자에게 자신에게 손해가 되는 행위를 하도록 허락한 행위, 정당 행위는 법령에 근거한 행위, 업무상 행위, 기타 사회 규칙에 어긋나지 않는 행위를 말한다.

마지막으로 유책성이란 어떤 행위가 구성 요건에 해당되고, 위법한 행위일지라도, 이것을 범죄로 단정하여 형벌을 과하기 위해서는 행위자에게 법률적으로 비난할 수 있는 책임이 있어야 한다는 것이다. 예를 들어 다른 사람을 폭행한 사람이 만 14세 미만인 미성년자이거나 14세 이상이라도 심각한 정신 분열증에 ㉠걸린 사람이라면 그 사람에게 책임을 물을 수 없으므로 그 사람의 행위는 범죄가 되지 않는다. 또 강요된 행위도 범죄가 성립하지 않는다.

이로 볼 때 위의 경비원의 행위는 범죄의 성립 요건 중 구성 요건 해당성은 충족하지만 자신에게 가해지는 부당한 침해를 막기 위해 어쩔 수 없이 행한 정당방위에 해당되기 때문에 범죄가 성립되지 않을 것이다. 이처럼 법은 하나의 행위에 대하여 범죄로 평가하고 형벌을 부과하기 위해서는 여러 가지 엄격한 과정을 거치게 하고 있다. 법률의 이러한 다양한 장치들은 행위자, 피해자를 포함한 모든 국민의 자유와 권리, 즉 인권을 지키기 위한 것이다.

＊성립: 일이나 관계 따위가 제대로 이루어짐.

＊위법: 법을 어김.

＊유책: 책임이 있음.

＊결여: 마땅히 있어야 할 것이 빠져서 없거나 모자람.

＊조각: 해당(인정)되지 않음.

＊사유: 어떤 일을 그렇게 하게 된 이유나 까닭.

＊자구: 스스로를 구제하여 어려움으로부터 벗어남.

＊침해: 남의 권리나 재산 따위를 함부로 침범하여 손해를 끼침.

＊방위: 적의 공격이나 침략을 막아 지킴.

지문 정보 확인

1. 범죄가 성립하려면 법률에 범죄 행위의 유형을 정해 놓아야 한다.
( )

2. 사람의 행위에 위법성만 인정되면 이는 범죄에 해당된다고 볼 수 있다.
( )

3. 범죄의 구성 요건에는 해당되지만, 위법성이 인정되지 않은 예외적인 행위가 법률에 정해져 있다.
( )

1 윗글에 대한 설명으로 적절하지 <u>않은</u> 것은?

① 범죄가 성립되는 과정을 구체적 예를 통해 상세하게 설명하고 있다.
② 범죄의 성립 요건을 법률로 정한 것에 대한 목적과 의의를 밝히고 있다.
③ 범죄가 법률상으로 성립하기 위한 요건을 분류한 뒤에 그 내용을 분석하고 있다.
④ 범죄가 성립하지 않은 경우에 대한 구체적인 사례를 들어 독자의 이해를 돕고 있다.
⑤ 위법성에 해당되지 않는 행위에 대한 사항들을 열거한 뒤에 그에 대한 개념을 설명하고 있다.

논증 방법 파악 – 연역

2 윗글을 읽고 보인 반응으로 적절하지 <u>않은</u> 것은?

① 사형 집행인의 사형 집행 행위는 법령에 근거한 행위이므로 정당 행위에 해당되겠군.
② 자신의 지갑을 훔쳐 도망간 소매치기를 잡아 지갑을 되찾은 경우는 자신의 권리를 보존하기 위한 행위이므로 자구 행위에 해당되겠군.
③ 가족을 살해하겠다는 협박에 못 이겨 하는 수 없이 자신이 근무하는 회사의 신제품 기술을 범죄자에게 넘겨 주었다면 강요된 행위에 해당되므로 범죄가 성립되지 않겠군.
④ 자신에게 달려드는 맹견을 피하려다 어쩔 수 없이 남의 집 대문을 부수고 들어간 것은 현재의 위난을 피하기 위한 상당한 이유가 있는 행위이므로 긴급 피난에 해당되겠군.
⑤ 집 주인이 자신의 집으로 침입하려다 조기에 발각된 도둑이 들고 있던 쇠파이프를 빼앗고 때려 뇌사 상태에 이르게 한 것은 피해자의 승낙에 해당하므로 범죄가 성립하지 않겠군.

3 밑줄 친 단어 중, ㉠과 문맥적 의미가 가장 가까운 것은?

① 이 휴대폰은 전국 어디에서나 잘 <u>걸립니다.</u>
② 갑자기 불어닥친 바람에 연이 나무에 <u>걸렸다.</u>
③ 독감에 <u>걸리지</u> 않도록 따뜻하게 입고 다녀라.
④ 엔진이 고장 났는지 시동이 잘 <u>걸리지</u> 않는다.
⑤ 그는 시험 중에 부정행위를 하다가 감독관에게 <u>걸렸다.</u>

[1~10] 보기 에서 어휘의 뜻풀이 또는 예문의 (   ) 안에 들어갈 어휘 ㉠~㉤을 찾아 쓰시오.

보기

㉠ 도달   ㉡ 균등   ㉢ 사유   ㉣ 위법   ㉤ 부과

뜻풀이

1 법률이나 명령 따위를 어김.　　　　　　　　　　　　　[　　]

2 세금이나 책임, 일 따위를 부담하게 함.　　　　　　　　[　　]

3 목표로 정한 곳이나 어떤 수준에 이르러 다다름.　　　　[　　]

4 고르고 가지런해 차별이 없음.　　　　　　　　　　　　[　　]

5 어떤 일을 그렇게 하게 된 이유나 까닭.　　　　　　　　[　　]

예문

6 경찰이 교통 법규를 위반한 운전자에게 범칙금을 (　　　)했다.　　[　　]

7 이 모임은 (　　　)의 소지가 있다.　　　　　　　　　　[　　]

8 오랜 항해 끝에 마침내 육지에 (　　　)하였다.　　　　　[　　]

9 민주 사회에서는 직업을 선택할 때 기회의 (　　　)이/가 보장되어야 한다.　　[　　]

10 조퇴 (　　　)을/를 선생님께 말했다.　　　　　　　　　[　　]

[11~15] 다음에서 설명하는 어휘가 무엇일지 사다리를 연결하고 주어진 낱자를 활용하여 쓰시오.

11 책임이 있음.

12 어떤 사실이나 현상 따위가 거듭하여 반복되거나 겹쳐 늘어남.

13 마땅히 있어야 할 것이 빠져서 없거나 모자람.

14 남의 권리나 재산 따위를 함부로 침범하여 손해를 끼침.

15 스스로를 구제하여 어려움으로부터 벗어남.

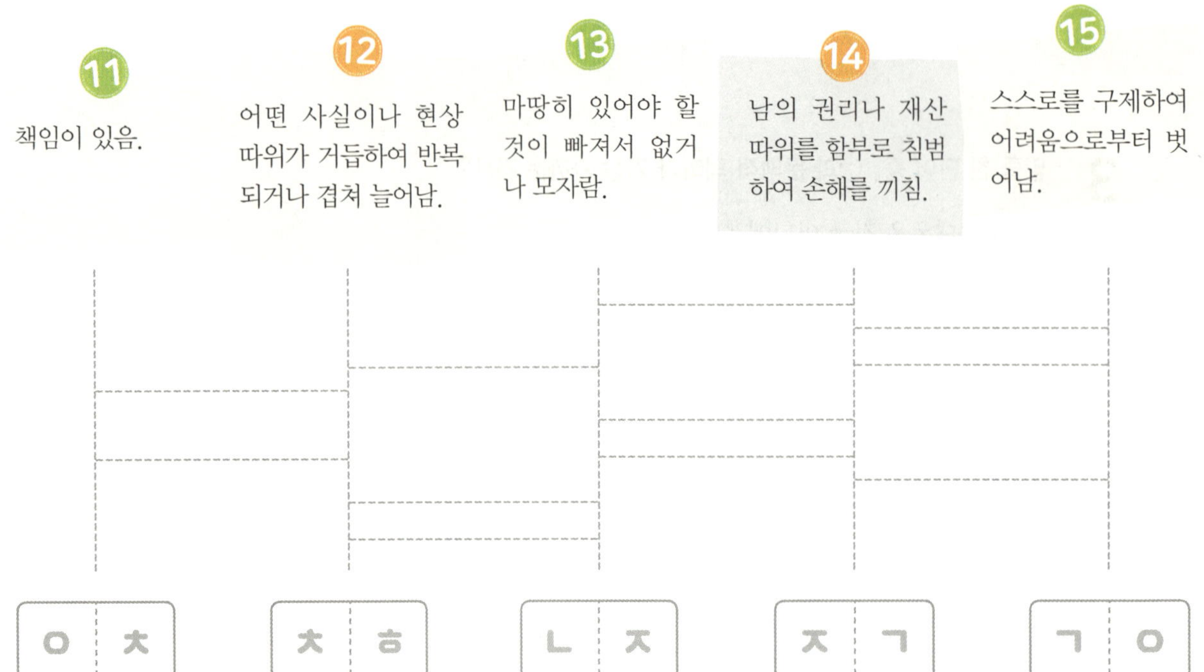

어휘 특강

포함하다
어떤 사물이나 현상 가운데 함께 들어가게 하거나 함께 넣다.
예 우리 가족은 나를 포함해서 모두 다섯이다.

비 들다
어떤 범위나 기준, 또는 일정한 기간 안에 속하거나 포함되다.
예 반에서 5등 안에 들다.

비 넣다
어떤 범위 안에 들어 있게 하다.
예 올림픽 종목에 태권도를 넣다.

비 망라하다
널리 받아들여 모두 포함하다.
예 이 책은 남북 언어에 관련된 모든 주제들을 망라하여 다루고 있다.

반 빼다
전체에서 일부를 제외하거나 덜어 내다.
예 식품 구입 목록에서 과자를 뺐다.

반 제외하다
따로 떼어 내어 한데 헤아리지 아니하다.
예 경찰은 혐의가 없다고 판단하여 그를 수사 대상에서 제외하였다.

반 배제하다
받아들이지 아니하고 물리쳐 제외하다.
예 부장을 이 일에서 배제하지 않고서 결코 성공할 수 없다.

독해 방법 Q&A

> **" 선생님, 논증 방법 중 연역적 추론 과정에서 중요한 내용은 무엇일까요? "**

연역적 추론은 일반적인 원리나 이론으로부터 구체적인 사례를 추론하는 방법이야. 주로 문제에서 구체적 사례나 상황을 제시하고 이를 글에 제시되어 있는 일반적이고 추상적인 원리에 적용하여 글의 내용을 잘 독해했는지를 묻는단다. 이를 해결하기 위해서는 우선 글에서 설명하고 있는 대상의 원리나 속성을 찾아 그 내용과 흐름을 정확히 이해해야 해. 다음으로 이것을 구체적인 사례에 적용하여 추론 내용의 적절성을 판단해야 한단다. 또한 대상의 원리나 속성이 다른 상황과 유사성이 있는지도 판단해야 해.

대상의 원리나 개념 정확히 이해하기
↓
구체적 사례를 대상의 원리에 적용하기
↓
추론 내용의 적절성 판단하기

학습 점검표

STUDY **11** 의 지문과 문제를 잘 학습했는지 체크한 후, 부족한 부분이 있다면 앞으로 돌아가서 다시 살펴보자~!

지문/문제		나의 체크				보완할 부분
뷔페에서 더 많이 먹는 방법	○ 1회독 ○ 2회독 이상	○ 내용	○ 지문 구조	○ 어휘		
	1	○ 맞힘 ○ 틀림	○ 내용	○ 개념&유형	○ 어휘	
	2	○ 맞힘 ○ 틀림	○ 내용	○ 개념&유형	○ 어휘	
범죄의 성립 요건	○ 1회독 ○ 2회독 이상	○ 내용	○ 지문 구조	○ 어휘		
	1	○ 맞힘 ○ 틀림	○ 내용	○ 개념&유형	○ 어휘	
	2	○ 맞힘 ○ 틀림	○ 내용	○ 개념&유형	○ 어휘	
	3	○ 맞힘 ○ 틀림	○ 내용	○ 개념&유형	○ 어휘	

대기 중의 골칫거리, 초미세 먼지 경보

지문 구조&정답 및 해설 048쪽

논증 방법 파악 – 유추

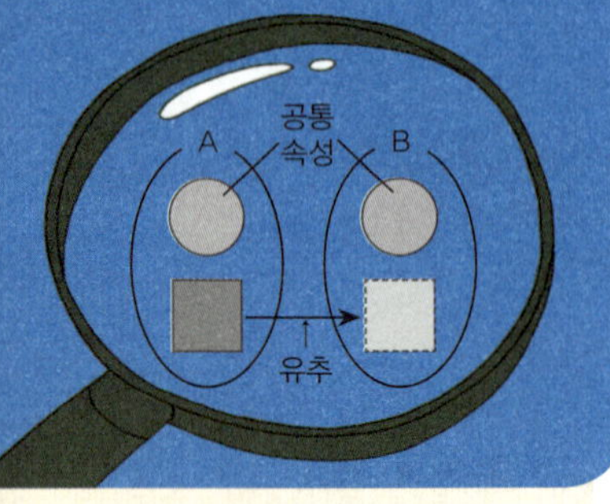

*입자: 물질을 구성하는 미세한 크기의 물체.

*정체: 사물이 발전하거나 나아가지 못하고 한자리에 머물러 그침.

*생성: 사물이 생겨남. 또는 사물이 생겨 이루어지게 함.

*분기점: 사물의 속성 따위가 바뀌어 갈라지는 지점이나 시기.

*기관: 육지에서 사는 절지동물의 호흡 기관.

*섬모: 세포의 표면에 돋아나 있는 가는 실 모양의 구조.

*폐포: 허파로 들어간 기관지의 끝에 포도송이처럼 달려 있는 자루. 호흡할 때에 가스를 교환하는 작용을 한다.

*유발: 어떤 것이 다른 일을 일어나게 함.

*방도: 어떤 일을 하거나 문제를 풀어 가기 위한 방법.

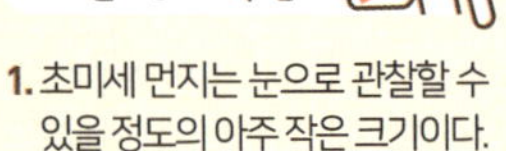

지문 정보 확인

1. 초미세 먼지는 눈으로 관찰할 수 있을 정도의 아주 작은 크기이다. (　)

2. 초미세 먼지의 주된 원인은 산업화와 관련이 있다. (　)

3. 초미세 먼지는 인체에 들어올 경우 쉽게 배출될 수 있다. (　)

요즈음 자주 듣게 되는 용어 중에 'PM 2.5'가 있다. PM 2.5는 대체 무엇일까? PM 2.5는 대기 오염 분야의 전문 용어로, '입자의 공기 역학적 지름이 2.5μm(마이크로미터) 이하인 입자상 물질'을 뜻하며 '초미세 먼지'로도 불린다. 1μm는 1mm의 1,000분의 1이라는 점을 고려하면, 2.5μm는 도저히 눈으로 볼 수 없는 크기이다. 국립환경과학원에 따르면 2019년 3월 5일 서울의 초미세 먼지 수치는 일평균 135μg/m³를 기록했을 정도로 한반도는 미세 먼지로 뒤덮였으며, 이제는 숨 쉴 자유를 빼앗겼다는 말조차 나오고 있는 상황이다.

초미세 먼지가 발생하는 원인은 복합적이지만 주된 원인은 산업화와 관련이 있다. 초미세 먼지는 일반적인 대기 오염과는 달리 중국의 황사 이외에도 자동차 배기가스, 화력 발전소에서 석탄을 태웠을 때 발생하는 매연, 지구 온난화로 인한 대기 정체 등 여러 물질들이 합쳐져서 생성된다.

그렇다면 초미세 먼지가 문제가 되는 것은 무엇 때문일까? 사실은 '아주 작다'는 특성이 초미세 먼지 문제의 핵심이다. '아주 작다'의 기준으로 10μm라는 수치를 기억해 두자. 이는 초미세 먼지(PM 2.5)의 약 4배 크기이다. 이 크기가 중요한 까닭은 체내에 들어온 이물질을 체외로 배출할 수 있는지 없는지의 분기점이 되기 때문이다. 원래 인체는 체내에 이물질이 들어오면 이를 없애거나 체외로 내보내는 기능이 있다. 황사라고 하더라도 공기 역학적 지름이 10μm 이상이면 기관(氣管)에 들어왔어도 기침이나 가래와 함께 체외로 배출된다. 문제는 지름이 10μm보다 작은 물질이 몸속으로 들어올 때이다. 그렇게 작은 물질은 이물질을 몸 밖으로 밀어내는 섬모 사이를 통과해 기관을 지나 폐에 이른다. 폐에 도달한 뒤에는 폐포에 부딪혀서 이를 망가뜨린다. 특히 초미세 먼지는 장까지 들어가서 문제를 ⓐ일으키기도 한다.

크기가 작아서 생기는 문제는 또 있다. 예를 들어 정육면체의 물건이 있다고 했을 때 이를 2등분하면 부피는 변하지 않지만, 모서리 수는 2배로 늘어난다. 요컨대 전체 부피는 변하지 않지만 한 물체가 잘게 쪼개질수록 모서리 수는 늘어난다. 같은 부피라 하더라도 잘게 쪼개지면 전체 겉넓이가 커져서 그만큼 물체에 닿는 부분도 많아진다. 즉 어딘가에 부딪칠 때마다 상처를 많이 입힐 수 있다. 그러므로 초미세 먼지도 ________㉠________.

결국 우리의 몸에 심각한 질병 요인을 유발하는 초미세 먼지 문제를 해결하기 위해서는 오염원이 될 물질의 발생을 억제하는 것 이외에 달리 방도가 없을 것이다. 배기가스 배출을 제한하는 것 이외에도 현재 중국 등에서 날아오는 황사에 대한 대책으로 최우선시되는 것이 바로 산림 조성이다. 식물 표피에 털 모양의 돌기가 있으면 초미세 먼지를 붙드는 능력이 커지는데 이는 여러 겹의 섬유로 만든 마스크가 초미세 먼지를 걸러내는 데 더 유리한 원리와 같다. 그럼에도 초미세 먼지 문제는 국제 경제 문제와도 밀접한 관련이 있다는 점을 고려할 때 국가 간 협력적 대책 마련이 뒷받침되지 않는다면 효과를 거두기 어려울 것이다.

1 윗글에서 언급한 내용이 <u>아닌</u> 것은?

① 초미세 먼지의 정의
② 초미세 먼지가 발생하는 원인
③ 초미세 먼지 농도를 측정하는 방법
④ 초미세 먼지를 해결하기 위한 방안
⑤ 초미세 먼지가 인체 기관에 미치는 영향

2 ㉠에 들어갈 내용으로 가장 적절한 것은?

① 크기가 너무 작기 때문에 인체에 미치는 질병의 정도를 빨리 파악하기가 어렵다.
② 인체 내에서 쉽게 증식할 수 있기 때문에 전체 겉넓이가 커져서 생명에 위협이 될 수 있다.
③ 잘게 쪼개질수록 모서리 수가 늘어나기 때문에 인체 내의 다른 물질과 결합하여 문제를 일으킨다.
④ 크기가 작은 만큼 인체 내에서 부딪치는 면적이 커지기 때문에 여러 개의 작은 상처를 내 심각한 질병으로 이어질 수 있다.
⑤ 인체 내에서 부피가 커지며 부딪치는 부분도 점점 늘어나기 때문에 시간이 지날수록 치명적인 상처를 남길 수 있다.

3 ⓐ와 가장 유사한 의미로 쓰인 것은?

① 바람에 세차게 불어 파도를 <u>일으켰다</u>.
② 외출하기 전에 거울을 보고 옷깃을 <u>일으켜</u> 세웠다.
③ 아침에는 너무 피곤해서 몸을 <u>일으키는</u> 것이 힘들다.
④ 동생은 장난꾸러기라 말썽을 <u>일으켜서</u> 부모님께 혼이 난다.
⑤ 경제를 <u>일으키는</u> 것이 이번 선거에서 가장 중요한 공약이다.

📖 지문 구조&정답 및 해설 050쪽

*녹는점: 고체가 액체 상태로 바뀌는 온도.

*생성: 사물이 생겨남.

*역설: 어떤 주의나 주장에 반대되는 이론이나 말.

*위배: 법률, 명령, 약속 따위를 지키지 않고 어김.

*대전: 어떤 물체가 전기를 띰.

*입자: 물질을 구성하는 미세한 크기의 물체.

*마비: 본래의 기능이 둔하여지거나 정지되는 일을 비유적으로 이르는 말.

*정전: 오던 전기가 끊어짐.

*급강하: 비행기 따위가 아래를 향하여 갑자기 빠른 속도로 내려감.

*실마리: 일이나 사건을 풀어 나갈 수 있는 첫머리.

태양은 뜨겁다. 얼마나 뜨거울까? 금속 중 녹는점이 가장 높은 텅스텐은 3,410℃가 되어야 녹는다. 태양의 표면 온도는 그보다 2배에 가까운 6천℃나 된다. 인류가 태양에 관해 400년 이상 연구해 왔지만 아직도 태양의 수많은 비밀이 풀리지 않은 채 있는 주된 이유가 바로 이 태양의 고온 때문이다. 그런데 이 지옥 같은 태양 대기 속으로 우주 탐사선 파커가 2018년 8월에 발사되어 태양의 수수께끼를 풀기 위해 태양 둘레를 돌고 있는 중이다.

태양은 우리가 그냥 눈으로 보면 겉보기에는 노란 원반처럼 보이지만, 실제로 대단히 복잡하다. 태양 내부는 크게 핵, 복사층, 대류층으로 구성되어 있고, 태양 외부는 태양 표면을 뜻하는 광구(光球), 맨 아래 대기층인 채층(彩層), 가장 바깥의 대기층인 코로나로 이루어져 있다. 태양 탐사선의 임무 중 하나는 바로 코로나와 태양에서 불어오는 태양풍의 신비를 벗겨 내는 것이다.

태양의 첫 번째 수수께끼는 코로나의 고온에 관한 것이다. 물리 법칙에 따르면 열은 높은 온도의 물체에서 낮은 온도의 물체로 저절로 이동한다. 전구처럼 에너지와 빛을 내는 물질은 안쪽이 가장 뜨겁고 밖으로 갈수록 온도는 떨어지게 마련이다. 그렇다면 태양의 에너지가 중심에서 생성된다는 점을 고려할 때 우주에서도 ________㉠________. 그러나 태양 대기의 상층부, 즉 코로나의 온도는 태양 표면보다 무려 200배나 높은 수백만℃나 된다. 이것은 모닥불 바로 옆보다 멀리 떨어진 데가 더 뜨겁다는 역설적인 상황과 같다. 이로 인해 과학자들은 물리 법칙에 위배되는 것처럼 보이는 코로나의 고온 현상에 대한 실체를 알고 싶어 한다.

탐사선이 풀어야 할 두 번째 수수께끼는 태양풍의 속도에 관한 것이다. 태양풍이란 말 그대로 태양에서 불어오는 대전된 입자 바람으로, '태양 플라스마'라고도 한다. 태양은 끊임없이 태양풍을 태양계 공간으로 내뿜고 있는데, 어떨 때는 엄청난 에너지를 뿜어내기도 한다. 거대한 플라스마 파도가 지구를 향해 초속 400~1,000km로 돌진하면서 대량의 입자들이 지구에 영향을 미치는데 이를 '태양 폭풍'이라 한다. 이 물질들은 대기를 통과하는 과정에서 사람에게 직접적인 해를 입히지는 않지만, 전자 시스템에 영향을 줄 수 있다. 이 경우 전력망, 스마트폰, GPS 등 위성 통신을 사용하는 서비스가 마비될 수 있으며, 대규모 정전 사태를 가져와 엄청난 피해를 일으킬 수도 있다. 그러나 이 태양풍의 엄청난 속도가 어떻게 만들어지는지를 아직까지 모르고 있기에 이번 탐사에서 풀어내야 할 큰 과제이다.

앞으로 탐사선 파커는 이전 탐사선의 접근 거리보다 7배나 가까운 616만km의 거리까지 태양 표면으로 다가갈 계획이다. 이를 위해 2025년까지 24차례 태양에 근접 비행하며 태양 궤도를 돈 후 태양 코로나 속으로 급강하할 예정이다. 특수 제작된 열 방패를 장착한 탐사선이 1,370℃에 가까운 태양의 열을 견디고 과연 태양의 2대 비밀을 풀 실마리를 찾아낼 수 있을지, 지금 과학자들은 한껏 기대에 부풀어 있다.

지문 정보 확인

1. 태양 탐사선의 임무는 코로나와 태양풍의 비밀을 풀어내는 것이다. ( )

2. 코로나는 태양 외부에 있는 것으로 온도가 높지 않다. ( )

3. 태양 플라스마는 지구의 전자 시스템에 영향을 줄 수 있다. ( )

1 윗글을 읽고 〈보기〉와 같이 학습 활동을 수행하였다고 할 때, ㄱ~ㄹ 중 적절한 것만을 골라 바르게 묶은 것은?

보기

※ 윗글을 읽고, 아래 정보에 대해 맞으면 ○, 틀리면 ×를 표시하시오.

	정보	학생의 판단
ㄱ	태양의 외부에서 채층은 가장 바깥의 대기층에 위치에 있다.	○
ㄴ	'열은 높은 온도의 물체에서 낮은 온도의 물체로 이동한다.'라는 물리 법칙을 태양에서도 확인할 수 있다.	×
ㄷ	태양풍은 사람들에게 직접적인 해를 가할 뿐만 아니라 대규모 정전 사태를 일으키는 등 막대한 피해를 낳는다.	×
ㄹ	태양 탐사선은 특수 제작된 열 방패를 장착한 채 태양 궤도를 돈 후 임무를 마치고 다른 행성으로 급강하할 것이다.	○

① ㄱ, ㄴ   ② ㄴ, ㄷ   ③ ㄷ, ㄹ
④ ㄱ, ㄴ, ㄹ   ⑤ ㄴ, ㄷ, ㄹ

2 ⓐ에 들어갈 내용으로 가장 적절한 것은?

① 태양 내부 핵의 온도와 코로나의 온도는 같을 것이다.
② 코로나의 높은 열이 태양 표면으로 이동되어야 할 것이다.
③ 태양 외부인 코로나보다 태양 내부에 접근하기 어려울 것이다.
④ 물리 법칙에 따라 코로나의 온도는 태양의 표면보다 높을 것이다.
⑤ 태양의 표면이 바깥 대기층인 코로나보다 온도가 높아야 할 것이다.

[1~10] 보기 에서 어휘의 뜻풀이 또는 예문의 (   ) 안에 들어갈 어휘 ㉠~㉺을 찾아 쓰시오.

보기

㉠ 입자　　　　㉡ 마비　　　　㉢ 실마리
㉣ 분기점　　　　㉤ 정체

1 일이나 사건을 풀어 나갈 수 있는 첫머리(단초).
[　　]

2 사물의 속성 따위가 바뀌어 갈라지는 지점이나 시기.
[　　]

3 물질을 구성하는 미세한 크기의 물체.
[　　]

4 본래의 기능이 둔하여지거나 정지되는 일을 비유적으로 이르는 말.
[　　]

5 사물이 발전하거나 나아가지 못하고 한자리에 머물러 그침.
[　　]

6 그의 증언으로 사건의 (   )이/가 보이기 시작했다.
[　　]

7 미세 먼지 (   )은/는 눈으로 볼 수 없는 아주 작은 크기를 가지고 있다.
[　　]

8 손님들이 갑자기 몰리면서 업무가 (   )되기 시작하였다.
[　　]

9 도로 위에 차량이 너무 많아서 나아가지 못하고 (   ) 상태이다.
[　　]

10 악수를 청한 것을 (   )(으)로 둘은 매우 가까워졌다.
[　　]

[11~15] 다음에서 설명하는 어휘가 무엇일지 주어진 낱자를 활용하여 쓰시오.

11 사물이나 사건이 성립되는 까닭. 또는 조건이 되는 요소.

12 오던 전기가 끊어짐.

13 사물이 생겨남. 또는 사물이 생겨 이루어지게 함.

14 어떤 주의나 주장에 반대되는 이론이나 말.

15 어떤 일을 하거나 문제를 풀어 가기 위한 방법과 도리.

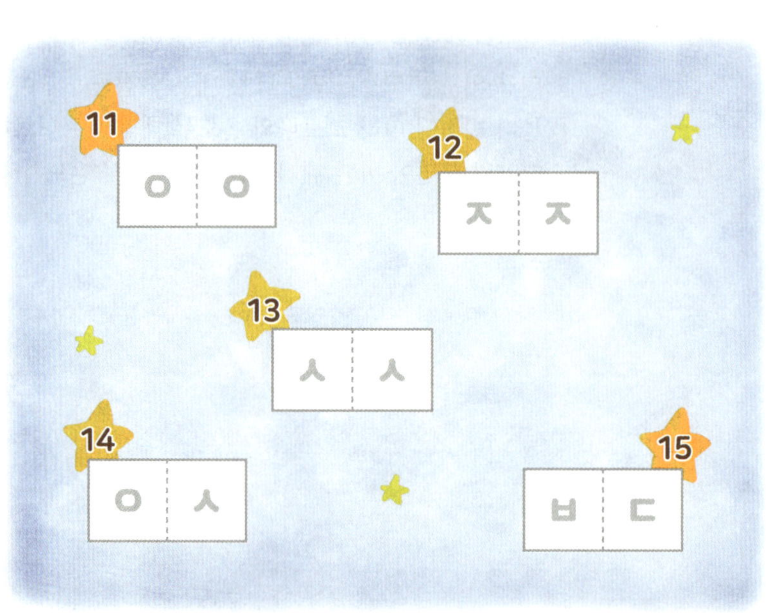

어휘 특강

• '뿐'의 띄어쓰기 •

아름다움은 주관적인 느낌일 뿐이다.

뿐 의존 명사

❶ ((어미 '-을' 뒤에 쓰여)) 다만 어떠하거나 어찌할 따름이라는 뜻을 나타내는 말.

VS

이제 믿을 것은 오직 실력뿐이다.

뿐 조사

❶ ((체언이나 부사어 뒤에 붙어)) '그것만이고 더는 없음' 또는 '오직 그렇게 하거나 그러하다는 것'을 나타내는 보조사.

의존 명사와 조사: '뿐, 만큼, 대로' 등은 형태는 동일하지만 의존 명사로 쓰일 때도 있고, 조사로 쓰일 때도 있다. 같은 모양의 단어가 의존 명사로 쓰이느냐 조사로 쓰이느냐에 따라 띄어쓰기가 달라진다. 의미 역시 비슷하지만 다른 부분도 있으므로, 띄어쓰기나 문맥 등을 통해 어떤 뜻으로 쓰인 것인지 판단할 수 있다.

논증 방법 파악 – 유추

독해 방법 Q&A

" 선생님, 유추에 의한 논증은 무엇을 의미하나요? "

유추에 의한 논증은 유비 논증이라고도 하며, 대상의 유사성에 근거하여 결론을 이끌어 내는 것이라고 이해하면 된단다. 단, 그 대상의 유사성이 어느 정도 믿을 만한 것인지에 따라 논증이 정당화될 수도 있고 그렇지 않을 수도 있어. 예를 들어 원인과 결과를 잘못 연결하여 나타나는 오류가 있을 수 있으며 근거로 제시한 사례를 지나치게 일반화하여 성급하게 결론을 내리는 오류가 나타날 수 있다는 것을 유의해야 해.

논증의 오류

⬇

① 잘못된 인과 관계의 오류
② 성급한 일반화 등

학습 점검표

STUDY 12 의 지문과 문제를 잘 학습했는지 체크한 후, 부족한 부분이 있다면 앞으로 돌아가서 다시 살펴보자~!

지문/문제		나의 체크				보완할 부분
대기 중의 골칫거리, 초미세 먼지 경보		○ 1회독　○ 2회독 이상	○ 내용　○ 지문 구조		○ 어휘	
	1	○ 맞힘　○ 틀림	○ 내용　○ 개념&유형		○ 어휘	
	2	○ 맞힘　○ 틀림	○ 내용　○ 개념&유형		○ 어휘	
	3	○ 맞힘　○ 틀림	○ 내용　○ 개념&유형		○ 어휘	
우주의 비밀을 풀어라, 태양 탐사선 파커		○ 1회독　○ 2회독 이상	○ 내용　○ 지문 구조		○ 어휘	
	1	○ 맞힘　○ 틀림	○ 내용　○ 개념&유형		○ 어휘	
	2	○ 맞힘　○ 틀림	○ 내용　○ 개념&유형		○ 어휘	

몽골 제국의 힘, 말

추론과 논증 방법 연습

틀린 그림 찾기

지문 구조 & 정답 및 해설 052쪽

유라시아* 중앙부에는 길이 약 팔천 킬로미터 남짓*의 대초원이 펼쳐져 있다. 그곳에는 높은 산도 없어서 하루에 이백 킬로미터를 달리는 말을 타고 계속 가면 사십일 만에 대초원을 ㉠주파할 수 있었다. 말은 장거리를 고속으로 달릴 수 있기 때문에 말을 타고 이동하면 거대한 영역과 남쪽에 여러 농경 지대에까지 도달할 수 있었다. 초원의 유목민은 재산인 양이나 말의 무리를 쫓아 초원을 이동하면서 ㉡간소한 가재도구, 조립식 주거를 사용하며 오아시스 농경민에게서 구입한 곡물로 생활했다. 초원에 퍼져 사는 유목민은 어렸을 때부터 말과 친숙한 관계를 맺었고, 말과 일심동체(一心同體)*인 생활을 했다. 그들은 마구를 발달시켜 뛰어난 기마 기술을 개발했으며, 말 위에서 쏠 수 있는 단궁*을 발전시켜 기마 군단을 성장시켰다. 그 정점에 몽골 기마 군단이 있었다.

어린 시절에 아버지가 독살 당해 시련 많은 청년 시절을 보낸 귀족 테무친은 1206년 몽골 고원을 통일하여 칸이라고 불리는 왕이 되었다. 그때 그는 '빛의 신'이라는 뜻의 '칭기즈'라는 이름을 부여받았다. 칭기즈 칸은 권력을 잡는 과정에서 엄격한 군율*을 적용했고, 기마 군단을 중앙 집권적*으로 지배하면서 강력한 집단을 만들어 냈다. '야사'라는 법률까지 제정해 자신이 최고 권력자임을 몽골인에게 보여 주었다. 칭기즈 칸은 몽골 고원에서 사육한 육십 만 마리의 말을 이용하여 이십 만 명의 기마 군단을 조직함으로써 대제국을 건설해 나갔다. 또한 실크 로드* 초원길의 실질적 지배자로서 각지의 상인의 안전을 ㉢보장하고 그 대가로 상품의 십분의 일 정도의 세금을 ㉣징수했다.

몽골의 말은 유럽인이 '쥐와 같다'고 묘사할 만큼 유럽의 말에 비해 작고 빈약*했다. 그러나 교묘한 기마 시술과 집단 전법, 말 위에서 쏠 수 있는 사정거리가 이백 미터나 되는 단궁으로 당시 몽골인은 유럽인에게 악마라고 불릴 정도로 두려움을 받는 존재가 된다. 또한 극심한 자연환경 속에서 생활하는 몽골인은 오랫동안 먹지 않고도 ㉤태연했으며 말 위에서 잠을 잘 수도 있었다. 이러한 기마 군단으로 칭기즈 칸은 중앙아시아를 평정하는 한편, 서양 정벌로 동서양에 걸친 대제국을 건설하는 기반*을 쌓았다.

---

* **유라시아:** 유럽과 아시아를 아울러 이르는 이름.

* **남짓:** 크기, 수효, 부피 따위가 어느 한도에 차고 조금 남는 정도임을 나타내는 말.

* **일심동체:** 한마음 한 몸이라는 뜻으로, 서로 굳게 결합함을 이르는 말.

* **단궁:** 박달나무로 만든 활의 하나.

* **군율:** 모든 군인에게 적용되는 군대 내의 규범이나 질서.

* **중앙 집권적:** 국가의 통치 권력이 분산되어 있지 않고, 중앙 정부에 집중된.

* **실크 로드:** 내륙 아시아를 횡단하여 중국과 서아시아·지중해 연안 지방을 연결하였던 고대의 무역로.

* **빈약:** 형태나 내용이 충실하지 못하고 보잘것없음.

* **기반:** 기초가 될 만한 바탕.

지문 정보 확인

1. 초원의 유목민의 생활에 있어 말은 필수적이었다. (　　)

2. 몽골 제국은 상인의 안전을 무료로 보증하면서 세력을 확장시켰다. (　　)

3. 유럽의 말은 몽골의 말에 비해 크고 튼튼했다. (　　)

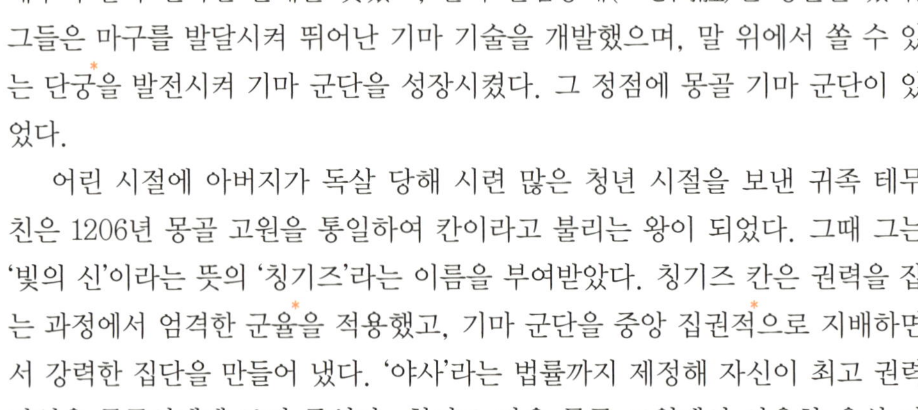

1 윗글에서 답을 얻을 수 있는 질문이 <u>아닌</u> 것은?

① 과거 몽골의 왕은 무엇으로 불렸는가?
② 몽골 제국은 어떤 이유로 멸망하게 되었는가?
③ 몽골의 말이 유럽의 말과 다른 점은 무엇인가?
④ 유라시아 중앙부에 위치한 대초원의 규모는 어느 정도인가?
⑤ 초원의 유목민들이 말 위에서 사용하던 무기는 어떤 것인가?

2 윗글을 읽고 추론한 내용으로 적절하지 <u>않은</u> 것은?

① 거대한 몽골 제국을 건설함에 있어 말은 필수적인 요소였군.
② 몽골의 기마 군단은 남다른 생존력을 바탕으로 제국을 건설하였군.
③ 강력한 통치력을 행사하기 위해서는 법률을 엄격하게 적용해야 하는군.
④ 초원의 유목민들은 그들의 생활 방식으로 인해 말과 친숙할 수밖에 없었겠군.
⑤ 유럽인은 몽골 기마 군단의 규모가 빈약함을 근거로 이들의 힘을 얕잡아 보았군.

3 ㉠~㉤의 사전적 의미로 적절하지 <u>않은</u> 것은?

① ㉠: 도중에 쉬지 아니하고 끝까지 달리다.
② ㉡: 간략하고 소박하다.
③ ㉢: 어떤 일이 어려움 없이 이루어지도록 조건을 마련하여 보증하거나 보호하다.
④ ㉣: 나라, 공공 단체, 지주 등이 돈, 곡식, 물품 따위를 거두어들이다.
⑤ ㉤: 보통 수준보다 훨씬 뛰어나다.

사실주의의 특징과 쿠르베의 작품

지문 구조&정답 및 해설 054쪽

사실주의는 1860년경 유럽 연극에서 발달했다. 낭만주의에 이어 새롭게 등장한 사실주의는 극작가들로 하여금 자신들이 살고 있는 당대 세계를 직접 관찰함으로써 가장 진실하게 묘사할 것을 요구했다. 또한 사실주의 극작가들에게 요구된 것은 낭만주의처럼 개인의 감정에 충실해서 자유롭게 쓰는 것이 아니라 최대한 객관적인 태도로 극을 쓰는 것이었다. 사실주의는 문학적 표현만이 아닌 당시 19세기 후반의 지배적인 경향이었고 문학과 연극은 물론 예술의 각 분야에 큰 영향을 주었다.

사실주의자들이 중시했던 것은 두 가지였는데 하나는 사회적 존재로서의 인간의 현실을 객관적으로 표현하기를 지향하는 것이었고, 다른 하나는 예술이 그 본질에 있어서 외적 현실을 모방하는 객관적 재현이라는 믿음이었다.

문학 비평가들에 의하면 사실주의가 문학 운동의 형태를 갖추게 된 것은 1850년경이라고 한다. 또한 사실주의라는 용어를 처음 사용한 사람은 문학가나 연극인이 아닌 화가 쿠르베였다고 한다. 이 말은 사실주의가 문학이 아닌 회화의 영역에서 먼저 시작되었다는 것을 의미한다. 화가 쿠르베는 당시의 관념적인 그림 양식에 반기를 들고 눈에 비치는 대로 최대한 사실적, 객관적으로 그릴 것을 주장했던 것이다. 농촌에서 태어나고 정치적으로는 사회주의자였던 쿠르베는 1848년경 유럽을 휩쓴 혁명적인 움직임의 충격 속에서 개인의 감정이나 상상력, 자유를 중시하는 낭만주의는 그 시대의 고통에서 도피하는 것에 불과하다고 믿었다. 쿠르베는 현대의 예술가라면 자기 자신이 직접 보고 경험한 것만 사실적으로 표현해야 한다고 생각했다. 그는 "나는 천사를 그릴

수 없다. 왜냐하면 나는 한 번도 천사를 직접 보지 못했기 때문이다."라고 하면서 화가는 최대한 리얼리스트(realist)여야 함을 주장했다. 쿠르베의 1849년 작품인 '돌 깨는 사람들'은 이러한 리얼리즘을 최대한 구사한 첫 작품이었다.

사실주의를 지향하는 극작가들은 과거에는 볼 수 없었던 지극히 현실적인 모습들을 가감 없이 최대한 사실적으로 묘사했으며 이는 연극 무대 위에서도 마찬가지였다. 이들이 만든 적나라한 인간의 모습과 극의 주제는 관객들에게 충격을 주었으며 빈곤, 질병에 대한 사회적인 책임과 같은 주제를 놓고 논쟁을 벌이게 만들기도 했다.

---

*객관적: 자기와의 관계에서 벗어나 제삼자의 입장에서 사물을 보거나 생각하는 것.

*경향: 현상이나 사상, 행동 따위가 어떤 방향으로 기울어짐.

*본질: 본디부터 가지고 있는 사물 자체의 성질이나 모습.

*재현: 다시 나타남. 또는 다시 나타냄.

*관념적: 관념에만 사로잡혀 있는 것.

*반기: 반대의 뜻을 나타내는 행동이나 표시.

*도피: 적극적으로 나서야 할 일에서 몸을 사려 빠져나감.

*적나라하다: 있는 그대로 다 드러내어 숨김이 없다.

지문 정보 확인

1. 사실주의 극작가들은 현실을 진실 되게 묘사하고자 하였다. ( )

2. 쿠르베는 당대의 화풍에 반박하며 리얼리즘을 추구하고자 했다. ( )

3. 사실주의 극작가들은 과거에서 현재로 이어지는 양상을 무대 위에 그려 내고자 노력했다. ( )

1 윗글의 내용을 통해 알 수 있는 내용으로 적절한 것은?

① 사실주의는 유럽 연극에서 시작되어 다양한 분야에 영향을 미쳤다.
② 사실주의 연극은 당대 사회가 지닌 문제점에 대한 논쟁을 유발하기도 했다.
③ 사실주의 극작가들은 자신의 관념 속에 존재하는 세계를 진실하게 묘사했다.
④ 쿠르베는 당대의 유행에 따라 현실을 최대한 사실적으로 그리기 위해 노력했다.
⑤ 사실주의 연극은 사실적인 현실 묘사로 관객들에게 현실에 대한 만족감을 선사하였다.

2 윗글의 '돌 깨는 사람들'과 〈보기〉의 작품인 '메두사의 뗏목'을 비교한 내용으로 적절하지 <u>않은</u> 것은?

보기

제리코의 '메두사의 뗏목'은 프랑스 낭만주의 미술의 새로운 장을 연 작품으로, 1816년 메두사 호가 식민지로 향하던 중 좌초된 실제 사건을 다루었다. 이 그림이 화제로 떠오른 이유는 막대한 부를 안겨 주는 식민지 사업을 위해 왕실에 뇌물을 주고 사업권을 따낸 무자격 선장 때문에 배가 좌초되어 무고한 사람들이 희생된 사건이기 때문이다. 이처럼 이 작품은 이상적·교훈적 내용보다는 사회적 부패와 인간이 처한 고통을 극대화하여 보여 주고자 한다. 또한 화가와 개인의 감정을 표현하는 데 초점을 맞추고 있다는 점에서 낭만주의의 문을 여는 작품으로 꼽힌다.

① '돌 깨는 사람들'의 작가인 쿠르베는 〈보기〉의 작품에 대해 비판적으로 생각하겠군.
② '돌 깨는 사람들'과 달리 〈보기〉의 작품은 개인의 감정을 표현하는 데 중점을 두고 있군.
③ '돌 깨는 사람들'은 〈보기〉의 작품과 달리 세계를 가감 없이 묘사해야 한다는 점에 중점을 두고 있군.
④ '돌 깨는 사람들'과 〈보기〉의 작품은 모두 현실에 있었던 사건을 바탕으로 하고 있다는 점이 유사하군.
⑤ '돌 깨는 사람들'과 〈보기〉의 작품은 모두 예술의 본질은 현실을 객관적으로 재현하는 데 있다는 생각에서 창작되었겠군.

[1~5] 어휘의 뜻풀이와 어휘 ㉠~㉤을 바르게 연결하시오.
[6~10] 예문의 (　　) 안에 들어갈 어휘 ㉠~㉤을 바르게 연결하시오.

뜻풀이	어휘	예문

1 형태나 내용이 충실하지 못하고 보잘것 없음.

2 현상이나 사상, 행동 따위가 어떤 방향으로 기울어짐.

3 기초가 될 만한 바탕.

4 다시 나타남. 또는 다시 나타냄.

5 자기와의 관계에서 벗어나 제삼자의 입장에서 사물을 보거나 생각하는 것.

㉠ 기반
㉡ 객관적
㉢ 빈약
㉣ 경향
㉤ 재현

6 사건을 그대로 (　　　)했다.

7 수학 과목의 (　　　)을/를 다질 필요가 있다.

8 옳고 그름을 (　　　)으로 판단하다.

9 자료의 (　　　)으로 연구에 어려움이 있다.

10 상업주의 (　　　)을/를 띤 소설.

[11~15] 보기 의 글자들을 조합하여 다음 뜻풀이에 해당하는 단어를 만드시오.

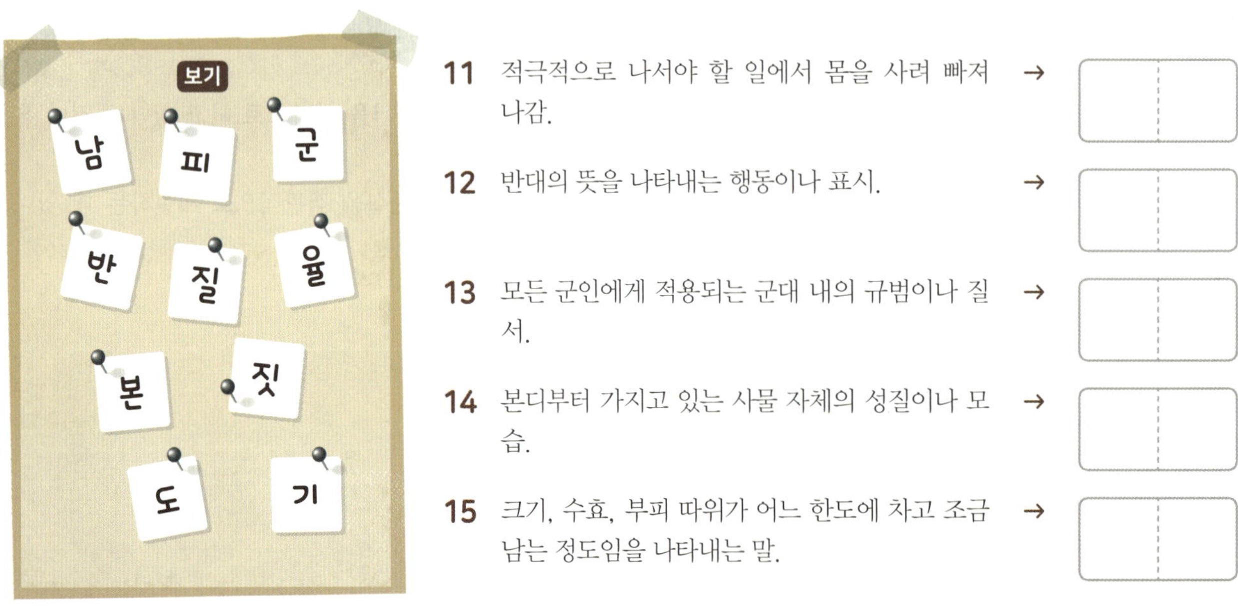

11 적극적으로 나서야 할 일에서 몸을 사려 빠져나감.　→

12 반대의 뜻을 나타내는 행동이나 표시.　→

13 모든 군인에게 적용되는 군대 내의 규범이나 질서.　→

14 본디부터 가지고 있는 사물 자체의 성질이나 모습.　→

15 크기, 수효, 부피 따위가 어느 한도에 차고 조금 남는 정도임을 나타내는 말.　→

어휘 특강

소리는 같지만 뜻이 다른 단어를 동음이의어(同音異義語)라고 한다.

매다 동사 ← ⋯ 동음이의어 ⋯ → **매다** 동사

다의어

❶ 끈이나 줄 따위의 두 끝을 엊걸고 잡아당기어 풀어지지 아니하게 마디를 만들다.
　📌 신발 끈을 **매다**.

❷ 끈이나 줄 따위로 꿰매거나 동이거나 하여 무엇을 만들다.
　📌 책을 **매다**.

❸ 가축을 기르다.
　📌 암소 한 마리와 송아지 두 마리를 **매다**.

두 가지 이상의 뜻을 가진 단어를 다의어(多義語)라고 한다.

매다

❶ 논밭에 난 잡풀을 뽑다.
　📌 콩밭을 **매다**.

추론과 논증 방법 연습

독해 방법 Q&A

“ 선생님, 정보나 내용의 추리는 어떻게 하는 것이 효율적일까요? ”

추론에서 정보 및 내용의 추리는 글의 표면에 드러나 있지 않고 정보와 내용 간의 관계를 통해 파악할 수 있는 숨겨져 있는 정보와 내용을 추리하는 유형이야. 시험에서는 주로 정보 간의 관계를 바탕으로 특정 정보나 내용에 대해 추론하는 문제, 글의 내용을 바탕으로 미루어 알 수 있는 내용을 파악하는 문제 등이 출제되지. 따라서 글을 읽을 때 글의 표면에 제시된 지식이나 정보 등을 활용하여 겉으로 드러나지 않은 정보나 내용을 추리해 내는 연습을 꾸준히 할 필요가 있어.

글에 제시된 핵심 대상이나 특정 정보에 대한 세부적 이해

⬇

내용이나 정보들 사이의 관계를 나타내 주는 담화 표지어(그러나, 왜냐하면⋯)를 활용하여 추론

학습 점검표 **STUDY 13** 의 지문과 문제를 잘 학습했는지 체크한 후, 부족한 부분이 있다면 앞으로 돌아가서 다시 살펴보자~!

지문/문제	나의 체크					보완할 부분
몽골 제국의 힘, 말	○ 1회독　○ 2회독 이상		○ 내용　○ 지문 구조　○ 어휘			
	1	○ 맞힘　○ 틀림	○ 내용　○ 개념&유형　○ 어휘			
	2	○ 맞힘　○ 틀림	○ 내용　○ 개념&유형　○ 어휘			
	3	○ 맞힘　○ 틀림	○ 내용　○ 개념&유형　○ 어휘			
사실주의의 특징과 쿠르베의 작품	○ 1회독　○ 2회독 이상		○ 내용　○ 지문 구조　○ 어휘			
	1	○ 맞힘　○ 틀림	○ 내용　○ 개념&유형　○ 어휘			
	2	○ 맞힘　○ 틀림	○ 내용　○ 개념&유형　○ 어휘			

개념 디렉토리

논증 방법

다른 사람에게 내 주장을 설득하는 방법에는 무엇이 있을까

글쓴이는 자신의 주장을 설득하기 위하여 다양한 방법을 사용한다. 여러 가지 사례를 설명한 후 이를 바탕으로 결론을 내리기도 하고, 다른 사람들이 모두 옳다고 생각하는 내용을 바탕으로 하여 자신의 주장을 이끌어 내기도 한다. 어떤 문제 상황을 제시하고 이에 대한 해결책을 모색하는 방법을 활용하기도 한다. 글을 읽을 때에 글쓴이가 활용하는 논증 방식을 파악할 수 있다면 글의 내용을 더 정확하게 이해할 수 있기도 하고, 글쓴이의 주장을 추측할 수도 있다. 또한 이를 바탕으로 글쓴이의 견해에 찬성하거나 비판할 수도 있다.

논증이란 무엇일까

- 논증이란 글쓴이가 근거를 들어 자신의 주장을 증명해 가는 과정을 말한다. 흔히 주장과 근거 간의 관계를 뜻하기도 하고, 근거를 활용하여 주장을 펼치는 방식을 뜻하기도 한다.
- 논증은 주로 설득을 목적으로 하는 글에서 사용되며, 귀납, 연역이 대표적이 논증 방법이라 할 수 있다.

귀납

- 개별적이고 특수한 사실들을 많이 검토하여 이로부터 일반적이고 보편적인 결론을 유도해 내는 일이다.
- 모든 사례를 다 검토한 것이 아니라 일부분을 관찰한 것이므로 결론이 절대적이지 않지만, '거의 그럴 것'이라고 판단할 수 있다. 따라서 귀납법을 활용하여 논증을 하려면 다른 사람을 설득할 수 있을 정도로 충분한 사례를 검토하거나 대표적인 사례를 제시하는 것이 좋다.

> 예 A: 까마귀는 검은 색이다.
> B: 까마귀는 검은 색이다.
> C: 까마귀는 검은 색이다.
> ⋯ 그러므로 모든 까마귀는 검은 색이다.
>
>  A, B, C의 까마귀에 관한 진술은 개별적 사례를 분석한 것이고, 이를 통해 모든 까마귀는 검은색이라는 결론을 내리고 있다.

- 두 대상의 몇 가지 공통점을 바탕으로, 또 한쪽의 대상이 어떤 성질을 가질 경우 다른 사물도 그와 같은 성질을 가질 것이라고 추리하는 유추 역시 귀납법에 속하는 것이다.

 오렌지와 귤은 색깔과 모양이 매우 유사하다. 따라서 오렌지와 귤의 맛도 비슷할 것이다.

 오렌지와 귤이라는 두 대상의 겉으로 보이는 공통점을 바탕으로, 맛도 유사할 것이라는 결론을 내리고 있다.

연역

- 이미 알려져 있는 일반적인 진술을 바탕으로 하여 개별적인 결론을 이끌어 내는 논증 방식이다.
- 연역법에 따라 논증을 하려면 논리적인 형식을 따라야 하는데, 대표적인 방법이 삼단 논법이다.

 모든 새는 알을 낳는다. (대전제)
타조도 새이다. (소전제)
따라서 타조도 알을 낳는다. (결론)

 '모든 새는 알을 낳는다.'는 것은 이미 잘 알려진 사실이다. 이를 대전제라 한다. 이를 바탕으로 '타조도 알을 낳는다.'라는 구체적인 결론을 얻을 수 있다.

논증의 타당성 검토하기

- 글을 읽을 때에는 글쓴이가 활용한 논증 방법이 타당한지 파악하며 비판적으로 이해해야 한다.
  - 글의 중심 내용과 주제를 파악한다.
  - 글쓴이가 활용한 논증 방식을 분석한다.
  - 논증의 과정이나 결론이 논리적인지, 글의 주장을 적절하게 뒷받침하고 있는지 검토한다.

논증 방법 활용하기

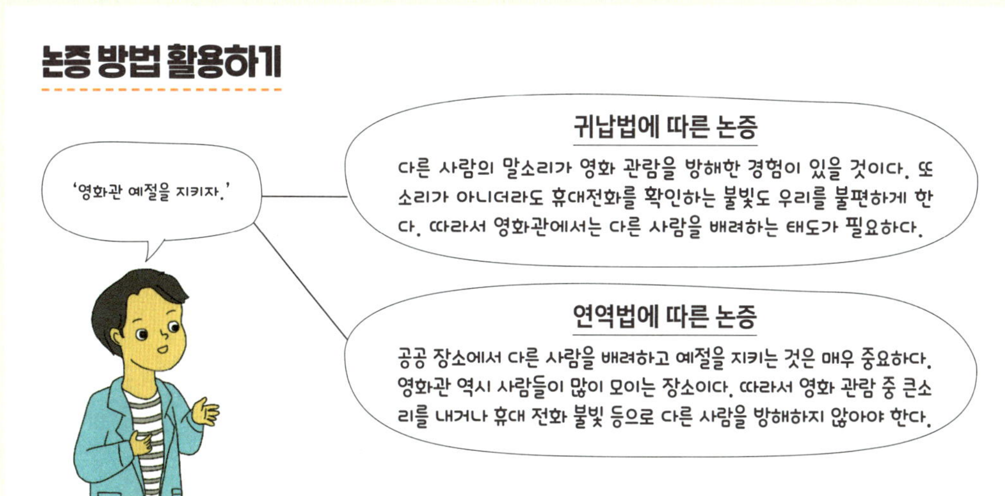

관점 비교를 통한 평가

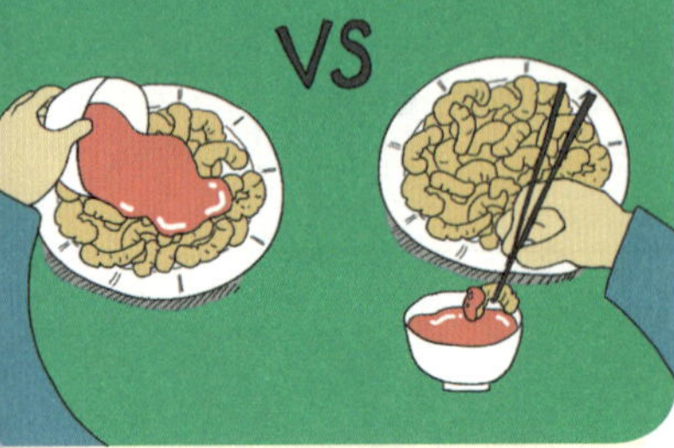

VS

* **사상**: 어떠한 사물에 대하여 가지고 있는 구체적인 사고나 생각.

* **근간**: 사물의 바탕이나 중심이 되는 중요한 것.

* **기하학**: 도형 및 공간의 성질에 대하여 연구하는 학문.

* **권위적**: 권위를 내세우는. 또는 그런 것.

* **상호**: 상대가 되는 이쪽과 저쪽 모두.

* **관점**: 사물이나 현상을 관찰할 때, 그 사람이 보고 생각하는 태도나 방향 또는 처지.

* **불가역**: 변화를 일으킨 물질이 본디의 상태로 돌아갈 수 없는 일.

* **순환**: 주기적으로 자꾸 되풀이하여 돎. 또는 그런 과정.

지문 정보 확인

1. 서양에서는 이데아에 이르는 길은 수학이라고 생각하였다. ( )

2. 영어 알파벳에서 관계 중심의 사고를 찾아볼 수 있다. ( )

3. 직선적 시간관은 서양의 문화에, 원형적 시간관은 동양의 문화에 영향을 주었다. ( )

📖 지문 구조 & 정답 및 해설 056쪽

[가] 서양은 플라톤의 이데아 사상과 피타고라스의 수학적인 사상의 지배를 받아 완전한 이상인 이데아가 있으며 이데아에 이르는 길은 수학이라는 생각이 문화의 근간을 이루게 되었다. 특히 종교 건축과 같은 권력의 상징성을 나타내는 건축물에서는 기하학과 수학이 공간 구성에서 빼놓을 수 없는 요소가 되었다. 예를 들어서 로마 판테온과 성 소피아 대성당의 평면, 단면을 보면 이 같은 성향을 쉽게 찾아볼 수 있다. 이렇듯 20세기 이전 서양에 지어진 권위적인 건축물들은 모두가 기하학적이고 수학적인 분석이 가능한 공간이다.

　반면 동양에서는 대체로 비어 있는 것을 최고의 가치로 보며, 모든 것의 가치를 관계에 두고 있다. '空間(공간)'이라는 단어만 보더라도 비어 있는 것과 비어 있는 것의 사이, 즉 비움과 관계에 공간의 의미를 두고 있다. 이 같은 관계 중심의 사고는 한자의 구성 원리에도 나타나는데 '木(목)'과 '一(일)'이라는 두 개의 기본 글자의 상호 위치에 따라 '本(본)', '未(미)' 같이 다른 의미의 글자를 만들 수 있다. 반면 영어의 알파벳들은 축을 따라서 배열되며 알파벳의 순서를 바꾸면서 새로운 의미가 창출된다.

[나] ㉠직선적 시간관이란 시간이 하나의 방향을 가지고 앞으로 나아간다는 관점이다. 즉 시간은 과거를 거쳐 현재를 지나 미래로 향하며, 그 방향은 변하지 않고 항상 일정하다. 예를 들어 유리컵이 탁자 위에 놓여 있는 상태를 A라고 하고 산산이 부서진 상태를 B라고 한다면, 컵의 상태는 항상 A에서 B로만 향하지, B에서 A로 향하지는 않는다. 이렇듯 시간은 앞으로만 나아가고 뒤로 돌아오지 않는 '불가역적 성질'을 갖는다.

　시간에 대한 두 번째 관점은, 시간이 순환한다는 관점이다. 하루는 아침, 점심, 저녁, 밤을 지나 다시 아침이 된다. 시간이 앞으로 가기만 하는 것이 아니라 다시 되돌아온다는 것이다. 하루만이 아니라 일주일, 한 달, 계절도 모두 순환하여 다시 돌아온다. 이렇게 시간이란 되돌아오길 반복하는 순환적인 것이라는 관점이 시간에 대한 두 번째 관점인 '㉡원형적 시간관'이다.

　위에서 살펴본 시간에 대한 두 가지 입장은 실제로 서양과 동양의 시간관을 형성했다. 직선적 시간관과 원형적 시간관은 각각 서양과 동양의 문화·종교의 밑바탕이 되었다. 예를 들어 서양에서 발생한 기독교는 직선적 시간관을 토대로 한다. 기독교의 세계에서 인간은 탄생하고 성장하여 죽음에 이른 후 영원한 세계로 나아간다. 반면 동양의 윤회 사상은 원형적 시간관을 토대로 한다. 불교의 가르침에 따르면 인간은 탄생하고 성장하여 죽음에 이른 후 중간 상태를 지나 다시 탄생을 맞이한다. 겨울이 지나고 다시 봄이 오듯 삶도 반복된다고 믿는 것이다.

1 (가)와 (나)의 설명 방법을 비교한 내용으로 가장 적절한 것은?

① (가)에서는 동서양의 대표적 철학자를, (나)에서는 동서양의 시간관의 차이점을 열거의 방식으로 설명하고 있다.
② (가)에서는 동서양 문자의 구성 방식을, (나)에서는 동서양의 종교적 차이점을 구체적 예시를 들며 설명하고 있다.
③ (가)에서는 동서양 건축의 공통점을, (나)에서는 동서양의 시간관의 차이점을 구체적 예시를 들며 설명하고 있다.
④ (가)에서는 동서양이 수학을 대하는 방식의 차이점을, (나)에서는 동서양 종교의 차이점을 대조의 방식으로 설명하고 있다.
⑤ (가)에서는 동서양의 공간 구성에 있어서의 차이점을, (나)에서는 동서양의 시간관의 차이점을 대조의 방식으로 설명하고 있다.

관점
비교를
통한 평가

2 ㉠과 ㉡을 비교한 내용으로 적절한 것은?

① ㉠은 서양의 이데아 사상에, ㉡은 동양의 기하학적 사고에 각각 영향을 주었다.
② ㉠은 서양의 죽음을 중시하는 태도, ㉡은 동양의 생명을 중시하는 태도에 각각 영향을 주었다.
③ ㉠과 ㉡은 각각 서양과 동양의 문화와 종교를 형성하는 데 밑바탕이 되었다.
④ ㉠과 ㉡은 각각 서양과 동양이 자신들의 환경에 알맞은 건축물을 짓게 하는 본보기가 되었다.
⑤ ㉠과 ㉡은 모두 서양과 동양이 서로의 문물을 교류하게 만드는 계기가 되었다.

지문 구조&정답 및 해설 058쪽

* **주역**: 주된 역할. 또는 주된 역할을 하는 사람.
* **신조어**: 새로 생긴 말.
* **단면**: 사물이나 사건의 여러 현상 가운데 한 부분적인 측면.
* **절제**: 정도에 넘지 아니하도록 알맞게 조절하여 제한함.
* **물욕**: 재물을 탐내는 마음.
* **소통**: 막히지 아니하고 잘 통함.
* **주류**: 조직이나 단체 따위의 내부에서 다수파를 이르는 말.

최근 밀레니얼 세대(와이 세대)의 새 취향과 트렌드가 주목받고 있다. 일반적으로 밀레니얼 세대는 1980년대 후반에서 2000년대 사이에 태어난 세대를 아우른다. 이들은 새로운 가치관과 소비 성향을 보이면서 사회 과학자와 기업 마케팅 담당자의 관심을 끌고 있으며, 베이비 붐 세대 이후 최대 소비 주역으로 떠올랐다. 욜로족, 가심비, 워라밸 등의 신조어들이 밀레니얼 세대의 생활 양식의 단면을 보여 준다.

욜로(YOLO, You Only Live Once)족은 '한 번뿐인 인생'을 즐기며 현재 자신의 행복을 가장 중요하게 여기며 생활하고 소비하는 성향을 가진 세대를 말한다. 그들은 미래를 위해 현재를 희생하거나 저축하기보다는 현재의 만족을 위해 즐기고 소비한다. 기성세대가 집 마련과 노후 준비를 위해 절제하고 저축했던 것과 대비된다. 욜로족은 당장의 만족을 위해 해외여행을 하고 비싼 자전거를 사는 등 취미 생활과 자기 계발에 아낌없이 소비한다. ㉠이들의 소비는 단순히 물욕을 채우기보다는 자신의 이상을 실현하고 취향을 즐긴다는 점에서 충동구매와 구별된다.

가심비(價心比)는 '가격 대비 마음'을 뜻하는 새로운 표현이다. 가성비가 비슷한 성능이면 가격이 저렴한 것을 사는 저성장 시대의 소비 방식이었다면, 가심비는 심리적 만족만 있으면 가격과 상관없이 물건을 구매하는 요즘 세대의 소비 방식이다. 가격이 비싸도 마음에 드는 옷이나 물건이 있으면 과감히 지갑을 여는 것이다. 이들은 연예인 캐릭터나 독특한 디자인에 큰돈을 쓰고도 아깝다고 생각하지 않으며 자신의 만족을 가장 중요한 가치로 삼는다.

한편 '일과 삶의 균형'을 의미하는 워라밸(Work and Life Balance)이라는 신조어도 등장했다. 학자들은 워라밸 세대를 1980년대 후반에서 1990년대 초반에 태어나 갓 사회에 진출한 젊은 직장인들로 정의한다. 사생활을 중시하고 자신만의 취미 생활을 즐기는 이들이 소비 시장의 중심으로 떠오르고 있으며, 워라밸 세대의 취향에 맞추어 직원들의 휴식과 문화생활이 있는 삶을 위해 애쓰는 기업도 늘고 있다.

최근에는 와이 세대의 뒤를 이어 제트 세대가 새롭게 주목받고 있다. 제트 세대는 1990년대 중반에서 2000년대 후반까지 태어난 세대로 이들은 어려서부터 인터넷을 자연스럽게 접하며 성장한 세대이다. 이들은 정보 기술(IT)에 익숙하고 소셜 네트워크 서비스(SNS)를 통해 자유롭게 소통한다. 밀레니얼 세대의 생활 양식인 욜로와 가심비, 워라밸 현상은 제트 세대로 이어져 주류 소비문화를 이끌어 갈 것으로 보인다.

지문 정보 확인

1. 밀레니얼 세대는 1980년대 후반에서 2000년대 사이에 태어난 세대를 말한다. ( )

2. 워라밸은 일과 삶의 균형을 의미한다. ( )

3. 욜로족, 가심비, 워라밸이라는 신조어는 제트 세대의 생활 양식을 보여 준다. ( )

1 윗글을 통해 해결할 수 있는 질문이 <u>아닌</u> 것은?

① 가성비와 가심비의 차이점은 무엇인가?
② 워라밸 세대가 기업 문화에 끼친 영향은 무엇인가?
③ 욜로족의 소비 성향이 기성세대와 다른 점은 무엇인가?
④ 기성세대가 밀레니얼 세대에 대해 어떤 시각을 가지고 있는가?
⑤ 밀레니얼 세대의 특징을 보여 주는 신조어에는 어떤 것들이 있는가?

2 〈보기〉와 같은 의견을 갖고 있는 사람이 ㉠에 대해 제기한 의문으로 가장 적절한 것은?

> **보기**
>
> 욜로라는 말은 서구권에서 써 왔던 신조어로 최근 우리나라에서도 유행어가 되었다. 하지만 욜로족의 소비는 자칫 과소비로 이어질 수 있다는 점에서 비판의 목소리가 있다. 한 시장 조사 전문 기업에서 성인 남녀 1,000명을 상대로 설문 조사를 한 결과 응답자 중 약 71%는 "욜로라는 용어가 마케팅 수단으로 이용되는 것 같다."고 생각을 밝혔다. 개인의 무분별한 소비가 기업의 배만 불린다는 지적이다.
> 한편 욜로라는 말 때문에 오히려 박탈감을 느낀다는 반응도 있다. 한 회사원은 "욜로는 경제력이 어느 정도 있는 사람만 누릴 수 있는 특권 같다."며 "적은 봉급으로 생활하는 나에게 욜로는 너무 먼 말"이라고 말했다.

① 서구권에서 온 신조어보다는 우리말로 된 어휘를 사용하여 생활 양식을 표현하는 것이 바람직하지 않을까요?
② 이상을 실현하고 취향을 존중한다는 말로 포장되어 있지만 사실은 기업의 이익을 위해 이용당하는 것 아닐까요?
③ 욜로족의 소비 성향이 대기업의 배만 불리는 결과를 가져올 수 있으므로 전통 시장을 이용하는 것이 좋지 않을까요?
④ 개인의 경제력이 어느 정도인지와는 상관없이 자신만의 취향을 계발하고 그것을 누리는 것은 현대인의 특권 아닐까요?
⑤ 경제력을 갖춘 사람들뿐만 아니라 적은 봉급으로 생활하는 회사원들도 욜로족이 될 수 있도록 기업의 지원이 필요하지 않을까요?

[1~10] 보기 에서 어휘의 뜻풀이 또는 예문의 ( ) 안에 들어갈 어휘 ㉠~㉤을 찾아 쓰시오.

보기

| ㉠ 순환 | ㉡ 관점 | ㉢ 신조어 | ㉣ 주역 | ㉤ 권위적 |

뜻풀이

1 새로 생긴 말. [   ]

2 주된 역할. 또는 주된 역할을 하는 사람. [   ]

3 권위를 내세우는. 또는 그런 것. [   ]

4 주기적으로 자꾸 되풀이하여 돎. 또는 그런 과정. [   ]

5 사물이나 현상을 관찰할 때, 그 사람이 보고 생각하는 태도나 방향 또는 처지. [   ]

예문

6 젊은 세대 사이에서 사용하는 (   )을/를 배우고 싶다. [   ]

7 요즘 기업에서는 (   ) 위계 질서는 찾아볼 수 없다. [   ]

8 그와 나는 사건을 바라보는 (   )이/가 다르다. [   ]

9 운동을 꾸준히 하면 혈액의 (   )이/가 원활해진다. [   ]

10 그는 이 문제 해결의 (   )이다. [   ]

[11~15] 다음에서 설명하는 어휘가 무엇일지 사다리를 연결하고 주어진 낱자를 활용하여 쓰시오.

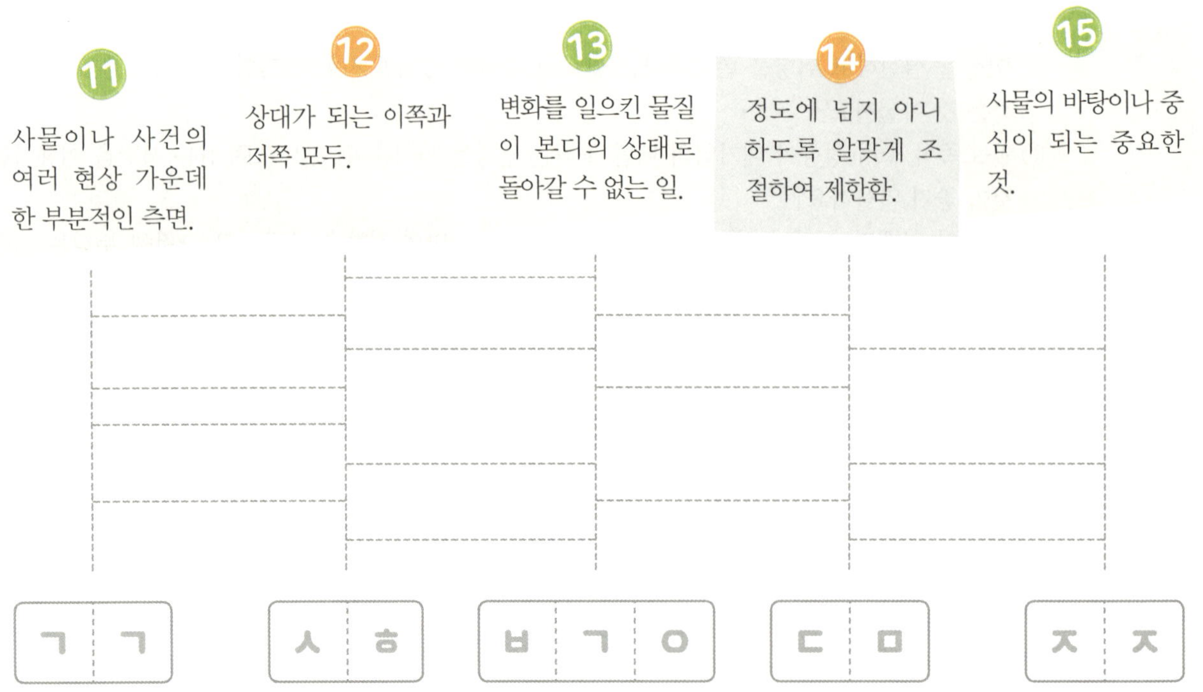

어휘 특강

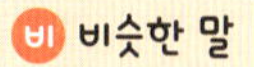 비슷한 말   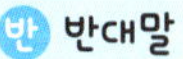 반대말

비 살갑다
마음씨가 부드럽고 상냥하다.
예 친구는 오랜만에 나를 살갑게 대했다.

비 사이좋다
서로 정답다. 또는 서로 친하다.
예 나는 동생과 사이좋다.

비 곰살궂다
태도나 성질이 부드럽고 친절하다.
예 곰살궂게 굴다.

다정하다
정이 많다. 또는 정분이 두텁다.
예 그들은 다정하게 손을 잡고 걸었다.

반 냉정하다
태도가 정다운 맛이 없고 차갑다.
예 냉정한 말투.

반 매정하다
얄미울 정도로 쌀쌀맞고 인정이 없다.
예 부탁을 매정하게 거절하다.

반 무정하다
따뜻한 정이 없이 쌀쌀맞고 인정이 없다.
예 무정한 사람.

독해 방법 Q&A

" 선생님, 관점 비교를 통한 평가는 어떻게 해야 하나요? "

글을 읽은 후 필자의 관점과 유사하거나 대립되는 다른 관점과 비교하며 글의 내용을 평가해 볼 수 있어. 이때 글을 읽으면서 핵심 대상에 대한 필자의 관점을 파악하고, 자신의 관점과 비교하며 적절성을 판단해 보는 과정이 필요해. 그리고 특정 이론에 대해 설명하는 글이라면 필자가 제시된 관점을 지지하고 있는지 반대하고 있는지를 파악해 보는 일도 중요하겠지. 〈보기〉에 다른 관점이 제시된 경우라면 지문의 관점과 같은지 또는 다른지를 판단해 보는 것도 중요하단다.

> 필자의 관점 파악
> ↓
> 자신의 관점과 비교
> ↓
> 특정 이론에 대한 필자의 입장 파악

학습 점검표

STUDY 14의 지문과 문제를 잘 학습했는지 체크한 후, 부족한 부분이 있다면 앞으로 돌아가서 다시 살펴보자~!

지문/문제	나의 체크			보완할 부분
동서양의 공간과 시간을 바라보는 관점	○ 1회독 ○ 2회독 이상	○ 내용 ○ 지문 구조 ○ 어휘		
	1 ○ 맞힘 ○ 틀림	○ 내용 ○ 개념&유형 ○ 어휘		
	2 ○ 맞힘 ○ 틀림	○ 내용 ○ 개념&유형 ○ 어휘		
밀레니얼 세대	○ 1회독 ○ 2회독 이상	○ 내용 ○ 지문 구조 ○ 어휘		
	1 ○ 맞힘 ○ 틀림	○ 내용 ○ 개념&유형 ○ 어휘		
	2 ○ 맞힘 ○ 틀림	○ 내용 ○ 개념&유형 ○ 어휘		

비판 및 반응의 적절성 평가

지문 구조 & 정답 및 해설 060쪽

미국의 생물학자 레이첼 카슨은 그의 책에서 '침묵의 봄'이라는 표현을 써서 환경 오염으로 인해 봄이 와도 새가 지저귀지 않고 생명체가 살지 못하는 불모의 땅을 묘사했다. 당시는 농약과 제초제가 농업 생산력을 높여 지구를 식량 위기로부터 구한다는 낙관론이 가득하던 시기였기 때문에 그녀의 주장은 많은 비판을 받았다. 그러나 그녀의 주장이 틀리지 않았다는 것이 증명되는 데는 그리 오랜 시간이 걸리지 않았다. 농약과 제초제의 남용은 해충을 죽일 뿐 아니라 다른 생명체에게도 영향을 미치며, 결국 이 성분들이 생태계 먹이 사슬을 통해 축적되어 상위 생명체에게도 치명적인 영향을 미칠 수 있다는 그녀의 주장이 머지않은 시기에 현실로 드러났기 때문이다.

그리고 미국의 동물학자 테오 콜본은 자신의 책 "도둑 맞은 미래"에서 카슨의 주장이 다소 극단적이지만 기우가 아님을 증명했다. 콜본은 미국과 캐나다의 국경 지역에 서로 잇닿아 있는 다섯 개의 호수 연안에 사는 새들 중 일부가 환경 오염 물질로 인한 행동 장애와 기형으로 멸종될 위기에 처해 있다는 것을 고발하였다. 그러면서 사회적으로 '환경 호르몬'에 대해 경종을 울렸다.

그렇다면 환경 호르몬이란 무엇일까? 환경 호르몬은 내분비계 교란 물질 즉, 외부의 물질이 체내로 들어와서 체내 호르몬을 교란시키는 물질을 말한다. 내분비계 교란 물질은 매우 안정되어 있어서 자연적으로 쉽게 분해되거나 파괴되지 않고 환경에 존재하다가 생물체에 흡수되면 체내에서 호르몬과 비슷한 작용을 하기 때문에 환경 호르몬이라고 불린다.

환경 호르몬의 대부분이 생명체의 성장, 발육 그리고 생식에 관여하는 호르몬과 비슷한 작용을 한다. 우리 몸은 온몸의 세포 하나하나가 신경계와 호르몬의 유기적인 작용에 의해 연결되어 아주 세밀하게 조절되도록 되어 있다. 그런데 외부에서 환경 호르몬과 같이 잘못된 신호가 들어오면 단계를 거칠수록 증폭되어 인체에 심각한 영향을 미치게 된다. 잘못된 신호는 결국 신경계를 망가뜨리고 암을 일으킨다. 다수의 환경 호르몬이 발암 물질이고 생식 기능에 치명적인 해를 끼치게 되는데, 이것이 환경 호르몬이 무서운 이유이다.

세계 생태 보전 기금(WWF)에서는 67종, 일본의 관련 기관에서는 143종을 환경 호르몬 물질로 규정하고 있다. 기관마다 환경 호르몬을 판단하는 데 차이가 있지만 이들 기관이 공통적으로 규정하고 있는 환경 호르몬 물질로는 깡통의 내부 부식을 방지하기 위해 코팅제로 사용되는 비스페놀 에이, 농약과 살충제 성분이었던 디디티(DDT) 등이 있다. 우리나라는 각 단체에서 규정한 환경 호르몬 중 현재 사용이 금지된 것도 있지만 그대로 사용되는 것도 있어서 환경 호르몬의 위험에 대한 대비가 아직 미비함을 알 수 있다.

---

* **낙관론:** 인생이나 사물을 밝고 희망적으로 생각하는 견해.

* **먹이 사슬:** 생태계에서 먹이를 중심으로 이어진 생물 간의 관계.

* **기우:** 앞일에 대해 쓸데없는 걱정을 함.

* **경종:** 잘못된 일이나 위험한 일에 대하여 경계하여 주는 주의나 충고를 비유적으로 이르는 말.

* **교란:** 마음이나 상황 따위를 뒤흔들어서 어지럽고 혼란하게 함.

* **발암 물질:** 암 또는 다른 악성 종양을 일으킬 수 있는 물질.

* **생식 기능:** 새로운 개체를 만들 수 있는 기능.

* **미비:** 아직 다 갖추지 못한 상태에 있음.

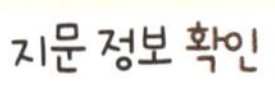

지문 정보 확인

1. 레이첼 카슨은 농약과 제초제가 인간에게 치명적인 영향을 미칠 것이라 주장했다. ( )

2. 테오 콜본은 레이첼 카슨의 주장이 비현실적이라고 비판했다. ( )

3. 내분비계 교란 물질은 인체에 잘못된 신호를 보낸다. ( )

1 **윗글을 통해 답을 얻을 수 있는 질문이 <u>아닌</u> 것은?**

① 환경 호르몬은 인체에서 어떤 작용을 하는가?
② 레이첼 카슨의 주장은 당대에 어떤 평가를 받았는가?
③ 내분비계 교란 물질에는 구체적으로 어떤 것이 있는가?
④ 각 기관이 환경 호르몬 물질을 규정하는 기준은 무엇인가?
⑤ 레이첼 카슨이 자신의 책을 통해 주장한 내용의 핵심은 무엇인가?

2 **윗글을 읽은 학생들이 〈보기〉를 읽고 보일 수 있는 반응으로 적절하지 <u>않은</u> 것은?**

> **보기**
>
> 　유아용 아쿠아 슈즈에서 기준치가 넘는 환경 호르몬이 검출되어 논란이 되고 있다. 제품을 안전한 물질로 만들었다는 기업을 믿고 구입한 소비자의 환불 및 소비자 단체의 피해 보상 요구가 높아지고 있다. 또한 제품의 환경 호르몬 검사를 책임지고 있는 정부 기관에서 기준으로 삼고 있는 환경 호르몬 물질과 일반적으로 소비자에게 알려진 환경 호르몬 물질이 달라서 환경 호르몬 검사 과정 전반 및 법적 제재에 대한 재검토가 요구되고 있다. 그러나 한편에서는 환경 호르몬이 산업화 과정에서 나타나는 불가피한 결과물이기 때문에 정부의 노력만으로는 환경 호르몬을 줄이는 데 한계가 있다는 의견을 내놓았다.
>
> 　최근 옥수수 등의 천연 물질을 활용하여 환경 호르몬 걱정이 없는 바이오 플라스틱이 개발되었다. 유아 젖병이나 장난감 등을 비롯한 다양한 분야에 활용될 것으로 예상되나 아직 일상적으로 쓰이기 위해서는 많은 비용이 필요하며 기술을 이전하기 위한 장치가 마련되지 못한 실정이다.

① 정부 기관에서 환경 호르몬 물질 기준을 통일하는 작업이 먼저 이루어져야 하겠군.
② 다양한 분야에 바이오 플라스틱을 이용할 수 있도록 정부 차원의 경제적 지원이 필요하겠군.
③ 정부 기관에서는 환경 호르몬 검사 절차와 규정 및 법적 제재를 점검하고 문제를 보완하는 것이 필요하겠군.
④ 환경 호르몬은 산업 구조의 변화로 나타나는 결과물이기 때문에 인체에 유입된 환경 호르몬 물질을 제거하는 방법을 찾는 노력이 필요하겠군.
⑤ 정부와 소비자 단체 등에서는 환경 호르몬 물질에 대한 정보를 제공하고 환경 호르몬에 대한 경각심을 줄 수 있도록 홍보하는 과정이 필요하겠군.

📖 지문 구조&정답 및 해설 062쪽

***취약:** 무르고 약함.

***빈번하다:** 번거로울 정도로 거듭하는 횟수가 잦다.

***변조:** 상태를 바꿈.

***탈취:** 빼앗아 가짐.

***포화:** 더 이상의 양을 수용할 수 없이 가득 참.

***대역폭:** 송신기나 증폭기 따위에서, 전기 신호를 흐트러지지 않은 상태로 보내기 위하여 전송계가 지녀야 할 일정한 주파수대의 폭.

***대체:** 다른 것으로 대신함.

***융복합하다:** 두 가지 이상이 서로 구별이 없게 하나로 합하여지다.

와이파이(Wi-Fi)는 무선 접속 장치가 설치된 곳에서 전파나 적외선 전송 방식을 이용해 일정 거리 안에서 무선 인터넷을 할 수 있는 근거리 통신망 기술이다. 1997년 무선 랜과 관련한 표준 와이파이를 정한 이래 초고속 인터넷 ㉠보급이 확대되었다. 집과 사무실, 지하철, 카페 등 와이파이 중계기가 설치된 곳이면 무선으로 인터넷에 접속할 수 있게 되면서 와이파이는 사람들의 일상 깊숙이 파고들었다.

그런데 와이파이의 가장 큰 단점인 보안 취약이 문제가 되기 시작했다. 주파수를 사용하면 일정 범위 내의 모든 디바이스가 와이파이 중계기에 접속할 수 있다. 이때 정보가 암호화되지 않은 채 전송되기 때문에 중계기에 접속해 있는 사람이 간단한 해킹 기술을 사용하면 전화를 ㉡도청하듯 중간에서 정보를 수집할 수 있다. 이런 이유로 와이파이 공유기 해킹 사건이 빈번하게 일어났는데, 2014년 공유기를 변조해 사람들이 파밍 사이트에 접속하게 만들어 개인 정보를 탈취했던 해킹 사건은 피해 규모가 매우 컸다. 와이파이의 주파수 대역 할당 한계도 문제로 제기되었다. 오늘날 와이파이는 2.4 GHz과 5 GHz 대역 두 종류를 사용하는데 이 주파수 대역이 포화 상태에 이르렀고, 새로운 기술 도입의 필요성이 ㉢대두되고 있는 것이다.

전 세계적으로 환경에 대한 관심이 높아지면서 저전력 고효율의 특성을 가진 LED 조명이 주목받게 되었는데, 이 LED 조명을 이용해 전파가 아닌 불빛에 디지털 정보를 실어 보내는 통신 기술이 라이파이(Li-Fi)다. 2011년 영국 에든버러 대학의 해럴드 하스 교수 팀은 LED 조명이 초당 수만 번 빛을 깜빡여서 모르스 부호처럼 통신하는 원리를 이용해 새로운 근거리 통신 기술인 라이파이를 개발하였다. 라이파이는 무선 통신의 전체 주파수보다 대역폭이 약 1만 배나 넓기 때문에 와이파이보다 속도가 100배 정도 빠르다. 또한 주파수 혼선 등의 문제가 없으며, 초고속 통신 서비스를 저렴한 비용으로 제공할 수 있어 공공 와이파이를 대체할 수 있을 것으로 예상된다.

라이파이가 ㉣상용화되면 가로등 불빛 아래 러닝 타임 2시간 영화 한 편을 1초 만에 다운로드 받을 수 있고, 도로를 달리는 자동차들이 전조등 불빛으로 정보를 주고받아 교통사고를 ㉤미연에 방지할 수 있으며, 전파를 쓸 수 없는 비행기 안이나 해저에서도 인터넷에 접속할 수 있다. 라이파이는 조명이 있는 곳이면 어디에서든 사용 가능하지만, 빛이 닿지 않는 곳에서는 통신이 차단된다는 한계를 드러낸다. 이처럼 아직 완성되지 않은 기술이지만, 라이파이는 전 세계적으로 큰 관심을 받으며 다른 무선 통신 기술과 융복합하는 시도 등 다양한 연구가 진행되고 있다.

지문 정보 확인

1. 라이파이는 전파를 이용한 차세대 통신 기술이다. ( )

2. 와이파이는 정보가 암호화되지 않은 채 전송된다. ( )

3. 라이파이는 빛이 있는 곳이라면 어디든 통신을 할 수 있는 기술이다. ( )

1 윗글의 내용 전개 방식으로 적절하지 <u>않은</u> 것은?

① 대상의 개념을 정의하며 내용을 구체화하고 있다.
② 두 대상의 차이점에 초점을 맞춰 특징을 설명하고 있다.
③ 구체적인 사례를 들어 대상에 대한 단점을 제시하고 있다.
④ 스스로 질문을 던지고 답변하는 방식으로 대상을 소개하고 있다.
⑤ 대상의 한계와 연구 진행 방향을 언급하며 글을 마무리하고 있다.

2 윗글을 읽고 학생들이 보인 반응으로 적절하지 <u>않은</u> 것은?

① 라이파이는 빛이 차단된 공간에서는 제대로 기능을 발휘하기 어렵겠군.
② 라이파이는 와이파이와는 달리 불빛을 이용하는 새로운 통신 기술을 의미하는군.
③ 와이파이는 정보가 암호화되지 않은 채 전송되기 때문에 해킹의 가능성이 높겠군.
④ 현재 와이파이 주파수 대역은 포화 상태이기 때문에 새로운 기술의 도입이 요구되고 있군.
⑤ 와이파이는 특별한 장치 없이도 일정 거리 안에서 무선 인터넷을 할 수 있는 통신망을 말하는군.

3 다음 중 ㉠~㉤의 사전적 의미로 적절하지 <u>않은</u> 것은?

① ㉠: 널리 펴서 많은 사람들에게 골고루 미치게 하여 누리게 함.
② ㉡: 남의 이야기, 회의의 내용, 전화 통화 따위를 몰래 엿듣거나 녹음하는 일.
③ ㉢: 어떤 세력이나 현상이 새롭게 나타남.
④ ㉣: 특별하게 씀.
⑤ ㉤: 어떤 일이 아직 그렇게 되지 않은 때.

[1~10] 보기 에서 어휘의 뜻풀이 또는 예문의 (　) 안에 들어갈 어휘 ㉠~㉤을 찾아 쓰시오.

[11~15] 다음에서 설명하는 어휘가 무엇일지 주어진 낱자를 활용하여 쓰시오.

11 아직 다 갖추지 못한 상태에 있음.

12 무르고 약함.

13 번거로울 정도로 거듭하는 횟수가 잦음.

14 상태를 바꿈.

15 암이 생김. 또는 암이 생기게 함.

어휘 특강

● 사람들이 자주 틀리는 표기 ●

※ ☑ 체크한 것이 맞는 표기임.

☐ 떡볶기	☑ 떡볶이	☐ 포장 되요?	☑ 포장 돼요?
☐ 어떻해	☑ 어떡해	☐ 희안하다	☑ 희한하다
☐ 닥달하다	☑ 닦달하다	☐ 꺼림직하다	☑ 꺼림칙하다
☐ 흐리멍텅하다	☑ 흐리멍덩하다	☐ 마음을 추스리다	☑ 마음을 추스르다
☐ 카드 결재	☑ 카드 결제	☐ 벽보를 띄기로	☑ 벽보를 떼기로
☐ 미소를 띄다	☑ 미소를 띠다	☐ 눈에 띤다	☑ 눈에 띈다

– 내 손안에 서울(2014년)

독해 방법 Q&A

" 선생님, 지문 내용에 대한 비판이나 반응이 적절한지는 어떻게 파악하나요? "

독서 지문을 읽고 세부 내용을 파악하는 것도 바쁜데 문제에 제시된 비판이나 반응이 적절한지 파악하는 건 정말 힘들죠? 비판이나 반응의 적절성을 파악하기 위해서 판단하는 기준은 간단해요! 첫 번째는 해당 비판이나 반응이 '지문의 기초 사실을 바탕으로 하는가?'이고 두 번째는 '해당 비판이나 반응의 근거가 지문에 내용에 바탕으로 하고 있는가?'입니다. 결국 비판이나 반응의 적절성을 판단함에 있어도 '지문의 내용을 정확하게 파악하는 것'이 기본이 되어야 한다는 것을 알 수 있어요.

① 지문의 기초 사실을 바탕으로 하는가?
② 지문의 내용을 근거로 하고 있는가?

⬇

비판이나 반응의 적절성 판단

학습 점검표

STUDY 15의 지문과 문제를 잘 학습했는지 체크한 후, 부족한 부분이 있다면 앞으로 돌아가서 다시 살펴보자~!

지문/문제	나의 체크					보완할 부분
환경 호르몬이 무서운 이유	○ 1회독　○ 2회독 이상		○ 내용	○ 지문 구조	○ 어휘	
	1	○ 맞힘　○ 틀림	○ 내용	○ 개념&유형	○ 어휘	
	2	○ 맞힘　○ 틀림	○ 내용	○ 개념&유형	○ 어휘	
와이파이와 라이파이	○ 1회독　○ 2회독 이상		○ 내용	○ 지문 구조	○ 어휘	
	1	○ 맞힘　○ 틀림	○ 내용	○ 개념&유형	○ 어휘	
	2	○ 맞힘　○ 틀림	○ 내용	○ 개념&유형	○ 어휘	
	3	○ 맞힘　○ 틀림	○ 내용	○ 개념&유형	○ 어휘	

아름다움의 객관성과 주관성

지문 구조 & 정답 및 해설 064쪽

매체의 다양한 표현 방법과 의도 평가

* **응시하다**: 눈길을 모아 한 곳을 똑바로 바라보다.

* **취향**: 하고 싶은 마음이 생기는 방향. 또는 그런 경향.

* **논박**: 어떤 주장이나 의견에 대하여 그 잘못된 점을 조리 있게 공격하여 말함.

* **기하학**: 도형 및 공간의 성질에 대하여 연구하는 학문.

* **궁극적**: 더할 나위 없는 지경에 도달하는 것.

* **이데아**: 순수한 이성에 의하여 얻어지는 최고 개념. 플라톤에게서는 존재자의 원형을 이루는 영원불변한 실재(實在)를 뜻한다.

* **유발하다**: 어떤 것이 다른 일을 일어나게 하다.

지문 정보 확인

1. 유명한 예술 작품을 보고 아름다움을 느끼지 못하는 것은 전적으로 감상자의 능력 부족으로 인한 것이다. ( )

2. 데이비드 흄은 아름다움이라는 것이 사람의 마음속에 있는 것이라고 보았다. ( )

3. 플라톤은 아름다움은 현실 세계에 존재하지 않는다고 생각하였다. ( )

유명한 예술 작품을 볼 때 '사람들이 아름답다고 하는 유명한 예술 작품인데, 왜 내 눈엔 아름답게 보이지 않는 걸까?'라는 생각을 해 본 적이 있을 것이다. 이 물음에 두 가지로 답을 할 수 있다.

하나는 원래 아름다움이란 저마다 다르게 느끼는 것이기 때문에 다른 사람이 보기에는 아름답게 보여도 내 눈엔 그렇지 않을 수 있다는 것이다. 다른 하나는 사물 중에는 아름다움의 조건을 갖춘 것도 있고 그렇지 않은 것도 있는데, 만약 아름다움의 조건을 갖춘 사물을 보고 아름다움을 느끼지 못한다면 그것은 보는 사람이 아름다움을 보는 능력이 없기 때문이다. 첫 번째 대답은 아름다움이란 사람마다 기준이 다른 ㉠주관적인 느낌일 뿐이라는 주장이고, 두 번째 대답은 아름다움은 사물이 가진 성질로서 ㉡객관적인 기준이 존재한다는 주장이다.

영국의 철학자 데이비드 흄은 "아름다움은 사물 그 자체의 성질이 아니라 오로지 사물을 응시하는* 사람의 머릿속에만 존재할 뿐이며, 모든 사람은 아름다움을 서로 다르게 느낀다."고 말했다. 아름다움이란 무게나 크기, 모양, 온도같이 사물에 있는 성질이 아니라 사물을 바라보는 인간의 내부에 있는 느낌이라는 뜻이다. 이에 따르면 객관적인 아름다움이란 존재하지 않는다.

'취향*은 논박*의 대상이 아니다.'라는 말도 이와 통한다. 취향은 그저 개인의 선택일 뿐, 옳고 그름을 따지는 것은 의미가 없다는 말이다. 그러니 우리가 '아름답다'고 말할 때 그 말이 의미하는 바는 아름답게 '느껴진다'는 뜻이다. 미각에 이상이 없는 사람이라면 사탕에서 단맛을 느낀다. 그런데 단맛이 나는 사탕을 맛없다고 하는 사람과 맛있다고 하는 사람이 있다는 것이다. 혀끝에서 느껴지는 감각으로서의 맛은 누구나 동일하게 느낄 수 있는 객관적인 성질이지만, 그 음식을 먹고 느끼는 '맛있음'과 '맛없음'은 사람마다 다르다는 것이다.

반면 기원전 6세기 무렵 처음으로 아름다움에 대한 논의를 시작한 그리스의 피타고라스는 아름다움이란 '조화'와 '질서' 같은 사물의 존재 방식에서 생겨난다고 주장하였다. 그가 연구하던 기하학*에 수적인 조화가 존재하는 것처럼 세상 만물에도 그러한 질서가 담겨 있다는 생각을 하였던 것이다. 이러한 생각은 음악, 미술 등의 예술 분야에까지 확장되었고 플라톤에 이르러 구체화된다.

플라톤에게 아름다움이란 만물의 궁극적인* 존재 원리였다. '아름다움의 이데아*'라 불리는 이 존재 원리는 사물이 존재하기 위해 반드시 갖춰야 할 특징이며, 사물을 이해하거나 만들어 내기 위하여 필요한 규칙이기도 하다. 플라톤에게 조화와 비율은 아름다움의 객관적인 조건이라 할 수 있다. 조화와 비율을 강조하는 피타고라스와 플라톤에게 아름다움은 사물이 지닌 하나의 성질이며, 아름다움을 느끼는 것은 사람의 마음이지만 그것은 이미 그 대상에 조화와 비율이라는 아름다움을 유발하는* 요소가 있기 때문이다.

1 학생이 '아름다움, 그 근원을 파헤치다'라는 발표문을 작성하기 위하여, 윗글을 바탕으로 〈보기〉의 자료를 해석한 내용 중 적절하지 <u>않은</u> 것은?

〈보기〉

(가) 그리스의 파르테논 신전

(나) 현대 작곡가 존 케이지는 관객들이 내는 '우연적인 소음'을 음악으로 제시하였다. '4분 33초'라는 공연에서 연주자는 피아노를 치는 대신 건반 앞에서 4분 33초 동안 가만히 앉아 있었다. 존 케이지는 4분 33초 동안 들리는 사람들이 수군거리는 말소리, 헛기침 등 소음을 음악으로 들려주었다고 말한다.

① 피타고라스와 플라톤의 입장에서는 (가)가 아름다운 이유는 그 안에 아름다움의 자질을 가지고 있기 때문이라고 말할 것이다.

② (가)를 보고 아름다움을 느끼지 못하는 사람이 있다는 사실은 아름다움의 기준은 사람마다 다를 수 있다는 데이비드 흄의 견해를 뒷받침할 수 있다.

③ 플라톤이 (나)를 아름답지 않다고 인식했다면, 그것은 (나)가 조화와 질서를 갖지 못했기 때문일 것이다.

④ 개인의 취향에 따라 (나)를 아름답다고 느낄 수도 있고 아름답지 않다고 느낄 수도 있는 것은 아름다움이란 주관적 성격을 갖는다고 보는 견해이다.

⑤ 데이비드 흄은 (가)와 (나)를 모두 아름답다고 느끼는 사람에 대하여, 그 사람이 아름다움을 인식하는 능력을 갖추었다고 평가할 것이다.

2 단어 간의 의미 관계가 ㉠:㉡과 <u>다른</u> 것은?

① 동쪽 : 서쪽
② 사과 : 딸기
③ 살다 : 죽다
④ 아이 : 어른
⑤ 뜨겁다 : 차갑다

지문 구조＆정답 및 해설 066쪽

글단어

*세시: 한 해의 절기나 달, 계절에 따른 때.

*소박하다: 꾸밈이나 거짓이 없고 수수하다.

*신명: 흥겨운 신이나 멋.

*응어리지다: 가슴속에 한이나 불만 따위의 감정이 쌓여 덩어리처럼 되다.

*원천: 물이 흘러나오는 근원. 사물의 근원.

*제천 의식: 하늘을 숭배하고 제사 지내는 원시 종교 의식. 일종의 추수 감사절의 성격을 띤 부족 전체의 행사로서, 노래하며 춤추고 술을 마시며 즐겼다.

*총체적: 있는 것들을 모두 하나로 합치거나 묶은 것.

*낙천적: 세상과 인생을 즐겁고 좋은 것으로 여기는 것.

1. 민속 무용이란

춤에 빠지다
(Dance)

우리나라, 동양, 서양 춤을 모두 사랑합니다.
프로필▶ 쪽지▶
＋ 이웃 추가

카테고리
– 전체 보기(301)
ㅡㅡㅡㅡㅡㅡ
– 한국 춤
↘ 한국 춤의 발달
↘ 한국 춤의 분류
↘ 춤 동영상
↘ 공연 사진
– 동양의 춤
– 서양의 춤
– 춤에 관한 생각
– 일상

민중이 즐기는 여러 세시 풍속 가운데 자연 발생적으로 생겨나고 민중과 밀착되어 이들과 호흡을 같이 하면서 발달해 온 춤이다. 궁중 무용처럼 고정적이거나 형식적이라기보다는 민중의 생활을 자유로운 몸짓으로 표현한다. ___㉠___ 화려한 의상이나 거대한 무대 장치 없이 평민 계급의 소박한 생활 감정을 춤으로 표현한 것이다.

> 민속 무용 외에 한국 춤의 종류가 궁금하다면?

2. 민속 무용의 특징: 신명 나는 춤, 누구나 즐길 수 있는 춤!

한국 춤의 특징을 흔히 '신명'의 춤이라고 말한다. 신명이란 흥겨움을 뜻하는 말로, 고통이나 좌절로 응어리진 것을 해소시킬 수 있다. 신명은 민중의 생활을 표현한 예술의 원천으로서 삶의 비극을 희극적인 것으로 바꾸어 주고 어둠에서 빛의 세계로, 눈물에서 웃음으로 나아갈 수 있게 한다. 신명의 춤인 민속 무용은 실제 생활 속에서 우러난 것이기 때문에 누구나 쉽게 춤을 출 수 있고 즐길 수 있다. 민속 무용 중 널리 알려진 것으로는 강강술래, 농악, 승무, 살풀이 등이 있다.

3. 민속 무용의 종류

☆ 강강술래

강강술래에서 '강'은 '동그라미'를 뜻하고, '술래'는 '둘레'라는 뜻으로, '주위를 경계하라'라는 의미를 지닌다고 한다. 이러한 어원으로 인해 강강술래의 발생이 임진왜란 때 왜군에게 조선의 군사가 많다는 것을 보이기 위한 부녀자들의 군무에서 시작되었다는 설도 있다.

> 강강술래의 기원에 대한 또 다른 해설이 궁금하다면?
> 삼한 시대의 제천 의식이 강강술래였다고?

춤은 풍성한 수확을 기원하는 뜻에서 보름달을 의미하는 큰 원형을 이루며 진행한다. ___㉡___ 춤과 노래와 오락의 총체적인 춤으로 놀이적인 성격이 강하며, 하체 중심으로 활발하게 움직이는 율동으로 구성되어 있다.

☆ 농악

농악이라는 명칭은 '농사꾼이 하는 음악'이라는 뜻에서 지어진 것으로 추측할 수 있다. 우리나라 춤 가운데 가장 오랜 역사를 가지고 있으며, 우리 민족의 심성이 가장 잘 표현된 춤이라고 볼 수 있다. 나발, 태평소, 꽹과리, 북, 징, 소고, 장구 따위를 불거나 치면서 이루어지는 농악은 흥겨운 가락을 연주하므로 참여하는 모든 사람들이 즐겁게 춤을 추게 된다. 농악의 춤은 상모놀

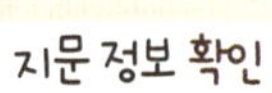
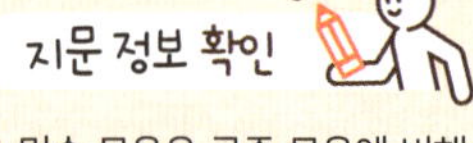

지문 정보 확인

1. 민속 무용은 궁중 무용에 비해 고정적이며 형식적이다. ( )

2. 강강술래는 상체보다 하체를 많이 움직이는 율동으로 구성되어 있다. ( )

3. 농악은 꽹과리, 징 등 악기와 함께 이루어지는 흥겨운 성격이 강하다. ( )

이를 위주로 한 윗놀이춤과 손짓, 발짓을 다양하게 움직이는 밑놀이춤으로 나뉘는데 윗놀이춤은 빠른 춤이기 때문에 역동적이며, 밑놀이춤은 느린 춤이기 때문에 멋이 있고 낙천적이다. 이러한 춤을 통해 민중적인 아름다움이 담긴 구수한 멋, 풍자적인 멋 등을 느낄 수 있다.

영상으로 보기 링크

1 윗글을 통해 알 수 있는 내용이 <u>아닌</u> 것은?

① 강강술래라는 용어의 어원
② 민속 무용이 발달해 온 배경
③ 궁중 무용과 민속 무용의 차이점
④ 농악에서 느낄 수 있는 멋의 특징
⑤ 세시 풍속에 따른 민속 무용의 종류

2 매체의 특성을 고려하여 윗글을 이해한 내용으로 적절하지 <u>않은</u> 것은?

① 본문의 내용과 관련된 시각 자료를 제공하여 본문에 대한 이해를 돕고 있다.
② 본문과 관련 있는 정보를 추가로 제시하여 독자가 원할 경우에만 확인할 수 있도록 하였다.
③ 본문에 번호를 매기고 소제목을 붙여서 독자가 글의 주요 내용을 미리 알기 쉽도록 하였다.
④ 글쓴이가 중요하다고 생각하는 정보에 미리 표시를 하여 독자가 글쓴이의 의도를 추측할 수 있다.
⑤ 본문의 왼쪽에 매체에서 제공 중인 정보의 목차를 제시하여 독자가 자신이 필요한 정보를 쉽게 선택할 수 있다.

3 ㉠과 ㉡에 공통적으로 들어갈 말로 가장 적절한 것은?

① 또한　　　　　　　　　　　② 한편
③ 그래서　　　　　　　　　　④ 그러나
⑤ 그러므로

[1~5] 어휘의 뜻풀이와 어휘 ㉠~㉤을 바르게 연결하시오.
[6~10] 예문의 (   ) 안에 들어갈 어휘 ㉠~㉤을 바르게 연결하시오.

뜻풀이	어휘	예문

1 어떤 주장이나 의견에 대하여 그 잘못된 점을 조리 있게 공격하여 말함.

2 물이 흘러나오는 근원. 사물의 근원.

3 세상과 인생을 즐겁고 좋은 것으로 여기는 것.

4 있는 것들을 모두 하나로 합치거나 묶은 것.

5 더할 나위 없는 지경에 도달하는 것.

㉠ 논박
㉡ 궁극적
㉢ 총체적
㉣ 원천
㉤ 낙천적

6 젊은 학자들의 새로운 주장은 기존 학계의 (   )의 대상이 될 것이다.

7 청소년 문제의 (   )인 책임은 기성세대에 있다.

8 생활의 (   )으로 생각하다.

9 인생을 (   )으로 살다.

10 위기 극복을 위해 (   )인 노력이 필요하다.

[11~15] 보기 의 글자들을 조합하여 다음 뜻풀이에 해당하는 단어를 만드시오.

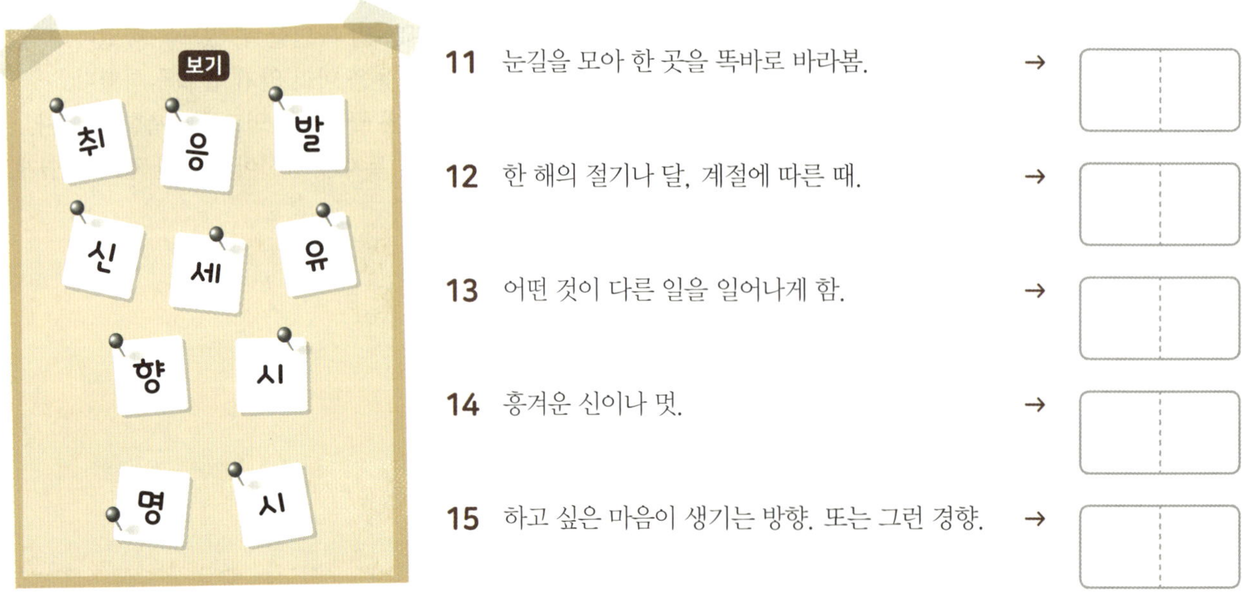

11 눈길을 모아 한 곳을 똑바로 바라봄.　→

12 한 해의 절기나 달, 계절에 따른 때.　→

13 어떤 것이 다른 일을 일어나게 함.　→

14 흥겨운 신이나 멋.　→

15 하고 싶은 마음이 생기는 방향. 또는 그런 경향.　→

어휘 특강

묻다 동사 ←—— 동음이의어 ——→ **묻다** 동사

❶ 물건을 흙이나 다른 물건 속에 넣어 보이지 않게 쌓아 덮다.
　⑩ 화단에 거름을 묻어 주다.

❷ 일을 드러내지 아니하고 속 깊이 숨기어 감추다.
　⑩ 아우는 형의 말을 비밀로 묻어 두었다.

❸ 얼굴을 수그려 손으로 감싸거나 다른 물체에 가리듯 기대다.
　⑩ 베개에 얼굴을 묻다.

다의어

묻다

❶ 무엇을 밝히거나 알아내기 위하여 상대편의 대답이나 설명을 요구하는 내용으로 말하다.
　⑩ 지나가는 사람에게 길을 묻다.

❷ 어떠한 일에 대한 책임을 따지다.
　⑩ 관계자에게 책임을 묻다.

다의어

두 가지 이상의 뜻을 가진 단어를 다의어(多義語)라고 한다.

독해 방법 Q&A

매체의 다양한 표현 방법과 의도 평가

" 선생님, 읽기 매체가 어떻게 달라지고 있나요? "

독서를 한다고 할 때 흔히 떠올리는 장면은 손에 책을 들고 있는 것이지만, 최근에는 기술이 발달하면서 독서를 하는 모습도 많이 달라지고 있단다. 우선 텔레비전, 스마트폰 등을 활용해 문자를 읽는 것 외에도 다양한 시청각 자료를 활용하는 독서가 이루어지고 있지. 또 전자책이 보급되면서 스마트폰 등을 통해서도 쉽게 독서를 할 수 있기도 해. 그리고 인터넷 신문이나 블로그 등 각종 매체를 활용한 여러 가지 읽기 자료가 제공되기도 하지. 따라서 이러한 매체의 특성을 고려해 가면서 독서를 하면 훨씬 적극적으로 내가 원하는 것을 찾을 수 있고 글쓴이와 상호 작용하면서 독서를 할 수 있단다.

> 독서 매체의 변화
> - 시청각 자료 증가
> - 전자책 활용
> - 인터넷 신문, 블로그 등 매체 다양화
>
> ↓
>
> 매체의 특성을 고려하여 적극적, 능동적으로 독서를 할 필요가 있음

학습 점검표

STUDY 16 의 지문과 문제를 잘 학습했는지 체크한 후, 부족한 부분이 있다면 앞으로 돌아가서 다시 살펴보자~!

지문/문제	나의 체크					보완할 부분
아름다움의 객관성과 주관성	○ 1회독　○ 2회독 이상		○ 내용　○ 지문 구조　○ 어휘			
	1	○ 맞힘　○ 틀림	○ 내용　○ 개념&유형　○ 어휘			
	2	○ 맞힘　○ 틀림	○ 내용　○ 개념&유형　○ 어휘			
한국의 민속 무용	○ 1회독　○ 2회독 이상		○ 내용　○ 지문 구조　○ 어휘			
	1	○ 맞힘　○ 틀림	○ 내용　○ 개념&유형　○ 어휘			
	2	○ 맞힘　○ 틀림	○ 내용　○ 개념&유형　○ 어휘			
	3	○ 맞힘　○ 틀림	○ 내용　○ 개념&유형　○ 어휘			

온정적 간섭주의와 자유주의적 간섭주의

지문 구조&정답 및 해설 068쪽

관점, 적절성 평가 연습

* **배치:** 서로 반대가 되어 어긋남.
* **온정:** 따뜻한 인정.
* **부합:** 사물이나 현상이 서로 꼭 들어맞음.
* **야기:** 일이나 사건 등을 끌어 일으킴.
* **제약:** 조건을 붙여 내용을 제한함.
* **인센티브:** 사람이 어떤 행동을 취하도록 부추기는 것을 목적으로 하는 자극.
* **오류:** 그릇되어서 이치에 어긋남.
* **논거:** 이론이나 논리의 근거.

지문 정보 확인

1. 온정적 간섭주의는 개인의 이익을 위해 정부가 개인의 의사 결정에 강제적으로 개입하는 것을 허용한다. (　　)

2. 온정적 간섭주의는 자유주의의 기본 신념과 부합한다. (　　)

3. 자유주의적 간섭주의는 개인의 자율성을 존중한다. (　　)

　　자유주의 기본 신념은 개인의 선택이 타인의 이익에 반하지 않는 한 이를 최대한 존중해야 된다는 것이다. 이와 배치되는 것으로, ㉠'온정적 간섭주의'가 있는데, 개인의 선택이 사회의 공익이나 개인의 이익에 부합하지 않는 경우에 정부가 개인이 바람직한 선택을 할 수 있도록 개인의 의사 결정에 강제적 개입을 할 수 있다는 입장이다. 대표적으로 정부가 안전벨트 착용을 의무화하거나 공공장소에서 흡연을 금지하는 정책 등은 개인의 안전과 건강을 보호한다는 측면에서 정당화되는 예이다.

　　온정적 간섭주의가 자유주의와 배치된다는 논리적 갈등을 해결하기 위해 등장한 것이 ㉡'자유주의적 간섭주의'이다. 자유주의적 간섭주의는 개인이 바람직하지 못한 선택을 하는 이유가 개인이 합리적 판단에 필요한 충분한 정보와 자기 통제 능력을 가지고 있지 못해서라고 보고 개인이 스스로 바람직한 결정을 할 수 있도록 충분한 정보와 환경을 제공함으로써 개인의 선택에 영향을 주는 접근 방식이다.

　　도박 중독은 사회의 여러 문제를 야기하기 때문에 온정적 간섭주의에서는 정부가 도박장 출입 금지 대상자 목록을 만들어 도박 중독자의 출입을 금지하는 것을 정당화한다. 반면 자유주의적 간섭주의에서는 정부가 직접 출입을 금지하기보다는 도박 중독의 위험에 대한 충분한 정보를 도박 중독자에게 제공해 주고, 도박 중독자가 스스로 자신의 이름을 출입 금지 목록에 올리도록 하여 약한 자아의 잘못된 선택을 방지하도록 한다. 또 다른 예는 연금 제도이다. 개인의 무분별한 소비를 방지하고 불확실한 미래를 대비하도록 정부가 강제로 연금 제도를 운영하는 것은 온정적 간섭주의지만, 가입은 의무로 해 두되 개인이 언제든지 탈퇴할 수 있는 선택 권리를 주는 것은 자유주의적 간섭주의이다.

　　자유주의적 간섭주의는 온정적 간섭주의에 비해 정부가 개인의 자유를 제약하는 위험을 줄일 수 있고, 바람직한 행동을 유도하는 정보를 제공하고 인센티브를 만들어 준다는 점에서 개인의 저항을 줄이고 정책의 집행 비용을 줄이게 된다. 또한 개인의 자발적인 행태 변화를 유도함으로써 정책의 효과를 장기적으로 지속시킬 수 있다.

　　온정적 간섭주의는 정부가 판단한 바람직한 선택이 과연 개인 스스로의 바람직한 선택보다 더 나은지에 대한 의문에 대해서 적절한 대답을 제공하지 못한다. 자유주의적 간섭주의는 정치인들의 신념을 좀 더 교묘한 형태로 개인에게 강요하는 것이 아니냐는 비판을 받기도 한다. 이는 자유주의적 간섭주의 역시 궁극적으로는 정부의 가치에 대한 강요일 뿐이라는 비판이 가능하다. 또한 개인 의사 결정의 오류 못지않게 정부의 의사 결정의 오류가 존재한다면 자유주의적 간섭주의의 논거도 마찬가지로 약해질 수밖에 없다.

1 ㉠과 ㉡에 대한 이해로 적절하지 <u>않은</u> 것은?

① ㉠은 개인의 선택을 최대한 존중해야 한다는 자유주의 신념과 일치하지 않는다.
② ㉡은 필요한 정보와 자기 통제 능력의 부족으로 개인이 잘못된 판단을 한다고 본다.
③ ㉠에 비해 ㉡은 정부가 정책을 실시하는 데 있어 더 많은 비용이 들어간다.
④ ㉡에 비해 ㉠은 개인의 자유를 제약하는 강제적 성격이 강하다.
⑤ ㉠과 ㉡ 모두 개인이 바람직한 선택을 할 수 있도록 정부가 영향을 끼친다.

2 윗글을 바탕으로 〈보기〉를 이해한 반응으로 적절하지 <u>않은</u> 것은?

보기

(가) 21세기 대한민국의 청소년에게 신데렐라와 같은 일이 일어났다. 이는 만 16세 미만 청소년들이 밤 12시부터 다음날 아침 6시까지 온라인 게임 접속을 할 수 없게 하는 셧다운 제도에 관한 것이다. 이 제도는 청소년의 인터넷 게임 중독을 예방하기 위해 정부에서 법으로 제정해 2011년 11월부터 시행 중인 합법 제도이다. 인터넷 게임을 서비스하는 업체들은 이 시간대에 연령과 본인 인증을 통해 청소년의 게임 이용을 원천적으로 차단해야 한다.

(나) 병원의 한 환자가 극도의 좌절감에 빠져 먹지 않고 물조차 마시지 않고 있었다. 며칠 뒤에 간호사가 결국 환자에게 강제로 음식을 먹였고, 그렇게 하여 그는 다시 활기를 찾았다.

① (가)를 자유주의 입장에서 보면 밤에 게임 이용을 원천적으로 차단하는 것은 게임을 할 개인의 자유를 침해하는 것이라고 주장할 수 있겠어.
② (가)를 자유주의적 간섭주의 입장에서 보면 개인의 선택이 사회의 공익이나 개인의 이익에 해가 된다고 보고 정부가 강제적으로 법을 제정했다고 긍정적인 평가를 할 수 있겠어.
③ (나)는 자유주의 입장에서 보면 음식을 거부한 환자의 선택을 존중하며 그냥 내버려 두는 것이 바람직하다고 말할 수 있겠어.
④ (나)는 자유주의적 간섭주의 입장에서 보면 음식을 먹지 않으면 목숨이 위태로워질 수 있다는 사실을 강조하면서 환자 스스로 밥을 먹도록 유도하는 것이 바람직하다고 주장할 수 있겠어.
⑤ (가)와 (나) 모두 개인의 이익을 위해 개인의 의사 결정에 강제적으로 개입하는 온정적 간섭주의의 성격을 지니고 있어.

지문 구조&정답 및 해설 070쪽

* **가상:** 실물처럼 보이는 거짓 현상.
* **인지:** 어떤 사실을 인정해서 앎.
* **과도:** 정도에 지나침.
* **몰입:** 깊이 파고들거나 빠짐.
* **언급:** 어떤 문제에 대해 말함.
* **스폿 광고:** 라디오나 텔레비전 방송에서, 프로그램과 프로그램 사이에 끼워 넣는 짧은 광고.
* **삽입:** 어떤 것을 주된 것 사이에 끼워 넣음.

TV 프로그램을 시작할 때 제시되는 "본 프로그램은 가상 광고 및 간접 광고를 포함하고 있습니다."라는 문장을 접한 경험이 있을 것이다. 이는 방송법 시행령에서 프로그램 방송 전에 가상 광고와 간접 광고가 포함되어 있음을 자막으로 표기하여 시청자가 명확히 인지할 수 있도록 해야 한다고 규정하고 있기 때문이다. 그렇다면 가상 광고와 간접 광고는 무엇이고 어떤 장점이 있을까?

간접 광고는 방송 프로그램 안에서 상품이나 상표, 회사 등의 명칭이나 로고 등을 노출시키는 형태의 광고로, PPL(Product Placement)이라고도 한다. 최근 과도한 PPL은 프로그램 내용의 몰입을 방해하거나 이야기 흐름에 영향을 주는 경우가 있어 시청자로부터 비판을 받기도 한다. 방송법 시행령에 따르면 간접 광고는 교양 또는 오락에 관한 방송 프로그램에만 허용되고, 해당 상품 등의 구매 및 이용 권유를 금지하고 있다. 또 대사를 통해 상품 등을 직·간접적으로 언급하는 등 부적절한 노출 효과를 주면 안 되고, 방송 광고가 금지된 품목 및 업종을 간접 광고로 노출해서도 안 된다고 되어 있다. 한편 간접 광고의 시간은 해당 방송 프로그램 시간의 100분의 5 이내로, 상품 등의 크기는 화면의 4분의 1을 초과하지 않는 범위 내에서 허용한다고 규정하고 있다.

간접 광고는 해당 프로그램의 시청률에 따라 광고 효과가 다르게 나타나므로 광고 효과가 불확실하다고 볼 수 있다. 그러나 스폿 광고의 경우 1회 15초 당 1,000만 원 정도의 비싼 가격인데다 소비자가 중간에 채널을 돌려 버리는 위험을 안고 있다. 따라서 시청률이 잘 나오는 프로그램일 경우에 간접 광고가 스폿 광고에 비해 가격 대비 큰 효과를 볼 수 있다.

가상 광고는 방송 프로그램에 컴퓨터 그래픽을 이용하여 만든 가상의 이미지를 삽입하는 형태의 광고로, 운동 경기 중계방송에서 주로 볼 수 있다. 실제 경기장에는 존재하지 않는 로고, 브랜드, 제품 등 가상의 이미지를 시청자들에게만 보이도록 경기장 펜스나 바닥, 수영장 표면 등 화면 안에 넣어 노출하는 것으로, 유럽 등의 나라에서는 우리나라보다 먼저 시행되어 이미 일반화되어 있다. 2010년 1월 개정된 방송법 시행령에 따르면 우리나라의 가상 광고는 지상파 방송의 운동 경기를 중계하는 방송과 오락에 관한 방송 프로그램, 스포츠 분야의 보도에 관한 방송 프로그램에 한하여 할 수 있다고 규정하고 있다. 또 운동 경기 중계방송의 경우 선수나 심판, 관중 위에 노출할 수 없다. 이외에 가상 광고의 시간과 크기는 간접 광고와 동일한 수준으로 적용되고, 구매 및 이용 권유, 방송 광고 금지 품목에 대해서는 가상 광고도 허용되지 않는다.

가상 광고는 일반 광고와 달리 시청자들에게 자연스럽게 광고 메시지를 전달할 수 있고, 다양한 형태의 이미지를 창의적인 방식으로 노출할 수 있으므로 높은 주목도와 화제성을 동시에 얻을 수 있다.

지문 정보 확인

1. 가상 광고는 교양 프로그램에도 허용된다. ( )

2. 간접 광고는 해당 프로그램의 시청률에 따라 광고효과에 차이가 많다. ( )

3. 간접 광고와 가상 광고의 포함 여부는 프로그램 방송 전에 반드시 자막으로 표기해야 한다. ( )

1 윗글의 내용과 일치하지 <u>않는</u> 것은?

① 가상 광고는 우리나라보다 유럽에서 먼저 시행되었다.
② 과도한 간접 광고는 시청자들의 프로그램 몰입에 방해가 된다.
③ TV 방송에는 해당 프로그램의 광고 포함 여부가 제시되어 있다.
④ 가상 광고의 크기는 전체 화면 크기의 일정한 비율 이내로 제한되어 있다.
⑤ 방송법 시행령은 간접 광고에 대사를 통해 해당 상품 구매 권유를 허용하고 있다.

2 윗글을 바탕으로 〈보기〉의 (가), (나)와 같은 형태의 광고에 대한 설명으로 적절하지 <u>않은</u> 것은?

(가) 드라마 속 장면   (나) 스포츠 중계 화면

① (가)는 시청률이 높은 프로그램의 경우, 스폿 광고보다 광고 효과가 높다.
② (가)는 프로그램 전체 시간에서 해당 상품의 이미지를 노출하는 시간의 제약이 있다.
③ (나)는 지상파 방송의 운동 경기를 중계하는 방송에서만 가능하다.
④ (나)는 실제 현장에서는 상품이 존재하지 않고 시청자에게만 이미지가 보이게 되어 있다.
⑤ (가)와 (나)는 모두 방송에 노출해서는 안 되는 금지 품목이 규정되어 있다.

[1~10] 보기 에서 어휘의 뜻풀이 또는 예문의 (   ) 안에 들어갈 어휘 ㉠~㉤을 찾아 쓰시오.

보기

㉠ 야기　　　㉡ 오류　　　㉢ 언급　　　㉣ 과도　　　㉤ 몰입

뜻풀이

1 어떤 대상에 깊이 파고들거나 빠짐. [　　　]

2 일이나 사건 따위를 끌어내어 일으킴. [　　　]

3 정도에 지나침. [　　　]

4 그릇되어 이치에 어긋남. [　　　]

5 어떤 문제에 대하여 말함. [　　　]

예문

6 남녀의 불균등한 성비는 머지 않아 우리 사회에 심각한 문제를 (　　　)할 것이다. [　　　]

7 방송 프로그램 내용에 (　　　)이/가 있다. [　　　]

8 (　　　)한 다이어트는 영양실조를 초래하여 신체의 발육에 지장을 줄 수 있다. [　　　]

9 그는 이번 사태에 대하여 아무런 (　　　)이/가 없다. [　　　]

10 그 배우는 극중 인물에 자기 자신을 (　　　)시키면서 실감 나는 연기를 보여 주었다. [　　　]

[11~15] 다음에서 설명하는 어휘가 무엇일지 사다리를 연결하고 주어진 낱자를 활용하여 쓰시오.

어휘 특강

비 비슷한 말　　반 반대말

비 아득하다
어떻게 하면 좋을지 몰라 막막하다.
예 직장을 잃었으니 살아갈 길이 아득하기만 하다.

비 불투명하다
앞으로의 움직임이나 미래의 전망 따위가 예측할 수 없게 분명하지 아니하다.
예 주식 경기가 불투명하다.

비 막막하다
아득하고 막연하다.
예 무엇을 해야 할지 막막하기만 했다.

막연하다
· 갈피를 잡을 수 없게 아득하다.
예 앞으로 살아갈 길이 막연하다.
· 뚜렷하지 못하고 어렴풋하다.
예 막연한 기대.

반 확실하다
틀림없이 그러하다.
예 의문점을 확실하게 밝히다.

반 명확하다
명백하고 확실하다.
예 이 문제에 대해 명확한 입장을 밝혀 주십시오.

반 똑똑하다
또렷하고 분명하다.
예 어느 자리에 나가서나 자기 의사를 똑똑하게 밝혀야 될 시대가 되었다.

관점, 적절성 평가 연습

독해 방법 Q&A

" 선생님, 글쓴이의 관점이나 글의 내용에 대한 반응 및 비판의 적절성을 판단하는 데 있어서 중요한 내용은 어떤 것이 있을까요? "

글쓴이의 주장이나 글의 내용에 대해 적절하게 평가하려면 먼저 글에서 설명하고 있는 핵심 정보를 정확히 파악해야 해. 글에 하나의 주장이나 이론이 제시된 경우, 핵심 주장과 그 근거가 되는 내용을 파악하여 타당성 여부를 판단해야 해. 또 글에 두 가지 이상의 관점이나 입장이 제시된 경우, 각각의 핵심 주장과 근거를 연결하여 이해하고, 각각의 관점(입장)에서 상대의 관점(입장)에 대해 보일 수 있는 태도 등을 파악해야 한단다. 이를 바탕으로 그 반응 및 비판이 적절한지를 생각해 보면 된단다.

글의 핵심 정보 파악
↓
핵심 주장과 근거가 되는 내용 파악하기
↓
반응 및 비판의 적절성 판단하기

학습 점검표

STUDY 17 의 지문과 문제를 잘 학습했는지 체크한 후, 부족한 부분이 있다면 앞으로 돌아가서 다시 살펴보자~!

지문/문제	나의 체크				보완할 부분
온정적 간섭주의와 자유주의적 간섭주의	○ 1회독　○ 2회독 이상	○ 내용　○ 지문 구조　○ 어휘			
	1	○ 맞심　○ 틀림	○ 내용　○ 개념&유형　○ 어휘		
	2	○ 맞힘　○ 틀림	○ 내용　○ 개념&유형　○ 어휘		
간접 광고와 가상 광고	○ 1회독　○ 2회독 이상	○ 내용　○ 지문 구조　○ 어휘			
	1	○ 맞힘　○ 틀림	○ 내용　○ 개념&유형　○ 어휘		
	2	○ 맞힘　○ 틀림	○ 내용　○ 개념&유형　○ 어휘		

개념 디렉토리

관점 비교

같은 대상을 보고도 다른 생각을 할 수 있어!

시험 기간이 일주일 남았을 때 두 친구의 반응은 다를 수 있다. 한 친구는 '시험이 일주일밖에 안 남았어.'라고 생각할 수 있고, 다른 친구는 '시험이 아직 일주일이나 남았네.'라고도 생각할 수 있다. 동일한 화제에 대한 글을 쓰더라도 글쓴이가 화제에 대해 어떤 생각을 가지고 있는지에 따라 글 속에 나타난 관점이 다를 수 있다. 따라서 대상에 대한 글쓴이의 태도를 파악하는 것은 글의 주제를 정확하게 이해하는 데 매우 중요하다. 또한 글을 읽는 사람이 글쓴이의 관점에 대해 동의하는지 그렇지 않은지 파악해 보는 과정은 꼭 필요한 독서 방법이다.

"물이 반**밖에** 안 남았네."
→ '밖에'라는 표현을 통해 화자가 대상을 대하는 태도를 추측할 수 있다.

"아직 물이 반**이나** 남았네."
→ '이나'라는 표현을 통해 화자가 대상을 대하는 태도를 추측할 수 있다.

글에 나타난 글쓴이의 관점

• 동일한 대상이나 상황에 대한 화자의 태도는 긍정적, 우호적일 수도 있고, 부정적, 비판적일 수도 있다.

상황: 축구 경기 결과 2:1로 우리나라가 패한 경우

표현 1: 2:1, 모든 점이 부족했다. 우리나라 축구 이대로 괜찮은가? ➡ 경기에서 패배한 상황에 대해서 문제가 있다고 부정적으로 평가하고 있으며, 현 상황에 대한 반성이나 변화가 필요하다고 보고 있다.

표현 2: 2:1, 아쉬운 패배. 졌지만 잘 싸웠다! ➡ 경기에서 패배하였지만 선수들이 경기에서 잘 뛰었다고 긍정적으로 평가하고 있으며, 따라서 패배 역시 아쉬운 것으로 판단하고 있다.

글의 관점과 태도를 파악하는 방법

글의 전반적인 내용을 파악한다. ➡ 글쓴이가 사용하고 있는 단어나 표현을 통해 말투나 어조를 파악한다. ➡ 글쓴이가 대상에 대해 가지고 있는 관점과 태도를 파악한다.

형식 비교

글을 쓰는 목적이 바뀌면? 글의 구조도 바뀌지!

글쓴이는 글을 쓰기 전에 자신이 글을 쓰는 목적을 먼저 정한다. 그리고 이러한 목적을 달성하기에 가장 효과적인 글의 형식을 선택하게 된다. 글은 종류에 따라 일반적인 전개 방식이나 구조 등이 확립되어 있는 경우가 많다. 그리고 글쓴이는 이러한 구조를 활용해서 자신의 생각을 풀어낸다. 따라서 글의 형식에 대한 이해를 바탕으로 글쓴이의 생각을 더욱 쉽고 명확하게 파악할 수 있다.

글을 쓰는 목적

- 정보 전달: 객관적인 사실을 설명하는 것을 목적으로 하는 글
  - (예) 설명문, 기사문 등
- 설득: 글쓴이가 자신의 주장을 독자에게 알리는 것을 목적으로 하는 글
  - (예) 논설문, 신문 사설 등
- 정서 표현 및 친교: 글쓴이가 자신의 정서를 표현하거나 상대방과의 관계 맺기를 목적으로 하는 글
  - (예) 시, 편지 등

비문학 독해 제재의 대표적인 글의 종류(형식)

- 설명문: 객관적인 정보를 독자에게 알기 쉽게 설명해 주는 글이다.

머리말	설명하고자 하는 대상을 소개함.
본문	다양한 설명 방법을 활용하여 대상에 대하여 알기 쉽게 풀이함.
맺음말	앞서 진술한 내용을 요약·정리함.

- 논설문: 어떤 문제를 제기하거나 문제에 대한 해결책을 제시하기 위하여 글쓴이가 자신의 주장이나 의견 등을 제시하여 독자를 설득하는 글이다.

서론	글을 쓰는 동기를 밝히거나 문제를 제기함.
본론	여러 근거를 들어 자신의 주장을 논증함.
결론	본론의 내용을 요약하고 주장을 강조함.

 소독의 중요성

지문 구조 & 정답 및 해설 072쪽

문제의 해결 방안, 대안 탐색

* **열풍**: 매우 세차게 일어나는 기운이나 기세를 비유적으로 이르는 말.
* **환부**: 병이나 상처가 난 자리.
* **산파**: 아이를 낳을 때에, 아이를 받고 산모를 도와주는 일을 직업으로 하던 여자.
* **주범**: 어떤 일에 대하여 좋지 아니한 결과를 만드는 주된 원인.
* **권유**: 어떤 일 따위를 하도록 권함.
* **석탄산**: 방부제, 소독 살균제, 등을 만드는 데 쓰이는 알코올.
* **장벽**: 무엇을 못하도록 막는 방해 요소를 비유적으로 이르는 말.

지문 정보 확인

1. 많은 의사들은 전염병의 원인이 환자의 식생활에 있다고 생각하였다. ( )

2. 산파가 있는 병동이 의사가 있는 병동보다 사망률이 높게 나타났다. ( )

3. 제멜바이스의 연구를 계기로 손 씻기의 중요성이 알려졌다. ( )

2009년 신종 플루가 전 세계적으로 유행하면서부터 지금까지 사람들이 많이 다니는 장소마다 눈에 띄는 것이 하나 생겼다. 바로 다양한 종류의 손 소독제들이 늘어난 것이다. 사람들은 손을 씻지 않으면 당장이라도 병원균이 몸으로 달려든다고 생각하여 열심히 손을 씻어 댔다. 언론에서도 연일 손만 깨끗이 씻어도 전염병의 80퍼센트는 예방할 수 있다고 선전하면서 손 씻기 열풍을 부추겼다.

하지만 불과 150여 년 전만 하더라도 이런 것에 누구도 신경 쓰지 않았다. 의사는 피 묻는 가운과 넥타이를 자랑스럽게 매고 돌아다녔으며, 환자의 상처를 치료하느라 피고름이 묻은 맨손으로 다음 환자의 환부에 손대기 일쑤였다. 의사는 분명 환자를 치료하기 위해 애를 썼지만 자신이 일종의 '전염병 원인'으로 작용하고 있다는 사실을 꿈에도 몰랐다.

의사가 환자를 살리는 구원자가 아니라 환자를 병들게 하는 원인이 될지도 모른다고 의심한 최초의 인물은 헝가리의 의사 이그나즈 제멜바이스였다. 그는 어느 날 산부인과 병동에서 일어나는 이상한 현상에 주목하였다. 당시 산부인과는 1과와 2과 두 개의 병동으로 나뉘어 있었는데, 의사가 아이를 받는 1과와 산파가 아이를 받는 2과에서 산모의 사망률이 큰 차이가 있었다. 놀랍게도 1과의 사망률이 더욱 높았으며 제멜바이스가 면밀하게 관찰한 결과, 의사의 '손'이 주범이라는 사실을 알게 되었다. 전염성 미생물에 대한 개념이 없었던 그 당시, 의사들은 시체를 해부한 뒤 제대로 손을 씻지 않고 바로 산과로 돌아와 아이를 받고 있었다. 반면 산파는 산모만을 상대할 뿐, 전염병을 지닌 환자와 접촉하지 않아 상대적으로 '깨끗한 손'을 가지고 있었기 때문이었다. 이를 알아차린 제멜바이스는 의료진에게 '손 씻기'를 권유하였다. 그 결과 1과 산모의 사망률은 18.3퍼센트에서 1.2퍼센트로 급격히 떨어졌다.

그러나 당시 의사들은 자신들의 실수를 인정하고 싶지 않아 제멜바이스의 가르침에 대한 거부감이 컸다. 그가 주장했던 '깨끗한 손'의 중요성은 이후, 영국의 외과 의사 조지프 리스터가 '무균 수술법'을 만들어 냄으로써 의사의 손뿐만 아니라 의료 기구를 석탄산으로 소독하면 수술 환자의 2차 감염을 줄이고 사망률을 떨어뜨린다는 것을 확실하게 보여 주었다. 사실 인간의 피부는 매우 단단한 보호 장벽이어서 세균을 직접 피부에 발라도 대개의 경우 병을 일으키지 못한다. 그런데 아무리 철옹성과 같은 피부라도 상처로 인해 피부에 틈이 벌어지면 이 사이로 세균이 얼마든지 침입할 수 있다. 환부에 직접 닿는 물건을 소독해 상처를 안전하게 유지하는 리스터의 소독법은 많은 생명을 살릴 수 있었다.

이처럼 제멜바이스가 손 씻기를 강조한 시기부터 리스터에 의해 실제로 소독과 살균의 중요성이 널리 알려지기까지는 거의 30년에 가까운 세월이 걸렸다. 현대식 병원에서는 소독과 멸균이 매우 중요한 요소로 자리 잡고 있지만 의학의 발전은 이처럼 수많은 시행착오를 바탕으로 지금의 수준에 이르렀다.

1 윗글의 내용과 일치하지 <u>않는</u> 것은?

① 전염병의 원인이 의사의 손임을 처음 밝힌 사람은 제멜바이스이다.

② 산파는 전염병 환자와 접촉하지 않았기에 의사보다 산모의 사망률을 낮출 수 있었다.

③ 제멜바이스가 손 소독의 중요성을 강조하자 의학계에서는 이를 적극적으로 수용하려고 하였다.

④ 무균 수술법은 피부의 틈에 침입할 수 있는 세균의 감염을 막기 위해 도구를 소독하는 수술법이다.

⑤ 현대에 이르러 많은 사람들은 전염병을 예방하기 위한 손 소독의 중요성을 인지하고 실천하려
　고 한다.

2 윗글을 바탕으로 〈보기〉를 이해한 내용으로 가장 적절한 것은?

보기

　환자의 사생활 보호를 위해 병상마다 개별 배치된 커튼 다수에서 항생제 내성균, 이른바 슈퍼 박테리아가 발견됐다는 연구 결과가 발표됐다. 우리나라는 매년 9,000여 명의 슈퍼 박테리아 환자가 발생하고 있으며, 약 3,900여 명이 조기에 사망한다. 이들에 대한 의료비, 간병비, 조기 사망에 따른 생산성 손실 등을 감안하면, 최소 3,313억 원에서 최대 7,523억 원의 사회적 비용이 발생한다. 질병관리본부가 가장 우려하는 것은 병원 내에서 살고 있는 '내성이 강한 변종 바이러스'이며, 항생제조차 듣지 않는 이 균들이 의료 시설(환경)과 의료인의 손을 통해 전파된다고 지적한다.

① 병원 내부보다 병원 외부에서 침입하는 바이러스가 전염병을 악화시킬 수 있는 요인이 되는군.

② 모든 바이러스는 항생제를 통해 쉽게 치료할 수 있으므로 약품 개발에 대한 지원이 중요하겠군.

③ 의료인의 손이 슈퍼 박테리아 감염의 주된 원인이므로 의료진과 환자의 접속을 최대한 줄여야
　겠군.

④ 전염병 사망률을 줄이기 위해 정부에서 치료비 부담이 어려운 환자들에 대한 경제적 지원 대책
　을 마련해야겠군.

⑤ 내성이 강한 바이러스의 전파를 막기 위해 의료진 및 병원 내 시설 물품들에 대한 소독과 감염
　관리를 철저히 해야겠군.

STUDY 18 · 기술 · 디지털 포렌식

***부검:** 해부하여 검사함.

***확보:** 확실히 보증하거나 가지고 있음.

***블랙박스:** 비행기나 차량 따위에 비치하는 비행 또는 주행 자료 자동 기록 장치.

***일거수일투족:** 손 한 번 들고 발 한 번 옮긴다는 뜻으로, 크고 작은 동작 하나하나를 이르는 말.

***영장:** 사람 또는 물건에 대하여 강제 처분의 명령 또는 허가를 내용으로 하여 법원 또는 법관이 발부하는 서류.

***발부:** 증명서 따위를 발행하여 줌.

***대두:** 머리를 쳐든다는 뜻으로, 어떤 세력이나 현상이 새롭게 나타남을 이르는 말.

***민감:** 자극에 빠르게 반응을 보이거나 쉽게 영향을 받음.

***해제:** 설치하였거나 장비한 것 따위를 풀어 없앰.

***지장:** 일하는 데 거치적거리거나 방해가 되는 장애.

***분산:** 갈라져 흩어짐. 또는 그렇게 되게 함.

***인프라:** 생산이나 생활의 기반을 형성하는 중요한 구조물.

지문 정보 확인

1. 디지털 포렌식이란 디지털 기기의 정보를 수집하고 분석하여 사건의 원인을 밝혀내는 것을 말한다. ( )

2. 삭제된 메신저 대화나 사진 등을 복구할 수 있는 디지털 포렌식 기술은 마련되지 않았다. ( )

3. 디지털 포렌식 과정에서 개인의 사생활 침해에 대한 논란이 발생하고 있다. ( )

하루 종일 스마트폰을 끼고 살며, 컴퓨터로 업무를 처리하는 현대인은 수많은 디지털 흔적을 곳곳에 흘리고 다닌다. 오늘날 범죄 수사에서 부검만큼 중요한 것이 바로 범인이나 용의자의 휴대 전화 확보이다. 스마트폰은 이제 우리의 모든 것을 담는 만능 블랙박스가 되었기 때문이다. 이메일이나 문자, 메신저로 누구와 어떤 내용으로 연락을 주고받았는지, 어디를 다니며 누구와 어떤 사진을 찍었는지, 포털 사이트에서 무엇을 검색했는지 모두 알 수 있다.

이처럼 디지털 기기의 정보를 수집하고 분석해 어떤 사건의 원인과 과정을 ⓐ밝혀내는 활동을 '디지털 포렌식(digital forensics)'이라고 한다. '포렌식'은 '법의학적인', '범죄 과학 수사의'라는 의미의 영어 단어이다. 스마트폰을 분석해 안에 담긴 사진이나 통화 내용 등의 각종 데이터를 샅샅이 들여다보는 작업은 시신을 부검하는 것과 마찬가지이다. 컴퓨터가 가정과 기업에 널리 보급되고, 사람들의 일거수일투족이 스마트폰에 담기는 세상에서 디지털 포렌식의 중요성은 점차 확대되고 있다.

스마트폰에 대한 디지털 포렌식은 내장된 저장 매체에 담긴 데이터와 사진, 파일 등을 조사하고, 시스템 파일에서 특이한 점을 찾는 과정으로 이루어진다. 삭제된 메신저 대화나 사진의 복구는 사건을 해결하기 위한 필수 과정이 되었다. 여기에 더해 법원 영장을 발부받아 통신사에서 통화 내역이나 대략의 이동 경로 등도 파악할 수 있다. 이러한 일련의 과정들은 범죄의 증거 등 민감한 사안을 다루는 일인 만큼 논란의 여지가 생기지 않도록 투명하고 정확한 절차에 따라야 한다.

스마트폰에서 얻을 수 있는 정보가 많아지면서 이를 둘러싼 사생활 침해 문제 역시 민감한 문제로 대두되고 있다. 최신 휴대 전화는 지문이나 홍채 인식, 얼굴 인식 등의 기법으로 개인 정보를 보호하며, 대부분의 사람들이 비밀번호나 패턴을 사용해 다른 사람이 자기 휴대 전화를 들여다보지 못하게 한다. IT 기업들은 사생활 침해에 민감한 고객들을 위해 점점 더 강력한 개인 정보 보호 기술을 적용한다. 또한 일부에서는 보안 기능을 해제하는 기술을 만들어 수사 기관에 제공하는 것은 해커들이 사용자의 개인 정보에 접근할 뒷문을 열어 두는 셈이라고 반발하여 큰 논란이 일어나기도 하였다.

이처럼 기술력의 강화는 스마트폰에 담긴 개인 정보를 효과적으로 보호하지만, 한편으로는 다양한 종류의 휴대 전화를 분석하기 어렵게 만들어 수사에 지장을 주기도 한다. 결국 IT 기술의 발달은 디지털 포렌식에 새로운 도전을 던지며 정보기관의 입장에 따라 창과 방패의 싸움으로 그 양상이 전개되고 있다. 최근에는 보안성이나 안정성의 이유로 세계 여러 곳의 서버에 분산 저장되고 있는 클라우드 서비스가 인기를 얻고 있어 거대 IT 기업의 방대한 서버 인프라를 대상으로 작업해야 한다. 기술이 지속적으로 변화하고 발전되는 한 디지털 포렌식의 적용 기술의 범위와 역할도 새롭게 도전받을 수밖에 없는 상황이다.

1 윗글을 통해 알 수 있는 내용으로 적절하지 <u>않은</u> 것은?

① 휴대 전화에는 메시지 내용과 인터넷 검색 기록 등 개인의 일상 활동들이 담겨져 있다.
② 중대한 사건이 발생하면 법원의 영장 발부 없이도 개인의 휴대 전화를 포렌식하는 것이 가능하다.
③ 휴대 전화의 보안 기능이 해제되면 개인 정보에 불법으로 접근하는 집단에게 악용될 가능성이 높아진다.
④ 최신 휴대 전화에는 사람의 생체 인식을 통해서 휴대 전화에 접근할 수 있도록 한 개인 정보 보호 기술이 사용되고 있다.
⑤ 보안성과 안정성을 확보하기 위해 개인 정보가 세계 여러 곳의 서버에 분산되어 저장되는 서비스가 이용되고 있다.

2 윗글을 바탕으로 〈보기〉의 사례에 대해 이해한 내용으로 가장 적절한 것은?

> **보기**
>
> 　메신저 중에서도 속도가 빠르고 보안성이 뛰어난 것으로 알려진 해외 메신저를 사용하는 이들이 증가하고 있다. 모든 대화는 암호화되어 제삼자가 볼 수 없으며, 비밀 대화 기능을 사용하면 서버를 거치지 않고 대화 상대에게 바로 전달돼 일정 시간이 지나면 내용이 자동으로 사라진다. 사건이 벌어질 경우 경위 파악에 핵심이 되는 수사 정보를 얻기 위한 수사 기관의 어려움은 늘어날 수밖에 없다.

① IT 기업들과 수사 기관이 좀 더 협조적인 관계가 될 수 있겠군.
② 디지털 포렌식은 인권 침해 요소가 있어 투명한 절차가 필요하겠군.
③ 스마트폰이 더 이상 개인 정보를 효과적으로 보호할 수 있는 수단이 되지 못하는군.
④ 해커들이 개인 정보를 불법적으로 침해할 수 있는 가능성을 근본적으로 차단할 수 있겠군.
⑤ 수사 기관에서는 강화된 보안 기능에 대응할 수 있는 디지털 포렌식 기술을 강화할 수밖에 없겠군.

3 ⓐ와 가장 유사한 의미로 쓰인 것은?

① 방 안이 어두워서 촛불을 <u>밝혀</u> 놓았다.
② 먹을 것을 너무 <u>밝히는</u> 습관을 고쳐야 한다.
③ 조명이 사방을 <u>밝히자</u> 실내 분위기가 달라졌다.
④ 무슨 일이 있어도 이번 일은 꼭 진실을 <u>밝혀야만</u> 한다.
⑤ 밤을 꼬박 <u>밝혔더니</u> 그 다음날 공부에 집중하기 힘들었다.

[1~10] 보기 에서 어휘의 뜻풀이 또는 예문의 ( ) 안에 들어갈 어휘 ㉠~㉤을 찾아 쓰시오.

보기

㉠ 민감   ㉡ 확보   ㉢ 영장
㉣ 권유   ㉤ 환부

1 확실히 보증하거나 가지고 있음.
[   ]

4 병이나 상처가 난 자리.
[   ]

3 어떤 일을 하도록 권함.
[   ]

2 자극에 빠르게 반응을 보이거나 쉽게 영향을 받음.
[   ]

5 사람 또는 물건에 대하여 강제 처분의 명령 또는 허가를 내용으로 하여 법원 또는 법관이 발부하는 서류. [   ]

6 개인의 사생활 문제는 (   ) 하게 반응할 수밖에 없다.
[   ]

7 군것질을 줄여야 한다는 의사의 (   )을/를 받아들여야만 한다.
[   ]

10 (   )은/는 균에 쉽게 감염될 수 있기 때문에 쉽게 손을 대어서는 안 된다.
[   ]

9 정보화 사회에서는 새로운 정보의 (   )이/가 필요하다.
[   ]

8 (   )은/는 수사 과정에서 필요한 서류 중의 하나이다.
[   ]

[11~15] 다음에서 설명하는 어휘가 무엇일지 주어진 낱자를 활용하여 쓰시오.

11 증명서와 같은 서류를 발행하여 줌.

12 어떤 일에 대하여 좋지 아니한 결과를 만드는 주된 원인.

13 무엇을 못하도록 막는 방해 요소를 비유적으로 이르는 말.

14 설치하였거나 장비한 것 따위를 풀어 없앰.

15 매우 세차게 일어나는 기운이나 기세를 비유적으로 이르는 말.

어휘 특강

● 비슷하지만 헷갈리기 쉬운 어휘 ●

| 계발 명사 | VS | 개발 명사 |

계발 명사

- 슬기나 재능, 사상 따위를 일깨워 줌.
  예 외국어 능력의 계발

개발 명사

❶ 토지나 천연자원 따위를 유용하게 만듦.
  예 유전 개발

❷ 지식이나 재능 따위를 발달하게 함.
  예 외국어 능력의 개발

❸ 산업이나 경제 따위를 발전하게 함.
  예 산업 개발

독해 방법 Q&A

> 선생님, 글을 통해서 사회적 문제에 대한 해결 방안을 찾는 것이 가능한가요?

글에는 인류가 쌓아 온 지식이 축적되어 있으며, 여러 사람들의 삶, 경험, 가치관 등이 잘 녹아 있기 때문에 글을 통해 개인의 문제는 물론 더 나아가 사회적 문제를 해결하는 방안을 찾을 수도 있답니다. 또한 글에 제시된 필자의 생각 중에 미흡한 부분이나 놓치고 있는 부분, 잘못된 부분을 찾아내어 이를 보완할 수 있는 방법을 생각해 본다면 좀 더 적극적으로 글을 읽어 나가는 능동적인 독자가 될 수 있겠죠.

> 개인 및 사회적 문제 해결 방안 찾아보기
> +
> 필자의 생각 보완하며 읽기
> ↓
> 능동적인 독자로 나아가기

학습 점검표

STUDY 18 의 지문과 문제를 잘 학습했는지 체크한 후, 부족한 부분이 있다면 앞으로 돌아가서 다시 살펴보자~!

지문/문제		나의 체크			보완할 부분
소독의 중요성	○ 1회독　○ 2회독 이상	○ 내용	○ 지문 구조	○ 어휘	
	1　○ 맞힘　○ 틀림	○ 내용	○ 개념&유형	○ 어휘	
	2　○ 맞힘　○ 틀림	○ 내용	○ 개념&유형	○ 어휘	
디지털 포렌식	○ 1회독　○ 2회독 이상	○ 내용	○ 지문 구조	○ 어휘	
	1　○ 맞힘　○ 틀림	○ 내용	○ 개념&유형	○ 어휘	
	2　○ 맞힘　○ 틀림	○ 내용	○ 개념&유형	○ 어휘	
	3　○ 맞힘　○ 틀림	○ 내용	○ 개념&유형	○ 어휘	

참된 도덕이란 무엇인가

지문 구조 & 정답 및 해설 **076**쪽

참된 도덕은 무엇인가? 눈 내리는 추운 겨울날 춥고 배고픈 할아버지 한 분이 계신다고 하자. 그 할아버지를 보고 불쌍한 마음이 들어 어떻게든 도와 드리고 싶은데 돈이 없을 때 어떻게 하면 좋을까? 도와주고 싶은 마음만 간직한 채 그냥 지나갈 수도 있겠고, 친구에게 돈을 빌려 빵을 사 드릴 수도 있다. 그런데 이는 올바른 방법은 아니다. 왜 그런 것인가?

먼저, 불쌍하다는 생각이 들었으나 주머니에 돈이 없어 그냥 지나치면 할아버지는 여전히 춥고 배고플 것이다. 마음만으로 해결될 수 있는 것은 아무 것도 없다. 보다 중요한 것은 춥고 배고픈 현실 문제를 해결할 수 있는 실천이기 때문이다. 성리학에서 말하는 '사람은 착하게 살아야 하고 예절을 잘 지켜야 한다.'는 것이 나쁜 것은 아니지만 사람이 굶어 죽게 된 형편에 예절을 지킬 여유가 있을 리 없다. 단순히 도덕을 지키라는 외침만 가지고는 곤란하다. 조선 후기 실학자 ㉠박지원은 성리학자들이 삼강오륜(三綱五倫)을 떠들어 대지만, 사실은 그들이 착함과 도덕을 훔치는 도둑이라고 했다.

다음으로, 착한 일을 하기 위해서 친구에게 돈을 빌려서 도와주는 것은 지나친 것이다. 누군가를 도와주려고 했을 때 내게 없으면 할 수 없는 것이다. 박지원은 참된 도덕이란 생각과 행동이 모두 알맞아야 한다고 했다. 위의 경우에 아침마다 일찍 일어나 아버지 신발을 깨끗이 닦아 드리고 용돈을 받아 할아버지께 조금 드린다면 그것이 훨씬 좋은 방법일 것이다. 스스로 노력해서 할아버지를 도와 드렸기 때문이다.

박지원은 삼강오륜이나 도덕이 필요 없다고 한 것은 아니지만, 말로만 외치는 삼강오륜은 참된 도덕이 아니라고 생각했다. 그것은 마치 그림의 떡과 같은 것이다. 또한 참된 도덕은 경제적인 안정이 뒷받침되어야만 싹트기 때문에 백성들의 생활에 도움이 되는 실천이 더 급하다고 주장했다. 성리학자들과는 정반대의 생각이었다. 성리학자들은 먹고사는 것도 중요하지만 삼강오륜과 예절을 지키는 것이 보다 근본적이며 중요하다고 생각했기 때문이다.

박지원은 사람들이 보다 더 풍족하게 사는 방법에 대해 누구보다 많은 생각을 하며 여러 가지 방안을 제시했다. 그는 첫째, 수레와 같은 실생활에 사용하기 편리한 도구를 많이 만들어야 한다고 했다. 둘째, 편리한 생활 도구를 만들려면 앞선 과학 기술을 배워야 한다고 했다. 청나라를 오랑캐라고 얕잡아 볼 것이 아니라 그들에게서 기술을 배워 오자고 했다. 셋째, 농업 기술을 발전시키자고 주장했다. 농업 기술이 발전되면 적은 노력으로도 많은 수확을 할 수 있게 된다. 생산량이 늘어나면 생활이 풍족해 질 것이다. 넷째, 외국과 무역을 하자고 했다. 우리나라에서 많이 나는 것과 다른 나라에서 많이 나는 것을 바꾼다면 서로에게 이익이 될 것이다. 이처럼 그는 이용후생(利用厚生)을 참된 도덕의 밑거름으로 보았다.

참고 자료 활용 및 사례 파악

- **도덕:** 스스로 마땅히 지켜야 할 행동 준칙이나 규범의 총체.
- **삼강오륜:** 유교 도덕의 기본 덕목인 삼강과 오륜을 아울러 이르는 말.
- **안정:** 바뀌어 달라지지 아니하고 일정한 상태를 유지함.
- **오랑캐:** 옛날 두만강 일대에 살던 민족들을 미개한 종족이라는 뜻으로 멸시하여 이르던 말.
- **풍족:** 부유하고 넉넉함.
- **이용후생:** 백성이 사용하는 기구 따위를 편리하게 하고 의식주를 넉넉하게 하여 생활을 윤택하게 함.
- **밑거름:** 어떤 일을 이루는 데 바탕이 되는 것.

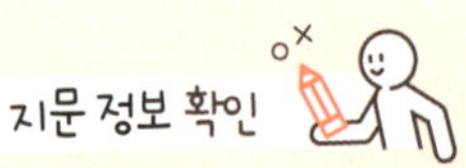

지문 정보 확인

1. 박지원은 생활이 풍족해야 도덕적 실천도 가능하다고 보았다. ( )

2. 박지원은 삼강오륜과 같은 예절의 필요성을 인정했다. ( )

3. 성리학자들은 의식주 문제와 도덕적 문제를 동등한 위치에서 다루었다. ( )

1 윗글에 대한 설명으로 적절하지 <u>않은</u> 것은?

① 중심 화제에 대한 대립적 관점을 제시하고 있다.
② 물음의 방식을 통해 독자의 관심을 유도하고 있다.
③ 구체적인 상황을 예로 들어 중심 화제를 설명하고 있다.
④ 논의된 내용을 종합한 후 상반된 새로운 문제를 제기하고 있다.
⑤ 화제와 관련한 다양한 해결 방안과 그에 따른 효과를 제시하고 있다.

2 다음 중 윗글에서 주장하고 있는 '참된 도덕'의 행위로 가장 적절한 것은?

① A는 지진으로 인해 막대한 피해를 입은 수많은 사람들이 굶주림에 떨고 있다는 뉴스를 보고 측은한 생각이 들었다.
② B는 친구가 은행으로부터 대출한 돈을 갚을 처지가 안 되는 것을 보고 자신의 부모에게 돈을 빌려 대신 갚아 주었다.
③ C는 고객들로부터 신용을 얻어서 더 많은 이익을 남기기 위해 모든 사람들에게 똑같은 가격으로 공정하게 물건을 판매했다.
④ D는 할머니가 무거운 짐을 들고 가는 것을 보고 안타깝게 생각하여 옆에 있는 친구에게 할머니의 짐을 들어 주라고 부탁했다.
⑤ E는 아프리카 어린이들이 굶주림으로 고통 받는 것을 알고, 이를 안타깝게 여겨 자신이 모아 왔던 용돈을 구호 단체에 기부했다.

3 ㉠에 대한 이해로 적절하지 <u>않은</u> 것은?

① 성리학자들의 위선적인 면을 비판했다.
② 경제적 안정이 참된 도덕의 밑바탕이 된다고 보았다.
③ 상업보다 농업 기술의 발전을 더 중요하다고 생각했다.
④ 다른 나라와의 무역은 풍요로운 삶을 사는 데 도움이 된다고 보았다.
⑤ 편리한 생활 도구를 만들기 위해 청나라의 문물을 받아들여야 한다고 했다.

바로크 시대의 음악

📖 지문 구조&정답 및 해설 078쪽

*바로크: 17~18세기에 유럽에서 유행한 회화·건축·조각·문학·음악·장식 미술의 한 양식. 감각적 풍요, 극적 효과, 생동감을 특징으로 함.

*기악: 악기로 연주하는 음악.

*성악: 사람의 목소리로 하는 음악. ↔ 기악.

*확립: 체계나 견해, 조직 따위가 굳게 섬.

*지속 저음: 선율이 쉬는 가운데도 저음이 계속적으로 오래 연주되는 것.

*하프시코드: 건반 악기의 한 가지로 피아노의 전신.

*독주자: 혼자서 악기를 연주하는 사람.

*선율: 소리의 높낮이가 길이나 리듬과 어울려 나타나는 음의 흐름.

*기교: 재간 있게 부리는 기술이나 솜씨.

17세기 초 유럽의 음악 양식에 새로운 시대가 열린 것으로 인정할 만큼 중대하고 신선한 변화가 일어났다. 이때 형성된 새로운 양식이 18세기 중반까지 서유럽의 지배적인 음악 문화를 이루었는데, 20세기 초의 음악학자들은 이 시대를 바로크 시대라고 이름 붙였다. 바로크 시대에는 우리가 오늘날 고전 음악으로 인식하는 양식들이 형성되었다. 기악 음악이 성악 음악과 동등하게 인정을 받으면서 기악 음악의 대표적 장르인 소나타와 협주곡이 확립되었다. 그리고 바로크 시대의 가장 위대한 음악적 발명인 오페라가 탄생하였다.

기악 음악의 발전에 있어 이탈리아의 현악기, 특히 바이올린 제작자와 연주자들의 뛰어난 기술은 큰 역할을 했다. 바이올린을 위한 소나타와 협주곡은 바로크 시대의 가장 중요한 기악 음악 작품이었다. 소나타는 '소리 내다'라는 뜻의 이탈리아어 '소나레(sonare)'에서 유래되었으며, 적은 수의 악기를 위해 작곡된 실내악 작품으로, 몇 개의 대조되는 악장으로 구성되었다. 지속 저음, 하나의 악기를 위한 독주 소나타(solo sonata), 지속 저음과 2개의 악기를 위한 트리오 소나타(trio sonata)가 있는데, 지속 저음은 일반적으로 하프시코드와 첼로 같은 낮은 현악기로 이루어졌다.

협주곡은 하나의 악기와 관현악 연주를 위한 곡으로 콘체르토(concerto)라고도 하는데, '경쟁하다.' 또는 '협동하다.'를 의미하는 동사 '콘체르테(concertare)'에서 유래되었다. 소나타보다 더 넓은 공간에서의 연주를 위한 더 큰 규모의 작품이며, 독주자들과 오케스트라가 연주했다. 협주곡은 독주자들과 오케스트라가 함께 연주하기도 하고, 따로 연주하기도 하고, 대조되는 음악을 연주하기도 하고, 같은 음악을 연주하기도 했는데, 서로의 이러한 극적인 균형과 대조는 협주곡의 핵심이었다. 보통의 독주자들은 2대의 바이올린과 지속 저음으로 구성되지만 다른 악기 그룹도 가능했고, 오케스트라는 바이올린, 비올라, 첼로, 지속 저음으로 구성되었다.

㉠오페라는 노래를 중심으로 연주, 대본, 무대 장치, 춤, 연기 등이 함께 어우러져서 만들어진 종합 무대 예술이다. 오페라의 주요 주제는 그리스와 로마 신화나 역사였고, 오페라에 사용된 주요 성악 형식은 아리아와 레치타티보였다. 아리아는 각 배역을 맡은 사람들이 하는 독창으로 음악적인 선율을 중시하면서 가창력과 화려한 기교를 표현한다. 레치타티보는 대사를 말하듯이 노래하는 창법으로, 선율을 아름답게 부르는 아리아에 비해 대사 내용에 중점을 두어서 주인공이 처한 상황을 알려 주거나 이야기를 전개해 준다. 오페라는 1,600년경 이탈리아 피렌체에서 처음 만들어진 '다프네'를 시작으로 1,900년까지 이탈리아 음악을 지배했고, 프랑스를 제외한 전 유럽에서 유행하였다.

지문 정보 확인

1. 소나타, 협주곡, 오페라는 바로크 시대의 주요 음악 양식이다. (   )

2. 소나타는 협주곡 보다 더 큰 규모의 기악 음악 양식이다. (   )

3. 오페라는 노래를 중심으로 하는 성악 음악의 한 양식이다. (   )

1 윗글에 대한 이해로 적절하지 <u>않은</u> 것은?

① 오페라는 바로크 시대 이탈리아 음악의 주요 장르였다.
② 소나타와 달리 협주곡은 대조적 성격을 띤 악장으로 구성되어 있다.
③ 소나타와 협주곡 모두 지속 저음이 공통적인 구성 요소로 들어가 있다.
④ 바로크 시대 이전에는 기악 음악이 성악 음악보다 상대적으로 지위가 낮았다.
⑤ 바로크 시대에 기악 음악이 발전한 것에는 바이올린 제작자와 연주자의 역할이 컸다.

2 윗글의 ㉠과 〈보기〉의 ㉡을 비교하여 이해한 내용으로 적절하지 <u>않은</u> 것은?

> 보기
>
> ㉡판소리란 한 사람의 소리꾼이 한 명의 고수의 북 반주에 맞추어 서사적인 긴 이야기를 소리와 아니리, 발림을 곁들여 청중들 앞에서 구연하는 공연 예술이다. 소리는 소리꾼이 진양조, 중모리, 자진모리와 같은 장단에 선율을 얹어서 부르는 가창 부문을 가리킨다. 아니리는 판소리에서 소리와 소리 사이에 가락을 붙이지 않고 이야기하듯 줄거리를 설명하는 부분이고, 발림은 소리꾼이 소리의 극적인 전개를 돕기 위하여 소리의 가락이나 사설의 내용에 따라서 몸짓과 손짓으로 나타내는 동작을 말한다. 판소리는 갖가지 음악 언어와 표현 방법이 총결집된 우리 민속 음악의 정수라고 할 만한 것이며 연극적인 표현 요소까지 구사하는 종합적 예술이다.

① ㉠의 아리아는 ㉡의 아니리와 유사한 성격을 지니고 있다고 볼 수 있다.
② ㉠은 여러 사람이 각 배역을 노래하고, ㉡은 한 사람이 북 반주에 맞추어 여러 역할을 노래한다.
③ ㉠과 ㉡ 모두 노래 외에 몸동작이 가미된 극적 움직임이 있다.
④ ㉠과 ㉡ 모두 서사적 줄거리가 있는 극적 성격을 지니고 있다.
⑤ ㉠과 ㉡ 모두 노래가 중심이 되는 성악 음악의 성격을 지니고 있다.

어휘 확인

[1~5] 어휘의 뜻풀이와 어휘 ㉠~㉤을 바르게 연결하시오.
[6~10] 예문의 (   ) 안에 들어갈 어휘 ㉠~㉤을 바르게 연결하시오.

뜻풀이	어휘	예문
1 체계나 견해, 조직 따위가 굳게 섬.	㉠ 기교	**6** 음악 교사가 한두 가지 ( )을/를 할 줄 알아야 한다.
2 바뀌어 달라지지 아니하고 일정한 상태를 유지함.	㉡ 안정	**7** 실패는 다음의 성공을 위한 ( )이라고도 했다.
3 악기로 연주하는 음악.	㉢ 밑거름	**8** 그는 기강 ( )을/를 강조하고 있다.
4 재간 있게 부리는 기술이나 솜씨.	㉣ 기악	**9** 그의 피아노 연주는 ( )만 너무 화려해서 큰 감동을 주지 못했다.
5 어떤 일을 이루는 데 바탕이 되는 것.	㉤ 확립	**10** 물가가 ( )되지 않으면 사람들이 살기 어렵다.

[11~15] 보기의 글자들을 조합하여 다음 뜻풀이에 해당하는 단어를 만드시오.

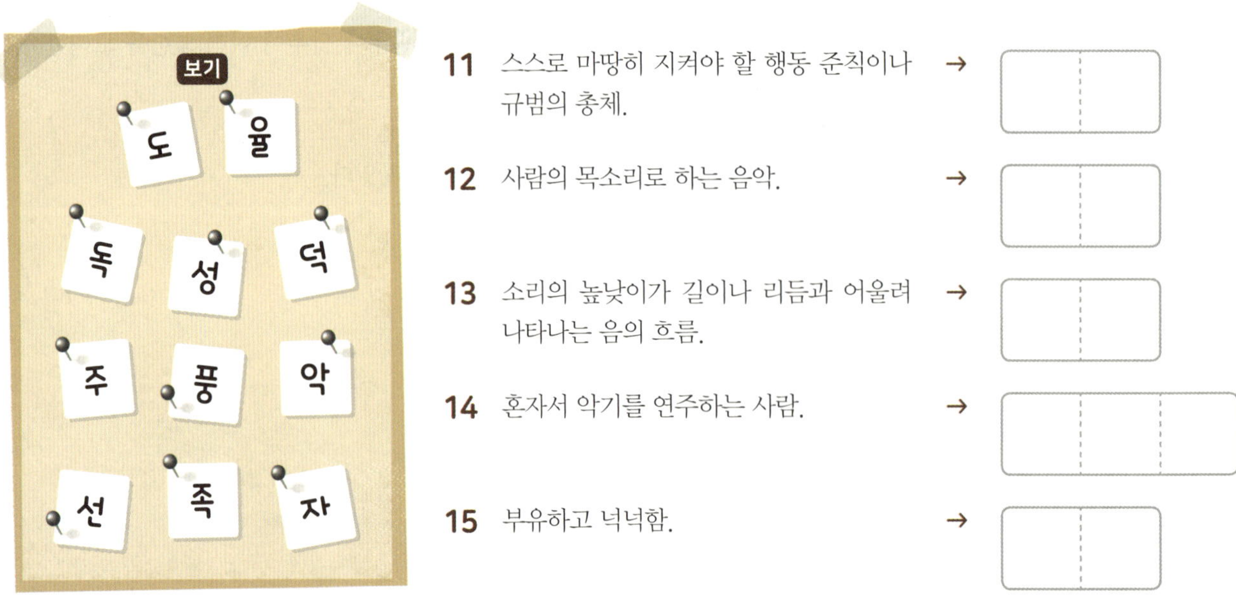

11 스스로 마땅히 지켜야 할 행동 준칙이나 규범의 총체. →

12 사람의 목소리로 하는 음악. →

13 소리의 높낮이가 길이나 리듬과 어울려 나타나는 음의 흐름. →

14 혼자서 악기를 연주하는 사람. →

15 부유하고 넉넉함. →

어휘 특강

팔다 동사	← 동음이의어 →	팔다 동사

다의어

❶ 값을 받고 물건이나 권리 따위를 남에게 넘기거나 노력 따위를 제공하다.
　예 학생들에게 책을 <u>팔다</u>.

❷ 주의를 집중하여야 할 곳에 두지 아니하고 다른 데로 돌리다.
　예 너는 도대체 어디에 정신을 <u>팔고</u> 있었니?

두 가지 이상의 뜻을 가진 단어를 다의어(多義語)라고 한다.

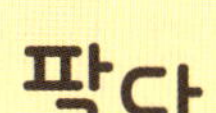

팔다

다의어

❶ 자기의 이익을 위하여 무엇을 끌어다가 핑계를 대다.
　예 아무리 급하다고 해도 아버지의 이름을 <u>팔아서</u> 해결할 생각은 전혀 없다.

❷ 옳지 아니한 이득을 얻으려고 양심이나 지조 따위를 저버리다.
　예 양심을 <u>팔다</u>.

독해 방법 Q&A

" 선생님, 지문 내용을 사례에 적용할 때 기억해야 할 점은 무엇인가요? "

글에서 용어의 개념이나 원리, 특정 이론을 설명하고 있을 때는 반드시 그 개념이나 이론을 직접 적용해 보는 문제가 출제된다는 점을 명심해야 해. 말로만 설명하는 것이 아니라, 실제로 이 이론을 적용한 사례를 〈보기〉에 제시해서 그와 관련된 지문 내용을 잘 이해했는지 확인하는 것이지. 〈보기〉 내용을 읽고 도무지 무슨 말인지 모르겠다면, 지문을 다시 처음부터 꼼꼼하게 독해하기를 추천해. 〈보기〉 내용을 대략 알 것 같다면, 지문에서 관련된 내용을 찾아서 해당되는 문단만 다시 읽어 보자. 그러면 선지 내용의 적절성을 해당 문단에서 대부분 확인할 수 있을 거야. 기억할 점은 지문에 나오지 않은 내용의 사례는 〈보기〉에 나올 수 없다는 것!

> 〈보기〉 사례를 지문과 연관 지어 파악
> ↓
> 지문에서 〈보기〉 사례와 관련된 문단 독해
> ‖
> 선지의 적절성 파악

학습 점검표

STUDY 19의 지문과 문제를 잘 학습했는지 체크한 후, 부족한 부분이 있다면 앞으로 돌아가서 다시 살펴보자~!

지문/문제	나의 체크					보완할 부분
참된 도덕이란 무엇인가	○ 1회독　○ 2회독 이상		○ 내용　○ 지문 구조　○ 어휘			
	1	○ 맞힘　○ 틀림	○ 내용	○ 개념&유형	○ 어휘	
	2	○ 맞힘　○ 틀림	○ 내용	○ 개념&유형	○ 어휘	
	3	○ 맞힘　○ 틀림	○ 내용	○ 개념&유형	○ 어휘	
바로크 시대의 음악	○ 1회독　○ 2회독 이상		○ 내용　○ 지문 구조　○ 어휘			
	1	○ 맞힘　○ 틀림	○ 내용	○ 개념&유형	○ 어휘	
	2	○ 맞힘　○ 틀림	○ 내용	○ 개념&유형	○ 어휘	

국가 간 교역을 하는 것이 유리할까?

구체적 상황이나 자료에의 적용

지문 구조&정답 및 해설 080쪽

15~18세기 자본주의 초기에 유럽 국가들 사이에서는 중상주의가 유행했다. 중상주의는 자기 나라의 부를 증대시키기 위해 수출을 늘리고 수입은 억제하는 무역 정책이다. 그 중상주의를 비판하며 자유 무역의 필요성을 주장한 학자들이 있었는데, 무역 이론의 창시자로 여겨지는 영국의 고전파 경제학자 데이비드 리카도(1772~1823)가 대표적이다.

리카도는 투입되는 노동량이 생산력을 결정하는 가장 중요한 요인이라고 보았다. 생산비는 곧 그 상품에 투입되는 노동 비용과 같다는 것이다. 예를 들어 직물 1 단위 생산에 영국은 100, 포르투갈은 90의 생산비가 들고 포도주 1 단위 생산에 영국은 120, 포르투갈은 80의 생산비가 든다고 가정하자. 포르투갈은 영국에 비해 직물과 포도주 모두 저렴한 비용으로 생산할 수 있다. 즉 포르투갈은 직물과 포도주 모두 영국에 대해 ㉠절대 우위를 갖고 있다. 과연 이 경우에도 교역을 하는 것이 유리할까?

리카도에 따르면 두 나라 모두 교역을 하는 것이 그렇지 않을 때보다 이득이다. 그 원리는 다음과 같다. 직물에 대해서는 포르투갈 대 영국이 90대 100, 포도주에 대해서는 포르투갈 대 영국이 80대 120이니 포르투갈은 포도주를 상대적으로 더 저렴하게 생산할 수 있다. 교역을 하지 않을 때 포르투갈은 직물과 포도주 각 1 단위씩을 생산하는 데 90+80=170의 생산비가 들지만, 포도주에 특화하여 2 단위를 생산한 다음 1 단위를 영국의 직물과 바꾸면 80+80=160의 생산비로 동일한 결과를 얻게 된다. 그러므로 포르투갈은 교역을 통해 노동 10만큼 이득이 생긴다. 이 노동 10을 포도주에 다시 투입하면, 포도주 생산비 80 중의 10, 즉 8분의 1만큼의 포도주를 더 얻게 되는 것이다. 영국 역시 교역을 하지 않을 경우 직물과 포도주 각 1 단위씩 생산하는 데 220의 생산비가 들지만, 직물에 특화하여 교역을 하게 되면 200의 생산비로 동일한 결과를 얻게 되므로 노동 20만큼의 이득이 생겨 10분의 1만큼의 직물을 추가로 생산할 수 있게 된다. 즉 한 국가가 다른 국가에 비해 절대 우위를 갖고 있다고 하더라도 자유 무역을 하는 것이 서로에게 이득이 된다는 것이 비교 우위론의 핵심이다.

리카도에 따르면 포르투갈은 포도주에, 영국은 직물에 비교 우위가 있다고 설명한다. 한 국가가 상대적으로 더 적은 기회비용으로 상품을 생산할 수 있을 때, 이 상품에 대해 비교 우위가 있다고 말한다. 여기서 기회비용은 어떤 것을 선택함으로써 포기한 것들 가운데 가장 가치가 큰 것을 의미한다. 이 경우 비교 우위가 있는 상품을 특화해 수출하고 다른 상품을 수입하는 방식으로 교역이 이루어지게 된다.

---

*증대: 양이 많아지거나 규모가 커짐. 또는 양을 늘리거나 규모를 크게 함.

*수출: 국내의 상품을 외국으로 팔아 내보냄.

*수입: 다른 나라로부터 상품을 국내로 사들임.

*억제: 정도나 한도를 넘어서 나아가려는 것을 억눌러 그치게 함.

*창시자: 어떤 사상이나 학설 따위를 처음으로 시작하거나 내세운 사람.

*투입: 사람이나 물자, 자본 따위를 필요한 곳에 넣음.

*우위: 남보다 나은 위치나 수준.

*교역: 주로 나라와 나라 사이에서 물건을 사고팔고 하여 서로 바꿈.

*특화: 한 나라의 산업 구조나 수출 구성에서 특정 산업이나 상품이 상대적으로 크 비중을 차지함.

지문 정보 확인

1. 무역 이론은 수출을 늘리고 수입은 억제하는 무역 정책이다. (　)

2. 리카도는 노동량이 생산력을 결정하는 가장 중요한 요인이라고 보았다. (　)

3. 리카도에 따르면 모든 제품에서 비교 우위를 갖고 있는 국가는 교역을 할 필요가 없다. (　)

1 윗글의 내용과 일치하지 <u>않는</u> 것은?

① 자본주의 초기에 유럽 국가들 사이에는 중상주의가 유행하였다.

② 리카도는 노동량이 생산력을 결정하는 가장 중요한 요인이라고 보았다.

③ 한 국가가 상대적으로 더 큰 기회비용으로 상품을 생산할 수 있을 때, 이 상품에 대해 비교 우위가 있다고 말한다.

④ 비교 우위가 있는 상품을 특화해 수출하고 다른 상품을 수입하는 방식으로 교역이 이루어질 때 이득이 발생한다.

⑤ 비교 우위론에서는 한 국가가 특정 상품에서 절대 우위를 갖고 있다고 하더라도 자유 무역을 하는 것이 이득이 된다고 말한다.

2 〈보기〉의 상황에서 ㉠과 관련하여 리카도가 주장했을 법한 내용으로 가장 적절한 것은?

> **보기**
>
> 자동차를 1 단위 생산하는 데 중국은 50, 일본은 60의 생산비가 들고 반도체 1 단위 생산하는 데 중국은 40, 일본은 80의 생산비가 든다고 했을 때, 중국은 자동차와 반도체 모두에서 일본에 대해 절대 우위를 갖는다.

① 중국과 일본은 서로 교역을 하든 안 하든 얻는 이득에는 차이가 없다.

② 중국은 일본과 교역을 할 필요 없이 스스로 자동차와 반도체를 만드는 것이 이득이다.

③ 일본은 자동차 2 단위를 생산한 후 생긴 이득으로 반도체를 추가로 생산하는 것이 이득이다.

④ 중국은 반도체 2 단위를 생산한 후 그중 1 단위를 일본의 자동차 1 단위와 바꾸는 것이 바람직하다.

⑤ 중국은 자동차 2 단위를 생산한 후 그중 1 단위를 일본의 반도체 1 단위와 바꾸는 것이 가장 이득이다.

가정하다: 결론에 앞서 논리의 근거로 어떤 조건이나 전제를 내세우다.

난이도: 어려움과 쉬움의 정도.

요인: 사물이나 사건이 성립되는 까닭. 또는 조건이 되는 요소.

추측: 미루어 생각하여 헤아림.

소재: 어떤 곳에 있음. 또는 있는 곳.

통제: 일정한 방침이나 목적에 따라 행위를 제한하거나 제한함.

전자: 두 가지의 사물이나 사람을 들어 말할 때, 먼저 든 사물이나 사람.

후자: 두 가지의 사물이나 사람을 들어 말할 때, 뒤에 든 사물이나 사람.

증진: 기운이나 세력 따위가 더 늘어 가고 나아감.

귀인 이론은 개인이 어떤 상황에서의 성공 혹은 실패인 성취 결과에 대하여 그 원인을 무엇이라고 생각하느냐에 따라 그의 행동이 결정된다고 가정한다. 학생들은 자신이 경험해 온 학교 성적에서의 성공과 실패를 주로 능력, 노력, 과제 난이도, 행운의 네 가지 원인으로 설명하려고 한다. 이 원인들은 비슷한 중요도를 가질 수도 있고, 어떤 결과에 대해서는 하나나 두 개의 요인이 크게 작용할 수도 있다. 예를 들어 수학 시험에서 100점을 받은 학생이 "나는 수학을 잘해."와 같은 능력이나 "수학 시험을 잘 치기 위해서 열심히 공부했어."와 같은 노력에 주로 원인을 돌리고, "수학 시험이 별로 어렵지 않았어."와 같은 과제 난이도에는 약간의 원인을, "추측해서 맞춘 것은 하나도 없어."와 같은 행운에는 거의 영향을 돌리지 않는 경우를 볼 수 있다.

이들 원인들은 원인의 소재, 안정성, 통제 가능성의 세 가지 차원으로 분류될 수 있다. 원인의 소재 차원이란 원인을 학생 자신에게서 찾느냐 외부에서 찾느냐의 문제로서 내적 또는 외적 차원으로 나뉜다. 원인의 안정성 차원이란 찾아진 원인이 시간이 흐르거나 상황이 바뀌어도 잘 변하지 않는 안정적인 것이냐, 아니면 때와 장소에 따라 수시로 변화될 수 있는 것이냐의 문제로서 안정적 또는 불안정적 차원으로 나뉜다. 원인의 통제 가능성 차원이란 찾아진 원인이 학생의 의지에 의해 통제될 수 있느냐, 아니면 통제될 수 없느냐의 문제로서 통제 가능 또는 통제 불가능의 차원으로 나뉜다.

예를 들어, 능력은 내적이고 상대적으로 안정적이면서 통제 불가능한 요인이다. 노력은 개인의 의지에 의해서 통제 가능한데, 대개 내적이고 불안정한 요인으로 분류되지만 평소의 노력은 안정적인 요인으로 분류될 수 있다. 과제 난이도와 행운은 통제 불가능한 요인인데, 전자는 외적이고 상대적으로 안정적인 요인이며 후자는 외적이고 불안정한 요인으로 분류될 수 있다.

	내적		외적	
	안정	불안정	안정	불안정
통제 가능	평소의 노력	순간적 노력	교사의 편견	타인의 도움
통제 불가능	개인의 능력	기분	과제 난이도	행운

귀인 이론을 통해 우리가 알 수 있는 것은 학교 학습에서의 성공과 실패에 대하여 그 원인을 무엇이라고 생각하느냐에 따라 이어지는 학업적 노력, 미래 학습에서의 성공과 실패에 대한 기대 등이 상당히 달라진다는 것이다. 그러므로 학생이 성취 결과에 대한 원인을 무엇이라고 생각하고 있는지를 알면, 그의 미래의 학업 성취도를 예측할 수 있고, 나아가서는 학생이 생각하는 원인을 바람직한 것으로 변경시키면 미래의 학업 성취도를 증진시킬 수 있다. 그러므로 학업 성취도를 높이는 데 방해가 되는 적절하지 못한 귀인은 바뀌어야 할 필요가 있다. 귀인 이론가들에 의하면 귀인 변경 프로그램을 통해서 학생들의 귀인은 변화 가능하다.

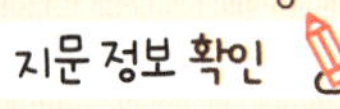
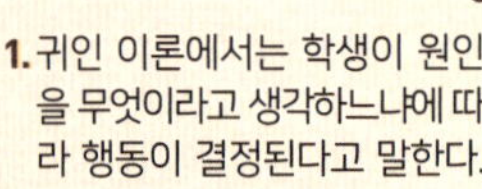

지문 정보 확인

1. 귀인 이론에서는 학생이 원인을 무엇이라고 생각하느냐에 따라 행동이 결정된다고 말한다. ( )

2. 능력은 상대적으로 안정적이면서 통제 불가능한 요인이다. ( )

3. 이미 이루어진 귀인은 외부적인 노력으로 변화시킬 수 없다. ( )

1 윗글에 대한 설명으로 가장 적절한 것은?

① 구체적인 예를 들면서 중심 화제와 관련된 내용을 설명하고 있다.
② 특정 현상의 원인들을 다양한 관점에서 심층적으로 분석하고 있다.
③ 화제에 대한 상반된 견해를 대비하며 절충적 대안을 제시하고 있다.
④ 특정 사건이 발생한 원인을 분석하고 문제의 해결 방안을 제안하고 있다.
⑤ 핵심 용어의 개념이 변화된 원인과 시간에 따른 변화 과정을 소개하고 있다.

2 〈보기〉를 읽고 귀인 이론의 입장에서 Ⓐ에 대해 조언한 것으로 적절한 것은?

> **보기**
>
> 나래: 한수야, 어제 국어 수업에서 발표 활동을 했다며? 잘 했니?
> 한수: 그게…… 기대했던 것보다 선생님의 평가가 좋지 않아서 실망스러웠어.
> 나래: 그래? 선생님께서 왜 좋은 평가를 해 주시지 않았을까?
> 한수: Ⓐ나는 아무래도 발표에는 소질이 없는 것 같아. 지난 학기에도 발표 수행 평가에서 좋은 점수를 받지 못했거든.

① 통제 불가능한 요인인 개인의 능력보다는 통제 가능한 기분에 원인을 돌리는 것이 좋다.
② 통제 불가능한 요인인 개인의 능력보다는 통제 가능한 평소의 노력에 원인을 돌리는 것이 좋다.
③ 통제 불가능한 요인인 평소의 노력보다는 통제 가능한 타인의 도움에 원인을 돌리는 것이 좋다.
④ 통제 불가능한 요인인 평소의 노력보다는 통제 가능한 교사의 편견에 원인을 돌리는 것이 좋다.
⑤ 통제 가능한 원인인 개인의 능력에 원인을 돌림으로써 미래의 학업 성취도를 증진할 수 있는 가능성이 높아졌다.

[1~10] 보기 에서 어휘의 뜻풀이 또는 예문의 (   ) 안에 들어갈 어휘 ㉠~㉤을 찾아 쓰시오.

보기

| ㉠ 후자 | ㉡ 가정하다 | ㉢ 억제 | ㉣ 교역 | ㉤ 난이도 |

뜻풀이

1 결론에 앞서 논리의 근거로 어떤 조건이나 전제를 내세우다. [   ]

2 주로 나라와 나라 사이에서 물건을 사고팔고 하여 서로 바꿈. [   ]

3 어려움과 쉬움의 정도. [   ]

4 정도나 한도를 넘어서 나아가려는 것을 억눌러 그치게 함. [   ]

5 두 가지의 사물이나 사람을 들어 말할 때, 뒤에 든 사물이나 사람. [   ]

예문

6 제 생각에는 전자보다는 (   )의 의견이 타당한 것 같습니다. [   ]

7 수도권 개발 (   ). [   ]

8 시험 문제의 (   )을/를 조정하기가 쉽지 않다. [   ]

9 남북 간의 (   )이/가 활발하게 이루어지다. [   ]

10 우리가 무인도에 떨어졌다고 (   ) 보자. [   ]

[11~15] 다음에서 설명하는 어휘가 무엇일지 사다리를 연결하고 주어진 낱자를 활용하여 쓰시오.

11 한 나라의 산업 구조나 수출 구성에서 특정 산업이나 상품이 상대적으로 큰 비중을 차지함.

12 사람이나 물자, 자본 따위를 필요한 곳에 넣음.

13 두 가지의 사물이나 사람을 들어 말할 때, 먼저 든 사물이나 사람.

14 남보다 나은 위치나 수준.

15 일정한 방침이나 목적에 따라 행위를 제한하거나 제약함.

| ㄷ ㅎ | ㅌ ㅇ | ㅈ ㅈ | ㅌ ㅈ | ㅇ ㅇ |

어휘 **특강**

엄격하다
말, 태도, 규칙 따위가 매우 엄하고 철저하다.
예 엄격한 규율.

비 엄하다
규율이나 규칙을 적용하거나 예절을 가르치는 것이 매우 철저하고 바르다.
예 그 학교는 학칙이 <u>엄하다</u>는 소문이 자자했다.

비 엄정하다
어떤 범위 안에 들어 있게 하다.
예 군율이 <u>엄정하다</u>.

비 준엄하다
조금도 타협함이 없이 매우 엄격하다.
예 역사의 <u>준엄한</u> 심판을 받다.

반 인자하다
마음이 어질고 자애롭다.
예 <u>인자한</u> 미소.

반 해이하다
긴장이나 규율 따위가 풀려 마음이 느슨하다.
예 훈련 나온 병사가 모두 소풍 나온 아이처럼 정신이 <u>해이해</u> 있다.

비 딱딱하다
태도, 말씨, 분위기 따위가 부드러운 맛이 없이 엄격하다.
예 그는 말씨가 너무 <u>딱딱해서</u> 말 걸기가 꺼려진다.

독해 방법 Q&A

> **" 선생님, 자료를 적절하게 독해하는 방법은 무엇인가요? "**

자료를 적절하게 독해하기 위해서는 다음의 세 가지를 잘 따져 봐야 해. 먼저 자료의 정확성, 즉 자료가 객관적인 사실과 일치하는지 왜곡된 내용은 없는지를 살펴봐야 하지. 다음으로는 자료의 신뢰성, 즉 글에 사용된 자료가 믿을 만한지, 출처가 명확한지를 판단하는 거야. 마지막으로 자료는 지문에서 설명하고 있는 내용을 확인하기 위해 제시되는 경우가 대부분이야. 따라서 자료의 적절성, 즉 자료가 글의 내용과 부합하는지, 적정 수준에서 구조화되었는지 등을 판단하며 읽는 것이란다.

학습 점검표

STUDY 20 의 지문과 문제를 잘 학습했는지 체크한 후, 부족한 부분이 있다면 앞으로 돌아가서 다시 살펴보자~!

지문/문제	나의 체크				보완할 부분
국가 간 교역을 하는 것이 유리할까?	○ 1회독 ○ 2회독 이상	○ 내용 ○ 지문 구조 ○ 어휘			
	1	○ 맞힘 ○ 틀림	○ 내용 ○ 개념&유형 ○ 어휘		
	2	○ 맞힘 ○ 틀림	○ 내용 ○ 개념&유형 ○ 어휘		
학교 학습에서의 귀인 이론	○ 1회독 ○ 2회독 이상	○ 내용 ○ 지문 구조 ○ 어휘			
	1	○ 맞힘 ○ 틀림	○ 내용 ○ 개념&유형 ○ 어휘		
	2	○ 맞힘 ○ 틀림	○ 내용 ○ 개념&유형 ○ 어휘		

창의적 이해
적용
연습

천체: 우주에 존재하는 모든 물체.

입증되다: 어떤 증거 따위가 나와 증명되다.

방출되다: 비축되어 있는 것이 내놓아지다.

도달하다: 목적한 곳이나 수준에 다다르다.

무한대: 한없이 큼.

윤곽: 사물의 테두리나 대강의 모습.

관측하다: 육안이나 기계로 자연 현상 특히 천체나 기상의 상태, 추이, 변화 따위를 관찰하여 측정하다.

의의: 어떤 사실이나 행위 따위가 갖는 중요성이나 가치.

지문 정보 확인

1. 블랙홀은 중력으로 인해 빛조차 빠져나갈 수 없는 천체를 말한다.
( )

2. 블랙홀은 빛이 나오지 못하므로 직접 관측하는 것이 어려웠다.
( )

3. EHT 연구진은 블랙홀의 그림자로 인해 관측을 포기하였다.
( )

📖 지문 구조&정답 및 해설 084쪽

블랙홀(black hole)은 중력이 너무 커서 심지어 빛조차도 빠져나갈 수 없는 천체를 말한다. 블랙홀은 1789년 영국의 존 미첼, 프랑스의 수학자 라플라스 등이 처음으로 생각해 낸 것으로 오랫동안 이론상으로만 존재해 왔다. 그러다가 아인슈타인의 상대성 이론에 의해 이론적으로 입증되었으며, 인공위성에서 찍은 X선 망원경으로 백조자리에 있는 시그너스 X-1이라는 이름의 블랙홀이 발견되면서 블랙홀의 존재가 확실해졌다.

우리가 별이나 은하를 볼 수 있는 것은 그 별에서 빛이 나오기 때문인데 블랙홀은 빛이 나오지 못하므로 눈으로 볼 수 없다. 따라서 블랙홀의 존재를 확인하는 방법은 관측이 아닌 다른 방법에 의해서 이루어진다. 블랙홀 근처에 어떤 별이 있다면 이 별에서 방출되는 기체가 블랙홀로 끌려들어가면서 X선이 방출된다. 별이 보이지 않는 우주 공간에서 X선이 방출되고 있는 것이 전파 망원경으로 확인되면 블랙홀이 있는 위치를 알 수 있다. 또 블랙홀 반대편에 있는 별이 블랙홀 근처를 지날 때에는 그 빛이 휘어서 우리 눈에 도달하므로 블랙홀의 위치를 알 수 있다.

블랙홀은 다음과 같이 두가지 과정에 의해서 생성된다. 첫째, 블랙홀은 질량이 매우 큰 별의 진화 마지막 단계에서 만들어질 수 있다. 별의 진화 과정에서 작은 별은 마지막에 백색 왜성이라는 최후 진화 단계를 거치지만, 태양보다 8배 이상 무거운 별은 적색 초거성이 되며, 초신성 폭발을 일으켜 중성자별로 남는다. 중성자별은 밀도가 물의 1,014배에 이르는데, 이중 밀도가 무한대에 가까운 것을 ㉠블랙홀이라고 한다. 이러한 별들은 부피가 0이고 밀도가 무한대인 특이점(singularity)으로 압축된다. 특이점은 블랙홀의 중심을 ㉮이루고 있으며 사건의 지평선(event horizon)이라는 블랙홀의 표면으로 가려져 있다. 사건의 지평선 안에서는 천체의 중력장에서 벗어나기 위한 물체의 탈출 속도가 빛의 속도보다 커서 빛조차 우주 공간으로 벗어날 수 없다. 둘째, 원시 블랙홀이라는 것이 있는데, 이는 약 150억 년 전 우주가 대폭발(Big Bang)에 의해서 창조될 때 물질이 크고 작은 덩어리로 뭉쳐져서 블랙홀이 무수히 생겨난 것이다.

EHT 연구 팀은 지구에서 빛의 속도로 5,500만 년 이동해야 도착할 수 있는 거대 은하인 처녀자리 중심부에 위치한 블랙홀 M87을 관측한 후 2년 간의 분석을 거쳐 공개했다. 연구진은 6개 대륙 8개 망원경으로 블랙홀에서 나오는 1.3mm 파장대 전파를 동시에 관측하고 분석하는 방식을 활용해 정밀도를 극대화했다. 이 블랙홀은 빛이 중력에 의해 휘어져 형성된 지름 400억 킬로미터의 고리 모양 구조 안쪽에 위치하며, 질량은 태양의 65억 배에 달하며 지름은 약 160억 킬로미터인 것으로 관측되었다. 이 관측은 아인슈타인이 1915년 일반 상대성 이론에서 블랙홀의 존재를 예측한지 100여 년 만에 인류 최초로 존재를 확인했다는 데 의의를 가진다.

1 윗글에 대한 설명으로 적절한 것은?

① 특정 대상의 원인에 대한 다양한 이론을 밝히고 이를 절충하여 결론을 내리고 있다.
② 특정 대상이 등장하게 된 배경을 설명하고 이로 인해 야기된 문제점을 밝히고 있다.
③ 특정 대상을 개념을 정의하고 다른 대상과의 비교, 대조를 통해 특징을 설명하고 있다.
④ 특정 대상이 생성되는 과정을 밝히고 이를 관측한 사례와 그 의의에 대해 언급하고 있다.
⑤ 특정 대상을 관측하는 과정에서 확인된 문제점을 통해 앞으로의 연구 과제를 제시하고 있다.

2 ㉠에 대해 알 수 있는 내용으로 적절한 것을 〈보기〉에서 모두 고른 것은?

> **보기**
>
> ⓐ ㉠의 중심은 부피가 0이고, 밀도가 무한대에 가깝다.
> ⓑ ㉠을 발견하기 위해서는 ㉠ 정면에 있는 별빛의 휘어짐을 관측해야 한다.
> ⓒ ㉠을 사람의 눈으로 관측할 수 없는 이유는 빛이 나오지 못하기 때문이다.
> ⓓ EHT 연구 팀은 일정 파장대의 전파를 차례로 관측하는 방식으로 ㉠을 발견했다.

① ⓐ, ⓑ   ② ⓐ, ⓒ   ③ ⓐ, ⓓ
④ ⓑ, ⓒ   ⑤ ⓑ, ⓓ

3 밑줄 친 부분의 문맥적 의미가 ㉮와 가장 유사한 것은?

① 비가 갠 뒤의 저녁 노을이 장관을 <u>이루었다</u>.
② 그는 목적을 <u>이루었다</u>는 생각에 편히 잠들 수 있었다.
③ 사물을 <u>이루고</u> 있는 요소 중 핵심은 분자에 숨어 있다.
④ 그녀는 노총각인 막냇동생이 혼사를 <u>이루게</u> 된 것을 자랑했다.
⑤ 이 식당은 아침 일찍 찾아온 손님들로 문전성시를 <u>이루고</u> 있다.

📖 지문 구조&정답 및 해설 086쪽

인간 체력의 한계에 도전하는 철인* 경기는 수영과 사이클, 마라톤을 연이어 겨루는 지구력 경기다. 철인 경기에 참가한 선수가 제한 시간 내에 경기를 완주하면* 철인 칭호*를 받게 된다. 평범한 사람과 비교해서 철인 칭호를 받는 사람이 할 수 있는 일의 양은 더 많을까? 무한대로 높일 수 있을까? 에너지의 관점에서 사람이 할 수 있는 일의 양이 얼마인지 살펴보자.

영양학에서 사용하는 에너지의 단위는 킬로칼로리(kcal)이다. 일반적인 성인 남성이 하루에 음식물로 섭취해야* 할 에너지는 2,400kcal이다. 음식물은 화학 에너지를 가지고 있는데, 이는 연소될 때 열로 변한다. 1cal를 일과 에너지의 국제단위인 줄(J)로 표현하면 4.2J에 해당되므로 2,400cal는 10,080,000J이다. 와트(W)는 1초 동안 1줄(J)의 일을 하는 일률의 단위이고, 여기에 3,600초를 곱한 것이 1와트(W)의 전력으로써 한 시간에 하는 일의 양인 전력량 와트시(Wh)이다. 따라서 음식물로 섭취한 칼로리를 에너지의 양으로 환산하면* 10,080,000J÷3,600초=2,800Wh가 된다. 이 에너지가 모두 사람의 근육 노동에 이용된다고 가정하고 24시간 연속해서 일을 한다면 2,800Wh÷24시간=약 120W가 되어, 사람은 일률이 약 120W인 작업 기계라고 할 수 있을 것이다.

그러나 사람은 자고 있을 때에도 호흡과 혈액의 순환 등의 기초 활동에 에너지를 소비한다. 따라서 사람이 근육 노동을 할 때의 평균적인 일률은 100W 이하이다. 사람의 근육 노동의 효율이 0.3이라고 할 때, 100W의 일률로 1년 동안 할 수 있는 일의 양은 100W×365일×8시간×0.3=87,600Wh=87.6kWh로, 기껏해야 100kWh 이하이다. 이것을 전기 요금으로 환산하면 약 5,000원이다.

인류는 약 200년 전까지만 해도 동력원으로 사람이나 말의 근육에 의존하였다.* 자연이 주는 풍력이나 수력은 범선*이나 물레방아와 같이 한정된 지역에서만 이용할 수 있었다. 그러나 ㉠과학 기술의 발달로 증기 기관·발전기·모터 등의 새로운 동력원이 발명되면서 개인의 에너지 소비량에도 큰 변화를 가져왔다.

지식 경제부의 통계에 따르면, 우리나라에서 2000년 한 해 동안 사용한 1차 에너지의 양은 1인당 4,100만kcal였다. 이는 4만 8,000kWh에 해당한다. 이 에너지 가운데 25%를 유효하게* 이용하였다고 보고 사람의 근육 노동량을 1년에 100kWh라고 하면, 결과적으로 1인당 약 120명 분량의 노동력을 이용한 것이 된다. 이러한 에너지 소비량의 증가는 사람들의 생활에도 큰 변화를 주었다. 밤에도 낮처럼 환한 상태에서 생활하게 되어 24시간 활동이 가능해졌다. 에너지 소비량의 증가는 1970년대 이후 우리나라의 사회 경제적 변화를 이해하는 중요한 열쇠 중 하나이다.

---

*철인: 몸이나 힘이 무쇠처럼 강한 사람.

*완주하다: 목표한 지점까지 다 달리다.

*칭호: 어떠한 뜻으로 일컫는 이름.

*섭취하다: 생물체가 양분 따위를 몸속에 빨아들이다.

*환산하다: 어떤 단위나 척도로 된 것을 다른 단위나 척도로 고쳐서 헤아리다.

*의존하다: 다른 것에 의지하여 존재하다.

*범선: 돛을 단 배.

*유효하다: 보람이나 효과가 있다.

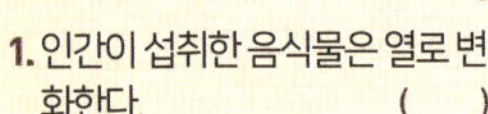

지문 정보 확인

1. 인간이 섭취한 음식물은 열로 변화한다. ( )

2. 수면 중에 사람은 에너지를 소비하지 않는다. ( )

3. 과학 기술의 발달로 동력원이 다양해졌다. ( )

1 윗글에 언급되지 <u>않은</u> 것은?

① 에너지 소비량 증가의 의미
② 철인 경기를 구성하는 종목
③ 증기 기관 발명이 가져온 역기능
④ 영양학에서 사용하는 에너지의 단위
⑤ 우리나라에서 한 해 동안 사용한 1차 에너지의 양

2 윗글의 내용과 일치하는 것은?

① 철인 3종 경기를 참여한 모든 선수에게 철인이라는 칭호를 준다.
② 성인 남자는 음식물을 섭취, 연소하여 활동에 필요한 에너지를 얻는다.
③ 사람은 수면 중에는 에너지 소비의 효율성을 위해 기초 활동을 하지 않는다.
④ 바람을 이용하여 에너지를 얻는 방법은 이용 지역의 제한이 없다는 장점이 있다.
⑤ 사람이 1년 동안 할 수 있는 일의 양은 100W로, 이는 전기 요금 약 5,000원에 해당된다.

3 〈보기〉의 관점에서 ㉠의 상황에 대해 보일 수 있는 반응으로 적절한 것은?

보기

　19세기 초에 산업 혁명으로 대량 생산이 가능해지자 사람의 노동을 대신하는 기계가 노동자의 일자리를 빼앗는다고 생각하여 이러한 기계를 파괴하는 운동을 이끈 사람을 러다이트라고 한다. 러다이트(Luddite) 운동은 무장 노동자인 러다이트들에 의한 방직 기계 파괴가 조직적으로 일어난 것을 말한다. 이것은 약 6년 동안 지속되었는데, 영국 정부는 러다이트들을 이기적인 폭력 집단으로 규정하고 강력하게 대처하였다. 하지만 러다이트들은 자신들이 반대하는 것은 기계나 기술 자체가 아니라 대중이 제어할 수 없으며 대중의 집단적 복지와 이해에 해로운 기술의 사용이라고 하였다.

① 러다이트들은 모터를 사용하는 이들을 이기적인 폭력 집단으로 규정하겠군.
② 러다이트들은 새로운 동력원의 등장으로 인한 사회 변화를 적극 지지했겠군.
③ 러다이트들은 증기 기관을 대중이 적절히 제어하지 못하면 해로운 것이라 보겠군.
④ 러다이트들은 발전기의 발명 자체가 사회적으로 문제가 될 수 있다고 규정하겠군.
⑤ 러다이트들은 증기 기관 등 해로운 기술을 올바르게 사용할 방법을 찾기 위해 노력했겠군.

[1~10] 보기에서 어휘의 뜻풀이 또는 예문의 ( ) 안에 들어갈 어휘 ㉠~㉤을 찾아 쓰시오.

보기

㉠ 관측하다　　㉡ 의존하다　　㉢ 환산하다
㉣ 유효하다　　㉤ 방출되다

1 다른 것에 의지하여 존재하다.
[　]

2 어떤 단위나 척도로 된 것을 다른 단위나 척도로 고쳐서 헤아리다.
[　]

3 비축되어 있는 것이 내놓아지다.
[　]

4 육안이나 기계로 자연 현상 특히 천체나 기상의 상태, 추이, 변화 따위를 관찰하여 측정하다.
[　]

5 보람이나 효과가 있다.
[　]

6 그 사람은 단체에서 (　　　).
[　]

7 이 처방은 건강에 (　　　).
[　]

8 지구 표면의 상태를 (　　　).
[　]

9 친구의 도움에 (　　　).
[　]

10 파운드를 킬로그램으로 (　　　).
[　]

[11~15] 다음에서 설명하는 어휘가 무엇일지 주어진 낱자를 활용하여 쓰시오.

11 우주에 존재하는 모든 물체.

12 어떤 증거 따위를 내세워 증명함.

13 사물의 테두리나 대강의 모습.

14 몸이나 힘이 무쇠처럼 강한 사람.

15 목적한 곳이나 수준에 다다름.

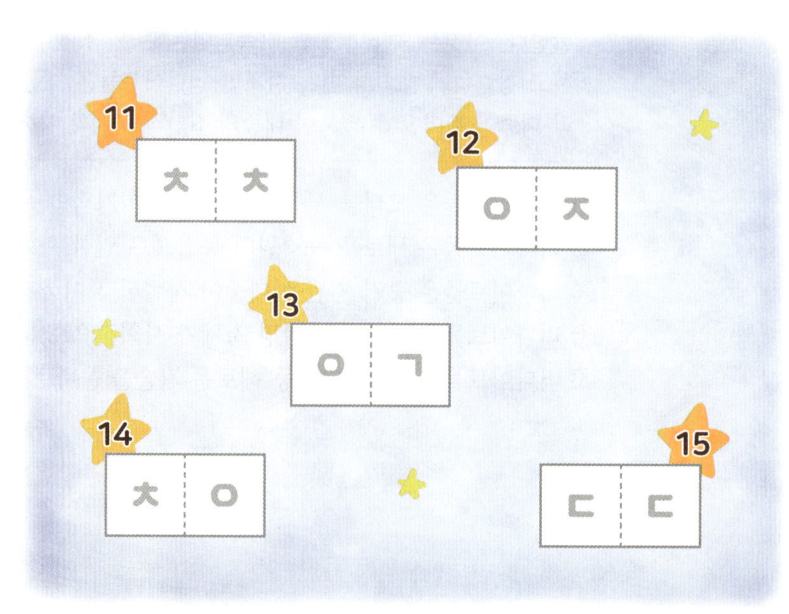

어휘 특강

● 한자를 활용한 어휘 ●

感 느낄 감	→	• 감격(感激): 마음에 깊이 느끼어 크게 감동함. • 감명(感銘): 감격하여 마음에 깊이 새김. • 감탄(感歎/感嘆): 마음속 깊이 느끼어 탄복(매우 감탄하여 마음으로 따름)함.
論 논할 론	→	• 논술(論述): 어떤 것에 관하여 의견을 논리적으로 서술함. • 논쟁(論爭): 서로 다른 의견을 가진 사람들이 각각 자기의 주장을 말이나 글로 논하여 다툼. • 논의(論議): 어떤 문제에 대하여 서로 의견을 내어 토의함.

독해 방법 Q&A

> **" 선생님, 창의적 이해와 관련된 대표적 유형은 무엇인가요? "**

창의적 이해란 글의 내용을 이해하고 추론하거나 비판하는 것을 넘어서 글의 내용에 대해 새로운 측면에 서 접근해 보는 것을 의미해. 글 속에 나타난 화제, 주제, 관점 등에 대해 독자가 자신만의 생각을 논리적으로 구성하며 새로운 시각에서 접근하는 것이 이에 해당하지. 또한 글에 제시된 다양한 문제 상황이나 해결 방안을 다른 상황이나 사례에 적용해 보거나 필자의 생각이나 주장에 보완하거나 대체할 수 있는 대안을 찾아보며 글을 읽는 것 등도 창의적 이해란다. 글에 제시된 주장이나 관점을 뒷받침해 줄 수 있는 구체적 사례를 찾는 유형, 〈보기〉에 주어진 상황에 글의 내용을 적용하는 유형, 〈보기〉의 시각 자료에 글의 내용을 적용해 보는 유형 등이 주로 출제된다는 점을 기억해 두자!

학습 점검표

STUDY 21 의 지문과 문제를 잘 학습했는지 체크한 후, 부족한 부분이 있다면 앞으로 돌아가서 다시 살펴보자~!

지문/문제	나의 체크					보완할 부분
블랙홀	○ 1회독　○ 2회독 이상		○ 내용	○ 지문 구조	○ 어휘	
	1	○ 맞힘　○ 틀림	○ 내용	○ 개념&유형	○ 어휘	
	2	○ 맞힘　○ 틀림	○ 내용	○ 개념&유형	○ 어휘	
	3	○ 맞힘　○ 틀림	○ 내용	○ 개념&유형	○ 어휘	
인간이 할 수 있는 일의 양	○ 1회독　○ 2회독 이상		○ 내용	○ 지문 구조	○ 어휘	
	1	○ 맞힘　○ 틀림	○ 내용	○ 개념&유형	○ 어휘	
	2	○ 맞힘　○ 틀림	○ 내용	○ 개념&유형	○ 어휘	
	3	○ 맞힘　○ 틀림	○ 내용	○ 개념&유형	○ 어휘	

1권 차례 21 STUDY

memo

memo

memo

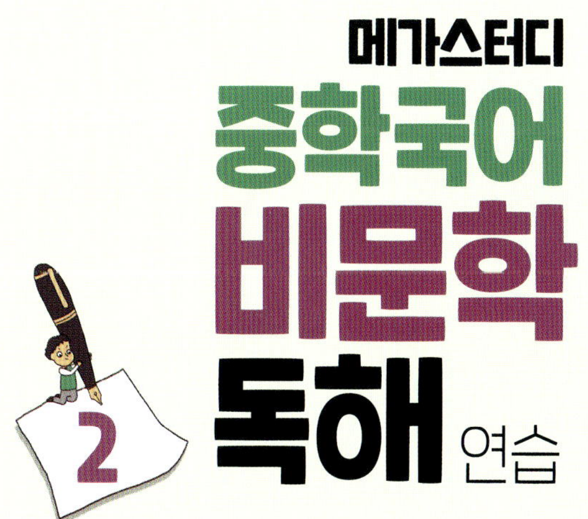
메가스터디
중학국어
비문학
독해 연습
2

메가스터디 중학국어 비문학 독해 연습

메가스터디

중학국어

비문학

독해 연습

지문 구조
& 정답 및 해설

메가스터디 중학국어 비문학 독해 연습

지문 구조 & 정답 및 해설

구성과 특징

✛ 이 교재는 영역별, 난이도별 엄선된 42개 비문학 제재를 체계적으로 연습할 수 있는 기본서입니다.

✛ 이 교재는 중학생이 알아야 할 2015 개정 교육과정의 국어 읽기 영역 성취 기준에 기반한 독해 스킬을 문제를 통해 파악할 수 있는 기본서입니다.

✛ 이 교재는 중학생들이 한 번에 학습하기 적절한 분량인 두 개의 지문(제재)으로 하나의 STUDY를 구성하여 비문학 독해에서의 효율적 학습 시스템을 적용한 기본서입니다.

본문의 지문을 다시 한 번 제시하여
문제 해설을 확인할 때 더욱 편리하도록 하였습니다.

지문 내용을 문단별 판서 형태로 정리하여 보여 주면서
핵심 내용의 이해를 돕도록 하였습니다.

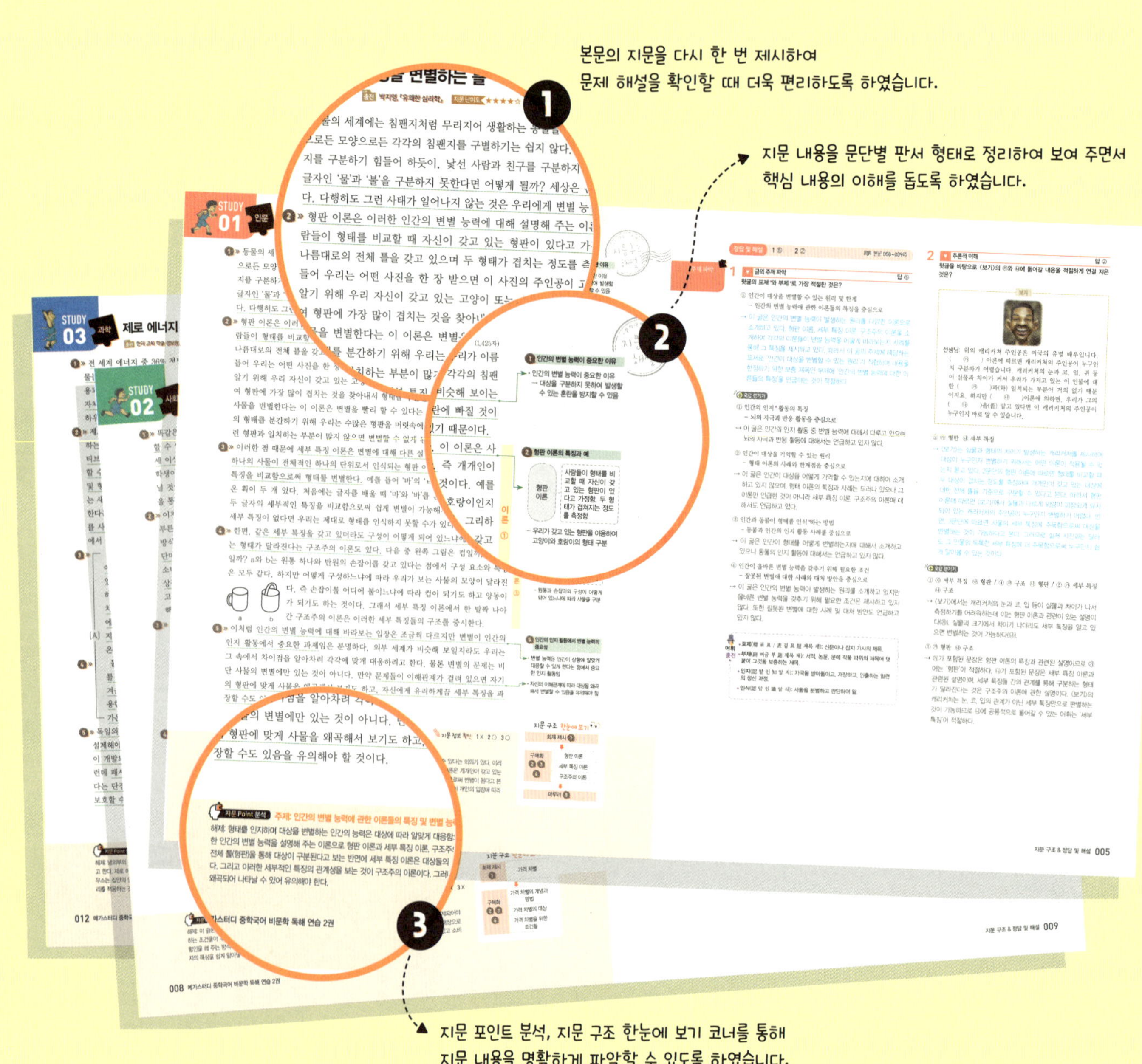

지문 포인트 분석, 지문 구조 한눈에 보기 코너를 통해
지문 내용을 명확하게 파악할 수 있도록 하였습니다.

상세한 정답 해설과 오답 챙기기 해설을 통해
문제의 정오답을 꼼꼼하게 이해할 수 있도록 하였습니다.

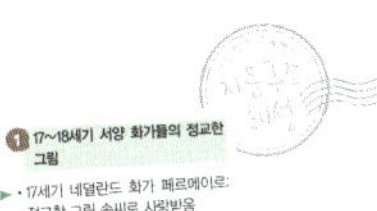

어휘 충전 코너를 통해 문제에 제시된 어려운 어휘,
개념어 등을 학습할 수 있도록 하였습니다.

본문 어휘 확인 정답을
체크하도록 하였습니다.

세상을 변별하는 틀

출전 박지영, 『유쾌한 심리학』　지문 난이도 ★★★★☆

(1,425자)

1 » 동물의 세계에는 침팬지처럼 무리 지어 생활하는 동물들이 많다. 하지만 우리가 이름으로든 모양으로든 각각의 침팬지를 구별하기는 쉽지 않다. 만약 우리가 각각의 침팬지를 구분하기 힘들어 하듯이, 낯선 사람과 친구를 구분하지 못하고, 비슷해 보이는 글자인 '물'과 '불'을 구분하지 못한다면 어떻게 될까? 세상은 분명 혼란에 빠질 것이다. 다행히도 그런 사태가 일어나지 않는 것은 우리에게 변별 능력이 있기 때문이다.

2 » 형판 이론은 이러한 인간의 변별 능력에 대해 설명해 주는 이론이다. 이 이론은 사람들이 형태를 비교할 때 자신이 갖고 있는 형판이 있다고 가정한다. 즉 개개인이 나름대로의 전체 틀을 갖고 있으며 두 형태가 겹치는 정도를 측정하는 것이다. 예를 들어 우리는 어떤 사진을 한 장 받으면 이 사진의 주인공이 고양이인지 호랑이인지 알기 위해 우리 자신이 갖고 있는 고양이 또는 호랑이의 형판과 맞춰 본다. 그리하여 형판에 가장 많이 겹치는 것을 찾아내서 형태를 구분한다는 것이다. 형판을 갖고 사물을 변별한다는 이 이론은 변별을 빨리 할 수 있다는 장점이 있다. 하지만 각각의 형태를 분간하기 위해 우리는 수많은 형판을 머릿속에 저장하고 있어야 하고, 그런 형판과 일치하는 부분이 많지 않으면 변별할 수 없게 된다.

3 » 이러한 점 때문에 세부 특징 이론은 변별에 대해 다른 설명을 보여 준다. 이 이론은 하나의 사물이 전체적인 하나의 단위로서 인식되는 형판 이론과는 달리 사물의 세부 특징을 비교함으로써 형태를 변별한다. 예를 들어 '바'의 'ㅂ'에는 'ㅁ' 위로 삐쳐 나온 획이 두 개 있다. 처음에는 글자를 배울 때 '마'와 '바'를 혼동했을지도 모르지만 두 글자의 세부적인 특징을 비교함으로써 쉽게 변별이 가능해지는 것이다. 이러한 세부 특징이 없다면 우리는 제대로 형태를 인식하지 못할 수가 있다.

4 » 한편, 같은 세부 특징을 갖고 있더라도 구성이 어떻게 되어 있느냐에 따라 구분하는 형태가 달라진다는 구조주의 이론도 있다. 왼쪽 그림에서 a와 b는 모두 원통 하나와 반원의 손잡이를 갖고 있다는 점에서 구성 요소와 특징은 같다. 하지만 어떻게 구성하느냐에 따라 우리가 보는 사물의 모양이 달라진다. 즉 손잡이를 어디에 붙이느냐에 따라 컵이 되기도 하고 양동이가 되기도 하는 것이다. 그래서 세부 특징 이론에서 한 발짝 나아간 구조주의 이론은 이러한 세부 특징들의 구조를 중시한다.

5 » 이처럼 인간의 변별 능력에 대해 바라보는 입장은 조금씩 다르지만 변별이 인간의 인지 활동에서 중요한 과제임은 분명하다. 외부 세계가 비슷해 보일지라도 우리는 그 속에서 차이점을 알아차려 각각에 맞게 대응하려고 한다. 물론 변별의 문제는 비단 사물의 변별에만 있는 것이 아니다. 만약 문제들이 이해관계가 걸려 있으면 자기의 형판에 맞게 사물을 왜곡해서 보기도 하고, 자신에게 유리하게끔 세부 특징을 과장할 수도 있음을 유의해야 할 것이다.

1　인간의 변별 능력이 중요한 이유

- 인간의 변별 능력이 중요한 이유
  → 각각의 대상을 구분하지 못하여 발생할 수 있는 혼란을 방지할 수 있음

2　형판 이론의 특징과 예

형판 이론 — 사람들이 형태를 비교할 때 자신이 갖고 있는 형판이 있다고 가정함 → 두 형태가 겹쳐지는 정도를 측정함

- 우리가 갖고 있는 형판을 이용하여 고양이와 호랑이의 형태 구분

3　세부 특징 이론의 특징과 예

세부 특징 이론 — 사물의 세부 특징을 비교함으로써 형태를 변별함

- '마'와 '바'의 두 글자를 세부적인 특징을 비교함으로써 변별

4　구조주의 이론의 특징과 예

구조주의 이론 — 세부 특징 이론에서 세부 특징들의 구성이 어떻게 되어 있는지 구조를 중시함

- 원통과 손잡이의 구성이 어떻게 되어 있느냐에 따라 사물을 구분

5　인간의 인지 활동에서 변별 능력의 중요성

- 변별 능력은 인간이 상황에 알맞게 대응할 수 있게 한다는 점에서 중요한 인지 활동임
- 자신의 이해관계에 따라 대상을 왜곡해서 변별할 수 있음을 유의해야 함

✎ 지문 정보 확인　1 X　2 ○　3 ○

지문 Point 분석　**주제: 인간의 변별 능력에 관한 이론들의 특징 및 변별 능력의 중요성**

해제: 형태를 인지하며 대상을 변별하는 인간의 능력은 대상에 따라 알맞게 대응함으로써 혼란을 줄일 수 있다는 의의가 있다. 이러한 인간의 변별 능력을 설명해 주는 이론으로 형판 이론과 세부 특징 이론, 구조주의 이론이 있다. 형판 이론은 개개인이 갖고 있는 전체 틀(형판)을 통해 대상이 구분된다고 보는 반면에 세부 특징 이론은 대상들의 세부적인 특징을 비교함으로써 변별이 된다고 본다. 그리고 이러한 세부적인 특징의 관계성을 보는 것이 구조주의 이론이다. 그러나 인간의 이러한 변별 활동이 개인의 입장에 따라 왜곡되어 나타날 수 있어 유의해야 한다.

지문 구조 한눈에 보기 👀

화제 제시 **1**

구체화 **2 3**　형판 이론 / 세부 특징 이론
4　구조주의 이론

마무리 **5**

주제 파악

1 ▼ 글의 주제 파악 답 ⑤

윗글의 표제*와 부제*로 가장 적절한 것은?

⑤ 인간이 대상을 변별할 수 있는 원리*
 – 인간의 변별 능력에 관한 이론들의 특징을 중심으로

…▶ 이 글은 인간의 변별 능력이 발생하는 원리를 다양한 이론으로 소개하고 있다. 형판 이론, 세부 특징 이론, 구조주의 이론을 소개하여 각각의 이론들이 변별 능력을 어떻게 바라보는지 사례를 통해 그 특징을 제시하고 있다. 따라서 이 글의 주제에 해당하는 표제로 '인간이 대상을 변별할 수 있는 원리'가 적합하며 내용을 한정하기 위한 보충 제목인 부제에 '인간의 변별 능력에 대한 이론들의 특징'을 언급하는 것이 적절하다.

⊕ 오답 챙기기

① 인간의 인지 활동의 특징
 – 뇌의 자극과 반응 활동을 중심으로

…▶ 이 글은 인간의 인지 활동 중 변별 능력에 대해서 다루고 있으며 뇌의 자극과 반응 활동에 대해서는 언급하고 있지 않다.

② 인간이 대상을 기억할 수 있는 원리
 – 형태 이론의 특징과 사례를 중심으로

…▶ 이 글은 인간이 대상을 어떻게 기억할 수 있는지에 대하여 소개하고 있지 않으며, 형태 이론의 특징과 사례는 드러나 있으나 그 이론만 언급한 것이 아니라 세부 특징 이론, 구조주의 이론에 대해서도 언급하고 있다.

③ 인간과 동물이 형태를 인식하는 방법
 – 동물과 인간의 인지 활동 사례를 중심으로

…▶ 이 글은 인간이 형태를 어떻게 변별하는지에 대해서 소개하고 있으나 동물의 인지 활동에 대해서는 언급하고 있지 않다.

④ 인간이 올바른 변별 능력을 갖추기 위해 필요한 조건
 – 잘못된 변별에 대한 사례와 대처 방안을 중심으로

…▶ 이 글은 인간의 변별 능력이 발생하는 원리를 소개하고 있지만 올바른 변별 능력을 갖추기 위해 필요한 조건은 제시하고 있지 않다. 또한 잘못된 변별에 대한 사례 및 대처 방안도 언급하고 있지 않다.

어휘 충전

* **표제**(標 표 표 / 表 겉 표 題 제목 제): 신문이나 잡지 기사의 제목.
* **부제**(副 버금 부 題 제목 제): 서적, 논문, 문예 작품 따위의 제목에 덧붙여 그것을 보충하는 제목.
* **원리**(原 근원 원 理 다스릴 리): 사물의 근본이 되는 이치.

2 ▼ 추론적 이해 답 ②

윗글을 바탕으로 〈보기〉의 ㉮와 ㉯에 들어갈 내용을 적절하게 연결 지은 것은?

보기

선생님: 위의 캐리커처 주인공은 미국의 유명 배우입니다. (㉮) 이론에 따르면 캐리커처의 주인공이 누구인지 구분하기 어렵습니다. 캐리커처의 눈과 코, 입, 귀 등이 실물과 차이가 커서 우리가 가지고 있는 이 인물에 대한 (㉮)과(와) 일치되는 부분이 거의 없기 때문이지요. 하지만 (㉯) 이론에 의하면, 우리가 그의 (㉯)을(를) 알고 있다면 이 캐리커처의 주인공이 누구인지 바로 알 수 있습니다.

② ㉮ 형판 ㉯ 세부 특징

…▶ 〈보기〉는 실물과 형태의 차이가 발생하는 캐리커처를 제시하여 대상이 누구인지 변별하기 위해서는 어떤 이론이 적용될 수 있는지 묻고 있다. 2문단에 따르면 형판 이론은 형태를 비교할 때 두 대상이 겹치는 정도를 측정하며 개개인이 갖고 있는 대상에 대한 전체 틀을 기준으로 구분할 수 있다고 본다. 따라서 형판 이론에 따르면 〈보기〉에서 실물과 다르게 외양이 과장되게 묘사되어 있는 캐리커처의 주인공이 누구인지 변별하기 어렵다. 반면, 3문단에 따르면 세부 특징 이론은 사물의 세부 특징에 주목함으로써 대상을 변별하는 것이 가능하다고 본다. 그러므로 실물과는 달라도 그 인물의 독특한 세부 특징에 더 주목함으로써 누구인지 쉽게 알아볼 수 있는 것이다.

⊕ 오답 챙기기

① ㉮ 세부 특징 ㉯ 형판 / ④ ㉮ 구조 ㉯ 형판 / ⑤ ㉮ 세부 특징 ㉯ 구조

…▶ 〈보기〉에서 캐리커처의 눈과 코, 입 등이 실물과 차이가 나서 누구인지 구분하기 어렵다는 것은 형판 이론과 관련이 있는 설명이다(㉮). 실물과 차이가 나더라도 세부 특징을 알고 있으면 변별하는 것이 가능하다(㉯).

③ ㉮ 형판 ㉯ 구조

…▶ ㉮가 포함된 문장은 형판 이론의 특징과 관련된 설명이므로 ㉮에는 '형판'이 적절하다. ㉯가 포함된 문장은 세부 특징 이론과 관련된 설명이며, 세부 특징들 간의 관계를 통해 구분하는 형태가 달라진다는 것은 구조주의 이론에 관한 설명이다. 〈보기〉의 캐리커처는 눈, 코, 입의 관계가 아닌 세부 특징만으로 판별하는 것이 가능하므로 ㉯에 공통적으로 들어갈 수 있는 어휘는 '세부 특징'이 적절하다.

카메라 옵스큐라

출전 박우찬, 『미술, 과학을 탐하다.』 지문 난이도 ★★★★☆

(1,357자)

1 ▶ 17세기 네덜란드의 풍속화가 페르메이르는 정교한 그림 솜씨로 많은 사람들로부터 사랑받는 작가 중의 하나이다. 그의 작품은 특유의 미묘한 빛의 표현, 단순하지만 조화로운 구성, 선명한 색채가 특징이다. 그는 붓 터치 하나까지도 정밀하게 계산하면서 칠하였는데, 사람들은 그의 그림보다 더 사실적인 그림을 그린다는 것은 불가능해 보인다고 생각할 정도였다. 17~18세기 서양의 그림들을 살펴보면 페르메이르뿐만 아니라 다수의 작품들이 놀랄 만할 정도로 정교함을 보여 준다. 어떻게 이런 일이 가능할 수 있는 것일까?

2 ▶ 17~18세기의 서양의 미술이 이런 수준에 도달할 수 있었던 배경에는 화가들의 그림 실력이 늘어서이기도 하지만, '카메라 옵스큐라'라는 기계의 역할이 매우 컸다. 당시에 많은 서양의 화가들은 화가의 보조 도구라 불리는 카메라 옵스큐라를 이용하여 그림을 그렸다. 카메라 옵스큐라는 '어두운 방'이라는 뜻으로 어두운 방의 벽에 구멍을 뚫으면 그 구멍을 통해 외부의 빛이 들어와 맞은편 벽면에 바깥 풍경이 거꾸로 맺히는 장치이다. 그런데 그 빛에는 놀랍게도 그림이 담겨져 있다. 형태가 빛에 담겨 날아온 것이다. 카메라 옵스큐라 속으로 날아 들어온 이 빛을 그대로 고정시키면 사진이 된다. 사진까지는 얻지 못한다 해도 카메라 옵스큐라의 구멍을 통해 들어온 이 빛의 윤곽을 따라 선을 그리면 정확한 형태를 얻을 수 있다. 그러면 원근법이나 데생, 해부학, 나아가 색채 명암법의 문제까지 간단히 해결된다. 특히 데생력이 약한 미술가들은 이 기계의 유혹에서 벗어나기가 쉽지 않았으며, 정물화, 풍경화, 인물화 등 각 장르에서 세밀한 묘사가 가능해졌다.

3 ▶ 카메라 옵스큐라를 통해 제작된 그림들의 등장은 19세기 중반, 대상을 사진같이 사실적으로 재현하겠다는 사실주의 화가들의 등장에 영향을 주었다. 사실주의의 대표적인 화가 ㉠쿠르베는 화가가 그림을 그릴 때 어떠한 감정도 개입시켜서는 안 된다는 입장이었다. 감정이 개입되면 주관적인 그림이 되기 때문이다. 그의 사실주의는 마치 사진기와 같이 아무런 감정 없이 눈앞의 사실을 기록하는 것이다. 화가가 할 일이란 그냥 우연히 일상에서 마주친 현실의 한 장면을 포착하여 카메라의 셔터를 누르듯이 그리는 일인 것이다. 그러나 당시 미술계에서는 그림이란 적어도 아름다운 풍경이나 신화 또는 역사적 사실 등 자신들이 경험하지 않았던 것들을 그려야 한다고 생각하였기에 쿠르베의 사실주의 미술은 예술성이 없다는 비판을 받았다.

4 ▶ 이처럼 카메라 옵스큐라가 등장하지 않았다면 아마 쿠르베처럼 객관적인 사실에 마주하려는 움직임이 일어나기 어려웠을 것이다. 또한 수백 년 전의 화가들이 적극적으로 과학 기술을 수용하지 않았다면 아마 우리는 사진과 다를 바 없는 명화들을 감상할 기회를 놓쳤을지도 모른다.

지문 구조 해설

1 17~18세기 서양 화가들의 정교한 그림
- 17~18세기 서양의 그림들: 놀랄 만한 정도의 정교함을 보여 줌

2 카메라 옵스큐라의 역할과 특징

| 카메라 옵스큐라 | '어두운 방'이라는 뜻으로 어두운 방의 벽에 구멍을 뚫어 구멍을 통해 들어오는 외부의 빛이 맞은편 벽면에 바깥 풍경이 거꾸로 맺힐 수 있도록 하는 장치 |

↓

17~18세기 화가들이 빛의 윤곽에 따라 그림을 정교하게 그릴 수 있게 함

3 사실주의 미술의 등장에 영향을 준 카메라 옵스큐라

사실주의 미술의 등장	사실주의 화풍
카메라 옵스큐라를 통해 그림을 사진처럼 사실적으로 그릴 수 있다고 생각하게 됨	작가의 감정이 개입되지 않고 일상에서 마주한 현실을 사실적으로 그리는 것

4 카메라 옵스큐라의 의의
- 카메라 옵스큐라는 미술을 통해 객관적인 사실에 마주할 수 있게 하는 데 영향을 줌

카메라 옵스큐라의 특징과 영향

✎ 지문 정보 확인 1 ○ 2 ○ 3 ✕

지문 Point 분석 주제: 카메라 옵스큐라가 화가들에게 끼친 영향

해제: 17~18세기 서양의 그림들이 매우 정교하게 그려질 수 있었던 것은 '카메라 옵스큐라'가 화가의 보조 도구로서 역할을 했기 때문이었다. 카메라 옵스큐라는 빛의 윤곽을 통해 화가들이 정확한 형태를 얻어 세밀한 묘사가 가능해질 수 있도록 하였으며, 이에 대한 영향으로 19세기에는 '사실주의'를 추구하는 화가들이 등장하게 되었다. 사실주의 미술의 대표 화가 쿠르베는 비록 예술계로부터 인정을 받지 못하였지만, 화가들이 카메라 옵스큐라와 같은 과학 기술을 수용하였기에 오늘날 많은 사람들이 사진처럼 세밀하게 묘사된 명화들을 감상할 수 있게 되었다.

지문 구조 한눈에 보기

화제 제시 **1**

↓

구체화 **2** **3**
- 카메라 옵스큐라의 역할과 특징
- 사실주의 미술의 등장

↓

마무리 **4**

주제 파악

1 ▼ 글의 주제 파악　　답 ③

윗글을 바탕으로 할 때, 〈보기〉의 ㉮, ㉯에 들어갈 말로 알맞은 것은?

보기

카메라 옵스큐라는 17~18세기 화가들이 (　㉮　) 묘사를 할 수 있도록 보조 역할을 하였으며, 이는 대상을 (　㉯　)으로 재현하려는 사실주의 화가들의 등장에 영향을 주었다.

③ ㉮ 세밀한　㉯ 객관적

…▶ 2문단에서 카메라 옵스큐라의 등장으로 화가들이 빛의 윤곽을 따라 선을 정확하게 그릴 수 있었으며 정물화, 풍경화, 인물화 등 각 장르에서 세밀한 묘사가 가능해졌다고 언급하고 있다(㉮). 또한 3문단에서 카메라 옵스큐라는 '사실주의'를 추구하는 화가들에게도 영향을 주었다고 언급하고 있다. 3문단과 4문단을 통해서 사실주의 화가들은 감정을 개입하지 않고 객관적인 그림을 그리는 것이 필요하다는 입장이었음을 알 수 있다(㉯).

➕ 오답 챙기기

① ㉮ 단순한　㉯ 추상적*

…▶ 2문단에서 카메라 옵스큐라 덕분에 화가들이 대상을 세밀하게 묘사하는 것이 가능해졌다고 언급하고 있으므로 단순화 작업과 거리가 멀다(㉮). 또한 사실주의 미술에서 추구하는 것은 대상을 사진처럼 사실적으로 기록하는 것이기 때문에 추상적인 것과 거리가 멀다(㉯).

② ㉮ 선명한　㉯ 주관적

…▶ 카메라 옵스큐라는 화가들이 대상을 세밀하게 그릴 수 있도록 한다는 점에서 선명한 인상을 줄 수 있지만(㉮), 사실주의 미술에서는 감정을 개입하지 않고 객관적으로 그림을 그리는 것을 추구한다(㉯).

④ ㉮ 정교한　㉯ 비판적

…▶ 1문단과 2문단을 살펴보면 화가 페르메이르가 카메라 옵스큐라 덕분에 대상을 정교하게 그릴 수 있었음을 확인할 수 있다(㉮). 사실주의 미술에서는 대상을 객관적으로 그리는 것을 추구하기 때문에 작가의 주관이 개입되어 비판적으로 현실을 재현하는 것과 거리가 멀다(㉯).

⑤ ㉮ 정확한　㉯ 감정적*

…▶ 2문단을 살펴보면 카메라 옵스큐라는 빛의 윤곽을 따라 선을 그리기 때문에 정확한 형태로 묘사할 수 있었음을 확인할 수 있다(㉮). 3문단에서 사실주의 화가 쿠르베는 그림에 감정이 개입되지 않도록 하는 것을 중요하게 생각하고 있기에 현실을 감정적으로 재현하는 것과 거리가 멀다(㉯).

어휘 충전

* **묘사**(描 그릴 묘 寫 베낄 사): 어떤 대상이나 사물, 현상 따위를 언어로 서술하거나 그림을 그려서 표현함.
* **재현**(再 다시 재 現 나타날 현): 다시 나타남. 또는 다시 나타냄.
* **추상적**(抽 뺄 추 象 코끼리 상 的 과녁 적): 구체성이 없이 사실이나 현실에서 멀어져 막연하고 일반적인. 또는 그런 것.
* **감정적**(感 느낄 감 情 뜻 정 的 과녁 적): 마음이나 기분에 의한 것.

2 ▼ 추론적 이해　　답 ④

윗글을 참고할 때, ㉠이 〈보기〉의 작품에 대해 보일 반응으로 적절한 것은?

보기

말레비치, '눈보라 후 마을에서의 아침'

20세기 초의 작품인 말레비치의 '눈보라 후 마을에서의 아침'은 "미술의 본질은 형태에 있고, 지상에 있는 모든 형태는 구, 원통, 원뿔이라는 본질적인 형태로 단순화시킬 수 있다."라고 주장한 화가 세잔의 화풍을 따른 것이다. 말레비치는 세잔의 영향을 받아 구와 원통으로 대상을 재구성하였다.

④ 구와 원통으로 대상을 재구성하는 것은 현실을 사실적으로 반영하지 못한 것으로 볼 수 있군.

…▶ 〈보기〉에 제시된 말레비치의 작품은 대상을 있는 그대로 화면에 옮긴 것이 아니라 구와 원통으로 재구성하여 표현한 것이다. 이는 이 글의 3문단에서 제시한 사실주의 미술을 추구하는 쿠르베 입장과 대조되는 것이다. 쿠르베는 사진처럼 있는 사실을 그대로 재현하여 작가의 감정이 개입되지 않는 미술을 추구하였기 때문에 말레비치의 작품에 대해 대상을 사실적으로 반영하지 못하였다고 지적할 수 있다.

➕ 오답 챙기기

① 카메라 옵스큐라를 이용하여 대상의 명암과 윤곽을 단순하게 표현하였군.

…▶ 2문단에 따르면 카메라 옵스큐라는 대상을 있는 그대로 정교하게 표현하고자 하는 화가들이 사용한 보조 장치이며 사실주의 미술의 화풍에 영향을 준 것이기에 적절하지 않다.

② 대상을 있는 그대로 묘사하지 않았다는 점에서 나의 화풍과 성격이 비슷하군.

…▶ 3문단에서 언급하듯 쿠르베는 대상을 있는 그대로 묘사하고자 하는 사실주의 미술 작가이다.

③ 작품의 예술성을 높이기 위해서는 역사적 사실을 다양한 관점에서 표현하는 것이 좋겠군.

…▶ 말레비치의 작품은 일상의 모습을 작가의 주관에 따라 재구성한 것으로 역사적 사실을 표현한 것이 아니다.

⑤ 작가의 감정을 개입하지 않고 대상을 정밀하게 표현하였다는 점에서 일상을 충실하게 재현하였군.

…▶ 대상을 구와 원통으로 재구성한 것은 이미 작가의 감정이 개입된 것이며 일상을 충실하게 재현하여 대상을 정밀하게 표현하는 것은 쿠르베가 추구한 입장이다.

STUDY 01　어휘 확인

1 ㉣	2 ㉢	3 ㉠	4 ㉡	5 ㉤
6 ㉢	7 ㉣	8 ㉠	9 ㉡	10 ㉤
11 윤곽	12 개입	13 구성	14 대응	15 비단

특별 할인의 이유

출전 이준구, 이창용, 『경제학 들어가기』 **지문 난이도** ★★★★☆

(1,193자)

❶ » 똑같은 상품인데 소비자가 누구인지에 따라 가격이 달라지는 경우를 종종 ㉠발견할 수 있다. 예컨대 영화관에서 학생 할인을 해 준다거나, 패밀리 레스토랑에서 65세 이상 고객에게 특별 할인을 해 주는 것 등이다. 영화관과 레스토랑의 경영자들이 학생이나 노인 계층을 특별히 좋아하기 때문에 그들에게 가격을 깎아 주는 것은 아닐 것이다. 기업이 자신의 이익을 가장 ㉡중시하는 조직이라는 점을 생각하면, 할인을 통해 이윤이 더 커지기 때문이라고 추측할 수 있다.

❷ » 이처럼 소비자가 누구인지에 따라 서로 다른 가격을 매기는 것을 가격 차별이라고 부른다. 그런데 현실에서의 가격 차별은 모든 사람에게 서로 다른 가격을 ㉢매기는 방식으로 이루어지지 않는다. 소비자를 특성에 따라 몇 개의 집단으로 나누고 각 집단마다 다른 가격을 매기는 형태로 이루어지는 것이 보통이다. 그렇다면 판매자는 소비자를 어떤 기준에 의해 ㉣구분하는 것일까? 소비자를 구분하는 기준의 핵심은 상품에 대해 지불할 마음이 있는 금액의 많고 적음이다. 다시 말해 높은 가격을 내고자 하는 소비자와 낮은 가격만 내고자 하는 소비자로 구분하는 것이 가격 차별의 핵심이라는 뜻이다.

❸ »

[A]

　일반적으로 수요의 가격 탄력성이 작은 소비자일수록 더 높은 가격을 낼 마음을 갖는다고 말할 수 있다. 가격 탄력성이 작다는 것은 가격이 올라가도 수요량을 별로 줄이지 않는다는 것을 의미한다. 반면에 가격 탄력성이 크다는 것은 가격이 조금만 올라도 수요량이 큰 폭으로 줄어든다는 것을 뜻한다. 따라서 가격 탄력성이 큰 소비자는 높은 가격을 지불할 마음을 갖지 않은 사람이라고 말할 수 있다. 판매자는 이러한 특성을 이용해 가격 탄력성이 상대적으로 큰 소비자의 집단에 대해 할인을 해 주는 형태로 수요를 발생시키기 위해 가격 차별을 하는 경우가 많다.

❹ » 그런데 판매자가 원한다고 해서 언제나 가격 차별을 할 수 있는 것은 아니다. 예컨대 모든 소비자들의 성향이 비슷하다면 가격 차별을 하려 해도 할 수가 없다. 그러므로 소비자를 특성에 따라 두 개 이상의 다른 집단으로 나눌 수 있어야 한다. 그리고 기업이 각 소비자의 특성을 쉽게 알아낼 수 있어야 한다. 마지막으로 소비자가 가격이 낮은 시장에서 상품을 구입해 가격이 높은 시장으로 가서 되파는 행위를 막을 수 있어야 한다. 만약 그와 같은 재판매가 가능하다면 가격이 높게 매겨져 있는 시장에서는 상품이 전혀 팔리지 않는 결과가 ㉤빚어질 것이다.

---

1 기업이 가격 차별을 하는 이유

- 가격 차별의 예시
  - 영화관 학생 할인
  - 패밀리 레스토랑 65세 이상 고객 할인
- 가격 차별을 하는 이유: 기업의 이윤이 더 커지기 때문

2 가격 차별의 개념과 방법

- 가격 차별의 개념: 소비자가 누구인지에 따라 서로 다른 가격을 매기는 것
- 가격 차별의 방법: 소비자를 특성에 따라 분류 → 서로 다른 가격을 매김
- 소비자 구분의 기준: 상품에 대해 지불할 마음이 있는 금액의 많고 적음

3 가격 차별의 대상

- 가격 탄력성: 가격이 달라질 때 그 수요량이나 공급량이 변화하는 정도
- 판매자는 가격 탄력성이 큰 소비자 집단에게 할인을 해 줌 → 가격 차별

4 가격 차별이 가능하기 위한 조건들

- 소비자를 특성에 따라 두 개 이상의 다른 집단으로 나눌 수 있어야 함
- 기업이 각 소비자의 특성을 쉽게 알아낼 수 있어야 함
- 가격이 낮은 시장에서 상품을 구매한 소비자가 가격이 높은 시장으로 가서 되파는 행위를 막을 수 있어야 함

✏️ 지문 정보 확인　1 ○　2 ✕　3 ✕

지문 Point 분석　**주제: 가격 차별의 개념과 방법, 조건**

해제: 이 글은 경제학에서 언급되는 가격 차별의 개념과 방법에 대해 알아보고, 가격 차별이 현실적으로 가능하기 위해 전제되어야 하는 조건들이 무엇인지 설명하고 있다. 기업(판매자)은 자신의 이윤을 최대화하기 위하여 가격 탄력성이 높은 소비자를 대상으로 할인을 해 주는 방식의 가격 차별을 하는 경우가 많다. 가격 차별이 가능하려면 소비자를 두 개 이상의 집단으로 나눌 수 있어야 하고 소비자의 특성을 쉽게 알아낼 수 있어야 하며 높은 시장으로 가서 되파는 행위를 막을 수 있어야 한다.

지문 구조 한눈에 보기 👀

화제 제시 ❶	가격 차별
⬇	
구체화 ❷ ❸	가격 차별의 개념과 방법 / 가격 차별의 대상
❹	가격 차별을 위한 조건들

1 ▼ 내용 전개 방식 파악   답 ⑤

윗글에 대한 설명으로 가장 적절한 것은?

⑤ 구체적인 예를 통해 가격 차별의 개념을 제시하고 관련된 내용을 설명하고 있다.

┄▶ 이 글에서는 1문단에서 영화관에서 학생 할인을 해 준다거나 패밀리 레스토랑에서 65세 이상 고객에게 특별 할인을 해 주는 등의 구체적인 예를 통해 가격 차별이라는 중심 화제의 개념을 설명하고 있다. 즉, 똑같은 상품이라도 소비자가 누구인지에 따라 가격이 달라지는 것이 가격 차별이라는 것이다. 다음으로 가격 차별의 방법이나 대상, 필요한 조건들에 대해 설명하며 독자가 가격 차별에 대해 이해할 수 있도록 하고 있다.

⊕ 오답 챙기기

① 가격 차별에 대한 전문가의 견해*를 소개하고 있다.

┄▶ 이 글에서는 가격 차별의 개념, 방법, 대상, 필요한 조건들에 대해 설명하고 있지만 가격 차별에 대한 전문가의 견해를 소개하고 있지는 않다.

② 가격 차별의 개념이 변화하게 된 원인과 변화 과정을 언급*하고 있다.

┄▶ 2문단에서 소비자가 누구인지에 따라 서로 다른 가격을 매기는 것이 가격 차별의 개념임을 밝히고 있으나, 이 개념이 변화된 원인이나 과정에 대해서는 언급하고 있지 않다.

③ 가격 차별의 원인을 다양한 관점*에서 분석*하며 예상되는 결과를 제시하고 있다.

┄▶ 1문단에서 기업은 자신의 이익을 가장 중시하는 조직이기 때문에 이윤을 극대화하기 위해 가격 차별을 하는 것이라는 가격 차별의 원인을 알 수 있다. 하지만 가격 차별의 원인을 다양한 관점에서 분석하거나 예상되는 결과를 제시하고 있지는 않다.

④ 가격 차별에 대한 다양한 의견을 제시하고 효율적인 해결 방안을 탐색하고 있다.

┄▶ 1문단에서 기업이 이윤을 늘리기 위해 가격 차별의 방식을 사용하고 있다고 하였지만, 가격 차별에 대한 다양한 의견을 제시하거나 해결 방안을 찾는 내용은 나와 있지 않다.

* **견해**(見 볼 견 解 풀 해): 어떤 사물이나 현상에 대한 자기의 생각이나 의견.
* **언급**(言 말씀 언 及 미칠 급): 어떤 문제에 대하여 말함.
* **관점**(觀 볼 관 點 점 점): 사물이나 현상을 관찰할 때, 그 사람이 보고 생각하는 태도나 방향 또는 처지.
* **분석**(分 나눌 분 析 가를 석): 얽혀 있거나 복잡한 것을 풀어서 개별적인 요소나 성질로 나눔.

2 ▼ 요약하기의 적절성 파악   답 ③   요약하기

[A]의 내용을 〈보기〉와 같이 요약할 때, ㉮에 들어갈 말로 가장 적절한 것은?

> **보기**
>
> (㉮   ) 사람들에게 할인을 해 주는 것이 판매자가 가격 차별을 하는 방식이다.

③ 가격이 비쌀 경우 그 물건을 구입하지 않을

┄▶ [A]에서는 판매자가 가격 탄력성이 상대적으로 큰 소비자의 집단에 대해 할인을 해 주는 형태로 가격 차별을 하는 경우가 많다고 밝히고 있다. 가격 탄력성이 크다는 것은 가격이 조금만 올라도 그 물건을 구매하지 않는다는 것을 뜻한다. 따라서 [A]의 내용을 한 문장으로 요약한다면 가격이 비쌀 경우 그 물건을 구입하지 않을 사람들에게 할인을 해 주는 것이 판매자가 가격 차별을 하는 방식이라고 요약할 수 있다.

3 ▼ 어휘의 사전적 의미 파악   답 ①

㉠~㉫의 사전적 의미로 적절하지 않은 것은?

① ㉠ : 없던 것을 만들어 낼

┄▶ '발견하다'의 사전적 의미는 '미처 찾아내지 못하였거나 아직 알려지지 아니한 사물이나 현상, 사실 따위를 찾아내다.'이다. '없던 것을 만들어 내다.'는 '발명하다'의 사전적 의미이다.

② ㉡: 크고 중요하게 여기는

┄▶ '중시하다'의 사전적 의미는 '가볍게 여길 수 없을 만큼 매우 크고 중요하게 여기다.'이다.

③ ㉢: 기준에 따라 정하는

┄▶ '매기다'의 사전적 의미는 '일정한 기준에 따라 사물의 값이나 등수 따위를 정하다.'이다.

④ ㉣: 기준에 따라 나누는

┄▶ '구분하다'의 사전적 의미는 '일정한 기준에 따라 전체를 몇 개로 갈라 나누다.'이다.

⑤ ㉤: 일어날

┄▶ '빚어지다'의 사전적 의미는 '어떤 결과나 현상이 일어나다.'이다.

바다의 소유권

출전 로버트 쿠터 외, 『법 경제학』 지문 난이도 ★★★☆☆

(1,354자)

1 » 지구 표면의 70%가 바다이지만 바다의 대부분은 법적 권리인 재산권의 영향력이 미치지 못한다. 16세기 말에서 17세기 초쯤 유럽에 거대한 해상 국가들이 탄생하자 바다의 소유권을 규정하는 국제적인 원칙이 필요하게 되었다. 이에 네덜란드인 휘호 흐로티위스는 공해(公海) 개념을 처음으로 제안하였다. 공해는 어느 나라의 소유도 아니며, 모든 나라가 공통으로 사용할 수 있는 바다를 의미한다. 그는 "바다는 마치 공기와 같이 잡아 놓을 수 없으므로 어떤 특정한 국가의 소유가 될 수 없다."고 말했다. 이 원칙이 거의 300년간 국제 사회 법률의 바탕을 이루었는데, 모든 국가는 해안선에서 3마일(mile)까지만 배제적인 권리를 갖고 이를 영해(領海)라고 불렀다. 1마일은 약 1.6km에 해당하므로 해안선에서 약 5km까지만 그 나라의 통치권이 미치는 범위로 본 것이다. 해안선에서 3마일이 넘어가는 곳부터는 공해라고 부르며, 그 누구도 자유로운 이용으로부터 배제되어서는 안 되는 공동의 자원이라고 흐로티위스는 주장하였다.

2 » 19세기 초중엽에 공해에 대한 이용이 증가하자 '자유로운 이용'이라는 말이 '합리적인 이용'으로 바뀌었다. 제이 차 세계 대전 이후에 배에 사람을 태워 보내거나 물건 따위를 실어 보내는 해상 운송, 영리를 목적으로 물고기 따위를 잡거나 기르는 어업, 그리고 해저 광물들의 중요성이 부각되자 바다의 소유에 대한 법 제도가 붕괴하였다. 1945년 미국의 트루먼 대통령은 미국의 대서양 해안선에서 200마일까지의 대륙붕에 묻혀 있는 석유와 천연가스에 대한 배제적인 소유권을 갖는다고 선언하였다. 그러자 다른 나라들도 비슷한 내용의 성명들을 발표하였다. 이후 이 문제에 대한 국제적인 협력은 성공과 실패를 거듭하였다.

3 » 일단 1974년에 열린 유엔(UN)의 유엔 해양법 협약(UNCLOS)에서는 국가들의 영해를 해안선에서 12마일까지로 정하고 12마일부터 일반적으로 대륙붕이 끝나는 200마일까지를 경제 수역이라고 하여 가까이 있는 국가가 완벽한 영유권은 아니지만 어업과 자원 등을 보유·관할할 수 있는 상당한 권리를 갖도록 하였다.

4 » 그렇지만 200마일 너머의 바다 위의 구역에 대해서 어떻게 재산권을 확립할지는 일반적인 합의에 이르지 못했다. 개별적 재산권을 주장하는 선진국과 공동 재산권을 주장하는 개발 도상국은 바다의 개발에 대한 입장이 달랐고, 결국 병행 제도라는 서로 알맞게 조절한 안이 채택되었다. 이에 의해 각 나라의 개별적인 개발과 유엔이 세운 '엔터프라이즈'라는 회사에 의한 개발이 동시에 이루어지게 되었다. 유엔은 엔터프라이즈 회사가 선진국의 회사들과 경쟁할 수 있는 여건을 마련해 주기 위하여 국제 해저 기구(ISA)라는 기구를 만들어 해저의 광물을 캘 수 있는 권리를 분배하도록 하였다.

지문 구조 해설

1 흐로티위스가 주장한 공해의 개념
- 공해의 개념: 어느 나라의 소유도 아니며, 모든 나라가 공통으로 사용할 수 있는 바다
- 영해의 범위: 해안선에서 3마일(mile)까지만 배제적 권리를 가짐
- 공해의 범위: 해안선에서 3마일이 넘어가는 곳부터는 공동의 자원임

2 19세기 초중엽 바다 소유권의 변화
- 19세기 초중엽: 자유로운 이용 → 합리적인 이용
- 제이 차 세계 대전 이후: 법 제도가 붕괴됨
- 1945년: 미국의 트루먼 대통령이 해안선에서 200마일까지의 바닷속 자원에 대한 배제적 소유권을 선언함

3 유엔 해양법 협약에서 정한 영해의 개념
- 영해: 국가의 해안선에서 12마일까지로 함
- 경제 수역: 12마일부터 200마일까지로 함
- 가까이 있는 국가가 어업과 자원 등에 대한 상당한 권리를 갖도록 함

4 선진국과 개발 도상국의 입장을 절충한 병행 제도
- 선진국과 개발 도상국의 바다의 소유권에 대한 입장 차이

선진국		개발 도상국
개별적 재산권 주장	↔	공동 재산권 주장

- 절충안의 내용: 각 나라의 개별적인 개발과 유엔이 세운 회사에 의한 공동 개발을 동시 진행함

지문 구조 한눈에 보기

화제 제시 1
흐로티위스의 공해 개념

↓

구체화 2 3 4

바다 소유권의 변천 과정

UN에서 정한 영해의 범위

병행 제도

✏ 지문 정보 확인 1○ 2○ 3✕

지문 Point 분석 주제: 바다의 소유권 변천 과정

해설: 이 글은 16세기 이후 변천해 온 바다의 소유권에 대한 국가 간 입장 차이와 절충안에 대해 설명하고 있는 글이다. 17세기에 흐로티위스가 공해(公海)의 개념을 정립한 이후로, 제이 차 세계 대전 이후 바다에 대한 국가 간 이해 분쟁이 부각되며 바다의 소유에 대한 법 제도가 붕괴하였다. 이후 선진국의 의견과 개발 도상국의 의견을 절충하여 병행 제도라는 절충안이 채택되었고, 이에 의해 개별적인 개발과 유엔이 세운 회사에 의한 개발이 동시에 이루어지게 되었다.

1

▼ 세부 정보 파악   답 ②

윗글을 통해 확인할 수 있는 내용이 <u>아닌</u> 것은?

② 국제 해저 기구가 갖는 채굴권의 한계

┈ 4문단에 따르면 유엔은 엔터프라이즈 회사가 선진국의 회사들과 경쟁할 수 있는 여건을 만들어 주기 위하여 국제 해저 기구(ISA)라는 기구를 만들어 해저의 광물을 캘 수 있는 권리를 분배하도록 하였다는 것을 알 수 있다. 하지만 이 글에서는 국제 해저 기구가 갖는 채굴권의 한계에 대해서는 언급하고 있지 않다.

➕ 오답 챙기기

① 흐로티위스가 제안한 영해의 범위

┈ 1문단에 따르면 흐로티위스는 바다는 공기와 같이 어떤 특정한 국가의 소유로 굳어 변하지 않을 수 없다고 주장하며, 모든 국가는 해안선에서 3마일(mile)까지만 배제적인 권리를 갖고 이를 영해(領海)라고 부를 수 있다고 하였다.

③ 유엔 해양법 협약에서 정한 경제 수역의 범위

┈ 3문단에 따르면 유엔 해양법 협약에서는 국가들의 영해를 해안선에서 12마일까지로 정하고 12마일부터 일반적으로 대륙붕이 끝나는 200마일까지를 경제 수역이라고 하여 가까이 있는 국가가 상당한 권리를 갖도록 하였다는 것을 알 수 있다.

④ 바다의 소유권에 대한 법 제도가 붕괴한 이유

┈ 2문단에서 제이 차 세계 대전 이후 해상 운송, 어업, 해저 광물들의 중요성이 부각되자 바다의 소유에 대한 기존의 법 제도가 붕괴하였다고 하였다.

⑤ 트루먼 대통령이 선언한 바다의 소유권에 대한 내용

┈ 2문단에 따르면 1945년 미국의 트루먼 대통령은 미국의 대서양 해안선에서 200마일까지의 대륙붕에 묻혀 있는 석유와 천연가스에 대한 배제적인 소유권을 선언하였다.

2

▼ 요약하기의 적절성 파악   답 ④

윗글을 읽고 바다의 소유권에 대한 내용을 요약한 〈보기〉의 ㉠~㉤ 중 적절하지 <u>않은</u> 것은?

보기

• 최초의 국제적 원칙
  휘호 흐로티위스가 공해(公海), 영해(領海) 개념을 제시함.
  ┈┈┈┈┈┈┈┈┈┈┈┈┈┈┈┈┈┈┈┈ ㉠

• 바다 소유권의 변천* 과정
  – 19세기 초중엽: '자유로운 이용'에서 '합리적인 이용'으로 변화함. ┈┈┈┈┈┈┈┈┈┈┈┈┈┈ ㉡
  – 제이 차 세계 대전 이후: 바다의 소유권에 대한 법 제도가 붕괴됨. ┈┈┈┈┈┈┈┈┈┈┈┈┈ ㉢
  – 1945년 미국: 석유와 천연가스에 대한 공동 소유권을 선언함. ┈┈┈┈┈┈┈┈┈┈┈┈┈┈ ㉣
  – 1974년 유엔 해양법 협약(UNCLOS): 해안선에서 12마일까지를 영해, 12마일부터 200마일까지를 경제 수역이라고 정함.

• 200마일 너머 해역의 재산권
  – 병행 제도라는 절충안을 채택함. ┈┈┈┈┈┈┈ ㉤
  – 국제 해저 기구(ISA)를 설립함.

④ ㉣ – 1945년 미국: 석유와 천연가스에 대한 공동 소유권을 선언함.

┈ 2문단에 따르면 1945년 미국의 트루먼 대통령은 미국의 대서양 해안선에서 200마일까지의 대륙붕에 묻혀 있는 석유와 천연가스에 대한 배제적인 소유권을 선언하였으며, 다른 나라들도 비슷한 내용의 성명들을 발표하였음을 알 수 있다. 따라서 미국이 석유와 천연가스에 대한 공동 소유권을 선언하였다는 것은 적절하지 않다.

➕ 오답 챙기기

① ㉠ – 휘호 흐로티위스가 공해(公海), 영해(領海) 개념을 제시함.

┈ 1문단에서 알 수 있듯이 휘호 흐로티위스는 모든 국가는 해안선에서 3마일까지인 영해(領海)만 배제적인 권리를 갖고, 해안선에서 3마일이 넘어가는 곳부터는 공해(公海)라고 부르며 그 누구도 자유로운 이용으로부터 배제되어서는 안 되는 공동의 자원이라고 규정하였다.

② ㉡ – 19세기 초중엽: '자유로운 이용'에서 '합리적인 이용'으로 변화함.

┈ 2문단에 따르면 19세기 초중엽에 공해에 대한 이용이 증가하자 '자유로운 이용'이라는 말이 '합리적인 이용'으로 바뀌었다는 것을 알 수 있다.

③ ㉢ – 제이 차 세계 대전 이후: 바다의 소유권에 대한 법 제도가 붕괴됨.

┈ 2문단에서 제이 차 세계 대전 이후 바다의 소유권에 대한 법 제도가 붕괴되었다고 하였다.

⑤ ㉤ – 병행 제도라는 절충안*을 채택함.

┈ 4문단에서 200마일 너머 해역에 대해 선진국과 개발 도상국의 바다의 개발에 대한 입장이 달랐고, 병행 제도라는 서로 알맞게 조절한 안이 채택되었다고 하였다.

어휘 충전

* **변천**(變 변할 변 遷 옮길 천): 세월의 흐름에 따라 바뀌고 변함.

* **절충안**(折 꺾을 절 衷 속마음 충 案 책상 안): 두 가지 이상의 안을 서로 보충하여 알맞게 조절한 안.

STUDY 02 어휘 확인

1 ㉡	2 ㉤	3 ㉣	4 ㉠	5 ㉢
6 ㉢	7 ㉤	8 ㉠	9 ㉣	10 ㉡
11 수요	12 특성	13 공해	14 해역	15 선진국

제로 에너지 하우스

출전 한국 교육 학술 정보원, 『미래를 생각하는 집』　**지문 난이도** ★★★★☆

(1,380자)

① 》 전 세계 에너지 중 36% 정도는 집이나 건물에서 소비하고 있다. 그리고 이러한 건물들의 에너지 사용량 중 상당한 부분이 난방에 사용된다. 이에 사람들은 난방에 사용되는 에너지를 줄일 수 있는 건물을 개발하였는데, 외부의 에너지를 공급받지 않고 자체적으로 에너지를 생산하거나 내부의 에너지 유출을 차단하는 집을 '제로 에너지 하우스'라고 한다.

② 》 제로 에너지 하우스는 에너지 소비량이 최종적으로 '0(영, zero)'이 되는 집을 뜻하는데, ㉠액티브(Active) 하우스와 ㉡패시브(Passive) 하우스로 나눌 수 있다. 액티브 하우스는 태양열, 풍력, 지열 등의 자연 에너지를 기계 장치를 이용하여 사용할 수 있는 에너지로 만들어 내는 집을 말한다. 반면 패시브 하우스는 건물의 단열 및 형태를 최대한 활용하여 에너지 손실을 최소화하는 집을 말한다. 액티브 하우스는 새롭게 에너지를 생산하고 패시브 하우스는 에너지가 새어 나가지 못하도록 차단한다는 점에서 차이점이 있다. 그러나 둘 다 화석 연료를 기반으로 한 외부 에너지를 사용하지 않고, 친환경 자재와 건축 방식으로 설계되는 등 환경을 생각한다는 점에서 공통점을 지니고 있다.

③ 》 [A] 패시브 하우스에 적용되는 원리는 두 가지가 있다. 첫째, 내부와 외부의 열의 이동을 차단하는 단열이다. 패시브 하우스의 원리는 보온병의 구조에서 찾을 수 있는데, 패시브 하우스 창문은 보온병의 은도금을 한 이중 유리벽의 원리와 유사하다. 즉 유리를 통해 열이 빠져나가는 것을 막기 위해 3중 구조의 유리창을 설치하고, 유리창 표면에는 금속 또는 금속 산화물을 얇게 덧씌우며, 유리창 사이에는 열의 이동을 최소화시키는 가스를 채워 주어 열의 이동을 차단시킨다. 또한 지붕이나 바닥, 벽에도 첨단 단열재를 사용해 보온병처럼 겨울과 여름에 실내의 온도를 유지시켜 준다.

원리 ①

④ 》 둘째, 건물에 외부 공기가 들어오거나 내부의 공기가 새어 나가지 않도록 틈새를 없애는 기밀이다. 패시브 하우스는 주로 남향으로 짓고 창을 많이 낸다. 또한, 겨울철에는 전자 제품에서 나오는 열, 사람의 몸에서 나오는 온기 등도 난방에 이용한다. 이렇게 집 안의 열이 밖으로 빠져나가지 못하게 막고, 겨울철 외부의 차가운 공기는 들어오지 못하도록 철저히 차단하는 방식으로 난방을 하는 것이다.

원리 ②

⑤ 》 독일의 프랑크푸르트 지역은 2009년부터 모든 건물에 대해 패시브 하우스 형태로 설계해야만 건축 허가를 내 주고 있다. 우리나라에서도 친환경 · 저에너지 건축 기술이 개발되면서 주택이나 아파트 건축에 패시브 하우스의 기술이 도입되고 있다. 그런데 패시브 하우스 기술로 건물을 지으면 건축 비용이 일반 건물보다 훨씬 많이 든다는 단점이 있다. 하지만 에너지 사용에 들어가는 비용을 절감할 수 있고, 환경을 보호할 수 있다는 큰 장점이 있다는 점에서 그 중요성이 점차 부각되고 있다.

장단점

지문 구조 해설

1 제로 에너지 하우스의 개념
- 전 세계 에너지 소비 현황
- 제로 에너지 하우스의 개념(정의)

2 제로 에너지 하우스의 구분
- 액티브 하우스의 개념
- 패시브 하우스의 개념
- 액티브 하우스와 패시브 하우스의 공통점

3 패시브 하우스에 적용되는 원리 ① – 단열
- 단열의 개념
- 단열의 방법
  - 3중 구조 유리창 설치
  - 유리창 표면에 금속 또는 금속 산화물 덧씌움
  - 유리창 사이에 가스 주입
  - 지붕, 바닥, 벽에 첨단 단열재 사용

4 패시브 하우스에 적용되는 원리 ② – 기밀
- 기밀의 개념
- 기밀의 방법
  - 남향으로 짓고 창을 많이 냄
  - 집 안에서 발생하는 열 이용
  - 차가운 공기의 차단

5 패시브 하우스의 단점과 장점
- 패시브 하우스를 도입하려는 각국의 노력
- 패시브 하우스의 단점과 장점

지문 구조 한눈에 보기

| 화제 제시 **1** |
| 구체화 **2** |
제로 에너지 하우스의 구분
| 구체화 **3** **4** |
패시브 하우스의 원리
| 구체화 **5** |
패시브 하우스의 장단점

✏ 지문 정보 확인　1 X　2 ○　3 ○

지문 Point 분석　**주제: 제로 에너지 하우스의 개념과 원리**

해제: 외부의 에너지를 공급받지 않고 자체적으로 에너지를 생산하고 내부의 에너지 유출을 차단하는 집을 제로 에너지 하우스라고 한다. 액티브 하우스는 기계 장치를 이용하여 자연 에너지를 사용할 수 있는 에너지로 만들어 내는 집을 말하며 패시브 하우스는 집 안의 열을 최대한 차단함으로써 실내 온도를 유지하는 집을 말한다. 패시브 하우스의 효율을 위해서는 단열과 기밀의 원리를 적용하는 것이 중요하며 각국은 패시브 하우스의 도입을 위해 노력을 기울이고 있다.

설명 방법 파악 – 정의, 예시

1 ▼ 내용 전개 방식 파악 　　　　　　　　　답 ③

윗글의 내용 전개 방식으로 적절하지 <u>않은</u> 것은?

③ 구체적 사례를 제시하여 대상의 한계*점을 드러내고 있다.

⋯ 5문단에서 외국의 사례로 독일 프랑크푸르트를 들고 있기는 하나 패시브 하우스를 도입하기 위해 어떤 제도적 장치를 마련했느냐에 대한 내용이지 대상에 대한 한계를 드러내기 위한 것은 아니다.

➕ 오답 챙기기

① 대상의 개념을 정의*하며 중심 화제를 소개하고 있다.

⋯ 1문단에서 외부의 에너지를 공급받지 않고 자체적으로 에너지를 생산하거나 내부의 에너지 유출을 차단하는 집을 '제로 에너지 하우스'라고 한다고 정의하면서 중심 화제인 제로 에너지 하우스를 소개하고 있다.

② 대상을 일정한 기준으로 나누어 특징을 설명하고 있다.

⋯ 2문단에서 제로 에너지 하우스를 에너지를 모으는 방식에 따라 액티브 하우스와 패시브 하우스로 나누어 그 특징을 설명하고 있다.

④ 구체적인 수치*를 제시하여 대상에 대한 관심을 불러일으키고 있다.

⋯ 1문단에서 전 세계 에너지 사용량의 36%를 집이나 건물에서 소비하고 있으며 이 중 상당량을 난방에 사용하고 있음을 언급하여 제로 에너지 하우스에 대한 관심을 불러일으키고 있다.

⑤ 담화 표지*를 활용하여 대상에 적용되는 원리를 체계적*으로 제시하고 있다.

⋯ 3문단과 4문단에서는 '첫째, 둘째'라는 담화 표지를 활용하여 패시브 하우스를 설계하는 데 중요한 사항을 구조화하여 체계적으로 설명하고 있다.

> **어휘 충전**
> * **한계**(限 한계 한 界 경계 계): 사물이나 능력, 책임 따위가 실제 작용할 수 있는 범위. 또는 그런 범위를 나타내는 선.
> * **정의**(定 정할 정 義 옳을 의): 어떤 말이나 사물의 뜻을 명백히 밝혀 규정함.
> * **수치**(數 셀 수 値 값 치): 계산하여 얻은 값.
> * **담화 표지**(談 말씀 담 話 말할 화 標 표 표 識 기록할 지): 담화 상황에서 화자의 발화 의도나 심리를 효과적으로 드러내기 위해 쓰인 연결어, 어미, 접속어 등을 말함.
> * **체계적**(體 몸 체 系 이을 계 的 과녁 적): 일정한 원리에 따라서 낱낱의 부분이 짜임새 있게 조직되어 통일된 전체를 이루는 것.

2 ▼ 핵심 정보 파악 　　　　　　　　　답 ⑤

㉠과 ㉡에 대한 설명으로 적절한 것은?

⑤ ㉠과 ㉡은 모두 설계 단계부터 자연 환경을 오염시키지 않는 방법을 활용한다.

⋯ 2문단에서 액티브 하우스와 패시브 하우스는 둘 다 친환경 자재와 건축 방식으로 설계되는 등 환경을 생각한다는 점으로 미루어 설계 단계부터 자연 환경을 오염시키지 않는 방법이 활용됨을 알 수 있다.

➕ 오답 챙기기

① ㉠은 ㉡과 달리 화석을 연소시켜 외부로부터 에너지를 공급받는다.

⋯ 액티브 하우스는 태양열, 풍력, 지열 등의 자연 에너지를 기계

장치를 이용하여 사용할 수 있는 에너지로 전환하는 방식이다. 또한 2문단에서 액티브 하우스와 패시브 하우스 모두 화석 연료를 기반으로 한 외부 에너지를 사용하지 않는다고 했다. 따라서 화석을 연소시킨다는 설명은 적절하지 않다.

② ㉡은 ㉠과 달리 불필요한 에너지를 방출하여 난방의 효율을 높인다.

⋯ 패시브 하우스는 집 안의 에너지가 외부로 유출되는 것을 차단하여 난방을 하는 방식이다. 따라서 에너지를 방출하여 난방의 효율을 높인다는 설명은 적절하지 않다.

③ ㉠과 ㉡은 모두 겨울에 비해 여름에 활용도가 높다는 특징이 있다.

⋯ 4문단에서 패시브 하우스의 경우 겨울철에 집 안의 열이 밖으로 빠져나가지 않도록 하여 난방을 한다는 점으로 미루어 겨울에 비해 여름에 활용도가 높다는 설명은 적절하지 않다.

④ ㉠과 ㉡은 모두 건축 비용과 에너지 사용 비용이 저렴하다는 장점이 있다.

⋯ 액티브 하우스는 2문단에서 자연 에너지를 변환하는 기계 장치를 구비하는 데 비용이 발생함을 통해 건축 비용이 저렴하지 않을 것임을 추측할 수 있고 패시브 하우스는 5문단에서 건물을 지을 때 건축 비용이 일반 건물보다 많이 든다는 점이 제시되어 있다. 따라서 건축 비용이 저렴하다는 설명은 적절하지 않다.

3 ▼ 반응의 적절성 파악 　　　　　　　　　답 ⑤

[A]를 읽고 학생들이 보인 반응으로 적절하지 <u>않은</u> 것은?

⑤ 패시브 하우스는 내부 공기의 유출을 막기 위해 주로 북쪽을 향해 집을 짓는군.

⋯ 4문단에 따르면 패시브 하우스는 주로 남쪽으로 짓고 창문을 만들어 집 안으로 들어온 태양빛을 난방에 이용한다고 하였다. 따라서 북쪽을 향해 집을 짓는다는 반응은 적절하지 않다.

➕ 오답 챙기기

① 유리창 사이에 가스를 채우는 것이 단열의 효율성을 높이는 방법이군.

⋯ 패시브 하우스의 효율을 위해서는 단열이 중요한데, 3문단에서 단열의 방법 중 하나로 유리창 사이에 가스를 주입하여 열의 이동을 최소화시키는 방법을 제시하고 있다.

② 유리창 표면의 금속 산화물은 보온병에 도금된 은과 같은 역할을 하는군.

⋯ 3문단에 따르면 패시브 하우스의 원리는 보온병의 구조와 유사하다고 하였다. 열이 유출되는 것을 막기 위해 보온병에 은도금을 하는 것처럼, 패시브 하우스에도 창에 금속 또는 금속 산화물을 덧씌워 단열을 함을 알 수 있다.

③ 패시브 하우스를 지을 때는 지붕이나 바닥에도 단열 관련 시공을 해야겠군.

⋯ 3문단에 따르면 패시브 하우스의 효율을 높이기 위해 창문뿐만 아니라 바닥과 벽에도 첨단 단열재를 사용함을 확인할 수 있다.

④ 패시브 하우스는 집 안의 열이 새어 나가지 않도록 기밀하는 것이 중요하겠군.

⋯ 4문단에 따르면 패시브 하우스의 효율을 높이기 위해서는 단열뿐만 아니라 외부 공기가 들어오거나 집 안의 열이 밖으로 유출되는 것을 막는 기밀이 중요함을 알 수 있다.

소통하며 진화하는 소셜 로봇

출전 과학 기술 인재 진로 지원 센터, 『과학 기술 미래 직업』 지문 난이도 ★★★★☆

(1,402자)

1 » 소셜 로봇이란 사람 또는 다른 대상과 원활하게 의사소통하고 자율적으로 움직이는 로봇을 의미한다. 이제까지는 소셜 로봇을 개발하는 데 문제가 많았다. 인과 관계를 기반으로 분석한 단순한 컴퓨터 알고리즘만으로 사람과 상호 작용이 가능한 복잡한 인공 지능(AI)을 개발하기가 어려웠던 것이다. 그러나 최근 개발된 인공 지능은 로봇 스스로 시행착오를 통해 학습하고, 시중에 보급된 수많은 로봇들의 시행착오 학습 데이터를 유형별로 ㉮나눠 클라우드로 공유해 업그레이드하는 방식으로 기술적 어려움을 극복했다. 이렇게 학습과 보완을 통해 새로운 상황에 쉽게 적응하고 불확실한 환경에 보다 잘 대응하는 소셜 로봇이 곧 등장할 전망이다.

2 » 스탠퍼드 대학교는 인공 지능의 사회적 지능 부족을 개선하기 위해 노력한 끝에 인간 보행자처럼 바쁜 공간을 탐색하는 것이 가능한 잭래봇(Jackrabbot)을 탄생시켰다. 잭래봇은 공중 비디오 영상 기반 알고리즘을 사용하는 모션 센서 및 소프트웨어를 장착하고, 번잡한 길거리와 정신없는 스탠퍼드 대학교 캠퍼스를 주기적으로 탐색하였다. 이를 통해 잭래봇은 다가오는 보행자가 어떤 방향으로 이동할 것인지, 먼저 통과할 사람들에게 사회적 에티켓을 어떻게 지킬 것인지 등의 통행권 및 개인 공간에 대해 즉각적으로 판단할 수 있도록 설계되었다.

3 » 소셜 로봇의 핵심 기술은 크게 네 가지로, 음성 인식 기술, 영상 및 행동 인식 기술, 인간 로봇 상호 작용(HRI, Human Robot Interaction) 기술, 지식 추론 기술이 있다. 음성 인식 기술은 스마트 기기와 영상 기기 등의 발전으로 기술적 활용 환경을 이미 갖추고 있다. 대표적으로 애플은 스마트폰 및 태블릿에 시리(Siri)라는 음성 인식 시스템을 제공하고 있으며, 아마존은 알렉사(Alexa) 음성 서비스를 제공하고 있다. 영상 및 행동 인식 기술과 관련해서는 카메라와 레이저 등을 활용해 사람의 동작을 인식하는 키넥트(Kinect)라는 장비가 개발되었고, 적외선 카메라를 활용해 사람의 손동작을 인식하는 시스템인 립모션(Leap Motion)이 개발되었다. 일본과 미국은 HRI 기술을 활용하여 인간과 닮은 휴머노이드 로봇을 개발 중이다. 또한 지식 추론 기술을 활용해 사회적 상호 작용 속에서 로봇이 스스로 성장해 인간에게 봉사할 수 있는 소셜 로봇이 개발되고 있다.

4 » 국내의 경우에 소셜 로봇 수요자의 특성을 고려해 교육용 로봇 위주로 개발되어 왔으나, 최근에는 IoT(Internet of Things) 연결성에 중점을 둔 로봇이 개발되고 있다. 또한 과학 기술 정보 통신부는 2013년부터 2023년까지 소셜 로봇의 핵심 기술과 관련된 엑소브레인(Exobrain) 프로젝트를 수행하고 있다. 이 프로젝트는 자연어를 이해하고 스스로 학습하며 전문 직종에 취업이 가능한 수준의 진화형 소프트웨어 개발을 목표로 한다.

지문 구조 해설

1 소셜 로봇의 개념과 특징
- 소셜 로봇의 개념(정의)
- 사람과 상호 작용이 가능한 복잡한 인공 지능 로봇 개발이 가능한 이유
- 향후 소셜 로봇의 전망

2 소셜 로봇의 사례 – 잭래봇
- 잭래봇의 기능

3 소셜 로봇의 핵심 기술과 다양한 사례
- 소셜 로봇의 핵심 기술 네 가지
- 핵심 기술이 적용된 다양한 사례
- ① 음성 인식 기술
  - 애플: 시리라는 음성 인식 시스템
  - 아마존: 알렉사 음성 서비스
- ② 영상 및 행동 인식 기술
  - 키넥트: 사람의 동작을 인식하는 장비
  - 립모션: 사람의 손동작을 인식하는 시스템
- ③ HRI 기술
  - 일본과 미국: HRI 기술을 활용한 휴머노이드 로봇을 개발 중
- ④ 지식 추론 기술
  - 로봇이 스스로 성장해 인간에게 봉사할 수 있는 소셜 로봇 개발 중

4 국내 소셜 로봇의 개발 양상
- 국내 소셜 로봇의 개발 양상
  - IoT 연결성에 중점을 둔 로봇 개발
  - 자연어를 이해하고 스스로 학습하며 전문 직종에 취업이 가능한 수준의 진화형 소프트웨어 개발

지문 구조 한눈에 보기 👀

화제 제시 **1**
소셜 로봇

↓

사례 **2**
소셜 로봇 사례

↓

구체화 및 사례 **3**
소셜 로봇 핵심 기술

↓

전망 **4**
국내 소셜 로봇 개발 양상

✏ 지문 정보 확인 1 ○ 2 X 3 X

지문 Point 분석 주제: 소셜 로봇의 개념과 핵심 기술 및 개발 양상

해제: 이 글은 사람 또는 다른 대상과 원활하게 의사소통하고 자율적으로 움직이는 로봇인 소셜 로봇의 개념과 특징을 설명하고 있다. 소셜 로봇은 스스로 시행착오를 통해 학습하고 보완하는 과정을 통해 진화해 가고 있고, 그 사례로 사람처럼 통행에 대한 판단을 하는 잭래봇을 들 수 있다. 소셜 로봇의 핵심 기술은 음성 인식 기술, 영상 및 행동 인식 기술, HRI 기술, 지식 추론 기술이 있다. 국내의 소셜 로봇 개발은 IoT 중심, 진화형 소프트웨어 중심으로 이루어지고 있다.

설명 방법 파악 – 정의, 예시

1 ▼ 설명 방법 파악   답 ③

윗글의 설명 방법으로 적절한 것을 〈보기〉에서 모두 고른 것은?

보기

ⓐ 대상의 한계를 나열하고 해결 방안을 제시하고 있다.

ⓑ 대상의 개념을 정의하여 명확하게 이해하도록 돕고 있다.

ⓒ 대상을 바라보는 상반된 시각을 절충하여 결론을 도출하고 있다.

ⓓ 대상의 작동 원리를 제시하고 작동 과정을 순서대로 언급하고 있다.

ⓔ 구체적인 사례를 통해 대상이 개발되는 다양한 기술을 보여 주고 있다.

③ ⓑ, ⓔ

ⓑ 대상의 개념을 정의하여 명확하게 이해하도록 돕고 있다.

⟶ 1문단에서 '소셜 로봇이란 사람 또는 다른 대상과 원활하게 의사소통하고 자율적으로 움직이는 로봇을 의미한다.'라고 소셜 로봇의 개념을 정의하여 독자가 명확하게 이해하도록 돕고 있다.

ⓔ 구체적인 사례를 통해 대상이 개발되는 다양한 기술을 보여 주고 있다.

⟶ 2문단에서 인공 지능의 사회적 지능 부족을 개선하기 위해 노력한 사례인 잭래봇을 제시하고 있고, 3문단에서 소셜 로봇의 핵심 기술 네 가지의 사례를 각각 제시하고 있으며, 4문단에서 국내에서 개발 중인 소셜 로봇 기술을 구체적 사례로 제시하고 있다. 이를 통해 소셜 로봇이 개발되는 다양한 기술을 보여 주고 있다.

➕ 오답 챙기기

① ⓐ, ⓑ / ② ⓑ, ⓒ / ④ ⓒ, ⓔ / ⑤ ⓓ, ⓔ

ⓐ 대상의 한계를 나열하고 해결 방안을 제시하고 있다.

⟶ 1문단에서 컴퓨터 알고리즘만으로는 복잡한 인공 지능(AI)을 개발하는 것이 쉽지 않음을 언급하고는 있으나, 소셜 로봇의 한계와 해결 방안에 대해 제시하고 있지 않다.

ⓒ 대상을 바라보는 상반된 시각을 절충하여 결론을 도출하고 있다.

⟶ 이 글에는 대상인 소셜 로봇의 부정적인 측면에 대한 내용은 언급되어 있지 않다. 따라서 상반된 시각을 절충하고 있다는 설명은 적절하지 않다.

ⓓ 대상의 작동 원리를 제시하고 작동 과정을 순서대로 언급하고 있다.

⟶ 3문단에서 소셜 로봇의 핵심 기술 네 가지를 설명하고 있으나 작동 원리 및 과정에 대한 설명은 이 글에 언급되어 있지 않다.

2 ▼ 세부 내용 파악   답 ⑤

윗글의 내용과 일치하지 않는 것은?

⑤ 국내 소셜 로봇 개발의 경우 초기 단계에서 수요자*의 특성을 고려하지 못했다는 한계를 지니고 있다.

⟶ 4문단에서 '국내의 경우에 소셜 로봇 수요자의 특성을 고려해 교육용 로봇 위주로 개발되어 왔다'고 하였다. 따라서 국내 로봇 개발의 수요자의 특성을 고려하지 못했다는 설명은 적절하지 않다.

➕ 오답 챙기기

① 학습과 보완을 통해 오류*를 자율적으로 교정하는 소셜 로봇이 개발될 예정이다.

⟶ 1문단에서 '학습과 보완을 통해 새로운 상황에 쉽게 적응하고 불확실한 환경에 보다 잘 대응하는 소셜 로봇이 곧 등장할 전망'이라고 설명한 부분에서 확인할 수 있다.

② 몇몇 기업은 소셜 로봇과 관련하여 음성 인식 기술을 이미 적용하여 실제로 사용하고 있다.

⟶ 3문단에서 '음성 인식 기술은 스마트 기기와 영상 기기 등의 발전으로 기술적 활용 환경을 이미 갖추고 있다.'고 하였고, 그 예로 애플의 시리와 아마존의 알렉사를 설명한 데서 확인할 수 있다.

③ 인간과 상호 작용이 가능한 인공 지능(AI)은 단순한 컴퓨터 알고리즘만으로 개발하기 어렵다.

⟶ 1문단에서 '단순한 컴퓨터 알고리즘만으로 사람과 상호 작용이 가능한 복잡한 인공 지능(AI)을 개발하기가 어려웠던 것이다.'라고 한 것에서 확인할 수 있다.

④ 잭래봇이 통행에 대한 판단을 할 수 있는 것은 관련된 센서를 달고 길거리 탐색*을 했기 때문이다.

⟶ 2문단에서 '잭래봇은 공중 비디오 영상 기반 알고리즘을 사용하는 모션 센서 및 소프트웨어를 장착하고, 번잡한 길거리와 정신없는 스탠퍼드 대학교 캠퍼스를 주기적으로 탐색하였다.'라고 하였다. 이를 통해 통행권 및 개인 공간에 대해 즉각적으로 판단할 수 있도록 설계되었다고 했으므로 적절한 설명이다.

🎩 어휘 충전

* 수요자(需 구할 수 要 중요할 요 者 놈 자): 필요해서 사거나 얻고자 하는 사람.

* 오류(誤 그릇할 오 謬 그릇될 류): 컴퓨터 프로그램이나 시스템의 착오. 또는 시스템 오동작의 원인이 되는 프로그램의 잘못.

* 탐색(探 찾을 탐 索 찾을 색): 드러나지 않은 사물이나 현상 따위를 찾아내거나 밝히기 위하여 살피어 찾음.

3 ▼ 어휘의 문맥적 의미 파악   답 ⑤

다음 중 밑줄 친 부분의 의미가 ㉮와 가장 유사한 것은?

⑤ 토론을 하다 보면 자기편과 상대편을 나눌 수 있다.

⟶ ㉮의 '나누다'는 '여러 가지 섞인 것을 구분하여 분류하다.'의 의미이다. '토론을 하다 보면 자기편과 상대편을 나눌 수 있다.'의 '나누다'도 의견의 차이를 기준으로 구분하여 분류한다는 의미를 가진다.

➕ 오답 챙기기

① 다음 글을 세 문단으로 나누시오.

⟶ '하나를 둘 이상으로 가르다.'의 의미이다.

② 이익금을 모두 공평하게 나누어야 한다.

⟶ '몫을 분배하다.'의 의미이다.

③ 형제란 한 부모의 피를 나눈 사람들이다.

⟶ '같은 핏줄을 타고나다.'의 의미이다.

④ 그렇게 만난 두 사람이 서로 인사를 나눴다.

⟶ '말이나 이야기, 인사 따위를 주고받다.'의 의미이다.

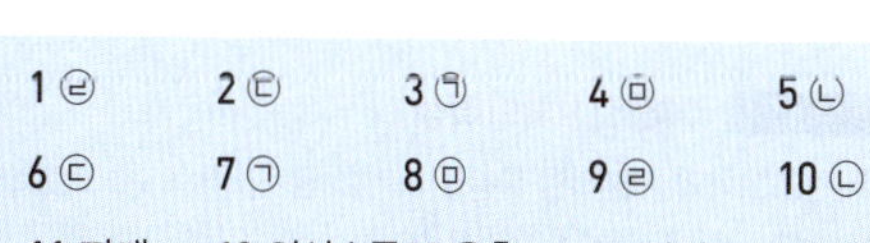

1 ⓓ	2 ⓒ	3 ⓐ	4 ⓔ	5 ⓑ
6 ⓒ	7 ⓐ	8 ⓔ	9 ⓓ	10 ⓑ
11 자재	12 의사소통	13 유출	14 인식	15 단열

고고학에 관한 서문

출전 폴 반, 『고고학 탐정들』 **지문 난이도** ★★★☆☆

(1,365자)

1 » 사람들은 자신의 조상이나 인류의 과거에 흥미를 느끼는데, 고고학은 그 광대한 과거에 대한 정보를 제공해 주는 수단이다. 수백, 수천 년간 햇빛을 보지 못했던 그 무엇을 발굴한다는 것은 말로 표현할 수 없는 감흥을 불러일으킨다.

2 » 고고학자들이 하는 일은 탐정들이 하는 일과 비슷해 보일 수도 있다. 고고학자와 탐정은 둘 다 증거를 수집하고 이를 분석하는 작업을 통해 과거에 발생한 행위와 사건, 그 원인과 결과를 재구성하려고 애쓴다. 또한 두 경우 모두 대부분의 증거는 시간이라는 차원이 배어 있는 유형의 항목들, 다시 말해 뚜렷한 특징이나 패턴을 드러내거나 사용된 흔적이 있는 물질들로 구성된다. 고고학자에게는 탐정과 마찬가지로 단서를 찾고 수집하기 위해 대단한 주의력과 인내심이 필요하다. 즉 조금이라도 생산적인 결과를 얻기 위해서는 수많은 시행착오와 지루하고 고된 작업을 거쳐야 하는 것이다.

3 » 고고학자들의 추론은 증거와 합리적 사고방식에 입각한 논리적인 추리여야 한다. 그렇지 않으면 그것은 허황된 짐작에 불과하거나 모든 것을 날조하는 무의미한 작업에 머물지도 모른다. 오늘날에는 고고학 기록에서 과거의 고고학자들이 감히 꿈꾸지도 못했던 많은 정보를 추출할 수 있게 되었으며, 이러한 추세는 계속될 것이다. 그러나 타임머신이 발명되지 않는 한, 과거에 대한 우리의 추론 중 상당 부분은 입증은커녕 검증될 수 있을지조차 의심스럽다는 사실을 부인할 수 없다.

4 » 한편 고고학적 발견은 우연이나 영감에 의해 일어나기도 한다. 고고학적 연구의 전적은 대부분 끈질긴 추적, 고된 노력, 불굴의 집념을 통해 얻어지는 결실이다. 그러나 중국의 진시황릉이나 이탈리아의 냉동 인간처럼 우연히 발견된 경우에는 행운도 중요한 변수로 작용한다. 또 알타미라 동굴의 중요성을 인식한 고고학자 사우투올라의 경우처럼 순간적인 영감을 통해 진전되는 경우도 있다.

5 » 고고학이 하나의 학문 분야로 존재해 온 지난 세월 동안 그 연구 방법은 상당한 변화를 겪었다. 예를 들면 항공 사진의 출현으로 온갖 종류의 유적지 발견이 급증했고, 위성 사진, 열 형상 등을 이용해 유적지의 위치를 찾기도 한다. 또한 현미경 검사 덕분에 꽃가루를 분석해 주위 환경을 복원하고, 미세한 마모의 흔적을 연구해 도구의 정확한 용도를 추정하기도 한다. 최근에는 컴퓨터로 다량의 정보를 신속하게 처리하고 온갖 종류의 형상을 만들어 내기도 하는데, 이미 오래전 사라진 유적지나 건물을 가상 현실로 재현할 수도 있다.

6 » 그러나 앞서 말한 이 모든 발견은 증거가 사라진다면 미제로 남을 수밖에 없다. 아직도 밝혀지지 않은 수많은 정보들이 기술이 더욱 발전한 미래에는 어떠한 모습을 드러낼지 가늠하기 어렵다. 이를 위해서는 귀중한 유산의 도굴과 파괴를 방지하여 미래 세대들에게 충분한 연구 자료를 남겨 주어야 한다.

지문 구조 해설

1 고고학의 의미
- 인간의 광대한 과거에 대한 정보를 제공해 주는 수단

2 고고학자와 탐정이 하는 일의 공통점

목적	증거를 수집하여 이를 분석하여 과거 사건의 원인과 결과를 재구성하려 함
증거	뚜렷한 특징이나 패턴을 드러내거나 사용된 흔적이 있는 물질들로 구성됨
요구되는 자질	주의력과 인내심이 필요함

3 고고학의 특성 ①
- 증거와 합리적 사고방식에 입각한 논리적인 추리를 해야 함
- 과거에 대한 우리의 추론 중 상당 부분은 검증 불가능한 것임

4 고고학의 특성 ②
- 우연이나 영감에 의해 고고학적 발견이 이루어지기도 함
  - 중국 진시황릉, 이탈리아 냉동 인간의 발견
  - 알타미라 동굴의 중요성을 인식한 사우투올라

5 고고학의 특성 ③
- 기술의 발전에 따라 고고학 연구 방법이 큰 변화를 겪음
  - 항공 사진의 활용
  - 위성 사진, 열 형상 이용
  - 현미경 검사
  - 가상 현실 활용

6 고고학 발전을 위해 우리가 해야 할 일
- 귀중한 유산의 도굴, 파괴를 방지하여 미래 세대들에게 고고학 연구 자료를 남겨 주어야 함

특성 ① ② ③

지문 구조 한눈에 보기

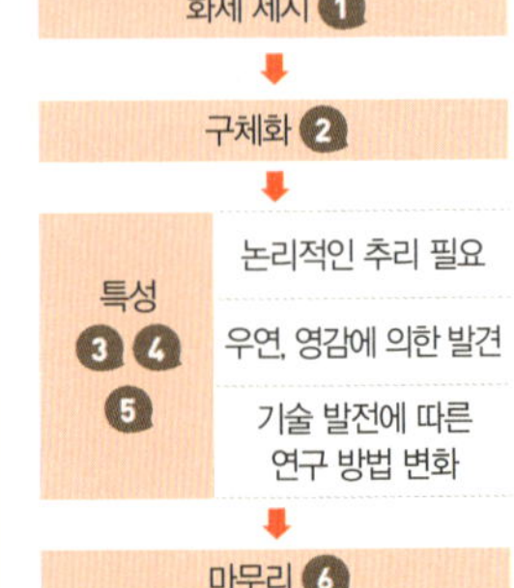

✎ 지문 정보 확인 1 ○ 2 X 3 ○

지문 Point 분석 주제: 고고학의 특성

해제: 이 글은 고고학의 기본적인 특성을 소개한 글로, 글쓴이는 고고학의 핵심적인 특성 세 가지를 설명하고 있다. 첫째는 증거와 합리적인 사고에 따라 추론해야 한다는 것이고, 둘째는 우연이나 영감에 의한 발견이 이루어지기도 한다는 점이다. 셋째는 기술의 변화에 따라 연구 방법도 꾸준히 변화하고 있다는 것이다. 글쓴이는 미래에 발전된 기술로 더 진보할 고고학을 위하여 연구 자료가 되는 유산들을 잘 보존해야 한다고 주장하고 있다.

설명 방법 파악 - 비교와 대조, 분류와 구분

1　▼ 내용 전개 방식 파악　　답 ④

윗글의 서술 방식에 대한 설명으로 적절하지 <u>않은</u> 것은?

④ 사회적 문제를 제기한 후, 그 원인을 분석하고 이에 대한 해결책을 서술하고 있다.

…▶ 이 글은 사회적 문제에 대한 원인과 해결책을 설명한 글이 아니다. 마지막 문단에서 고고학 연구를 위한 자료를 남겨 주어야 한다는 주장을 하고 있기는 하지만, 이것을 사회 문제에 대한 해결책이라고 보기는 어렵다.

➕ 오답 챙기기

① 구체적 사례를 활용하여 대상의 특성을 알기 쉽게 설명하고 있다.

…▶ 4문단에서는 우연과 영감에 의해 고고학적 발견이 이루어진 구체적 사례를 설명하고 있고, 5문단에서는 과학적 연구 방법을 활용하여 고고학 연구가 이루어지는 사례들을 설명하고 있다.

② 미래의 상황에 대해 이야기하며 현재 우리가 해야 할 일을 밝히고 있다.

…▶ 6문단에서는 아직 밝혀지지 않은 정보들이 기술이 발전한 미래에는 어떠한 모습을 드러낼지 알 수 없기 때문에, 현재의 우리는 귀중한 유산을 잘 지켜 후손에게 물려주어야 함을 이야기하고 있다.

③ 핵심 개념이 지니고 있는 여러 속성들을 차례로 열거하며 상세히 설명하고 있다.

…▶ 3~5문단에서 고고학의 여러 특성을 차례로 설명하고 있다.

⑤ 설명하고자 하는 대상과 다른 대상의 공통점을 밝히며 개념을 명확히 정리하고 있다.

…▶ 2문단에서 고고학자와 탐정이 하는 일의 공통점을 중심으로, 고고학에 관한 개념을 설명하고 있다.

2　▼ 구체적 사례에의 적용　　답 ④

윗글을 바탕으로 〈보기〉를 이해한 내용으로 적절한 것은?

보기

　국립경주문화재연구소는 해자(垓子 · 적의 침입을 막기 위해 성 주위를 둘러서 판 물도랑 또는 못)를 둘러싼 구조물과 출토된 신라 시대 씨앗 및 열매 63종, 그리고 신라 시대 당시의 규조(물에 사는 식물성 플랑크톤) 등을 분석해서 해자와 주변의 식생 및 경관을 복원했다.

　국립경주문화재연구소장은 "씨앗과 꽃가루를 분석한 결과 해자와 인접한 주변에는 초지, 즉 풀이 주로 자라는 환경이었을 것으로 추정된다."라고 밝혔다. 해자 속의 당대 규조류를 분석한 결과 계속해서 햇빛에 노출되었음을 가리키고 있다는 것이다. 이것은 해자 주변이 나무가 없이 시야가 트인 공간이었음을 암시해 준다. 이 밖에 멀리 날아가는 특성이 있는 참나무와 소나무 꽃가루가 확인되어, 연구소 측에서는 느티나무 숲보다 멀리 떨어진 곳의 주변 산지에 참나무와 소나무 숲이 존재하는 것으로 복원했다.

－『○○신문』

④ '규조류'에 대한 분석은 고고학자가 증거를 바탕으로 논리적으로 추리하는 과정을 보여 준다.

…▶ 〈보기〉에서는 해자의 규조류를 분석하여 그것이 햇빛에 노출되었다는 점을 바탕으로, 해당 지역이 나무가 없이 시야가 트인 공간이었을 것임을 추론하고 있다. 이와 같은 과정은 해자에서 나온 규조류를 증거로 해서 이를 분석하고 논리적으로 추리하는 과정을 보여 주는 것이라 할 수 있다.

➕ 오답 챙기기

① '해자'에서 발견된 '참나무와 소나무 꽃가루'는 고고학 연구의 목적에 해당한다.

…▶ '해자'에서 발견된 '참나무와 소나무 꽃가루'는 고고학 연구를 하기 위한 증거나 단서가 된다고 할 수 있다. 이를 토대로 과거의 행위와 사건, 그 원인과 결과를 재구성하는 것이 고고학의 연구 목적이라 할 수 있다.

② '해자'는 고고학적 발견이 우연에 의해 일어날 수도 있음을 보여 주는 사례이다.

…▶ 〈보기〉에서는 '해자' 자체를 어떻게 발견했는지에 대해서는 서술하지 않고 있다.

③ 시간이 흘러도 '해자'에 대한 고고학적 연구 결과는 지금의 내용과 달라지지 않을 것이다.

…▶ 5문단에 따르면 고고학이 발전하는 동안 연구 방법이 상당한 변화를 겪었음을 알 수 있다. 또한 6문단에서는 앞으로도 기술이 어떻게 발전할지 알 수 없으며 지금은 밝혀지지 않은 많은 정보들이 미래에는 모습을 드러낼 수도 있다고 하였다. 따라서 '해자'에 대한 연구 결과가 앞으로 달라질지, 달라지지 않을지는 알 수 없다고 볼 수 있다.

⑤ '씨앗과 꽃가루'를 분석하는 기술은 아주 오래전부터 고고학에서 활용한 기술이었을 것이다.

…▶ 5문단에서 과학 기술이 발전해서 현미경 검사가 생겨난 덕분에 꽃가루 등을 분석해서 주위 환경을 복원할 수 있다고 하였다. 또한 고고학의 연구 방법은 상당히 변화했다고 하였으므로, '씨앗과 꽃가루'를 분석하는 기술은 과거에는 쓰이지 않았을 수도 있다.

어휘 충전

* **출토**(出 날 출 土 흙 토)**되다**: 땅속에 묻혀 있던 물건이 밖으로 나오게 되다. 또는 그것이 파내어지다.
* **식생**(植 심을 식 生 날 생): 어떤 일정한 장소에서 모여 사는 특유한 식물의 집단.
* **복원**(復 돌아올 복 元 으뜸 원/原 근원 원)**하다**: 원래대로 회복하다.
* **인접**(鄰 이웃 인 接 접할 접)**하다**: 이웃하여 있다. 또는 옆에 닿아 있다.
* **당대**(當 마땅할 당 代 대신할 대): 일이 있는 바로 그 시대.

전통 조각보의 아름다움

출전 허동화, 『우리 규방 문화』　지문 난이도 ★★★☆☆

(1,393자)

1 ❯ 조각보는 쓰다 남은 색색의 천 조각을 이어서 만든 것이다. 일상생활에서 쓰다 남은 천을 활용한 지혜의 소산으로, 주로 서민층에서 널리 사용되었다. 그런데 조각보 가운데에는 사용한 흔적이 전혀 없는 것도 많다. 현재 접할 수 있는 조각보의 대부분은 그것을 물려받은 집안의 장롱 속 깊이 간직되어 있던 것들이다. 이처럼 쓰지 않은 조각보가 많다는 사실에서 조각보는 특정한 목적을 염두에 두지 않고 만든 것이 많았음을 추측할 수 있다. 그렇다면 당장 쓰지 않을 물건을 정성 들여 만든 이유는 무엇일까?

2 ❯ 천 조각을 나름대로 머릿속으로 그려서 마르고 꿰매어 잇는 작업은 상당히 공을 들여야 하는 일이다. 따라서 조각보를 만든 이유로 제작 자체의 즐거움도 빼놓을 수 없을 것 같다. 비록 예술 작품을 만든다는 의식으로 작업한 것은 아니겠지만 조각보를 만드는 동안 예술가가 작품을 창작할 때 가지는 희열을 느꼈을 법도 하다.

3 ❯ 실제로 현재 남아 있는 조각보들을 보면 한결같이 조형 작품으로서 손색이 없다. 조형 예술 작품을 만들 때는 작품에 대해 구상을 하고 거기에 맞는 재료를 선택하는 것이 일반적이지만, 조각보는 선택의 여지가 없이 주어진 제한된 재료를 가지고 작품을 만들 수밖에 없었다. 버려질 운명이던 보잘것없는 조각을 모아 하나의 작품으로 만들 줄 알았던 능숙한 솜씨와 탁월한 미적 감각은 조각보를 예술적 평가의 대상이 되게 할 만하다.

4 ❯
[A]
　　조각보의 조각 천이 결합되어 있는 양상은 매우 다양하지만 몇 가지 패턴을 찾아볼 수 있다. 우선 조각 천 자체의 모양이 정사각형이거나 이등변 삼각형의 조각이 두 개나 네 개 모여 정사각형 모양을 이룬 것이 질서 정연하게 결합되어 있는 패턴이 있다. 이 경우 같은 색의 조각들이 사선을 이루도록 배치한 미적인 사고방식을 발견할 수 있다. 둘째, 보자기 중앙부의 네모꼴을 중심으로 동심원이 퍼져 나가듯 조각 천이 점차 확대되어 나가는 구조가 있다. 이때 보자기 중앙부가 우물 정 자를 이루도록 조각 천의 색과 면을 안배하거나 바람개비 날개가 돌아가듯 일정한 방향으로 회전하는 양상으로 조각 천을 배열함으로써 변화를 주었다. 셋째, 여의주문보라고 하여, 매우 작위적인 디자인을 보이는 이 조각보에는 일정한 크기의 원이 똑같은 크기의 겹친 부분을 네 군데 만들도록 서로 겹쳐져 있다. 그 결과 보자기 전체가 꽃 무리처럼 보이기도 하고 여의주가 겹쳐져 있는 것처럼 보이기도 한다.

5 ❯ 그러나 구성미가 특히 빼어난 조각보들 중에는 조각 천들이 위와 같이 눈에 띄는 일정한 패턴을 형성하지 않고 자유롭게 결합된 것이 오히려 더 많다. 크기와 모양과 색상이 각양각색인 수십 개의 천 조각이 규칙성을 배제하면서도 산만하다거나 전체 속에 통합되지 못하고 따로 ㉠떨어진다는 느낌을 전혀 주지 않는다. 이것은 조각보에 계산된 질서의 미보다 한층 더 높은 미적 가치가 담겨 있음을 말해 준다.

✎ 지문 정보 확인　1○　2○　3✕

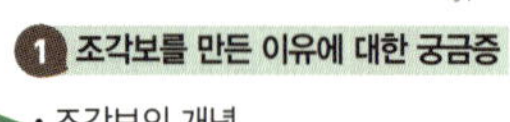

📋 지문 구조 해설

1 조각보를 만든 이유에 대한 궁금증
- 조각보의 개념
  - 쓰다 남은 천 조각을 이어서 만든 것
- 당장 쓰지 않을 물건(조각보)를 정성 들여 만든 이유는 무엇일까?
  → 앞으로의 내용 제시, 독자의 관심 유발

2 조각보를 제작하는 과정의 즐거움
- 조각보를 만든 이유 중 제작 자체의 즐거움이 있음
  - 예술가가 작품을 할 때 가지는 희열을 느꼈을 것임

3 예술 작품으로서의 가치가 충분한 조각보

현재 남아 있는 조각보들은 조형 작품으로서의 가치가 충분함
↑
쓸모 없는 조각을 모아 하나의 작품으로 통합한 능숙한 솜씨와 탁월한 미적 감각이 담겨 있음

4 조각 천이 결합되는 양상
- 조각 천 자체가 정사각형이거나 이등변 삼각형 조각이 모여 정사각형 모양을 이룬 것이 질서 있게 결합한 패턴
- 보자기 중앙부 네모꼴을 중심으로 동심원처럼 확대되어 나가는 구조
- 여의주문보: 일정한 크기의 원이 네 군데에서 겹쳐져 나열되는 모양

5 조각 천이 자유롭게 결합된 조각보에 담긴 미적 가치
- 빼어난 구성미의 조각보 중에는 조각 천이 자유롭게 결합된 것이 더 많음
  - 계산된 질서의 미보다 한층 더 높은 미적 가치가 담겨 있음

지문 구조 한눈에 보기 👀

| 화제 제시 **1** |
| ↓ |
| 상세화 **2** **3** |
| ↓ |

| 구체화 **4** **5** | 조각보의 패턴 유형 |
| | 조각 천이 자유롭게 결합된 조각보 |

🖊 지문 Point 분석　**주제: 전통 조각보의 예술적 가치**

해제: 전통적인 조각보 중에는 실용적인 목적이 아니라 제작 자체의 즐거움을 위해 만들어진 것이 많다는 점에서 조각보의 예술적 가치를 설명한 글이다. 또한 조각보의 조각 천이 이루는 패턴을 유형별로 나누어 설명하고, 그 외에 조각 천이 자유롭게 결합된 조각보가 오히려 더 아름다울 수 있다는 점에서 그 미적 가치를 인식하고 있다.

1 ▼ 세부 정보 파악   답 ③

윗글을 읽고 답을 할 수 있는 질문이 <u>아닌</u> 것은?

③ 일상생활에서 조각보는 어떤 용도로 사용되었는가?

⋯ 1문단에서 조각보가 서민층에서 널리 사용되었다고 했지만, 그 용도가 무엇인지는 제시되어 있지 않다.

오답 챙기기

① 조각보를 만드는 데 사용된 재료는 무엇인가?

⋯ 1문단과 3문단을 보면 조각보를 만드는 재료는 쓰다 남은 천인 것을 확인할 수 있다.

② 조각보를 만들어 사용한 계층은 주로 누구인가?

⋯ 1문단에서 조각보는 서민층에서 주로 사용되었다는 내용이 제시되어 있다.

④ 당장 사용하지 않을 조각보를 만든 이유는 무엇일까?

⋯ 2문단에서 당장 사용하지 않을 조각보를 제작한 이유에 제작 자체의 즐거움이 있음을 제시하고 있다.

⑤ 조각보를 구성하는 조각 천의 모양에는 어떠한 것들이 있는가?

⋯ 4문단에서 조각 천이 결합되는 양상을 설명하면서 정사각형이나 이등변 삼각형, 원 모양 등의 조각 천이 활용될 수 있다고 하였고, 5문단에서는 각양각색의 모양들이 사용되었다고 하였다.

설명 방법 파악 - 비교와 대조, 분류와 구분

2 ▼ 설명 방식 파악   답 ⑤

[A]에 사용된 설명 방식으로 가장 적절한 것은?

⑤ 대상을 몇 가지 유형*으로 나누어 그에 대해 구체적으로 설명하고 있다.

⋯ [A]에서는 조각 천이 결합되는 양상을 대표적인 몇 가지 패턴으로 나누고, 각각에 대해 구체적으로 설명하면서 그 특징과 아름다움에 대해 제시하고 있다.

오답 챙기기

① 주요 개념에 대한 정의*를 내리고 있다.

⋯ 조각보나 조각 천의 결합 등의 개념에 대해 정의를 내리고 있지는 않다.

② 구체적 사례를 통해 핵심 개념에 대한 이해를 돕고 있다.

⋯ 조각보에서 천들이 결합하는 양상을 설명하고 있을 뿐, 구체적인 사례를 활용하여 설명하고 있지는 않다.

③ 주요 대상과 다른 대상과의 공통점과 차이점을 설명하고 있다.

⋯ 조각 천의 결합 양상을 몇 가지 패턴으로 나누어 설명하였으나, 공통점과 차이점을 분석하고 있지는 않다.

④ 인과의 방식으로 대상이 구성되는 과정을 자세히 설명하고 있다.

⋯ 조각 천의 결합 유형을 상세하게 설명하고 있으나, 원인과 결과, 즉 인과의 방식으로 대상이 구성되는 과정을 설명하고 있지는 않다.

어휘 충전

* 유형(類 무리 유 型 거푸집 형): 성질이나 특징 따위가 공통적인 것끼리 묶은 하나의 틀. 또는 그 틀에 속하는 것.
* 정의(定 정할 정 義 옳을 의): 어떤 말이나 사물의 뜻을 명백히 밝혀 규정함. 또는 그 뜻.

3 ▼ 어휘의 문맥적 의미 파악   답 ⑤

밑줄 친 표현 중 ㉠과 가장 유사한 의미로 쓰인 것은?

⑤ 지하철역은 우리 집에서 300미터쯤 떨어져 있다.

⋯ ㉠은 '천 조각들이 통합되지 못하고 따로 떨어지다.'와 같이 쓰였으므로, 조각 천들이 통합되지 못하고 '서로 거리를 두고 있다.' 정도의 의미로 쓰인 것이다. 이와 가장 유사한 의미로 쓰인 것은 ⑤이다.

오답 챙기기

① 주머니에서 동전이 떨어졌다.

⋯ '달렸거나 붙었던 것이 갈라지거나 떼어지다.'의 의미로 사용되었다.

② 드디어 우리에게도 출동 명령이 떨어졌다.

⋯ '명령이나 허락 따위가 내려지다.'의 의미로 사용되었다.

③ 품질에서 다른 회사에 떨어지면 경쟁에서 진다.

⋯ '다른 것보다 수준이 처지거나 못하다.'의 의미로 사용되었다.

④ 굵은 빗방울이 한두 방울씩 떨어지기 시작했다.

⋯ '위에서 아래로 내려지다.'의 의미로 사용되었다.

STUDY 04 어휘 확인

1 ㉣	2 ㉠	3 ㉺	4 ㉤	5 ㉓
6 ㉢	7 ㉦	8 ㉤	9 ㉠	10 ㉟

11 날조   12 영감   13 동심원   14 추세   15 입증

구독 경제에 숨어 있는 현상 유지 편향

지문 난이도 ★★★☆☆

(1,361자)

1 » 핸드폰을 개통할 때 할인을 받기 위해서 이런저런 부가 서비스에 가입하게 된다. 보통 처음 몇 달만 쓰면 된다는 말에 부가 서비스를 신청하지만 몇 달만 쓰고 해지하기보다는 계속해서 쓰는 사람들이 많다. 심리학자들은 이와 같은 현상이 발생하는 원인을 '현상 유지 편향'으로 설명했다. 현재 상황이 특별히 나쁘지 않은 한 변화를 시도할 경우, 좋아질 가능성과 나빠질 가능성이 존재하게 된다. 이때 변화를 시도함으로써 발생하는 손해를 회피하기 위해 현재 상황을 고수하려는 경향을 보이는 것을 현상 유지 편향이라고 한다.

1 현상 유지 편향의 개념과 일상적 예
- 화제 제시: 일상에서 찾아볼 수 있는 현상 유지 편향의 예
- 현상 유지 편향의 개념: 현재 상황을 그대로 지키려는 인간의 성향

2 » 어떤 심리학자들은 원시 시대 인류가 처한 환경이 현상 유지 편향을 낳았다고 분석했다. 원시인들에게 잠자리로 쓸 동굴을 결정하는 것과 어떤 버섯을 먹을지 말지를 결정하는 일은 생명을 담보로 하는 선택이다. 자칫 낯선 동굴에 들어가면 맹수를 만나거나 독충에게 쏘여 죽을 수도 있다. 못 보던 버섯을 함부로 먹었다가 그것이 독버섯일 경우 죽을 수도 있다. 따라서 원시인들이 특별한 변화나 확실한 정보가 없을 때 기존의 검증된 선택지만 고르는 것은 합리적인 선택이라고 할 수 있다.

이유 ①

2 현상 유지 편향이 발생하는 이유 ①
- 현상 유지 편향의 발생 원인 ①

원시 시대의 환경
잠자리와 음식 → 생존을 위한 검증된 선택

3 » 그런데 현대 사회에서 버스를 탈 때 자리를 선택하는 것과 같은 일은 생명과는 무관한데도 많은 사람들은 기존의 선택을 바꾸지 않고 관성에 따라 선택하는 현상이 있다. 심리학자들은 현상 유지 편향이 발생하는 이유를 원시 시대의 습관으로만 제한하지 않고, '보유 효과'와 '손실 회피 편향'에서 찾았다. 사람들은 일반적인 상황에서 특별히 나쁘거나 큰 차이가 없다면 자신이 가진 것을 더 긍정적으로 평가하는 경향이 있는데, 이를 보유 효과라고 한다. 지금 내가 가진 것이 괜찮아 보이고, 혹시 쓸데없이 바꿨다가 손해 볼 것에 대한 두려움 즉 손실 회피 편향이 합쳐져 현상 유지 편향을 만든다는 것이다.

이유 ②

3 현상 유지 편향이 발생하는 이유 ②
- 현상 유지 편향의 발생 원인 ②

보유 효과		손실 회피 편향
자신이 가진 것을 더 긍정적으로 평가함	+	쓸데없이 바꿨다가 손해 볼 것에 대한 두려움

4 » 이러한 현상 유지 편향은 최근 주목받는 '구독 경제'의 비즈니스 모델을 설계하는 데 활용되고 있다. 구독 경제란 일정 금액을 내고 소비자가 원하는 상품이나 서비스를 정기적으로 공급받는 유통 형태를 말한다. 기업은 구독 경제와 연관된 상품을 설계하는 과정에서 구독 신청을 하고 나면 쉽게 변경하지 않는 소비자의 현상 유지 편향을 이용해 장기적으로 매출을 증대했다. 일시불로 제품을 판매하던 방식을 구독 형태로 바꾸면서 소비자가 피부로 체감하는 가격을 전보다 현저히 낮추어 비용 지불에 대한 심리적 부담이 감소했고, 이는 판매량 증가로 이어졌다. 음원 사이트나 콘텐츠 애플리케이션 기업에서 처음 1개월 동안 상품을 무료로 제공하거나 높은 할인율을 적용한 가격을 제시해 소비자가 상품을 구독하도록 유도한 후, 소비자가 무의식적으로 장기간 구독하는 시스템을 만드는 전략이 대표적이다. 특히 해지 과정을 번거롭거나 복잡하게 만들면 이와 같은 전략의 효과는 더욱 커진다.

4 현상 유지 편향을 활용한 구독 경제의 개념과 사례
- 현상 유지 편향을 활용한 마케팅 분야
- 구독 경제의 개념
- 현상 유지 편향을 활용한 구독 경제의 이점: 기업의 매출 증대
- 구독 경제의 구체적 사례

✎ 지문 정보 확인   1 ○   2 ○   3 X

지문 Point 분석 주제: 현상 유지 편향이 발생하는 이유와 활용되는 분야

해제: 변화를 시도함으로써 발생하는 손해를 피하기 위해 현재 상황을 지키려는 경향인 현상 유지 편향에 대해 설명하고 있는 글이다. 이러한 현상 유지 편향은 원시 시대의 습관과 일반적인 상황에서 특별한 차이가 없다면 자신이 가진 것을 더 긍정적으로 평가하는 경향인 보유 효과, 쓸데없이 바꿨다가 손해 볼 것에 대한 두려움인 손실 회피 경향이 합쳐져서 발생했다고 보고 있다. 한편 현상 유지 편향은 최근 주목받고 있는 구독 경제로 대표되는 기업의 마케팅에 활용되고 있다.

지문 구조 한눈에 보기

화제 제시 **1**

↓

구체화 **2** **3**

현상 유지 편향의 발생 원인 ①, ②

↓

사례를 통한 설명 **4**

현상 유지 편향의 구체적 활용 분야

설명 방법 파악 - 인과, 분석

1 ▼ 내용 전개 방식 파악   답 ④

윗글에 대한 설명으로 적절한 것을 〈보기〉에서 모두 고른 것은?

보기

ㄱ. 현상 유지 편향이 기업에 끼치는 긍정적 측면과 부정적 측면을 비교하고 있다.

ㄴ. 현상 유지 편향이 발생하는 원인을 인간이 처한 환경, 성향과 관련지어 분석하고 있다.

ㄷ. 현상 유지 편향이 구독 경제에 활용되는 이유를 구독 경제의 특성과 연관시켜 분석하고 있다.

ㄹ. 현상 유지 편향을 설명하기 위해 보유 효과와 손실 회피의 공통점과 차이점을 밝히고 있다.

④ ㄴ, ㄷ

⋯→ ㄴ. 2문단에서는 원시 시대 인류가 처한 환경이 현상 유지 편향을 낳았다고 분석하고 있고, 3문단에서는 인간이 지닌 '보유 효과'와 '손실 회피 편향'과 같은 성향이 합쳐져 현상 유지 편향을 만들었다고 분석하고 있다.

ㄷ. 4문단에서 현상 유지 편향은 '구독 경제'의 비즈니스 모델을 설계하는 데 활용되고 있다고 설명하고 있다. 또한 그 이유를 분석하고 있는데, 구독 경제의 특성상 소비자는 한 번 구독 신청을 하고 나면 쉽게 변경하거나 취소하지 않는, 즉 현상 유지 편향이 있으므로, 이를 기업이 이용하면 장기적으로 매출을 증대할 수 있기 때문이라고 했다.

➕ 오답 챙기기

① ㄱ, ㄴ / ② ㄱ, ㄷ / ③ ㄱ, ㄹ / ⑤ ㄷ, ㄹ

⋯→ ㄱ. 현상 유지 편향이 기업에 끼치는 긍정적인 측면은 4문단에서 소비자의 현상 유지 편향을 이용해 기업은 장기적으로 매출을 증대했다고 설명하고 있다. 하지만 현상 유지 편향이 기업에 끼치는 부정적인 측면은 이 글에 제시되어 있지 않다.

ㄴ. 3문단에서 '보유 효과'와 '손실 회피 편향'에 대한 개념은 설명하고 있지만 '보유 효과'와 '손실 회피 편향'의 공통점과 차이점을 밝히고 있지는 않다.

2 ▼ 구체적 상황에의 적용   답 ③

윗글을 바탕으로 〈보기〉에 대해 보인 반응으로 적절하지 <u>않은</u> 것은?

보기

독일은 전체 국민 중 12%가 장기 기증*에 동의*를 했고, 오스트리아는 100%에 가까운 국민이 장기 기증에 동의를 했다. 지리적으로 인접*한 두 국가의 장기 기증에 동의한 국민 비율은 왜 차이가 나는 것일까? 대부분의 국가와 마찬가지로 독일에서는 장기 기증을 원하는 국민은 동의서를 작성하도록 하고 있다. 즉 장기 기증에 동의를 안 하는 것이 기본이고, 하고자 하는 사람은 별도로 신청하는 절차*가 필요한 것이다. 그런데 오스트리아는 장기 기증에 동의하는 것을 기본으로 삼고 있고, 원하지 않는 국민은 전화 등을 통해 별도로 거부* 의사를 밝히도록 하고 있다.

③ 독일의 장기 기증 동의 비율이 낮은 것은 국민이 별도의 동의서를 작성해야 하는 동의 절차에 대해 불만이 있기 때문이겠군.

⋯→ 독일의 장기 기증 동의 비율이 낮은 것은 현상 유지 편향이 나타났기 때문이다. 장기 기증을 별도로 신청하는 변화를 시도함으로써 발생하는 손해를 회피하기 위해 장기 기증을 안 하는 현재 상황을 고수하였기 때문에 많은 독일 국민이 장기 기증을 신청하지 않은 것이다. 그러나 독일 국민이 동의서를 작성해야 하는 절차에 대해 불만이 있는지 여부는 이 글에 드러나 있지 않다.

➕ 오답 챙기기

① 두 나라의 장기 기증에 동의하는 방법 차이가 동의 비율에 영향을 주었다고 볼 수 있군.

⋯→ 장기 기증에 동의하는 것을 기본으로 한 오스트리아는 장기 기증에 동의한 비율이 거의 100%인 데 비해, 장기 기증에 동의를 안 하는 것을 기본으로 한 독일은 장기 기증에 동의한 비율이 12% 정도로 낮다. 따라서 두 나라의 장기 기증에 동의하는 방법 차이가 장기 기증 동의 비율에 영향을 주었다고 볼 수 있다.

② 현상 유지 편향은 기업의 유통 방법에 활용될 뿐만 아니라 국가 정책에 활용되기도 하는군.

⋯→ 4문단에서 현상 유지 편향은 기업이 구독 경제의 비즈니스 모델을 설계하는 데 활용되고 있다고 설명하고 있다. 〈보기〉의 오스트리아에서는 장기 기증에 동의하는 것을 기본으로 삼고 있다고 했는데, 이는 장기 기증과 관련된 국가 정책에 현상 유지 편향을 활용한 것으로 볼 수 있다.

④ 오스트리아가 장기 기증에 동의하는 것을 기본으로 삼은 것은 국민의 기본 선택을 바꾸지 않고 현재 상황을 고수하려는 경향을 활용한 사례로 볼 수 있겠군.

⋯→ 오스트리아는 장기 기증에 동의하는 것을 기본으로 하여 대부분의 국민이 장기 기증에 동의하는 결과를 낳았다. 이는 1문단에 제시되어 있듯이 현재 상황이 특별히 나쁘지 않은 한 변화보다는 현재 상황을 고수하려는 경향인 현상 유지 편향을 활용한 사례라고 볼 수 있다.

⑤ 오스트리아 국민은 장기 기증에 동의하는 기본 선택을 더 긍정적으로 평가하면서 장기 기증에 동의하지 않는 다른 선택으로 바꾸는 것에 부담을 느껴서 대부분이 거부 의사를 밝히지 않았군.

⋯→ 3문단에서 보유 효과는 자신이 가진 것을 더 긍정적으로 평가하는 경향, 손실 회피 편향은 바꿨다가 손해 볼 것에 대한 두려움이라고 설명하고 있다. 따라서 오스트리아 국민은 장기 기증에 동의하는 기존 상태를 더 긍정적으로 평가하는 보유 효과와, 장기 기증에 동의하지 않는 다른 선택으로 바꿨다가 손해 볼 것에 대한 두려움인 손실 회피 편향이 나타났기 때문에 결과적으로 대부분이 거부 의사를 밝히지 않은 것으로 볼 수 있다.

어휘 충전

* **장기 기증**(臟 오장 장 器 그릇 기 寄 부칠 기 贈 줄 증): 심장, 신장과 같은 자신의 내장 기관을 다른 사람에게 대가 없이 주는 일.
* **동의**(同 같을 동 意 뜻 의): 의사나 의견을 같이함.
* **인접**(鄰 이웃 인 接 접할 접): 이웃하여 있음. 또는 옆에 닿아 있음.
* **절차**(節 마디 절 次 버금 차): 일을 치르는 데 거쳐야 하는 순서나 방법.
* **거부**(拒 막을 거 否 아닐 부): 요구나 제의 따위를 받아들이지 않고 물리침.

지문 난이도 ★★★☆☆

(1,380자)

1 » 코스타리카에서는 콧구멍에 플라스틱 빨대를 낀 채 피를 흘리는 바다거북이 포착되었고, 뉴질랜드의 바다에서 구조된 둥근 머리 돌고래의 배 속에는 80여 개의 비닐봉지가 들어 있었으며, 전 세계 천일염 브랜드 39개 중 36개 제품에서 미세 플라스틱이 발견되었다. 사람들이 함부로 버린 플라스틱 쓰레기가 바다를 오염시키고, 해양 생물을 해치고, 마침내 우리의 식탁에 올라 건강을 위협하고 있는 것이다. 이른바 ㉠'플라스틱의 역습'이 현실화되고 있다.

2 » 최초의 플라스틱은 당구공의 재료로 사용하던 코끼리 상아를 대체할 물질을 찾다가 얻었다. 플라스틱은 제이 차 세계 대전 이후로 급격하게 대중화되기 시작하면서 단시간에 우리의 일상에서 없어서는 안 될 중요한 소재로 자리매김하였다. 그러나 ㉡인류에 무한한 축복이 되리라고 여겼던 플라스틱이 이제는 거대한 재앙으로 바뀌고 있다. 자연에서 분해되지 않는 플라스틱이 계속 쌓이면서 지구 환경 오염의 주범이 되고 있는 것이다.

3 » 현재 전 세계 바다에는 1억 6천만 톤 이상의 플라스틱이 떠 있는 것으로 추정되고 있는데 매년 8백만 톤이 새로 유입되고 있다고 한다. 이 플라스틱 쓰레기의 대다수는 육지나 강에 아무렇게나 버려져 바다로 떠내려간 것으로, 바다에 떠다니다가 자외선, 파도, 소금기 때문에 점점 분해되어 미세 플라스틱을 배출하게 된다. 미세 플라스틱은 크기가 5mm 이하인 것인데, 이것이 해양 플랑크톤의 먹이가 되고 플랑크톤은 해양 생물의 먹이가 된다. 그렇게 점점 올라간 먹이 사슬은 결국 인간에게까지 연결되어 인간의 체내에 쌓이게 되는 것이다.

4 » 번식을 위해 태평양의 어느 섬을 찾은 알바트로스라는 새의 사례는 충격적이다. 어미는 플라스틱을 먹이로 착각해 새끼에게 계속 물어다 주고, 이를 먹은 새끼들은 점차 죽어 간다. 죽은 새끼들의 위장에는 플라스틱 조각이 가득하다. 인근에 서식하는 물고기의 상황도 다르지 않은데, 바닷물에 플랑크톤보다 미세 플라스틱이 더 많기 때문이다. 인간이 지금까지와 마찬가지로 계속 플라스틱을 배출한다면 이로 인해 인간 역시 혹독한 대가를 치를 것으로 보인다.

5 » 이러한 플라스틱의 심각한 폐해를 인식한 세계 각국은 최근 플라스틱 사용을 줄이기 위한 다양한 정책을 실시하고 있다. 영국은 지난 2015년부터 대형 유통업체들이 일회용 비닐봉지를 고객에게 무상으로 제공하지 못하도록 했다. 미국은 2019년부터 식당에서 플라스틱 빨대 사용을 금지하는 법안을 통과시켰고, 미국에 본사를 둔 유명 커피 체인점은 조만간 전 세계 모든 매장에서 플라스틱 빨대를 없애겠다고 발표했다. 최근 우리나라도 식당에서 일회용 컵, 일회용 비닐봉지 사용 금지 등의 법적 규제를 시행했다. 그러나 이러한 법적 노력보다 플라스틱 문제를 해결할 수 있는 근본적인 방법은 사람들이 생각과 행동을 바꿔 나가는 일일 것이다.

지문 구조 해설

1 플라스틱으로 인한 폐해 사례와 문제 제기
- 화제 제시: 인간이 함부로 버린 플라스틱으로 인한 폐해 사례 제시 – 부정적 사례를 나열하여 독자의 관심을 유발함
- 플라스틱의 역습: 플라스틱이 역으로 인간의 건강을 위협하는 상황을 드러내고 있음

2 플라스틱의 양면성
- 플라스틱의 기원
- 플라스틱의 긍정적 속성과 부정적 속성을 제시함

3 미세 플라스틱의 형성과 체내에 쌓이는 과정
- 미세 플라스틱의 형성 과정
- 미세 플라스틱의 개념
- 미세 플라스틱이 인간의 체내에 쌓이는 과정

4 플라스틱으로 인한 해양 생물 피해 사례
- 플라스틱으로 인한 해양 생물 피해 사례: 알바트로스의 새끼, 인근의 물고기
- 플라스틱의 역습: 인간 역시 피해를 받은 생물들처럼 대가를 치를 것임

5 플라스틱 사용을 줄이기 위한 각국의 정책과 근본적인 해결 방안
- 플라스틱 사용을 줄이기 위한 각국의 정책 사례 ①~③
- 플라스틱 문제에 대한 글쓴이의 관점

지문 구조 한눈에 보기

중심 화제 제시 **1**
플라스틱의 역습

↓

부연 설명 **2**
플라스틱의 양면성

↓

구체화 **3** **4**
플라스틱으로 인한 폐해 사례

↓

해결 방안 **5**
각국의 정책 사례와 글쓴이의 관점

✏ 지문 정보 확인 1○ 2✕ 3○

지문 Point 분석 주제: 플라스틱으로 인한 폐해 사례와 해결 방안

해제: 오늘날 지구 환경 오염의 주범이 되고 있는 플라스틱과 플라스틱의 폐해에 대해 설명하고 있는 글이다. 현재 전 세계 바다에는 1억 6천만 톤 이상의 플라스틱이 떠 있고, 매년 8백만 톤이 새로 유입되고 있는데, 이 플라스틱 쓰레기가 바다를 오염시키고 해양 생물을 해치고 있다. 특히 크기가 5mm 이하인 미세 플라스틱은 먹이 사슬 과정을 통해 인간의 체내에 쌓인다. 이러한 심각한 폐해를 인식한 세계 각국은 플라스틱 사용을 줄이기 위해 다양한 정책을 실시하고 있는데, 근본적인 해결책은 이 문제에 대한 사람들의 생각과 행동이 바뀌는 일일 것이다.

1　▼ 세부 정보 파악　답 ③

윗글을 통해 알 수 있는 사실이 <u>아닌</u> 것은?

③ 해양 오염 방지*를 위한 국제법 내용

⋯ 5문단에 플라스틱 사용을 줄이기 위한 세계 각국의 정책은 제시되어 있지만 해양 오염 방지를 위한 국제법 내용은 이 글에 제시되어 있지 않다.

➕ 오답 챙기기

① 플라스틱의 기원*

⋯ 2문단에서 최초의 플라스틱은 당구공의 재료로 사용하던 코끼리 상아를 대체할 물질을 찾다가 얻었다고 하였다.

② 미세 플라스틱의 형성* 과정

⋯ 3문단에서 우리가 버린 플라스틱이 바다에 떠다니다가 자외선, 파도, 소금기 때문에 점점 분해되어 미세 플라스틱을 배출하게 된다고 하였다.

④ 플라스틱으로 인한 해양 생물 피해 사례

⋯ 1문단에 콧구멍에 플라스틱 빨대를 낀 채 피를 흘리는 코스타리카의 바다거북 사례가 제시되어 있고, 4문단에 태평양의 어느 섬에서 플라스틱을 먹고 죽어 간 알바트로스 새끼의 사례가 제시되어 있다.

⑤ 플라스틱 사용을 줄이기 위한 세계 각국의 정책

⋯ 5문단에 플라스틱 사용을 줄이기 위한 영국과 미국, 우리나라의 정책 사례가 제시되어 있다.

> **어휘 충전**
> * **방지**(防 막을 방 止 그칠 지): 어떤 일이나 현상이 일어나지 못하게 막음.
> * **기원**(起 일어날 기 源 근원 원): 사물이 처음으로 생김. 또는 그런 근원.
> * **형성**(形 형상 형 成 이룰 성): 어떤 형상(사물의 생긴 모양이나 상태.)을 이룸.

2　▼ 한자 성어의 이해　답 ④

㉠과 의미가 통하는 한자 성어로 가장 적절한 것은?

④ 자승자박(自繩自縛)

⋯ '자승자박(自繩自縛)'은 '제 줄로 제 몸을 옭아 묶는다.'라는 뜻으로, 자신이 한 말과 행동으로 말미암아 자신이 구속되어 괴로움을 당하게 됨을 이르는 말이다. ㉠은 사람들이 함부로 버린 플라스틱 쓰레기가 바다를 오염시키고, 해양 생물을 해치고, 마침내 우리의 식탁에 올라 건강을 위협하고 있는 상황이므로 '자승자박'이 ㉠의 상황과 의미가 통하는 한자 성어이다.

➕ 오답 챙기기

① 고진감래(苦盡甘來)

⋯ '쓴 것이 다하면 단 것이 온다.'라는 뜻으로, 고생 끝에 즐거움이 옴을 이르는 말이다.

② 사필귀정(事必歸正)

⋯ '모든 일은 반드시 바른길로 돌아감.'을 이르는 말이다.

③ 설상가상(雪上加霜)

⋯ '눈이 내리는 위에 서리까지 덮인다.'라는 뜻으로, 난처한 일이나 불행이 잇따라 일어남을 이르는 말이다.

⑤ 전화위복(轉禍爲福)

⋯ '재앙과 근심, 걱정이 오히려 복이 됨.'이라는 뜻으로, 좋지 않은 일이 계기가 되어 오히려 좋은 일이 생김을 이르는 말이다.

3　▼ 내용 전개 방식 파악　답 ②

> **설명 방법 파악 - 인과, 분석**

㉡에 사용된 내용 전개 방식과 유사한 것은?

② 과학 문명의 물질주의적*인 사고방식이 무분별한 자연의 이용과 개발을 재촉*하여 오늘날과 같은 생태계 위기를 초래*하였다.

⋯ ㉡에서 '인류에 무한한 축복이 되리라고 여겼던 플라스틱이 이제는 거대한 재앙으로 바뀌고 있다.'는 어떤 현상에 대한 결과이다. 이런 결과를 낳은 것은 '자연에서 분해되지 않은 플라스틱이 계속 쌓이면서 지구 환경 오염의 주범이 되고 있'기 때문이라고 설명하고 있으므로 이는 '인과(원인과 결과)'에 따른 내용 전개 방식에 해당된다. ②에서 과학 문명의 물질주의적인 사고방식이 무분별한 자연의 이용과 개발을 재촉하였기 때문에 오늘날과 같은 생태계 위기를 초래하였다고 설명하는 것 역시 '인과'에 따른 내용 전개 방식으로 볼 수 있다.

➕ 오답 챙기기

① 설명문이 독자에게 어떤 사실에 대한 정보 전달을 목적으로 한다면, 논설문은 독자를 설득시키는 것을 목적으로 한다.

⋯ 설명문과 논설문의 차이점을 설명하고 있으므로 '대조'의 방식에 해당된다. 대조는 둘 이상의 내용을 맞대어 같고 다름을 검토하는 것이다.

③ 버섯들 중에는 향과 맛이 좋아 식용*으로 쓰이는 것이 많다. 이를테면 송이버섯, 팽이버섯, 양송이버섯, 느타리버섯 등이 그것이다.

⋯ 식용으로 쓰이는 버섯의 구체적인 예를 설명하고 있으므로 '예시'의 방식에 해당된다. 예시는 본보기가 될 만한 사물인 예를 들어 보이는 것이다.

④ 라면을 끓이는 방법은 먼저 적당량의 물을 끓인 후, 라면과 스프를 넣고 3분 정도 더 끓인다. 이때 어느 정도 끓은 후 각자 기호*에 따라 파와 달걀을 곁들일 수도 있다.

⋯ 라면을 끓이는 과정의 부분과 순서를 설명하고 있으므로 '과정'의 방식에 해당된다. 과정은 일이 되어 가는 경로를 의미한다.

⑤ 국은 크게 소금이나 간장으로 간을 한 맑은장국, 된장을 풀어서 끓인 된장국, 뼈와 살코기 따위의 국거리를 넣고 푹 고아서 끓인 곰국, 찬물에 간장과 초를 쳐서 만든 냉국으로 나눌 수 있다.

⋯ 국의 종류를 나누어 설명하고 있으므로 '분류'의 방식에 해당된다. 분류는 종류에 따라 가르는 것을 의미한다.

> **어휘 충전**
> * **물질주의적**(物 만물 물 質 바탕 질 主 주인 주 義 옳을 의 的 과녁 적): 모든 일을 물질을 위주로 하여 생각하는 경향이 있는 것.
> * **재촉**: 어떤 일을 빨리하도록 조름.
> * **초래**(招 부를 초 來 올 래): 어떤 결과를 가져오게 함.
> * **식용**(食 먹을 식 用 쓸 용): 먹을 것으로 씀. 또는 그런 물건.
> * **기호**(嗜 즐길 기 好 좋을 호): 즐기고 좋아함.

STUDY 05　어휘 확인

1 ㉣	2 ㉤	3 ㉠	4 ㉡	5 ㉢
6 ㉡	7 ㉤	8 ㉠	9 ㉣	10 ㉢
11 배출	12 해지	13 손실	14 검증	15 고수

뚱보 균을 없애는 장내 미생물

출전 이성규, 『질병 정복의 꿈, 바이오 사이언스』 지문 난이도 ★★★☆☆

(1,443자)

1 » 영화 〈광해, 왕이 된 남자〉를 보면 궁궐 생활이 낯선 주인공이 대궐에서 변을 보는데 웃지 못할 상황이 나타난다. 왕의 건강 상태를 알아보기 위해 신하들이 대변을 맛보는 장면이다. 이 같은 장면은 다른 사극에서도 종종 볼 수 있다. 몸 밖으로 배출된 음식 찌꺼기인 대변을 통해 건강 상태를 알아본다고 하니 의아하면서도 한편으로는 대변 속에 뭔가 특별한 게 들어 있는 건 아닌지 궁금증을 자아낸다.

2 » 우리 몸을 이루는 기본 단위는 세포이다. 세포는 우리 몸에 수십조 개가 존재한다. 그런데 이 세포보다 더 많이 우리 몸에 존재하는 생명체가 있다. 바로 미생물이다. 이들 미생물의 90%는 장에 존재하는데, 장에 존재하는 미생물을 장내 미생물이라고 부른다. 장내 미생물은 우리가 대변을 보면 그 대변 속에 같이 묻혀서 배출된다. 대변의 성분을 분석해 보면 수분을 제외한 대부분을 장내 미생물이 차지하고 있다. 이 장내 미생물은 우리 몸에서 여러 가지 기능을 수행하지만 다양한 질병과도 관련이 깊은데, 그중 하나가 바로 비만이다.

3 » 장내 미생물과 비만의 연관성과 관련해 미국에서 흥미로운 연구가 진행되었는데 그 내용이 다소 충격적이다. 연구팀이 몸속 미생물을 없앤 쥐에게 뚱뚱한 쥐의 대변을 이식했는데, 그 쥐가 뚱뚱해진 것이다. 반대로 마른 쥐의 대변을 이식했더니 그 쥐는 날씬해졌다. 뚱뚱한 쥐의 대변 속에 있는 장내 미생물이 쥐를 뚱뚱하게 만들고, 반대로 마른 쥐의 대변 속에 있는 장내 미생물이 쥐를 날씬하게 만든 것이다.

4 » 후속 연구에서는 뚱뚱한 사람의 대변을 쥐에게 이식했더니 쥐가 뚱뚱해졌는데, 이는 사람이나 쥐나 뚱뚱한 생명체에는 비만을 일으키는 미생물이 존재하고, 반대로 마른 생명체에는 살을 빠지게 하는 미생물이 존재한다는 것을 의미한다. 뚱보 미생물과 홀쭉이 미생물이 따로 있다는 것이다.

5 » 여기에 착상하여 비만을 해결하는 방법이 개발되었다. 바로 대변 이식술이다. 건강한 사람의 대변 속에 있는 장내 세균을 비만이거나 병든 사람에게 주입해 장내 세균 분포를 변화시키는 것이다. 물론 대변 그 자체를 주입하는 것은 아니다. 대변을 급속으로 냉동시켜 좋은 미생물을 추출한 뒤 이를 내시경 등을 통해 환자의 장에 투입한다.

6 » 대변 이식의 핵심은 장내 미생물의 균형을 맞추는 것이다. 우리 몸속에는 수없이 많은 장내 미생물이 존재하는데 이 중에는 몸에 이로운 작용을 하는 미생물도 있지만, 반대로 몸에 해로운 작용을 하는 미생물도 있다. 건강한 사람은 이러한 미생물들이 균형을 이뤄 몸에 별다른 문제를 일으키지 않지만, 비만이거나 몸이 아픈 사람의 경우에는 몸에 해로운 미생물이 더 많아 건강에 안 좋은 영향을 끼치게 된다. 이 같은 불균형을 건강한 사람의 대변에서 추출한, 몸에 이로운 미생물을 이용하여 정상으로 되돌리려는 것이다. 대변이라는 용어 때문에 낯설기는 하지만, 대변 이식은 이미 선진국에서 시행되고 있을 만큼 인간의 질병 연구에 중요한 영향을 끼치고 있음을 알 수 있다.

✎ 지문 정보 확인 1 ○ 2 ○ 3 ✕

지문 구조 해석

1 대변을 통한 건강 상태의 확인
- 대변과 건강의 관련성에 대한 궁금증 제시
  → 독자의 호기심 유발

2 장내 미생물과 비만의 관련성
- 대변에서 발견되는 장내 미생물
  – 비만과의 관련성이 발견됨

3 실험을 통해 입증된 장내 미생물과 비만의 연관성

장내 미생물 실험		결과
몸속 미생물을 없앤 쥐에게 뚱뚱한 쥐의 대변 이식	→	이식을 받은 쥐가 뚱뚱해짐

- 대변 속에 있는 장내 미생물이 비만에 영향을 주고 있음을 확인함

4 비만의 유무를 결정하는 미생물의 발견
- 뚱보 미생물과 홀쭉이 미생물이 따로 있음을 발견함

5 미생물을 이용한 비만 해결 방법의 마련

비만 해결 방법 개발	대변 이식술 건강한 사람의 장내 미생물을 치료가 필요한 사람에게 투입

6 장내 미생물의 균형 회복을 통한 질병 문제의 해결
- 장내 미생물의 균형 회복
  – 장내 미생물은 인간의 질병 문제 해결에 중요한 역할을 함
  – 몸에 이로운 미생물을 추출하여 인체 내 불균형을 회복하도록 함

실험 / 적용

지문 구조 한눈에 보기 👀

화제 제시 **1**
↓
구체화 1 **2 3 4**
장내 미생물과 비만의 관련성
↓
구체화 2 **5 6**
장내 미생물을 통한 질병 문제 해결

지문 Point 분석 주제: 장내 미생물의 균형 회복을 통한 비만 등의 질병 문제 해결

해제: 우리 몸에 존재하는 장내 미생물은 다양한 질병과 관련이 깊은데, 그중 하나가 바로 비만이다. 실험을 통해 뚱보 미생물과 홀쭉이 미생물이 따로 있다는 것을 발견하였으며, 대변 이식술과 같이 건강한 사람의 대변 속에 있는 장내 세균을 병든 사람에게 주입하여 질병 문제를 해결할 수 있는 방법을 개발하였다. 대변 이식의 핵심은 장내 미생물의 균형을 맞추는 것으로 인간의 질병 연구에 중요한 영향을 끼치고 있다.

글의 핵심 내용, 설명 방법 연습

1 ▼ 핵심 내용 파악 답 ④

윗글의 표제와 부제로 가장 적절한 것은?

④ 장내 미생물 연구 의의
 – 장내 미생물의 균형 회복을 통한 비만 문제 해결

⋯ 이 글에서는 장내 미생물이 비만에 어떠한 영향을 주는지에 대해 실험을 통해 입증한 결과를 밝히고 둘 사이에 관련성이 있음을 설명하고 있다. 즉 비만의 유무를 결정하는 뚱보 미생물과 홀쭉이 미생물이 따로 있으며, 이를 이용하여 비만과 같은 질병 문제를 해결할 대책을 마련할 수 있다고 보고 있다. 따라서 장내 미생물의 연구는 체내 장내 미생물의 균형 회복을 통해 비만 문제를 해결할 수 있다는 점에서 의의를 찾을 수 있다.

➕ 오답 챙기기

① 장내 미생물의 종류
 – 미생물의 기능과 발생 원인을 중심으로

⋯ 이 글에는 미생물이 왜 발생하는지 그 원인에 대해 언급되어 있지 않다.

② 미생물의 탄생과 변화
 – 미생물의 움직임과 크기 변화를 중심으로

⋯ 이 글에는 미생물이 탄생한 과정이나 미생물이 어떻게 움직이고 크기가 변하는지에 대해 언급되어 있지 않다.

③ 장내 미생물 연구 현황
 – 미생물 연구를 통한 약품 개발 과정을 중심으로

⋯ 이 글에서 장내 미생물을 이용하여 질병 문제를 해결하기 위한 연구가 진행 중이라고 언급하였지만, 연구 현황이나 약품 개발 과정과 관련하여 구체적으로 제시된 내용은 찾아볼 수 없다.

⑤ 장내 미생물의 효과
 – 장내 미생물이 일상생활에 미치는 부정적인 영향

⋯ 장내 미생물 중 우리 몸에 해로운 영향을 주는 미생물도 있다고 언급하였지만, 일상생활에 어떤 부정적인 영향을 주는지 제시하고 있지 않으며 글의 내용을 포괄하고 있지도 않으므로 부제로 적절하지 않다.

2 ▼ 추론적 이해 답 ⑤

윗글을 바탕으로 〈보기〉에 대해 보인 반응으로 가장 적절한 것은?

보기

 한국인의 장내 미생물을 분석하는 '스마일바이오미 프로젝트' 연구진은 나라마다 장내 미생물의 구성이 조금씩 다르다는 것을 밝혀냈다. 예를 들어 한국인의 장에서 가장 많이 발견되는 피르미쿠테스 등의 미생물은 미국인들에게서는 나타나지 않는다. 이런 경우 외국에서 장내 미생물과 관련된 약이 만들어지더라도 한국인에게는 맞지 않을 가능성이 높게 된다. 따라서 나라마다 다른 생활 환경을 갖고 있음을 고려해야 할 뿐만 아니라 우리의 대장 안에는 어떤 미생물들이 살고 있고, 어떤 특성을 지니고 있는지를 알아야 한다.

⑤ 미국의 연구 결과를 참고하되, 장내 미생물이 식습관이나 문화와 밀접한 관계가 있을 수 있음을 간과*해서는 안 되겠군.

⋯ 이 글에서는 미국에서 진행한 장내 미생물의 연구 결과를 소개하여 장내 미생물의 균형 회복을 통해 비만과 같은 질병 문제가 해결될 수 있음을 언급하고 있다. 그러나 〈보기〉에서는 한국인과 미국인에게서 발견되는 장내 미생물의 종류가 다르다는 점을 언급하고 있으며 나라마다 생활 환경이 다르기에 우리의 대장 안에 살고 있는 미생물은 어떤 특성을 지니고 있는지 이해할 필요가 있음을 말하고 있다. 따라서 미국의 연구 결과를 참고할 수 있으나, 장내 미생물이 각 나라의 식습관이나 문화와 밀접한 관계를 지니고 있기 때문에 질병 연구의 결과는 모든 사람에게 일반화될 수 없을 것이다.

➕ 오답 챙기기

① 외국에서 생산된 장내 미생물과 관련된 약은 국내에서 판매할 수 없도록 규제해야겠군.

⋯ 이 글에서는 장내 미생물을 이용하여 비만과 같은 질병 문제를 해결할 수 있다고 보고 있다. 〈보기〉에서는 외국에서 장내 미생물과 관련된 약이 만들어지더라고 한국인에게는 맞지 않을 가능성이 높다고 언급하였지만, 나라마다 다른 생활 환경을 고려해야 한다고 하였을 뿐 판매를 규제해야 한다는 내용은 찾아볼 수 없다.

② 대변의 성분을 세밀하게* 분석하여 장내 미생물의 종류를 명확하게 파악할 필요성이 있겠군.

⋯ 장내 미생물의 종류를 좀 더 심층적으로 탐구하려는 목적이 〈보기〉와 이 글에서는 나타나지 않는다.

③ 한국인의 장에서 발견되는 미생물과 미국인의 장에서 발견되는 미생물 간의 공통점을 찾아볼 필요가 있겠군.

⋯ 〈보기〉에서는 한국인과 미국인의 장에서 발견되는 장내 미생물의 종류가 다르며 이는 생활 환경의 영향으로 나타난 차이일 수 있음을 언급하고 있다. 따라서 한국인과 미국인의 장에서 발견되는 미생물 간의 공통점을 찾아본다는 내용은 적절하지 않다.

④ 나라마다 비만에 영향을 줄 수 있는 요인*이 다르다는 점을 인지*하고 그 원인을 파악하기 위한 연구를 진행해야겠군.

⋯ 이 글에서는 장내 미생물과 비만의 연관성에 대해 언급하고 있고, 〈보기〉에서는 개인의 생활 환경에 따라 발견되는 장내 미생물의 특성이 다를 수 있다는 점을 언급하고 있다. 따라서 화제의 중심은 장내 미생물이며, 비만으로만 주제를 확대하는 것은 적절하지 않다.

🏮 어휘 충전

* **간과**(看 볼 간 過 지날 과): 큰 관심 없이 대강 보아 넘김.
* **세밀**(細 가늘 세 密 빽빽할 밀)**하다**: 자세하고 꼼꼼하다.
* **요인**(要 중요할 요 因 인할 인): 사물이나 사건이 성립되는 까닭. 또는 조건이 되는 요소.
* **인지**(認 알 인 知 알 지): 어떤 사실을 인정하여 앎.

스포츠의 비디오 판독, 매의 눈 '호크아이'

출전 이충환, 『미래를 읽다 과학 이슈 11 season 7』 **지문 난이도** ★★★★☆

(1,430자)

1 » 스포츠에서 공정한 판정은 필수이다. 잘못된 판정으로 선수들의 땀과 노력에 대한 보상이 제대로 이루어지지 않을 수 있기 때문이다. 하지만 스포츠 경기에서는 사람(심판)의 눈으로 판단하기 힘든 순간이 발생하기도 한다. 때로는 경기 결과를 바꿀 수 있는 오심으로 인해 심판의 판정에 관련된 시비가 일어나기도 한다. 이 순간에 힘을 발휘하는 것이 바로 비디오 판독이다.

2 » 비디오 판독이란 경기를 초고속 카메라로 촬영한 영상을 자세히 들여다보고 분석한 뒤 판정의 근거로 사용하는 기술을 말한다. 스포츠 경기마다 각 종목에 특화된 비디오 시스템을 적용하고 있는데, 그중 '매의 눈'이라는 뜻의 '호크아이(Hawk-Eye)' 시스템은 테니스에서 오래전부터 도입해 써 왔던 것이다. 이 시스템은 경기에서 공의 위치와 궤적을 고속 카메라와 고성능 처리 과정으로 추적하고 통계적으로 분석하는 컴퓨터 시스템이다. 특히 테니스 경기에서는 공이 시속 200km 넘나들기 때문에 공의 인·아웃을 판정하기 위해 공이 코트에 닿는 지점을 추적하는 데 호크아이 시스템이 유용하다. 호크아이 시스템은 경기장 안에서 다양한 각도와 위치에 설치된 초고속 카메라 여러 대가 촬영한 영상과 타이밍 정보를 종합해 삼각 측량의 원리로 공의 궤적을 파악한다. 삼각 측량은 고정된 한 점(카메라 A)과 다른 점(카메라 B) 사이의 각도를 측정해 또 다른 점(공)의 위치를 찾는 과정이다.

테니스공
테니스 경기장
α β
카메라 A 카메라 B
삼각 측량의 원리

3 » 테니스의 경우 촬영 시간을 동일하게 맞춘 초고속 카메라를 6대 이상 이용한다. 카메라와 공 추적 장치에서 전송되는 영상 정보는 컴퓨터 시스템에서 고속으로 처리된다. 각 카메라는 움직이는 공을 서로 다른 각도에서 초당 100장(프레임) 찍는데, 호크아이 시스템은 동일한 시각에 다른 각도에서 촬영한 영상에서 배경과 공을 분리한 뒤, 3차원 공간에서 공이 이동하는 궤적을 알아낸다. 이렇게 재구성한 공의 궤적은 3차원 그래픽 영상으로 바뀌어 심판과 TV 중계진, 관중에게 실시간으로 전달된다. 또한 호크아이 시스템의 추적 시스템은 각 선수들의 움직임 및 경기 내용을 통계적으로 분석하는 데 활용될 수 있다. 그러므로 비디오 판독을 잘 활용한다면 판정 시비나 오심 논란을 잠재울 수 있는 장점이 있다.

4 » [A] 그러나 비디오 판독 시스템이 오차 없이 모든 상황을 정확히 판단 내릴 수 있는 것은 아니다. 호크아이 시스템의 경우 테니스 경기에 적용할 때 생기는 평균 오차는 3.6mm이다. 때로는 정확한 판정을 내릴 수 있는 각도에서 촬영되지 않았거나, 카메라 움직임이 공의 속도를 따라가지 못해 판정이 불가능한 상황도 발생한다. 만일 고성능 카메라를 통해 고화질 영상을 얻을 수 없다면 정확한 판독이 어려우며, 짧은 시간 동안 여러 장면을 찾아 판단을 내리다 보면 오독이 일어나기도 한다. 결국 경기의 흐름을 끊지 않으면서 실시간으로 공의 정확한 위치를 알려 주는 기술이 확보되어야 비디오 판독으로 인한 또 다른 논란을 낳지 않을 것이다.

✏️ 지문 정보 확인 1○ 2X 3○

지문 Point 분석 **주제: 호크아이 시스템의 판독 원리 및 비디오 판독 사용의 한계점**

해제: 호크아이 시스템은 테니스에서 사용되는 비디오 판독 시스템 종류 중의 하나로 경기장 안에서 다양한 각도와 위치에 설치된 초고속 카메라를 활용하여 공의 궤적을 파악할 수 있다. 또한 각 카메라는 움직이는 공을 서로 다른 각도에서 촬영하여 3차원 그래픽 영상으로 공의 궤적을 재구성하는 기술을 갖추고 있다. 그러나 호크아이 시스템 역시 오차가 발생하는 등 정확한 판독이 어려운 상황이 발생하는 한계점을 보여 준다.

지문구조 해설

1 스포츠의 공정한 판정을 위해 도입된 비디오 판독

비디오 판독 도입 배경	오심으로 인해 심판의 판정에 대해 논란이 생기지 않도록 하기 위한 것

2 비디오 판독의 개념 및 호크아이 시스템의 판독 원리 ①

비디오 판독	경기를 초고속 카메라로 촬영한 영상을 토대로 분석한 뒤 판정의 근거로 사용하는 기술

• 호크아이 시스템의 판독 원리
– 삼각 측량의 원리로 공의 궤적을 추적

판독 원리 ①

3 호크 아이 시스템의 판독 원리 ②

공의 궤적 확인	활용
서로 다른 각도에서 촬영한 영상에서 공의 궤적을 3차원 그래픽 영상으로 바꿈	– 심판과 관중, TV 중계진에게 실시간으로 전달됨 – 경기 내용 통계 분석

판독 원리 ②

4 비디오 판독 시스템 사용의 한계점

한계점	대책
– 오차가 존재함 – 카메라의 기술이 공의 속도를 따라가지 못함 – 심판의 오독 등	공의 정확한 위치를 알려 줄 수 있는 판독 기술이 확보되어야 함

지문 구조 한눈에 보기 👀

화제 제시 **1**

↓

중심 화제 구체화 **2 3**	비디오 판독의 개념 및 호크아이 시스템의 판독 원리 ① 호크아이 시스템의 판독 원리 ②

↓

마무리 **4**

1 ▼ 세부 내용 확인　　　　답 ④

윗글의 내용과 일치하지 <u>않는</u> 것은?

④ 호크아이 시스템은 동일한 시각에 같은 각도에서 여러 번 촬영한 영상을 바탕으로 공의 궤적을 알아낸다.

… 3문단에서 호크아이 시스템은 동일한 시각에 다른 각도에서 촬영한 영상에서 배경과 공을 분리한 뒤, 3차원 공간에서 공이 이동하는 궤적을 알아낸다는 것을 언급하고 있다.

➕ 오답 챙기기

① 스포츠 경기마다 각 종목의 특성에 맞는 비디오 판독 시스템이 존재한다.

… 2문단에서 스포츠 경기마다 각 종목에 특화된 비디오 시스템을 적용하고 있음을 언급하고 있다.

② 호크아이 시스템에서 3차원 그래픽 영상으로 변환된 공의 궤적은 관중에게도 실시간으로 전달된다.

… 3문단에서 3차원 공간에서 공이 이동하는 궤적이 그래픽으로 재구성되어 심판과 TV 중계진, 관중에게 실시간으로 전달됨을 언급하고 있다.

③ 삼각 측량은 고정된 한 카메라와 다른 카메라가 공과 이루는 각도를 측정해 공의 위치를 찾는 방식이다.

… 2문단에서 호크아이 시스템에 사용된 삼각 측량의 원리를 소개하고 있다. 삼각 측량은 고정된 한 점과 다른 점 사이의 각도를 측정해 또 다른 점의 위치를 찾는 과정이다.

⑤ 호크아이 시스템은 정확한 판정 기능 이외에도 선수들의 활동과 경기 내용을 분석하는 데 유용하게 활용될 수 있다.

… 3문단에서 호크아이 시스템이 정확한 판독을 위한 기능 이외에도 선수들의 움직임 및 경기 내용을 통계적으로 분석하는 데 활용될 수 있음을 언급하고 있다.

2 ▼ 추론적 이해　　　　답 ③

[A]를 참고하여 〈보기〉의 내용을 이해한 것으로 가장 적절한 것은?

> **보기**
>
> 한국 프로 야구(KBO) 리그에서는 2017 시즌부터 비디오 판독을 도입하였다. 판독 업무를 판독 센터로 넘겨 경기 시간을 단축하고자 했으나 오히려 시간이 길어진 판정도 상당히 많았다. 비디오 판독은 고배율의 초고속 카메라가 필요한데, KBO 카메라의 성능이 방송사 카메라보다 떨어져 판독 결과에 대해 의문을 갖는 보도가 나오기도 했다.

③ 비디오 판독 시스템의 신뢰성을 확보하기 위해서는 정확한 판단을 내릴 수 있는 기술력 확보가 중요하겠군.

… 이 글에서는 비디오 판독 시스템의 장점 이외에도 비디오 판독 기술의 한계점을 언급하고 있다. 4문단에서는 고성능 카메라를 통해 고화질 영상을 얻을 수 없다면 정확한 판독이 어렵기에 공의 정확한 위치를 알려 주는 기술 확보가 중요함을 제시하고 있다. 〈보기〉에서도 한국 프로 야구(KBO) 리그에 비디오 판독 시스템이 도입되었으나 오히려 기술력이 뒷받침되지 못하여 판독 결

과에 의문이 제기되고 있다는 점을 언급하고 있다. 따라서 이를 고려할 때 비디오 판독 시스템의 신뢰성 확보를 위해서는 기술력이 뒷받침되어야 함을 알 수 있다.

➕ 오답 챙기기

① 스포츠 경기에서 비디오 판독을 실행하는 횟수를 엄격하게 제한* 해야겠군.

… 비디오 판독 결과에 대한 의문점이 제기되는 내용이 〈보기〉와 [A]에 제시되어 있지만 이에 대한 결론을 비디오 판독을 실행하는 횟수를 제한하는 것에 두는 것은 적절하지 않다.

② 비디오 판독을 실시하여도 경기의 흐름에는 영향을 주지 않으므로 비디오 판독 사용 횟수를 늘려야겠군.

… 비디오 판독으로 인해 [A]에는 경기의 흐름이 끊어질 수도 있다는 우려가 제시되어 있으며 〈보기〉에서는 판독을 진행하며 오히려 경기의 시간이 길어지게 되었음을 언급하고 있다. 따라서 비디오 판독 시스템이 경기의 흐름에 영향을 주지 않는다는 진술은 적절하지 않다.

④ 비디오 판독이 스포츠 경기에서 차지하는 비중이 커지면서 심판의 권위*가 점차 떨어지고 있음을 알 수 있군.

… 〈보기〉와 [A]에서는 비디오 판독 시스템으로 인해 심판의 권위가 떨어지고 있음을 언급하는 부분이 없다.

⑤ 비디오 판독으로 인한 오심이 발생할 수 있다는 점을 인정하고, 심판에게 판정의 권한*을 더욱 강하게 부여*해야겠군.

… 비디오 판독으로 인한 논란의 여지에 대해 [A]에서는 신뢰성 확보를 위해 공의 정확한 위치를 알려 주는 기술이 확보되어야 함을 언급하고 있다. 따라서 심판에게 판정의 권한을 더욱 강하게 부여한다는 것은 적절하지 않다.

> **어휘 충전**
>
> * **제한**(制 억제할 제 限 한계 한): 일정한 한도를 정하거나 그 한도를 넘지 못하게 막음. 또는 그렇게 정한 한계.
> * **권위**(權 권세 권 威 위엄 위): 일정한 분야에서 사회적으로 인정을 받고 영향력을 끼칠 수 있는 위신.
> * **권한**(權 권세 권 限 한계 한): 어떤 사람이나 기관의 권리나 권력이 미치는 범위.
> * **부여**(附 붙을 부 與 더불 여): 사람에게 권리 · 명예 · 임무 따위를 지니도록 해 줌.

STUDY 06 어휘 확인

1 ㉡	2 ㉠	3 ㉢	4 ㉣	5 ㉢
6 ㉤	7 ㉡	8 ㉠	9 ㉢	10 ㉣
11 이식	12 발휘	13 추출	14 착상	15 추적

정신과 신체가 별개라고 생각한 데카르트

지문 난이도 ★★★★☆

(1,118자)

❶ » 17세기의 철학자 데카르트는 정신과 신체의 관계를 분리하여 생각하는 심신 이원론(心身二元論)을 주장하였다. 그는 정신은 사유를 담당하며, 신체는 자연의 법칙에 따라 자동적으로 삶을 유지한다고 생각했다. 데카르트에 의하면 정신과 신체는 철저하게 구분되며 독립적으로 존재할 수 있다. 데카르트는 여러 동물 중에서 인간만이 정신과 신체라는 두 가지 실체로 이루어져 있다고 주장한다.

❷ » 심신 이원론에서 중요한 것은 정신과 신체의 연결 고리를 찾는 일이었다. 이에 대해 데카르트는 정신과 신체가 뇌 안의 '송과선'에서만 접촉하며, 정신은 송과선을 제외한 신체의 어느 부분에도 영향을 받지 않는다고 생각했다. 신체가 지각한 내용이 신경을 통해 혈액을 자극하면 그것이 송과선을 통해 정신으로 전달된다. 정신은 신체에서 일어나는 모든 운동을 낱낱이 알 수는 없으며 포괄적으로만 의식할 수 있다. 우리가 고통을 느낄 때 위치를 착각한다거나, 소화 운동에 대해서 거의 인식하지 못하는 이유가 바로 이 때문이다.

❸ » 데카르트의 심신 이원론이 지니는 한계는 정신과 신체를 서로 독립된 실체로 인정했다는 것에서 비롯된다. 독립된 실체라는 것은 어느 하나가 없어도 다른 것이 존재할 수 있다는 의미이며, 서로에게 의존하지 않는다는 의미이다. 데카르트에 의하면 인간이 아닌 동물은 정신이 없는 신체일 뿐이다. 반면 천사나 신은 신체가 없는 정신일 뿐이다.

❹ » 그러나 신체 중 일부가 불에 데었다고 가정해 보자. 그 신체의 변화는 일정한 고통을 일으킨다. 그리고 고통을 겪은 사람은 자신이 겪은 고통에 대해서 생각하고, 되도록 그것을 피하려고 생각할 것이다. 이는 신체가 정신에 영향을 준 것이다. 반대 방향도 역시 성립한다. 예를 들어 손을 올리려고 하는 사람의 정신은 신체인 손이 올라가는 것에 영향을 준다. 이는 정신이 신체에 영향을 준 것으로 볼 수 있다.

❺ » 정신과 신체는 서로 독립적으로 존재하는 것은 아니며 인과 관계를 맺고 있다. 그러나 데카르트의 심신 이원론은 정신과 신체를 독립된 실체로 생각했기 때문에 정신이 신체에 영향을 미치는 경우나 그 반대의 인과 관계를 잘 설명하지 못한다. 이 때문에 20세기의 철학자 라일(G. Ryle)은 데카르트의 심신 이원론을 ㉠'기계 속의 유령'이라는 말을 사용하여 비판하기도 했다.

지문 구조 해설

1 데카르트가 제시한 심신 이원론
- 데카르트의 심신 이원론: 정신과 신체의 관계를 분리해 생각함
- 정신과 신체는 철저하게 구분되며 독립적으로 존재할 수 있음
- 인간만이 정신과 신체의 두 가지 실체로 이루어졌다고 생각함

2 정신과 신체의 연결 고리인 '송과선'
- 정신과 신체의 연결 고리인 송과선
- 정신과 신체가 연결되는 과정
  ① 신체의 지각
  ② 신경을 통해 혈액을 자극
  ③ 송과선을 통해 정신으로 전달
- 정신은 신체 운동을 포괄적으로만 의식할 수 있음
- 정신이 모든 신체 운동을 알 수 없음을 보여 주는 예

3 심신 이원론의 한계
- 정신과 신체를 독립된 실체로 인식했다는 점이 심신 이원론의 한계임
  – 동물: 정신이 없는 신체(인간만이 정신과 신체를 갖는다고 생각했으므로)
  – 천사, 신: 신체가 없는 정신

4 심신 이원론의 한계를 설명하는 사례
- 신체가 정신에 영향을 준 사례 (가정)
- 정신이 신체에 영향을 준 사례 (예시)

5 심신 이원론에 대한 비판 – 정신과 관련을 맺고 있는 신체
- 정신과 신체는 독립적으로 존재하는 것이 아님
- 원인과 결과의 관계를 맺고 있는 정신과 신체
- 데카르트가 주장한 심신 이원론의 한계
- 데카르트의 주장에 대한 철학자 라일의 비판

지문 구조 한눈에 보기

화제 제시 **1**

심신 이원론

↓

심신 이원론에 대한 부연 **2**

↓

한계 **3 4**
- 심신 이원론의 한계
- 한계 사례

↓

심신 이원론에 대한 비판 **5**

✎ 지문 정보 확인　1○　2✕　3○

지문 Point 분석　주제: 데카르트가 제시한 심신 이원론의 개념 및 한계

해제: 이 글은 데카르트가 제시한 심신 이원론의 개념 및 특징을 설명한 후 그것이 지닌 한계에 대해 서술하고 있다. 데카르트는 정신과 신체를 각각 독립적인 실체로 생각했으며, '송과선'을 통해 연결되었다고 생각하였다. 데카르트는 정신은 송과선을 제외한 신체의 어느 부분에도 영향을 받지 않는다고 생각했다. 그러나 이러한 심신 이원론은 정신과 신체가 맺고 있는 인과적 관계에 대하여 답을 제시할 수 없다는 한계를 지니고 있다. 그렇기 때문에 데카르트의 이론은 철학자들에게 비판을 받기도 했다.

1　▼ 내용 전개 방식 파악　　　　　답 ②

윗글에 대한 설명으로 가장 적절한 것은?

② 심신 이원론의 특징을 제시한 후 그 한계를 언급하고 있다.

⋯ 이 글은 1, 2문단에서 데카르트의 심신 이원론의 특징을 서술한 후, 3~5문단에서 그것이 지니고 있는 한계에 대해 언급하고 있다.

➕ 오답 챙기기

① 심신 이원론의 변화 과정을 시간에 따라 설명하고 있다.

⋯ 심신 이원론의 변화 과정이 시간 순서에 따라 드러나지는 않는다.

③ 구체적인 사례를 제시하여 데카르트의 주장을 뒷받침하고 있다.

⋯ 4문단에 예시의 방법이 사용되고는 있으나, 이는 데카르트 주장에 대한 반박이다. 구체적인 사례를 제시하여 데카르트의 주장을 뒷받침하고 있는 것은 아니다.

④ 여러 철학자들의 의견을 바탕으로 심신 이원론을 설명하고 있다.

⋯ 5문단에 철학자 라일이 한 말이 인용되어 있지만, 이는 심신 이원론에 대한 비판일 뿐이다. 이 글에 심신 이원론을 설명하기 위한 여러 철학자의 의견이 제시되어 있지는 않다.

⑤ 심신 이원론이 지닌 문제점과 그에 대한 해결책을 제시하고 있다.

⋯ 3~5문단에 심신 이원론이 지닌 문제점에 대한 언급은 있으나, 이를 해결하기 위한 대안은 제시되지 않았다.

2　▼ 세부 정보 파악　　　　　답 ③

윗글의 내용과 일치하지 <u>않는</u> 것은?

③ 데카르트는 정신이 모든 신체 활동을 파악하고 있다고 말했다.

⋯ 2문단의 '정신은 신체에서 일어나는 모든 운동을 낱낱이 알 수는 없으며 포괄적으로만 의식할 수 있다.'를 통해 데카르트의 생각을 확인해 볼 수 있다. 즉 데카르트는 정신이 모든 신체 활동을 파악하고 있는 것은 아니라는 입장을 취하고 있다.

➕ 오답 챙기기

① 데카르트는 정신과 신체를 독립된 별개*의 실체로 생각했다.

⋯ 1문단의 '데카르트에 의하면 정신과 신체는 철저하게 구분되며 독립적으로 존재할 수 있다.'와 3문단에 제시된 내용을 통해서 확인할 수 있다.

② 데카르트는 인간만이 정신과 신체로 구성되었다고 주장했다.

⋯ 1문단의 '인간만이 정신과 신체라는 두 가지 실체로 이루어져 있다고 주장한다.'를 통해 확인할 수 있다.

④ 데카르트의 이론은 정신과 신체의 인과* 관계를 설명할 수 없다.

⋯ 5문단에 제시된 '정신이 신체에 영향을 미치는 경우나 그 반대의 인과 관계를 잘 설명하지 못한다.'라는 내용을 통해서 확인할 수 있다.

⑤ 데카르트는 송과선에 의해 정신과 신체가 연결된다고 생각했다.

⋯ 2문단에서 정신과 신체가 뇌 안의 '송과선'에서만 접촉한다고 설명하고 있고 신체가 지각한 내용이 송과선을 통해 정신으로 전달됨을 확인할 수 있다.

* **별개**(別 다를 별 個 낱 개): 관련성이 없이 서로 다름.
* **인과**(因 인할 인 果 열매 과): 원인과 결과를 아울러 이르는 말.

3　▼ 추론적 이해　　　　　답 ②

㉠에 대한 이해로 적절하지 <u>않은</u> 것은?

② 데카르트 이론의 한계를 보완*하기 위해 라일이 사용한 말이다.

⋯ 라일이 사용한 '기계 속의 유령'은 심신 이원론에 대한 비판적 인식이 내포되어 있는 말이다. '기계'는 데카르트가 제시한 신체와 대응되며, '유령'은 데카르트가 제시한 정신과 대응된다. 라일은 정신과 신체가 독립적으로 존재하면서 인과 관계를 맺지 못한다면 정신은 유령일 뿐이고 신체는 기계일 뿐이라는 비판적 인식을 드러낸 것이다. 따라서 데카르트 이론의 한계점을 보완하기 위해 사용한 말은 아니다.

➕ 오답 챙기기

① 데카르트가 제시한 정신은 '유령'과, 신체는 '기계'와 대응*된다.

⋯ 정신은 라일이 이야기한 '유령', 신체는 라일이 이야기한 '기계'에 각각 대응된다.

③ 심신 이원론이 지니고 있는 문제점에 대한 비판적 인식이 담겨 있다.

⋯ 5문단에서 '기계 속의 유령'이 심신 이원론을 비판하기 위해 사용한 말임을 확인할 수 있다.

④ 데카르트에 따르면 동물은 정신이 결여*되어 있으므로 '기계'로 볼 수 있다.

⋯ 3문단에서 데카르트에 의하면 인간이 아닌 동물은 정신이 없는 신체일 뿐이라고 하였다. 따라서 동물은 정신이 결여되어 있으므로 '기계'로 볼 수 있다.

⑤ 데카르트에 따르면 천사나 신은 신체가 결여되어 있으므로 '유령'으로 볼 수 있다.

⋯ 3문단에서 데카르트에 의하면 천사나 신은 신체가 없는 정신일 뿐이라고 하였다. 따라서 천사나 신은 신체가 결여되어 있으므로 '유령'으로 볼 수 있다.

* **보완**(補 기울 보 完 완전할 완): 모자라거나 부족한 것을 보충하여 완전하게 함.
* **대응**(對 대답할 대 應 응할 응): 어떤 두 대상이 주어진 어떤 관계에 의하여 서로 짝이 되는 일.
* **결여**(缺 이지러질 결 如 같을 여): 마땅히 있어야 할 것이 빠져서 없거나 모자람.

낭만주의는 어떻게 출발했을까?

출전 최유찬, 『문예 사조의 이해』 지문 난이도 ★★★★☆

(911자)

1 » 고전주의는 절대적이고 엄격한 미(美) 관념에 입각하여 작품의 규칙을 세우는 문예 사조이다. 고전주의는 일종의 귀족 문화로서 복잡한 것보다 간단한 것을, 파격보다 균형을, 동적인 것보다 정적인 것을 추구한다. 그러나 18세기 중반, 유럽의 시민 문화가 발달하게 되면서 귀족 문화가 서서히 무너지기 시작하였다. 낭만주의는 바로 이러한 움직임에서 출발하였다.

2 » 낭만주의의 시작과 떼어 낼 수 없는 관계에 있는 것이 바로 과학 기술의 발전과 산업 혁명이다. 과학 기술의 발전은 생산 활동에 크게 기여하였으며, 기술의 발전을 바탕으로 한 생산의 증가는 산업 혁명의 토대가 되었다. 산업 혁명은 자연스럽게 시민 계층의 경제적 지위 향상을 가져왔다. 사람들은 농촌을 떠나 도시의 공장에 몰려들게 되었고, 과거와 비교해 삶의 기반은 근본적으로 달라졌다. 18세기에 농촌 공동체가 해체되면서 사람들은 도시의 삶에 적응해야만 했다.

3 » 이렇게 변화된 삶의 기반 속에서 사람들 사이에는 개인주의와 물질 만능주의가 널리 퍼지게 되었다. 산업 사회의 비인간적인 모습 속에서 작가는 진정한 삶의 모습이나 인간성을 확인하려고 노력하였으며, 이를 기존의 고전주의와는 다른 방법으로 표현하려 했던 것이다. 그렇기 때문에 낭만주의는 시민 문화의 성격이 강하며, 균형보다는 파격을, 정적인 것보다 동적인 것을 추구하는 등 고전주의와는 상반된 특징을 보인다.

4 » 낭만주의는 자연스럽게 예술 작품의 창작 환경에도 변화를 가져왔다. 고전주의 시대에 예술 작품을 소비하는 계층은 주로 귀족이었다. 귀족은 작가에게 자신의 취향을 반영하도록 요구하는 위치에 있었다. 그러나 시민 계층은 그러한 요구를 할 수 있는 위치에 있는 것은 아니었다. 따라서 작가에게는 외부의 간섭 없이 작품을 창작할 수 있는 환경이 만들어질 수 있었고, 작가가 하나의 독립적 존재로 자리 잡을 수 있었던 것이다.

지문 구조 해설

고전주의

1 고전주의의 특징과 낭만주의의 출발
- 고전주의의 개념
- 고전주의의 성격과 특징
- 낭만주의가 나타나게 된 배경

배경	
• 시민 문화 발달 • 귀족 문화 붕괴	→ 18세기 중반 낭만주의가 출발하게 됨

2 18세기 유럽의 사회 변화
- 사회의 변화를 과정의 방법으로 설명함
  - 과학 기술의 발전 → 생산의 증가 → 산업 혁명 → 시민 계층의 경제적 지위 향상
- 삶의 기반이 근본적으로 달라진 18세기
  - 농촌 공동체의 해체와 도시의 발달

낭만주의

3 유럽에서 낭만주의가 나타나게 된 배경
- 산업 사회의 발달로 인한 물질주의와 개인주의의 만연
- 낭만주의 탄생의 배경
  - 진정한 삶의 모습이나 인간성 확인의 욕구
  - 고전주의와는 다른 방법의 표현
- 낭만주의의 특징

고전주의의 특징	낭만주의의 특징
• 귀족 문화	• 시민 문화
• 파격보다 균형 추구	• 균형보다 파격 추구
• 동적인 것보다 정적인 것 추구	• 정적인 것보다 동적인 것 추구

4 낭만주의 시대의 창작 환경 변화
- 낭만주의 시대 예술의 소비 계층

고전주의 시대 예술의 소비 계층	낭만주의 시대 예술의 소비 계층
• 귀족 계층	• 시민 계층
• 작가에게 자신의 취향을 반영하도록 요구함	• 작가에게 자신의 취향을 반영하도록 요구하지 못함

- 낭만주의 시대의 창작 환경 변화

지문 정보 확인 1○ 2○ 3○

지문 Point 분석 주제: 산업 혁명과 낭만주의의 형성

해제: 낭만주의는 고전주의에 이어 서구에 나타난 문예 사조이다. 사회적으로 낭만주의 형성의 배경이 된 것은 산업 혁명이다. 산업 혁명은 전통적으로 유지되던 농촌 공동체와 사람들의 삶을 근본적으로 바꾸어 놓았다. 이렇게 변화된 사회적 상황 속에서 낭만주의는 인간성이나 삶의 진실을 확인하려는 작가들의 소망이나 표현 방법이 되었다. 또 산업 사회의 물질 만능주의나 개인주의에 대해 도전하며 자신의 이상을 드러내려는 작가의 창작 방법이 되었다. 낭만주의의 발흥은 작가가 사회적으로 독립할 수 있는 계기를 만들어 주는 등 작가의 지위를 변화시키기도 하였다.

지문 구조 한눈에 보기

고전주의에 대한 소개 **1**
↓
유럽 사회의 변화상 **2**
↓
낭만주의의 형성과 특징 **3**
↓
낭만주의로 인한 작가 위상 변화 **4**

1 ▼ 내용 전개 방식 파악   답 ④

윗글에 대한 설명으로 가장 적절한 것은?

④ 문예 사조가 형성된 사회적 배경을 분석적*으로 제시하고 있다.

⋯ 이 글에서는 18세기 유럽에서 일어난 과학 기술의 발전, 그로 인한 산업 혁명이라는 배경을 바탕으로 낭만주의 문예 사조가 형성되었음을 설명하고 있다. 따라서 문예 사조가 형성된 사회적 배경을 분석적으로 제시하고 있음을 확인할 수 있다.

➕ 오답 챙기기

① 여러 문예 사조의 특징을 병렬적* 구조로 제시하고 있다.

⋯ 고전주의와 낭만주의 두 문예 사조를 설명하고 있으므로 여러 문예 사조를 다루고 있다고 볼 수 없다. 또한 그 방식이 병렬적 구조라고 보기 어렵다.

② 문예 사조들을 비교하며 공통점을 중심으로 서술하고 있다.

⋯ 고전주의와 낭만주의가 비교되고 있으나, 공통점을 중심으로 서술한 것이 아니라 차이점을 중심으로 서술하고 있다.

③ 문예 사조의 필요성에 대한 글쓴이의 견해*가 제시되어 있다.

⋯ 문예 사조의 필요성에 대한 글쓴이의 견해는 이 글에 드러나지 않는다.

⑤ 문예 사조에 따른 작가의 창작 방법을 예를 들어 설명하고 있다.

⋯ 4문단에서 고전주의와 낭만주의의 창작 환경을 설명하고 있다. 하지만 문예 사조에 따른 작가의 창작 방법을 예를 들어 설명하고 있는 것은 아니다.

> **어휘 충전**
> * **분석적**(分 나눌 분 析 가를 석 的 과녁 적): 내용을 구성 요소들로 자세히 나누어 보는 것.
> * **병렬적**(並 아우를 병 列 벌일 렬 的 과녁 적): 나란히 늘어놓는 방식의 것.
> * **견해**(見 볼 견 解 풀 해): 어떤 사물이나 현상에 대한 자기의 의견이나 생각.

⑤ (가)와 (나)를 창작할 때 작가의 독립성*은 지켜지지 않았습니다.

⋯ 4문단에서 고전주의는 '귀족은 작가에게 자신의 취향을 반영하도록 요구'한다고 하였고 낭만주의는 '외부의 간섭 없이 작품을 창작할 수 있는 환경'이 되었다고 하였다. (가)는 고전주의 작품이므로 작품을 창작할 때 귀족 계층의 취향을 반영하였을 것이다. 그러나 (나)는 낭만주의 작품이므로 작가가 외부의 간섭 없이 작품을 창작했을 가능성이 크다. 따라서 (가)가 창작되었을 때는 작가의 독립성이 지켜지지 않았지만, (나)가 창작되었을 때는 작가의 독립성이 지켜졌을 것으로 볼 수 있다.

➕ 오답 챙기기

① (가)는 귀족들이 주로 감상한 작품입니다.

⋯ 1문단에서 '고전주의는 일종의 귀족 문화'라고 하였고, 4문단에서 '고전주의 시대에 예술 작품을 소비하는 계층은 주로 귀족'이라고 하였으므로 고전주의는 주로 귀족 문화의 일종이었으며, 작품을 소비하는 계층 역시 귀족층임을 알 수 있다.

② (나)는 사회 구조*의 변화와 관련이 있을 것입니다.

⋯ 2, 3문단에서 낭만주의는 산업 혁명이라는 사회의 변화와 관련지어 형성된 문예 사조임을 확인할 수 있다.

③ (가)는 정적인 데 비해 (나)는 동적인 특성이 강합니다.

⋯ 1문단과 3문단에 고전주의와 낭만주의의 특징이 드러나 있다. 고전주의는 '동적인 것보다 정적인 것을 추구'하는 특징을 주로 지니고 있으며, 낭만주의는 '정적인 것보다 동적인 것을 추구'하는 특징을 주로 지니고 있다.

④ (나)는 (가)와 달리 균형보다는 파격을 추구했을 것 같습니다.

⋯ 3문단에서 낭만주의가 '균형보다 파격'을 추구했다는 내용을 확인할 수 있다.

> **어휘 충전**
> * **독립성**(獨 홀로 독 立 설 립 性 성품 성): 남에게 의지하거나 속박되지 아니하고 홀로 서려는 성질이나 성향.
> * **사회 구조**(社 모일 사 會 모일 회 構 얽을 구 造 지을 조): 일정한 사회관계에서, 지위와 역할에 따라 상호 의존적으로 관계하는 개인이 행동할 수 있는 범위나 행동 양식을 정하여 주는 사회적 정의나 틀.

내용 추론 2 ▼ 추론적 이해   답 ⑤

윗글을 바탕으로 〈보기〉의 (가)와 (나)에 대해 보인 반응으로 적절하지 <u>않은</u> 것은?

보기

(가)   (나)

미술 선생님: (가)는 고전주의 조각 작품의 대표작이고, (나)는 낭만주의 회화 작품의 대표작입니다. 두 작품의 특징을 이야기해 볼까요?

STUDY 07

어휘 확인

| 1 ㉠ | 2 ㉢ | 3 ㉣ | 4 ㉤ | 5 ㉡ |
| 6 ㉠ | 7 ㉡ | 8 ㉣ | 9 ㉢ | 10 ㉤ |

11 의존하다 12 동적 13 입각 14 성립 15 사유

모내기의 정치 경제학

출전 김홍식, 『한국의 모든 지식』 **지문 난이도** ★★★☆☆

(1,268자)

❶ » 우리나라에 모내기가 도입된 것이 언제인지는 분명하지 않으나 고려 시대에는 이미 모판에 씨를 뿌려 일정 크기까지 자란 후에 논에 옮겨 심는 모내기가 시행되고 있었음이 여러 기록에 전하고 있다. 모내기를 하기 전에는 논에 직접 볍씨를 뿌리는 직파 방식이 사용되었다. 그렇다면 직파 방식과 비교했을 때 모내기의 좋은 점은 무엇일까?

❷ » 우선 모내기는 직파 방식에 비해 제초 작업이 쉽다. 직파 방식의 경우 논에 씨를 바로 뿌려 모가 일정 크기만큼 자라기 전까지는 여유 공간이 있어 잡초가 많이 자라기 때문이다. 반면에 모내기를 하면 논에 일정 크기로 자란 모를 빼곡히 심을 수 있어, 잡초 씨앗이 날아와 자리를 잡을 공간이 그만큼 적은 것이다. 그리고 모내기를 하면 직파 방식에 비해 단위 면적당 생산량이 많다. 직파 방식으로 하면 벼를 일정한 규모나 계획적으로 심을 수 없는 반면, 모내기를 하면 같은 면적이라도 가장 효율적인 양의 모를 심을 수 있으니 생산량이 많을 수밖에 없는 것이다. 또한 모내기를 하면 같은 땅에서 1년에 종류가 다른 농작물을 두 번 심어 거두는 이모작이 가능하다. 모가 모판에서 자라는 시기 동안에 논을 다른 용도로 사용할 수 있기 때문이다. 반면에 직파 방식은 훨씬 더 이른 시기에 논에 씨를 뿌려 놓아야 하기 때문에 이모작이 불가능하다. 이런 이유로 동일한 양의 쌀을 수확한다고 할 때 모내기는 직파 방식에 비해 20퍼센트 내외의 노동력만을 활용하여 수확을 거둘 수 있었다.

❸ » 하지만 논밭에 물을 대고 빼는 관개 시설이 구비되지 않은 조선 시대 모내기 방식은 커다란 위험 요인을 안고 있었다. 갑자기 가뭄이 들면 이미 일정 크기 이상 자라서 많은 물을 필요로 하는 모가 다 말라죽을 수 있고 홍수가 나도 물에 잠겨 죽을 수 있기 때문이었다. 따라서 모내기를 하기 위해서는 관개 시설이 필수적이고, 만일 관개 시설이 구비되어 있지 않은 경우에는 모내기 전후에 상당히 많은 양의 비가 내려야만 수확에 성공할 수 있었다. 이런 이유로 조선 시대 정부는 관개 시설을 갖추지 않은 경우 모내기를 제한하기도 했다.

❹ » 조선 시대 정부가 모내기를 제한하기도 했던 또 다른 이유로 모내기가 야기하는 사회적 문제를 들 수 있다. 모내기는 기존의 직파 방식에 비해 노동력이 상당히 절감된다. 이는 백성의 대부분이 농사에 종사하고 있던 조선 시대에 수많은 사람들이 더 이상 일할 필요가 없음을 의미한다. 따라서 모내기를 하게 되면 일손이 풍부해지는데, 이때 땅을 가진 사람들은 저렴한 임금을 쓰고도 많은 수확물을 거둠으로써 점차 부를 축적할 수 있게 된 것이다.

---

1 모내기와 직파 방식의 개념

- 모내기: 모판에 씨를 뿌려 일정 크기까지 자란 후에 논에 옮겨 심는 방식
- 직파 방식: 직접 씨앗을 논에 바로 뿌리는 방식

2 직파 방식과 비교했을 때 모내기의 장점

모내기의 장점
• 제초 작업이 쉬움 • 단위 면적당 생산량이 많음 • 이모작이 가능함

직파 방식에 비해 20퍼센트 내외의 노동력만을 활용하여 수확할 수 있음

3 조선 시대 정부가 모내기를 제한한 이유 ①

이유 ①

- 모내기를 제한한 이유: 관개 시설이 구비되지 않은 모내기 방식은 위험 요인을 안고 있음
- 모내기를 제한하지 않았을 때 나타날 수 있는 현상: 가뭄이 들면 모가 말라죽고 홍수가 나면 물에 잠겨 죽게 됨

4 조선 시대 정부가 모내기를 제한한 이유 ②

이유 ②

- 모내기를 제한한 이유: 직파 방식에 비해 노동력이 절감되는데, 이 때문에 사회적 문제가 생김
- 모내기를 제한하지 않았을 때 나타날 수 있는 현상: 노동력의 절감으로 일손이 풍부해지고, 땅을 가진 사람들은 저렴한 임금을 쓰고도 부를 축적할 수 있음 → 빈익빈 부익부 심화

지문 구조 한눈에 보기

화제 제시 ❶
모내기

↓

구체화 1 ❷	모내기의 장점

↓

구체화 2 ❸ ❹	조선 시대 정부가 모내기를 제한한 이유

✎ 지문 정보 확인 1 X 2 X 3 ○

지문 Point 분석 **주제: 모내기의 장점 및 조선 시대에 정부가 모내기를 제한했던 이유**

해제: 이 글은 이전의 직파 방식과 비교하여 모내기가 갖는 여러 가지 장점을 소개하고, 이러한 장점에도 불구하고 조선 시대 정부가 모내기를 제한했던 이유에 대해 분석하고 있다. 모내기는 제초 작업이 수월하고, 단위 면적당 생산량이 많으며, 이모작이 가능하다는 장점을 갖고 있다. 그러나 조선 시대의 관개 시설 미비로 인해 가뭄이나 홍수에 대처하기 어렵다는 점, 노동력이 지나치게 절감되어 당시 백성들이 일터를 잃게 되고 땅을 가진 사람에게만 부가 집중된다는 점 등의 부작용 때문에 조선 시대 정부는 모내기를 제한하기도 했다.

1　▼ 내용 전개 방식 파악　　　　답 ③

윗글에 대한 설명으로 적절하지 <u>않은</u> 것은?

③ 모내기가 시대의 흐름에 따라 발전해 온 과정을 서술하고 있다.

⟶ 1문단에서 우리나라에 모내기가 도입된 것이 언제인지는 분명하지 않으나 고려 시대에는 이미 모내기가 시행되고 있었다고 밝히고 있다. 그 후 조선 시대 정부가 모내기를 제한했던 이유를 설명하고 있지만 모내기가 시대의 흐름에 따라 어떻게 발전하였는지 그 과정을 서술하고 있지는 않다.

➕ 오답 챙기기

① 기존 방식에 비해 모내기가 갖는 장점을 제시하고 있다.

⟶ 2문단에서 직파 방식에 비해 모내기가 갖는 장점을 설명하고 있다. 제초 작업이 수월한 점, 단위 면적당 생산량이 많은 점, 이모작이 가능하다는 점이 모내기가 기존 직파 방식에 비해 갖는 장점들이다.

② 직파 방식과 모내기의 차이점에 대해 비교하여 설명하고 있다.

⟶ 1문단에서 직파 방식과 모내기의 개념을 설명하고 있고 2문단에서 직파 방식과의 차이를 중심으로 모내기의 장점을 비교하여 설명하고 있다.

④ 조선 시대 정부가 모내기를 제한했던 이유를 구체적으로 설명하고 있다.

⟶ 3문단과 4문단에서 조선 시대 정부가 모내기를 제한했던 이유를 설명하고 있다. 첫 번째로는 조선 시대에는 관개 시설이 미비하여 가뭄이나 홍수가 왔을 때 모가 죽을 수 있다는 이유이고, 두 번째로는 모내기로 인해 노동력이 절감되어 농사를 짓는 백성들이 일자리를 잃고 땅을 가진 사람에게만 부가 집중된다는 이유이다.

⑤ 질문과 답변의 방식을 통해 중심 소재에 대한 독자의 흥미를 유발하고 있다.

⟶ 1문단에서 '그렇다면 직파 방식과 비교했을 때 모내기의 좋은 점은 무엇일까?'라고 질문을 던지고 2문단에서 그에 대한 답을 함으로써 독자의 흥미를 유발하고 있다.

2　▼ 이유의 추론　　　　답 ④

〈보기〉는 윗글을 읽은 학생과 선생님이 나눈 대화이다. 윗글로 보아 〈보기〉의 ㉮에 들어갈 내용으로 가장 적절한 것은?

> **보기**
>
> 학생: 선생님, 모내기는 조선 시대 사회에 긍정적인 영향을 미치기도 했지만 부정적인 영향을 미치기도 했던 것 같아요.
>
> 선생님: 그래, 그렇기 때문에 조선 시대 정부에서는 모내기를 제한했던 거란다. 조선 중기부터 빠른 속도로 진행된 땅의 집중화*는 조선 후기에 이르러 절정에 달했고, 급기야 많은 토지를 소유한 대지주*가 탄생하게 되었지.
>
> 학생: 아하, 조선 후기에 대지주가 탄생하게 된 이유는 (㉮) 때문이겠군요.

④ 땅을 가진 사람들이 축적된 부를 다시 논과 밭을 구입하는 데 사용하여 땅의 집중화가 이루어졌기

⟶ 4문단에서 모내기로 노동력이 절감되어 조선 시대 수많은 백성들이 일터를 잃게 되는 부작용이 있었음을 언급하고 있다. 반면

에 땅을 가진 사람들은 모내기를 하게 되면서 풍부한 일손을 활용하여 임금을 줄이면서도 훨씬 많은 수확물을 거둘 수 있었고, 이를 통해 부를 축적하였다. 〈보기〉에서 조선 시대 많은 땅을 소유한 대지주가 탄생하게 된 이유를 이 글의 내용을 종합하여 추론해 본다면, 땅을 가진 사람들이 모내기를 통해 축적한 부를 다시 논과 밭을 구입하는 데 사용하여 땅의 집중화가 이루어졌기 때문이라고 할 수 있다. 즉 모내기가 땅을 가진 사람과 그렇지 못한 사람 사이의 빈익빈 부익부 현상을 가중시켜 땅을 가진 사람들이 대지주가 될 수 있었던 것이다.

➕ 오답 챙기기

① 모내기로 인해 땅값이 떨어져서 땅을 소유하려는 사람들이 줄어들었기

⟶ 모내기로 인해 땅값이 떨어졌다는 것은 이 글에서 추론할 수 없는 내용이다.

② 모내기를 통해 임금이 줄어들어 모든 사람들이 땅을 소유할 수 있게 되었기

⟶ 모내기를 통해 임금이 줄어들고 일터를 잃게 된 것은 사실이지만, 이것은 땅을 가진 사람들이 더 많은 부를 축적할 수 있는 이유가 되었을 뿐 땅을 가지지 않은 많은 사람들은 더욱 가난해졌을 가능성이 높다. 따라서 임금이 줄어들어 모든 사람이 땅을 소유할 수 있게 되었다는 추론은 적절하지 않다.

③ 노동력의 가치가 높아져서 열심히 일한 사람들이 부를 축적할 수 있었고, 그 돈으로 땅을 샀기

⟶ 4문단에서 땅을 가진 사람들은 저렴한 임금을 쓰고도 많은 수확물을 거둔다고 하였다. 이는 모내기로 인해 노동력이 절감되어 예전보다 훨씬 적은 인력으로 농사를 지을 수 있게 되었음을 의미한다. 따라서 노동력의 가치는 이전보다 오히려 낮아졌을 것이다.

⑤ 땅을 가진 사람들이 자신들이 소유한 땅의 가치를 높이기 위해 모내기를 제한하고 직파 방식을 사용했기

⟶ 3, 4문단에 언급된 이유로 인해 조선 시대 정부에서 모내기를 제한하였지만 땅을 가진 사람들이 자신들이 소유한 땅의 가치를 높이기 위해 모내기를 제한하고 직파 방식을 사용했다는 내용은 이 글에서 찾아볼 수 없다.

> **어휘 충전**
>
> * **제한**(制 억제할 제 限 한계 한)**하다**: 일정한 한도를 정하거나 그 한도를 넘지 못하게 막다.
> * **집중화**(集 모을 집 中 가운데 중 化 될 화): 한곳으로 모이게 됨. 또는 한곳으로 모이게 함.
> * **대지주**(大 큰 대 地 땅 지 主 주인 주): 땅을 소유한 지주 가운데서도 토지를 많이 소유한 사람.

두 종교가 공존하는 아야 소피아 성당

출전 이우평, 『모자이크 세계 지리』 **지문 난이도** ★★★☆☆

(1,220자)

❶ » 터키는 유럽과 아시아 두 대륙에 걸쳐 있는 나라로, 터키 최대 도시인 이스탄불은 지중해와 흑해로 이어지는 보스포루스 해협을 사이에 두고 유럽, 아시아와 마주하고 있다. 이스탄불은 메소포타미아, 오리엔트, 그리스, 로마, 비잔틴 문화와 이슬람 문화에 이르기까지 동서양을 아우르는 문명이 배어 있는 곳이다. 영국의 역사학자 토인비는 이스탄불을 '살아 있는 인류 문명의 야외 박물관'이라고 표현하기도 했다. 유네스코(UNESCO)는 이러한 이스탄불의 역사적 가치를 인정하여 도시 전체를 세계 문화유산으로 지정했다.

❷ » 이스탄불은 기원전 7세기경 그리스인들의 식민지로 건설되었다. 이후 로마의 콘스탄티누스 1세는 새로운 로마를 건설하기 위해 이곳으로 로마 제국의 수도를 옮겼고, 도시 이름 또한 자신의 이름을 따서 콘스탄티노플로 바꿨다. 로마 제국이 동과 서로 분열된 후 이곳은 동로마 제국의 중심으로 1,000년 동안 군림했다. 또한 1453년 동로마 제국이 오스만 제국에게 멸망한 이후 1922년까지 오스만 제국의 수도로서 그 지위를 누려 왔다. 이렇게 하나의 도시가 1,600년이란 긴 세월 동안 전혀 다른 두 거대 제국의 수도 역할을 한 경우는 세계사에서 유례를 찾아볼 수 없다. 이런 이유로 이스탄불에는 동로마 제국의 그리스 정교 문화와 오스만 제국의 이슬람 문화가 함께 뒤섞여 있어 그 흔적이 도시 전체에 남아 있다. 대표적인 예가 바로 아야 소피아(Aya Sofia) 성당이다.

❸ » 아야 소피아 성당은 유스티니아누스 황제에 의해 500년대 중반에 세워진 건축물로, 성당 가운데에 지름 약 32m의 거대한 돔이 있는 대표적인 비잔틴 양식의 건축물이다. 그러나 오스만 제국이 이스탄불을 점령하면서 성당 내부의 모자이크에 회반죽을 덧붙여 놓았고 이슬람교의 경전인 코란 구절을 적은 장식을 달았으며, 외부에는 연필 모양의 뾰족한 첨탑인 미나레트를 세워 이슬람 사원으로 개축했다. 1935년 터키 초대 대통령 케말 파샤의 종교와 정치를 분리한다는 원칙에 의해 아야 소피아 성당은 더 이상 그리스도 교회도 이슬람 사원도 아닌, 과거 두 종교의 경배 장소였던 역사를 그대로 보여 주는 박물관으로 고쳐졌다.

❹ » 교회 내부의 모자이크는 복원되어 동로마 제국 시대의 교회 역사를 보여 주고 있고, 이슬람교식 사원 장식을 비롯한 코란 구절을 쓴 벽면의 장식도 고스란히 남겨져 있다. 두 종교의 모습이 하나의 건물 안에 공존함으로써 서로 다른 문화의 공존이 가능함을 보여 주는 곳이 바로 아야 소피아 성당이다.

---

1 이스탄불의 지리적 특징
- 유럽, 아시아와 마주하고 있음
- 동서양을 아우르는 문명이 배어 있음
- 유네스코에서 도시 전체를 세계 문화유산으로 지정함

2 이스탄불의 역사
- 로마 제국: 콘스탄티누스 1세가 수도로 옮기고, 콘스탄티노플로 이름을 바꿈
- 동로마 제국: 1,000년 동안 중심으로 군림함
- 오스만 제국: 1453년부터 1922년까지 수도로 지위를 누려 옴

↓

이스탄불은 1,600년 동안 두 거대 제국(동로마 제국, 오스만 제국)의 수도 역할을 하였음 → 동로마 제국의 그리스 정교 문화 + 오스만 제국의 이슬람 문화가 섞여 있음

3 두 종교의 영향을 받은 아야 소피아 성당
- 비잔틴 건축: 성당 가운데 거대한 돔이 있음, 내부에 모자이크가 있음 → 동로마 제국 시대의 그리스도 교회 역사를 보여 줌
- 이슬람 사원: 코란 구절을 적은 장식을 달고, 뾰족한 첨탑 미나레트를 세움 → 이슬람교식 사원 장식을 보여 줌

↓

현재는 그리스도 교회도 이슬람 사원도 아닌, 두 종교의 경배 장소였던 역사를 그대로 보여 주는 박물관이 됨

4 서로 다른 문화의 공존 가능성을 보여 주는 아야 소피아 성당
- 동로마 제국 시대의 교회 역사를 보여 주는 모자이크는 복원됨
- 이슬람교식 사원 장식을 비롯한 코란 구절을 쓴 벽면의 장식도 남겨짐
- 두 종교가 하나의 건물 안에 공존함

✏ **지문 정보 확인** 1 ○ 2 X 3 ○

지문 Point 분석 **주제: 서로 다른 문화와 종교가 공존하는 아야 소피아 성당**

해제: 이 글은 이스탄불에 위치한 아야 소피아 성당이 어떤 역사적 배경으로 인해 그리스도교와 이슬람교라는 전혀 다른 두 종교가 공존하는 특징을 갖게 되었는지를 설명하고 있다. 동서양이 만나는 곳에 위치한다는 지리적인 요인으로 인해 이스탄불은 1,600년이란 긴 세월 동안 전혀 다른 두 거대 제국의 수도 역할을 하였다. 이에 이스탄불에는 동서양의 여러 문화와 종교가 뒤섞여 존재하게 된 것이다. 이것을 대표적으로 보여 주는 건축물이 아야 소피아 성당으로서, 서로 다른 문화와 종교의 공존이 가능하다는 것을 보여 주고 있다.

지문 구조 한눈에 보기 👀

화제 제시 ❶
이스탄불의 지리적 특징

↓

구체화 ❷
이스탄불의 역사

↓

사례를 통한 설명 ❸ ❹
두 종교가 공존하는
아야 소피아 성당

1 ▼ 세부 정보 파악   답 ③

윗글의 '아야 소피아 성당'에 대한 설명으로 적절하지 <u>않은</u> 것은?

③ 연필 모양의 뾰족한 첨탑은 비잔틴 양식을 대표하는 성당의 모습이다.

⋯ 3문단에 따르면 오스만 제국이 이스탄불을 점령하면서 연필 모양의 뾰족한 첨탑인 미나레트를 세워 이슬람 사원으로 개축했다는 것을 알 수 있다. 그 이전까지는 대표적인 비잔틴 양식으로서 그리스도 교회였던 아야 소피아 성당이 오스만 제국에 의해 이슬람 사원으로 탈바꿈된 것이다. 따라서 연필 모양의 뾰족한 첨탑은 이슬람 사원과 관련이 있으므로 비잔틴 양식을 대표한다는 설명은 적절하지 않다.

➕ 오답 챙기기

① 유스티니아누스 황제에 의해 세워진 비잔틴 양식의 건축물이다.

⋯ 3문단에 따르면 아야 소피아 성당은 유스티니아누스 황제에 의해 500년대 중반에 세워진 건축물로, 성당 가운데에 지름 약 32m의 거대한 돔이 있는 대표적인 비잔틴 양식의 건축물이다.

② 지배 세력에 따라 그리스도 교회, 이슬람 사원으로 각각 역할을 했다.

⋯ 3문단에 따르면 아야 소피아 성당은 처음에는 돔이나 성당 내부의 모자이크 장식 등 그리스도 교회의 특징을 갖고 있었으나 이후 오스만 제국에 의해 모자이크가 가려지고, 코란 구절을 적은 장식이 달렸으며 뾰족한 첨탑인 미나레트가 세워지는 등 이슬람 사원으로 개축되었다는 것을 알 수 있다.

④ 그리스도교의 내부 모자이크와 코란 구절을 쓴 벽면 장식이 공존하고 있다.

⋯ 4문단에 따르면 아야 소피아 성당 안에는 그리스도교 성화 모자이크와 이슬람교식 사원 장식을 비롯한 코란 구절을 쓴 벽면의 장식도 남겨져 두 종교의 모습이 하나의 건물 안에 공존함으로써 서로 다른 문화의 공존이 가능함을 보여 주고 있다.

⑤ 종교와 정치를 분리한다는 원칙에 의해 역사를 그대로 보여 주는 박물관으로 개조되었다.

⋯ 3문단에 따르면 터키 초대 대통령인 케말 파샤의 제정 분리 원칙에 의해 아야 소피아 성당은 과거 두 종교의 경배 장소였던 역사를 그대로 보여 주는 박물관으로 개조되었다.

2 ▼ 생략된 내용 추론   답 ⑤

〈보기〉는 윗글을 읽은 학생이 떠올린 생각이다. 윗글을 고려했을 때, ㉮에 들어갈 내용으로 가장 적절한 것은?

> ### 보기
>
> 아야 소피아 성당은 (㉮) 때문에 서로 다른 문화와 종교가 공존하는 공간이 될 수 있었어. 전 세계적으로 서로 다른 문화와 종교로 인한 갈등이 점점 심각해지는 현대 사회에서 그리스도 교회와 이슬람 사원의 모습이 조화롭게 공존하는 아야 소피아 성당은 우리에게 큰 울림을 주네. 아야 소피아 성당의 모습을 본받아서 사람들이 서로를 존중해 주는 마음을 가지면 좋을 것 같아.

⑤ 유럽과 아시아가 만나는 곳에 위치한다는 지리적* 요인

⋯ 2문단에서 이스탄불이 1,600년이라는 긴 시간 동안 전혀 다른 두 거대 제국의 수도 역할을 하면서 서로 다른 문화와 종교가 공존하게 된 역사적인 배경을 설명하고 있다. 특히 아야 소피아 성당의 경우 동로마 제국의 그리스 정교 문화와 오스만 제국의 이슬람 문화가 조화롭게 공존하는 대표적 건축물이다. 즉 아야 소피아 성당이 서로 다른 문화와 종교가 공존하는 장이 될 수 있었던 것의 전제는 1문단에서 설명하고 있듯이 아야 소피아 성당이 속한 이스탄불이 유럽과 아시아가 만나는 곳에 위치하여 역사적으로 다양한 동서양 국가의 지배를 받았다는 사실이다.

➕ 오답 챙기기

① 개인보다 전체를 중시한 터키인들의 민족성*

⋯ 유럽과 아시아 두 대륙에 걸쳐 있는 터키의 지리적 요인으로 인해 서로 다른 문화와 종교가 공존하게 되었다고 설명하고 있을 뿐, 터키인들의 민족성을 언급하고 있지는 않다.

② 동로마 제국의 수도로 군림했다는 정치적 요인

⋯ 2문단에 따르면 이스탄불은 동로마 제국의 중심지로 1,000년 동안 군림했으나, 이것은 하나의 문화이므로 서로 다른 문화와 종교가 공존할 수 있었던 전제인 것은 아니다.

③ 어떤 종교도 받아들이지 않는다는 무종교의 원칙*

⋯ 아야 소피아 성당은 동로마 제국 시대에는 그리스도 교회로, 오스만 제국 시대에는 이슬람 사원으로 역할을 하였다. 따라서 어떤 종교도 받아들이지 않는다는 무종교의 원칙을 가졌던 것은 아니다.

④ 터키 민속 종교의 중요성을 주장한 케말 파샤의 선언

⋯ 터키 초대 대통령인 케말 파샤의 제정 분리 원칙에 의해 아야 소피아 성당은 과거 두 종교의 경배 장소였던 역사를 그대로 보여 주는 박물관이 되었다. 하지만 케말 파샤가 터키 민속 종교의 중요성을 주장했는지 여부는 이 글에 나타나지 않는다.

어휘 충전

* **지리적**(地 땅 지 理 다스릴 리 的 과녁 적): 어떤 곳의 지형이나 길 따위의 형편에 관한 것.
* **민족성**(民 백성 민 族 겨레 족 性 성품 성): 한 민족의 고유한 성질.
* **원칙**(原 근원 원 則 법칙 칙): 어떤 행동이나 이론 따위에서 일관되게 지켜야 하는 기본적인 규칙이나 법칙.

STUDY 08

어휘 확인

1 ㉢	2 ㉠	3 ㉥	4 ㉡	5 ㉣
6 ㉢	7 ㉠	8 ㉡	9 ㉤	10 ㉣
11 축적	12 종사	13 분열	14 돔	15 복원

모세관 현상

출전 이복영 외, 『상위 5%로 가는 화학 교실』 | 지문 난이도 ★★★★☆

(1,291자)

1 » 물은 표면 장력이 매우 커서 수면에 마치 찢기 어려운 막이 있는 것 같다. 물에 빠진 개미가 잘 빠져나오지 못하는 것도, 납작한 돌로 물수제비를 뜰 수 있는 것도 이 때문이다. 액체의 표면 장력이 크다는 것은 액체가 공기와 접하는 표면적을 줄이려는 힘이 크다는 의미이다. 물은 다른 액체에 비해 표면 장력이 큰 편인데, 이는 물 분자 사이의 인력, 즉 응집력이 매우 크기 때문이다.

2 » 종이나 수건에 물이 스며들고 높은 나무 꼭대기까지 물이 올라가는 것도 표면 장력과 관련이 있다. 이런 현상들은 가는 관, 즉 모세관에서 일어난다 하여 특별히 '모세관 현상'이라고 부른다. 모세관 현상은 물 분자 사이의 응집력 외에도 물 분자와 물을 담는 용기 사이의 힘인 부착력과 관련되어 있다.

3 » 유리로 만든 비커에 물을 담아 두면 벽 쪽의 물이 조금 더 올라가 있는 것을 볼 수 있다. 이것은 물 분자와 유리의 부착력이 물 분자끼리의 응집력보다 크기 때문이다. 즉 물이 유리벽에 붙어 버림으로써 풀잎 위의 이슬과는 반대 방향으로 표면 장력이 작용하게 되고 결국 안쪽으로 오목한 형태가 된 것이다. 지름이 큰 비커의 수면은 가운데 부분이 평평한 모양인데, 지름이 작아질수록 평평한 부분이 좁아진다. 그리고 지름이 더욱 작아져서 유리관 정도로 좁아지면 평평한 부분이 아예 없어져 물의 표면은 U 자 모양으로 된다.

4 » 물이 담겨 있는 비커에 양쪽이 모두 뚫린 유리관을 세워 넣으면, 처음에 유리관에 들어온 물은 표면 장력에 의해 위쪽으로 볼록하게 부풀어 오른다. 이렇게 부풀어 오른 물은 다시 부착력에 의해 유리벽 쪽으로 끌려가서 U 자 모양을 만들면서 위로 올라간다. 여기서 다시 U 자 모양의 가운데 부분에 있던 물 분자들이 응집력에 의해 모이면서 가운데 부분이 또다시 위로 올라가게 된다. 가운데 부분이 올라가면 다시 부착력이 작용하여 새로이 U 자 모양을 만들려 하고, 결국 물의 응집력과 부착력이 번갈아 반복되면서 유리관에 들어온 물은 바깥쪽에 있는 물보다 더 높이 올라간다.

5 » 하지만 유리관에 들어온 물이 무한대로 올라가는 것은 아니다. 유리관에 들어온 물은 일정 높이가 되면 멈추게 되는데, 유리관을 따라 올라온 물기둥에 작용하는 중력과 물기둥을 만들어 낸 물의 부착력 및 응집력의 힘이 같아지면 멈추게 된다. 따라서 유리관이 가늘수록 물은 더 높이 올라갈 수 있다. 헝겊이나 종이에 물이 스며드는 것도 헝겊과 종이에 있는 미세한 틈이 모세관 역할을 하기 때문이다. 또한 키 큰 나무에 물이 올라가는 데에도 물의 응집력과, 물관과 물의 부착력이 큰 역할을 한다. 만약 물의 응집력이 작았다면 키가 큰 나무는 나타나지 않았을 것이다.

---

1 액체의 표면 장력이 크다는 것의 의미와 물의 표면 장력이 큰 이유

- 액체의 표면 장력이 크다 = 액체가 공기와 접하는 표면적을 줄이려는 힘이 크다.
- 물의 표면 장력이 큰 이유: 물 분자의 응집력이 매우 크기 때문

2 모세관 현상의 개념과 관련된 요소

- 모세관 현상과 관련된 요소: 응집력과 부착력

3 모세관 현상의 원리

- 관측된 모세관 현상: 유리 비커 벽 쪽의 물이 조금 더 올라가 있음
- 모세관 현상의 원리: 부착력>응집력
- 유리관 속 물의 형태: 안쪽으로 오목한 형태
- 유리관 지름 ↓ ⇒ 물 표면의 오목한 정도 ↑

4 모세관 현상이 일어나는 과정

- 모세관 현상이 일어나는 과정

비커에 유리관 세우기
↓
물의 표면 장력으로 인해 볼록한 모양의 물 표면 형성
↓
부착력으로 인해 물이 유리벽 쪽으로 끌려감 → 표면은 오목한 형태로 변화
↓
응집력으로 인해 다시 볼록한 모양으로 변화
↓
다시 부착력이 작용하여 오목한 모양으로 변화

⇒ 이 과정을 반복: 유리관 안의 물이 바깥보다 높아짐

5 유리관 속 물이 무한정 올라가지 않는 이유

- 유리관 속 물이 무한정 올라가지 않는 이유
  : 중력 = 응집력 및 부착력의 힘
- 키가 큰 나무가 성장할 수 있는 이유: 물의 응집력, 물관과 물의 부착력

✎ 지문 정보 확인 1○ 2○ 3✕

지문 **Point** 분석 **주제: 모세관 현상의 원리와 특징**

해제: 모세관 현상의 원리와 과정을 설명하는 글로 키가 큰 나무가 성장할 수 있는 이유를 제시하고 있다. 모세관 현상은 응집력과 부착력으로 일어나는데, 물이 담겨 있는 비커에 유리관을 넣을 경우 물 분자의 응집력으로 인해 먼저 물 표면이 위쪽으로 볼록하게 부풀어 오른다. 이후 물 분자와 유리관 표면 사이의 부착력으로 인해 다시 오목한 형태를 띠게 되는데 이 과정이 반복되면 비커 속 물의 높이보다 유리관 속 물의 높이가 높아지는 현상이 일어난다. 이때 물의 높이는 중력의 영향으로 무한대로 올라가지는 않는다.

지문 구조 **한눈에 보기** 👀

화제 제시 **1** **2**
↓
구체화 **3**
모세관 현상의 원리
↓
구체화 **4**
모세관 현상이 일어나는 과정
↓
구체화 **5**
물이 무한정 올라가지 않는 이유

1　▼ 세부 내용 파악　답 ⑤

윗글에 대한 이해로 적절하지 <u>않은</u> 것은?

⑤ 유리 비커에 담긴 물의 표면이 U 자 모양이 되는 것은, 물 분자와 유리의 부착력이 물 분자끼리의 응집력보다 작기 때문이다.

⋯ 3문단에서 유리로 만든 비커에 물을 담아 두면 벽 쪽의 물이 조금 더 올라가 있는 것을 볼 수 있는데, 이는 물 분자와 유리의 부착력이 물 분자끼리의 응집력보다 크기 때문이라고 언급하고 있다.

오답 챙기기

① 키가 큰 나무가 자랄 수 있는 것은 물 분자 사이의 인력이 충분히 크기 때문이다.

⋯ 5문단에서 키가 큰 나무가 성장할 수 있는 것은 물의 응집력이 충분히 크기 때문이라고 언급하고 있다. 만약 물의 응집력, 즉 물 분자 사이의 인력이 작았다면 키가 큰 나무가 나타나지 않았을 것이라고 언급하고 있다.

② 물은 분자 사이의 응집력이 매우 크기 때문에 다른 액체에 비해 표면 장력이 크다.

⋯ 1문단에서 물은 다른 액체에 비해 표면 장력이 큰 편인데, 이는 물 분자 사이의 인력, 즉 응집력이 매우 크기 때문이라고 언급하고 있다.

③ 모세관 현상은 물 분자와 물을 담는 용기의 부착력과, 물 분자 사이의 응집력 차이로 발생한다.

⋯ 2문단에서 모세관 현상은 물 분자 사이의 응집력 외에도 물 분자와 물을 담는 용기 사이의 힘인 부착력과 관련되어 있다고 언급하고 있다.

④ 액체가 공기와 접하는 표면적을 줄이려는 힘이 크다는 것은 액체 분자 사이의 끌어당기는 힘이 크다는 의미이다.

⋯ 1문단에서 표면 장력은 표면적을 줄이려는 힘이라고 언급하고 있다. 따라서 액체가 공기와 접하는 표면적을 줄이려는 힘, 즉 표면 장력이 크다는 것은 물 분자 사이의 인력, 즉 응집력이 크다는 것을 의미함을 알 수 있다.

오답 챙기기

① 수은은 물과 달리 중력*의 영향을 받지 않는다.

⋯ 〈보기〉에 따르면 수은도 물처럼 표면 장력의 영향을 받고, 모세관 현상이 일어나므로 중력의 영향을 받을 수밖에 없다.

③ 수은은 물과 달리 유리관 속에서 끊임없이 움직인다.

⋯ 수은도 중력의 작용을 받게 되기 때문에 중력과 부착력 및 응집력이 만들어 내는 힘이 같아지는 순간 더 이상 움직이지 않게 된다. 따라서 수은이 유리관에서 끊임없이 움직인다는 설명은 적절하지 않다.

④ 수은은 물과 같이 표면적이 가장 큰 둥근 모양이 된다.

⋯ 수은도 표면 장력이 작용한다. 즉 표면적을 줄이려는 힘이 작용하기 때문에 표면적이 가장 큰 둥근 모양을 띤다는 설명은 적절하지 않다.

⑤ 수은은 물과 같이 유리관 안의 수은이 바깥에 있는 수은보다 더 높이 올라간다.

⋯ 수은은 물과 달리 응집력이 부착력보다 더 크므로 유리관 바깥에 있는 수은보다 유리관 안쪽의 수은 높이가 더 낮다. 따라서 유리관 안쪽의 수은이 유리관 바깥에 있는 수은보다 더 높이 올라간다는 설명은 적절하지 않다.

> **어휘 충전**
> * **수은**(水 물 수 銀 은 은): 상온에서 유일하게 액체 상태로 있는 은백색의 금속 원소.
> * **중력**(重 무거울 중 力 힘 력): 질량을 가지고 있는 모든 물체가 서로 잡아당기는 힘.

2　▼ 핵심 정보 추론　답 ②

관점 및 입장 추론

윗글을 참고하여 〈보기〉에 대해 보인 학생들의 반응으로 적절한 것은?

> **보기**
>
> 선생님: 자, 이제 모세관 현상이 무엇인지 잘 알겠지? 모세관 현상은 모관 현상이라고도 하고, 물 이외의 다른 액체에서도 확인할 수 있단다. 만약 물 대신 수은*을 유리관에 넣으면 어떻게 될까? 수은은 물처럼 표면 장력의 영향을 받는단다. 단, 수은은 물과 달리 유리관과의 부착력보다 수은 분자 사이의 응집력이 더 강하지. 그럼 친구들과 함께 고민해 볼까?

② 수은은 물과 달리 유리관 속에서 표면이 볼록해진다.

⋯ 〈보기〉에 따르면, 수은은 물과 달리 유리관과의 부착력보다 수은 분자 사이의 응집력이 더 강하다. 따라서 물의 모세관 현상과 달리 유리관 속의 수은 표면이 위쪽으로 볼록하게 형성될 것이다.

출전 박경미, 『수학 콘서트』　지문 난이도 ★★★☆☆

(1,196자)

1 » 정보화 사회가 도래하면서 인터넷 뱅킹, 전자 상거래, 전자 우편, 회원 전용 인터넷 사이트 등 우리 생활 곳곳에서 암호가 쓰이지 않는 곳이 거의 없게 되었다. 개인의 정보를 보호할 필요가 있는 현대의 일상생활 전반에서 암호가 사용되고 있는 것이다. 암호의 역사를 살펴보면 초기의 암호는 주로 군사적 목적으로 사용되었다. 그런데 놀라운 사실은 비밀 정보를 교환하기 위한 암호가 기원전부터 사용되었다는 사실이다.

2 » 고대 그리스부터 19세기 말까지의 1세대 고전 암호 중에서도 가장 먼저 나타난 암호는 문자의 위치를 다양하게 바꾸는 '전치 암호'이다. 예를 들어 'HELP ME I AM UNRER ATTACK.(도와주세요. 공격당하고 있어요.)'이라는 문장을 살펴보자. 평문을 전치 암호로 바꾸기 위해 다음과 같이 가로로 한 줄에 다섯 개씩 알파벳을 배열한다.

```
H E L P M
E I A M U
N R E R A
T T A C K
```

그러고 나서 1열부터 5열까지 위에서부터 아래로 순서대로 적으면 'HENTEIRTLA EAPMRCMUAK'가 된다.

3 » 이런 방법은 기원전 400년경 이미 고대 그리스의 스파르타에서도 활용되었다. 전쟁에 나간 군대와 본국에 남아 있는 군대가 같은 굵기의 원통형 막대를 나누어 갖는다. 스키테일(Scytale)이라는 이 원통형 막대에 폭이 좁고 긴 양피지 리본을 감고 평문을 가로로 쓴 뒤 풀어 놓으면, 문자가 뒤섞여 알아보기 어렵다. ㉠고대 그리스에서는 이렇게 스키테일을 이용해 전치 암호로 바꾼 것이다.

4 » 고전적인 암호화 방식으로 유명한 것은 알파벳을 일정한 간격으로 이동하여 적는 카이사르의 암호이다. 로마의 황제 카이사르는 브루투스에게 암살당하기 전 'QHYHUWUXVWEUXWXV'라는 암호문을 키케로에게 보냈다. 이에 Q를 N으로, H를 E로 바꾸는 식으로 알파벳을 세 자리씩 앞당겨 올라가는 규칙을 적용해 보면 'NEVER TRUST BRUTUS.(브루투스를 믿지 마라.)'가 된다. 암호를 푸는 단서를 '키'라고 하는데, 카이사르의 암호에서는 바로 3이 키가 된다. 그리고 이렇게 암호화하는 방식을 '이동 암호'라고 한다.

키가 3일 때의 알파벳	D	E	F	G	H	I	J	K	L
원래의 알파벳	A	B	C	D	E	F	G	H	I
키가 3일 때의 알파벳	M	N	O	P	Q	R	S	T	U
원래의 알파벳	J	K	L	M	N	O	P	Q	R
키가 3일 때의 알파벳	V	W	X	Y	Z	A	B	C	
원래의 알파벳	S	T	U	V	W	X	Y	Z	

---

1 정보화 사회 속 암호의 사용과 암호의 기원
- 암호의 쓰임과 암호를 사용하는 이유: 개인 정보 보호
- 초기 암호 사용의 목적: 군사적 목적

2 1세대 고전 암호인 전치 암호의 원리와 사례
- 전치 암호의 원리: 문자의 위치를 바꿈
- 전치 암호의 사례

평문
HELP ME I AM UNRER ATTACK.
한 줄에 5개씩 알파벳을 배치하여 문자의 위치 변경

전치 암호
HENTEIRTLAEAPMRCMUAK

3 고대 스파르타에서 쓰인 전치 암호
- 전치 암호: 기원전 400년경 고대 스파르타에서 활용됨
- 고대 스파르타의 전치 암호를 풀기 위해 반드시 필요했던 물건: 스키테일

4 이동 암호의 원리와 사례
- 이동 암호의 원리: 알파벳을 일정한 간격으로 이동함
- 이동 암호의 사례

평문
NEVER TRUST BRUTUS.
키 3을 이용한 암호화

이동 암호
QHYHUWUXVWEUXWXV

✎ 지문 정보 확인　1 X　2 X　3 ○

지문 구조 한눈에 보기 👀

화제 제시 **1**

↓

구체화 1 **2** **3**
전치 암호의 원리와 사례

↓

구체화 2 **4**
이동 암호의 원리와 사례

지문 Point 분석　**주제: 전치 암호와 이동 암호의 원리**

해제: 기원전부터 사용된 암호에 대해 설명하는 글로 고대 그리스의 스파르타에서 전쟁 시 사용했던 전치 암호와 로마의 황제 카이사르가 썼던 이동 암호의 원리에 대해 제시하고 있다. 문자의 위치를 다양하게 바꾸는 방법으로 암호화를 하는 전치 암호를 사용했던 스파르타 군은 스키테일을 사용하여 평문을 암호화하는 방법을 썼다. 암호를 푸는 단서인 '키'를 바탕으로 알파벳의 위치를 옮겨 암호를 만드는 이동 암호는 로마의 황제 카이사르가 브루투스에게 암살당하기 전 키케로에게 보낸 메시지에 사용되었다고 알려져 있다.

관점 및 입장 추론

1 ▼ 핵심 정보 추론   답 ⑤

㉠의 이유를 추론한 것으로 적절한 것은?

⑤ 같은 굵기의 원통형 막대로만 암호를 풀 수 있도록 하여 비밀 정보가 유출*되지 않도록 하기 위하여

⋯ 평문을 전치 암호화하기 위해 특정 굵기의 원통형 막대. 즉 스키테일을 활용한다. 이렇게 암호화된 내용을 다시 평문으로 전환하기 위해서는 동일한 굵기의 스키테일이 필요하다. 즉 스키테일 없이는 전치 암호를 평문으로 전환하는 것이 쉽지 않도록 하여 비밀 정보가 상대편에 유출되는 것을 방지하고자 한 것이다.

⊕ 오답 챙기기

① 전쟁에 나간 군대와 본국*에 남은 군대를 구분하기 위하여

⋯ 스키테일을 활용하여 전치 암호를 만드는 것은 전쟁에 나간 군대와 본국에 남은 군대가 적군에게 들키지 않고 비밀 정보를 주고받기 위한 것이다.

② 스키테일을 사용하여 암호를 풀 수 있는 '키'를 알아내기 위하여

⋯ 스키테일은 전치 암호를 만드는 과정에 활용되는 것이고 키는 이동 암호를 만드는 과정에 암호를 푸는 단서이다. 따라서 ㉠의 이유가 될 수 없다.

③ 과거부터 전해 내려온 고대 자료를 스키테일로 정확하게 해독하기* 위하여

⋯ 스키테일은 고대 그리스의 스파르타에서 전쟁 중에 사용한 것으로, 고대 자료를 해독하기 위해 쓴 것은 아니다.

④ 상대 국가에게 일부러 전치 암호에 대한 잘못된 해독을 전달하여 혼란*을 주기 위하여

⋯ 전치 암호를 만드는 이유는 전쟁 중 상대 국가가 암호를 평문으로 전환하는 것을 어렵게 하기 위해서이지, 일부러 잘못된 해독을 전달하기 위한 것은 아니다.

어휘 충전

* **유출**(流 흐를 유 出 날 출): 귀중한 물품이나 정보 따위가 불법적으로 나라나 조직의 밖으로 나가 버림. 또는 그것을 내보냄.
* **본국**(本 근본 본 國 나라 국): 자기의 국적이 있는 나라.
* **해독**(解 풀 해 讀 읽을 독)**하다**: 잘 알 수 없는 암호나 기호 따위를 읽어서 풀다.
* **혼란**(混 섞을 혼 亂 어지러울 란): 뒤죽박죽이 되어 어지럽고 질서가 없음.

ㄱ. 첫 번째 암호를 평문으로 전환하면 'KEY IS FOUR'이다.

ㄴ. 첫 번째 암호를 통해 알 수 있는 두 번째 암호의 키는 '5'이다.

ㄷ. 두 번째 암호를 평문으로 전환하면 'WHAT YOU THINK, YOU BECOME'이다.

ㄹ. 두 번째 암호를 평문으로 전환하기 위해서는 알파벳을 다섯 자리씩 뒤로 밀어 내리는 규칙을 적용해야 한다.

③ ㄴ, ㄷ

ㄴ. 첫 번째 암호를 통해 알 수 있는 두 번째 암호의 키는 '5'이다.

⋯ 선생님의 설명에 따르면. 두 번째 암호의 키는 첫 번째 암호에 숨어 있다. 첫 번째 암호를 평문으로 전환하면 'KEY IS FIVE'이다. 따라서 두 번째 암호의 키는 '5'이다.

ㄷ. 두 번째 암호를 평문으로 전환하면 'WHAT YOU THINK, YOU BECOME'이다.

⋯ 첫 번째 암호를 해독하여 알게 된 키 '5'를 기준으로 알파벳을 재배치하여 두 번째 암호를 평문으로 전환하면 'WHAT YOU THINK, YOU BECOME'이 된다.

⊕ 오답 챙기기

① ㄱ, ㄴ / ② ㄱ, ㄷ / ④ ㄴ, ㄹ / ⑤ ㄷ, ㄹ

ㄱ. 첫 번째 암호를 평문으로 전환하면 'KEY IS FOUR'이다.

⋯ 키 '3'을 기준으로 알파벳을 재배치한 후 첫 번째 암호를 평문으로 전환하면 'KEY IS FIVE'이다.

ㄹ. 두 번째 암호를 평문으로 전환하기 위해서는 알파벳을 다섯 자리씩 뒤로 밀어 내리는 규칙을 적용해야 한다.

⋯ 두 번째 암호의 키는 '5'이므로 알파벳을 다섯 자리씩 앞당겨 올려 재배치해야 정확한 평문으로 전환할 수 있다.

---

2 ▼ 구체적 사례에의 적용   답 ③

다음 선생님의 설명에 대한 학생들의 반응으로 적절한 것을 〈보기〉에서 모두 고른 것은?

> 선생님: 이제 '이동 암호'의 원리에 대해 잘 알겠지? 아는 것으로 그치지 말고, 예를 적용해 보자. 설명으로 듣는 것보다 실제로 한 번 해 보는 게 좋잖아. 첫 번째 암호는 'NHBLVILYH'이고 키는 '3'이야. 두 번째 암호는 'BMFYDTZYMNSP, DTZGJHTRJ'이고 키는 첫 번째 암호에 숨어 있단다.

STUDY 09   어휘 확인

1 ⓒ	2 ⓔ	3 ⓛ	4 ㉠	5 ⓐ
6 ㉠	7 ⓔ	8 ⓛ	9 ⓔ	10 ⓒ
11 용기	12 미세	13 원통	14 오목	15 간격

열린사회의 적은 누구일까?

출전 김혜림, 『매거진 톡톡』 지문 난이도 ★★★★☆

(1,411자)

1 » 철학자인 칼 포퍼는 그의 저서 『열린사회와 그 적들』을 통해 건강한 비판 문화를 바탕으로, 잘못이 드러났을 때 그 잘못을 인정하고 수용할 수 있는 사회가 바람직한 사회라고 말했다. 그것이 바로 '열린사회'인 것이다. 열린사회에서는 누구나 자유롭게 의견을 주고받으며 반대되는 주장을 펼치는 것이 가능하다. 모든 사람이 어떤 문제에 대해 똑같은 생각을 할 수는 없기 때문이다.

2 » 사람들이 어떤 문제에 대해 의견을 낼 때는 거기에 자신이 살아온 환경이 반영되고, 더불어 가치관과 경험들이 어우러져 자신만의 입장이 생기기 마련이다. 따라서 하나의 문제에도 여러 가지 입장이 나올 수밖에 없다. 열린사회는 바로 이런 입장의 차이를 이해하고 반대되는 의견에 귀를 여는 사회이다. 그러나 반대 의견을 듣기만 하는 것으로 열린사회가 될 수는 없다. 칼 포퍼는 '증거를 제시하지 못하는 주장은 비과학적인 주장'이라고 비판했다. 따라서 반대 의견이 타당한 근거를 가지고 있는지를 생각해서, 상대방의 의견이 나의 의견보다 타당한 증거를 가지고 있다면 이를 인정하고, 때에 따라서는 나의 의견을 수정할 수도 있다는 태도를 가지는 것이 중요하다.

3 » 우리가 다른 사람의 의견을 듣고 토론하는 것은 문제를 해결하는 더 좋은 방법을 찾기 위해서이다. 그렇다면 누군가와 토론을 하면서 다른 사람의 의견을 들을 때, 그 의견이 타당한지 그렇지 않은지를 판단하는 방법에는 무엇이 있을까? 어떤 의견이든, 그 의견이 타당성을 가지려면 과학적인 접근이 가능해야 한다. 과학적으로 타당한 의견인지를 판단할 때 필요한 것이 바로 '이유 있는 반증'이다. 이유 있는 반증은 '반대되는 증거가 있을 수 있느냐, 없느냐'를 따지는 것, 즉 반증 가능성을 확인하는 것이다.

4 » 예를 들어, "철수와 영희는 서로 사랑하는 사이이다."라는 말에는 반증 가능성이 있을까, 없을까? 방법은 이 문장을 반대로 생각해 보는 것이다. "철수와 영희는 서로 사랑하지 않는다."라고 말이다. 그다음은 이 문장이 실제로 확인 가능한 것인지 생각해 보는 것이다. 철수와 영희에게 물어보면 아주 간단히 확인이 될 것이므로, 결국 "철수와 영희는 서로 사랑하는 사이이다."라는 문장은 반증 가능성을 가진 과학적인 문장이라 할 수 있다. 이번에는 "이 세상에 귀신은 존재한다."라는 문장을 생각해 보자. 이 문장의 반증을 찾으려면 "이 세상에 귀신은 존재하지 않는다."의 증거를 찾아야 한다. 하지만 귀신에게 직접 물어볼 수 없으므로, 그 증거를 찾는 것은 불가능하다고 볼 수 있다. 그렇기 때문에 이 문장은 반증 가능성이 없는 비과학적인 문장이라 할 수 있다.

5 » 따라서 우리가 열린사회를 만들기 위해서는 반증 가능성이 없는 주장을 고집해서는 안 된다. 반증 가능성이 없는 주장은 비과학적인 주장이기 때문이다. 또한 분명히 명백한 반증이 있는데도 불구하고 그것을 인정하지 않는 태도 역시 바람직하지 않다.

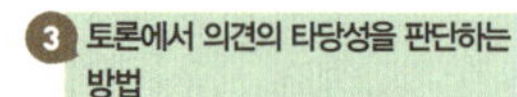

지문 정보 확인 1 ○ 2 ✕ 3 ✕

지문 Point 분석 주제: 열린사회를 만드는 방법

해제: 이 글은 칼 포퍼가 말한 열린사회의 개념을 설명하고 그 방법을 제시한 글이다. 글쓴이는 서로의 입장을 이해하고 반대 의견에 개방적인 사회를 칼 포퍼가 말한 열린사회라고 설명한다. 또한 다른 사람과 의견을 나누며 타당성을 판단하고 상대방의 의견이 나의 의견보다 타당하면 나의 의견을 수정할 수 있어야 한다고 말한다. 이를 위한 방법으로 반증 가능성을 확인하는 방법을 이야기하며, 반증 가능성이 있는 과학적인 문장을 사용해야 함을 주장하고 있다.

지문 구조 해설

1 칼 포퍼가 말한 열린사회의 의미
- 열린사회
  - 건강한 비판 문화를 가지고, 잘못이 드러났을 때 잘못을 인정하고 수용할 수 있는 사회
  - 누구나 자유롭게 의견을 주고받고 반대되는 주장을 펼치는 것이 가능함

2 열린사회의 특성
- 서로의 입장 차이를 인정하고 반대 의견에 개방적인 사회
- 증거를 제시하지 못하는 주장은 비과학적인 주장임
- 반대 의견이 타당한지를 생각하고, 나의 의견보다 타당한 증거를 가지고 있으면 이를 인정하는 태도가 중요함

3 토론에서 의견의 타당성을 판단하는 방법

의견의 타당성 판단

↓

- 과학적인 접근이 가능해야 함
- 반증 가능성을 확인해야 함

4 반증 가능성을 판단하는 방법

철수와 영희는 서로 사랑하는 사이이다.	↔	철수와 영희는 서로 사랑하지 않는다.

↓

확인 가능

↓

반증 가능성을 가진 과학적인 문장

5 열린사회를 만드는 방법
- 반증 가능성이 없는 주장을 고집해서는 안 됨
- 명백한 반증이 있음에도 불구하고 인정하지 않는 태도를 버려야 함

지문 구조 한눈에 보기

화제 제시 **1**

↓

구체화 **2**

↓

방법 **3** **4** 반증 가능성 확인 방법 / 반증 가능성의 예시

↓

마무리 **5**

1　▼ 핵심 내용 파악　　　　　　　　　　　답 ③

윗글의 표제와 부제로 가장 적절한 것은?

③ 열린사회를 만드는 방법 – 반증 가능성을 중심으로

…▶ 이 글은 칼 포퍼의 열린사회의 개념을 설명하고, 열린사회를 만들기 위해서는 서로 자유롭게 의견을 나눌 수 있어야 한다고 말하고 있다. 그런데 의견을 나누는 것에서 그치지 않고 나의 의견보다 상대방의 의견이 더 타당하다면 나의 생각을 수정할 수도 있어야 한다고 말한다. 그 타당성을 평가하는 방법이 바로 반증 가능성을 파악하는 것이다.

➕ 오답 챙기기

① 토론의 목적 – 과학적인 해결책 찾기

…▶ 이 글은 토론의 목적에 대해 설명하고 있지 않다. 또한 과학적인 해결책을 찾는 방법도 제시되어 있지 않다.

② 과학의 연구 방법 – 타당한 증거란 무엇인가

…▶ 부제에서 말한 '타당한 증거'에 대해서는 반증 가능성을 통해 설명할 수도 있으나, 과학의 연구 방법은 이 글의 서술 내용이 아니다.

④ 칼 포퍼의 『열린사회와 그 적들』 – 우리 사회는 열린사회인가

…▶ 칼 포퍼의 『열린사회와 그 적들』이라는 저서는 이 글의 도입부에서 제시한 내용이지만 글의 핵심이라 보기는 어렵다. 또한 우리 사회가 열린사회인가에 대한 내용은 이 글의 제시 내용이 아니다.

⑤ 서로를 이해하는 사회의 모습 – 가치관과 경험의 다양성에 대하여

…▶ 서로의 의견에 귀를 여는 사회에 대해서 이 글에 제시하고 있기는 하지만 그것이 글의 핵심이라 보기는 어렵다.

2　▼ 구체적 사례에의 적용　　　　　　　답 ②

윗글을 참고할 때, ㉠과 성격이 다른 것은?

② 사람이 죽으면 영혼이 남는다.

…▶ ㉠은 이 글에서 반증이 가능한, 과학적인 문장의 예시로 든 문장이다. 그런데 '사람이 죽으면 영혼이 남는다.'라는 문장을 반대로 하면 '사람이 죽으면 영혼이 남지 않는다.'인데 이 문장에 대한 증거를 찾는 것은 불가능하다.

➕ 오답 챙기기

① 2018년에는 월드컵이 열렸다.

…▶ 이 문장을 반대로 하면 '2018년에는 월드컵이 열리지 않았다.'인데, 이 내용은 과거의 사건에 대한 것으로 참, 거짓에 대한 판단이 가능하다.

③ 민성이는 어제 버스를 타고 집에 갔다.

…▶ 이 문장을 반대로 하면 '민성이는 어제 버스를 타고 집에 가지 않았다.'인데, 이 내용은 민성이에게 물어보면 확인이 가능하다.

④ 달은 지구 주위를 27.3일의 주기로 돈다.

…▶ 이 문장을 반대로 하면 '달은 지구 주위를 27.3일의 주기로 돌지 않는다.'인데, 이 내용은 과학적 관찰을 통해 참 또는 거짓을 판단할 수 있다.

⑤ 우리 반에서 안경을 쓴 학생은 12명이다.

…▶ 이 문장을 반대로 하면 '우리 반에서 안경을 쓴 학생은 12명이 아니다.'인데, 이 내용은 실제로 검증하여 참, 거짓을 판단할 수 있다.

3　▼ 글쓴이의 관점 비교　　　　　　　답 ④　🔖 논증 방법 파악 – 귀납

[A]와 〈보기〉의 ⓑ를 비교한 내용으로 가장 적절한 것은?

> **보기**
>
> 　철학자 베이컨*은 모든 선입견*을 지우고 사물을 관찰하는 데서 철학을 시작하였다. 그는 개개의 사물이나 현상을 관찰하여 그 속에 감추어진 진리를 발견해야 한다고 말했다. 그 방법이 바로 ⓑ'귀납법'인데, 이는 인간의 다양한 경험과 실험 등의 결과를 일반화하여 결론을 내리는 방법으로, 개별적 사실로부터 일반적 법칙을 이끌어 내는 것이다.
> 　귀납법의 예로 다음과 같은 설명을 할 수 있다.
> • 주몽이 죽었고, 을지문덕도 죽었고, 이순신도 죽었고, 세종 대왕도 죽었다.
> • 이들은 모두 사람이다.
> 　위의 두 사실로부터 '모든 사람은 죽는다.'라는 결론을 내릴 수 있다.

④ Ⓐ는 ⓑ와 달리 모든 사례를 직접 증명하지 않아도 반증 사례에 따라 명제를 판단할 수 있다.

…▶ ⓑ에서는 구체적인 대상을 모두 살펴야 일반화된 결론을 내릴 수 있다. 반면 Ⓐ에서는 반대되는 사례의 유무를 따질 수 있으면 과학적인 문장이라고 하였으므로, 반대되는 사례가 있으면 명제를 부정할 수 있다.

➕ 오답 챙기기

① Ⓐ와 ⓑ는 모두 개개의 현상을 관찰하여 진리를 판단한다.

…▶ 개개의 현상을 관찰하여 진리를 판단하는 것은 ⓑ의 입장이다.

② Ⓐ와 ⓑ는 모두 '이 세상에 귀신은 존재한다.'라는 명제의 참, 거짓을 판단할 수 있다.

…▶ ⓑ에서는 '이 세상에 귀신은 존재한다.'라는 명제를 증명하려면 귀신이 존재하는 다양한 경험이나 실험을 통해 일반화를 해야 하는데 이것이 불가능하다. 또한 Ⓐ에서는 이 명제가 반증 가능성이 없는 문장이므로 과학적이지 않다고 했으므로, 참, 거짓을 판단할 수 없다.

③ Ⓐ는 ⓑ와 달리 의견이 타당성을 가지려면 수많은 경험이 필요하다고 본다.

…▶ 의견이 타당성을 가지려면 다양한 경험과 실험 등을 통한 일반화가 필요하다고 보는 것은 ⓑ의 입장과 통한다.

⑤ ⓑ는 Ⓐ와 달리 다른 사람과 토론을 하면서 타당성을 판단할 때 활용 가능하다.

…▶ Ⓐ와 ⓑ는 모두 명제의 참, 거짓을 판단하거나 과학적인 명제의 여부를 가릴 수 있게 해 주므로 토론을 할 때 활용할 수 있다.

어휘 충전

* **베이컨**: 영국의 철학자·정치가(1561~1626). 근대 경험론의 선구자로 스콜라 철학을 비판하고, 관찰과 실험에 기초를 둔 귀납법을 확립하였다.
* **선입견**(先 먼저 선 入 들 입 見 볼 견): 어떤 대상에 대하여 이미 마음 속에 가지고 있는 고정적인 관념이나 관점.

출전 이영수, 「건축 콘서트」 지문 난이도 ★★☆☆☆

(1,296자)

1 » 과거의 건축이 형태에 큰 비중을 두었다면 현대의 건축은 형태 이외의 요소에 많은 관심을 둔다. 이런 관점에서 볼 때 색채는 현대 건축물에 중요한 요소로서 건축가와 건축의 핵심적인 특징을 나타내고 있다. 건축물의 색채는 건축 자체의 색과 그를 둘러싼 주변의 색이 조화를 이루어야 하며 건축물이 위치한 지역의 문화적인 속성을 가장 잘 드러내 줄 때 그 가치를 발휘하게 된다. 즉 조화로운 색, 환경의 속성을 잘 나타내 주는 색이 좋은 건축 색채로 평가받을 수 있다.

2 » 건축에서 색채를 잘 선택하는 방법 가운데 가장 먼저 고려되어야 할 것은, 그 건물의 형태나 재질과 더불어 건축이 들어서는 지역에 어울리는 색채인가를 따져보는 일이다. 따라서 좋은 건축 색채는 그 자체로 문화를 형성하고 유지할 수 있어야 하며, 건축이 그러한 것처럼 문화를 담는 그릇으로서 그 지역의 역사와 문화를 형성하는 기초가 된다.

3 » 둘째, 건축가는 단순히 건축물에 색을 부여하는 것이 아니라 건축 안에 사람을 담아내고 사람과 함께 어울릴 수 있도록 해야 한다. 그래서 단순히 '빨강색을 건물에 칠한다'는 관점으로 색을 선택할 수는 없다. 건축물의 상징적 의미가 강할수록 그 색채를 건축에 도입한 이유가 더욱 명확히 제시되어야 하고, 그 의미와 색채가 더 잘 부합되도록 해야 한다. 잘 부합된 건축 색채는 좋은 문화를 형성하게 하며, 거주하는 사람에게 좋은 공간을 제공함으로써 긍정적인 영향력을 끼치게 된다.

4 » 셋째, 건축에서의 색채는 건축물이 보이는 시점, 건축물에 접근하는 시점, 사람들이 건축물을 적극적으로 활용할 수 있는 시점을 고려해야 한다. 건축물에 쓰인 색채는 건축물이 보이는 시점과 상황에 따라 다양하게 변화할 수 있다. 어디를 중심으로 보는가에 따라, 그 용도가 무엇인가에 따라 건물의 색은 친숙하게도 느껴지고 이질적으로도 느껴진다. 때로는 사용자가 움직이지 않을 때에도 건물의 색이 변화를 일으켜 다양한 변화를 보여 주기도 한다. 따라서 건축에 색채를 잘 도입하려면 고정된 시점과 이동 시점을 모두 고려해야 한다.

5 » 넷째, 좋은 건축 색채는 많은 이야깃거리와 즐거움을 줄 수 있어야 한다. 사람들을 모이게 하고 흥미 있는 배경을 연출해야 하며 사람들에게 즐거움을 주는 친근한 색채로 도입되어야 한다.

6 » 건축 색채는 건축의 특성을 아주 적극적이고 강하게 드러낼 뿐 아니라 건축가의 특성을 드러내기도 한다. 따라서 건축가의 생각을 구체적으로 표현하는 방법은 물론, 건축가의 디자인 의도나 관점을 자세히 구사해 주는 좋은 도구가 된다. 색은 단순히 건축물을 장식하는 것이 아니라, 건축을 말하고, 건축을 숨 쉬게 하며, 건축을 빛나게 하는 것이다.

---

1 현대 건축에서 색채의 의미와 좋은 건축 색채의 요건
- 현대 건축에서의 색채: 건축가와 건축의 핵심적 특징을 드러냄
- 좋은 건축 색채의 요건
  - 주변과 조화를 이루어야 함
  - 건축이 위치한 지역의 문화적 속성을 드러내 주어야 함

2 건축 색채 선택의 요건 ①
요건 ①
건물의 형태, 재질, 건축이 들어서는 지역에 어울리는 색채인가?
↓
좋은 건축 색채의 특성: 문화를 형성하고 유지할 수 있어야 함

3 건축 색채 선택의 요건 ②
요건 ②
건축 안에 사람을 담아내고 사람과 함께 어울릴 수 있도록 해야 함
좋은 건축 색채의 특성: 좋은 문화를 형성하게 하고, 거주하는 사람에게 긍정적 영향력을 끼침

4 건축 색채 선택의 요건 ③
요건 ③
건축물이 보이는 시점, 건축물에 접근하는 시점, 사람들이 건축물을 적극적으로 활용할 수 있는 시점을 고려해야 함
다양한 시점을 고려하여 색채를 도입해야 함

5 건축 색채 선택의 요건 ④
요건 ④
많은 이야깃거리와 즐거움을 줄 수 있어야 함
↓
친근한 색채를 선택해야 함

6 건축 색채의 가치
- 건축과 건축가의 특성을 강하게 드러내 줌
  - 건축가의 의도, 관점을 구사해 주는 도구가 됨

지문 정보 확인 1 X 2 ○ 3 ○

지문 구조 한눈에 보기

화제 제시 **1**
↓
구체화
2 3 건축 색채 선택 요건 ①
       건축 색채 선택 요건 ②
4 5 건축 색채 선택 요건 ③
       건축 색채 선택 요건 ④
↓
마무리 **6**

지문 Point 분석 **주제: 좋은 건축 색채의 요건**

해제: 건축에서의 색채의 중요성을 밝히고, 건축에서 색채를 선택하는 방법을 네 가지로 나누어 설명한 글이다. 건축에서 색채는 과거와 달리 그 중요도가 높아져서 좋은 색채를 선택하는 것이 중요한 문제가 되었다. 건축에서 색채를 잘 도입하기 위해서는 건물의 주변과의 조화를 따져보아야 하며, 사람과의 관계도 고려해야 한다. 또한 색채의 변화에 대해서도 고려해야 하고, 색채 그 자체가 사람들에게 이야깃거리와 즐거움을 줄 수 있는 것이어야 한다.

1 ▼ 논지 전개 방식 파악   답 ②

윗글의 논지* 전개 방식으로 가장 적절한 것은?

② 핵심 개념과 그것이 갖추어야 하는 요건*을 설명하고 있다.

⋯ 이 글은 1문단에서 건축에서 색채가 가지는 중요도와 좋은 색채의 요건을 대략적으로 서술한 후 2~5문단에서 각각의 요건에 대하여 구체적으로 설명하고 있다. 또한 6문단에서는 이러한 요건들이 갖추어졌을 때의 좋은 색채의 가치에 대하여 강조하고 있다.

➕ 오답 챙기기

① 구체적인 사례를 제시하며 주장을 뒷받침하고 있다.

⋯ 이 글에서는 건축 색채를 잘 선택하기 위한 요건들을 제시하고 있지만 그 구체적인 사례를 보이고 있지는 않다.

③ 사람들의 통념*을 소개하고 반대되는 사례를 제시하고 있다.

⋯ 이 글에 사람들이 건축이나 건축 색채에 대하여 가지고 있는 통념을 제시한 부분은 없다.

④ 시간에 따라 대상의 개념이 변화해 온 과정을 설명하고 있다.

⋯ 1문단에서 과거에 비해 현대의 건축에서 형태 이외의 요소의 중요성이 커졌다는 사실을 진술하고 있다. 그러나 건축 색채의 개념이 변화했다는 내용은 나타나 있지 않고, 개념이 변화해 온 과정을 설명하고 있지도 않다.

⑤ 주요 개념에 대한 상반되는 생각을 제시하고 이를 절충하고* 있다.

⋯ 건축 색채에 대한 상반되는 견해를 다루고 있지 않다.

> 어휘 충전
> * **논지**(論 논의할 논 旨 맛있을 지): 논하는 말이나 글의 취지.
> * **요건**(要 중요할 요 件 사건 건): 필요한 조건.
> * **통념**(通 통할 통 念 생각할 념): 일반적으로 널리 통하는 개념.
> * **절충**(折 꺾을 절 衷 속마음 충)**하다**: 서로 다른 사물이나 의견, 관점 따위를 알맞게 조절하여 서로 잘 어울리게 하다.

⋯ (나)는 낮과 밤이라는 시간의 흐름에 따라 건물의 색채가 달라지는 사례에 속한다. 따라서 사용자의 움직임에 따라 색이 변화하는 사례로 적절하지 않다.

➕ 오답 챙기기

① (가)는 거주하는 사람들에게 특별한 경험을 하게 하여 긍정적인 영향력을 미칠 것이다.

⋯ (가)에서는 색채를 활용하여 거주 단지 전체를 동화 나라로 꾸민 사례를 제시하고 있다. 이 글의 3문단에 잘 선택된 건축 색채는 사람들에게 좋은 공간을 제공하여 긍정적인 영향력을 끼친다고 제시되어 있다.

② (가)는 사람들에게 많은 이야깃거리와 즐거움을 줄 수 있는 건축 색채의 특성을 드러내고 있다.

⋯ (가)는 건축 색채를 활용하여 주거 단지를 동화 나라로 만들고, 거주하는 사람들을 동화 속 주인공으로 만든 사례를 소개하고 있다. 이 글의 5문단에서 건축 색채는 사람들에게 이야깃거리와 즐거움을 줄 수 있다고 하였으므로 이와 연결된다고 볼 수 있다.

④ (나)는 시간에 따라 변화하는 건축의 색채로 인해 사람들에게 건축이 보이는 시점 면에서 특별하게 받아들여질 수 있다.

⋯ (나)는 건물 면에 배치된 창을 활용하여 시간의 흐름에 따른 색채의 변화를 연출한 사례를 제시하고 있다.

⑤ (가)와 (나)는 모두 건축가가 특별한 의도를 가지고 건축물에 색채를 도입한 사례로 평가할 수 있다.

⋯ 〈보기〉의 사례는 모두 건축가가 단순히 '색을 칠한다'와 같은 생각을 하지 않고, 특별한 의도를 갖고 건축물에 색채를 도입한 사례로 볼 수 있다.

> 논증 방법 파악 - 귀납

2 ▼ 구체적 사례에의 적용   답 ③

윗글을 바탕으로 〈보기〉를 이해한 내용으로 적절하지 <u>않은</u> 것은?

> **보기**
>
> (가) 네덜란드에 있는 '하헌 이슬란드 하우징(Hagen Island housing)'은 주거 단지 전체를 마치 동화 나라처럼 통일된 하나의 색으로 집을 만들고, 그 색들의 집합으로 전체를 만들었다. 그래서 소박하고 단순한 집들이 각각 고유색을 가짐으로써 동화 나라가 된다. 이 마을에 사는 모든 사람들은 동화 속 주인공이 된다.
>
> (나) 메사추세츠 공과 대학교의 기숙사인 '시몬스홀'은 10층짜리 건물이다. 한 층에 세 줄씩 배치된 작은 창으로 격자 무늬 파사드*를 연출한 이 건물은 고층 빌딩처럼 보인다. 알루미늄으로 연결된 5,000여 개가 넘는 창은 낮에는 빛을 반사하고, 어두워지면 내부 조명으로 빛이 난다.
>
> * 파사드: 건물의 면, 측면 또는 외관.

③ (나)는 사용자가 움직여야 건물의 색이 변화한다는 점에서 받아들이는 사람의 능동성을 강조하고 있다.

STUDY **10** 어휘 확인

1 ㉡	2 ㉢	3 ㉥	4 ㉣	5 ㉠
6 ㉢	7 ㉤	8 ㉠	9 ㉤	10 ㉣
11 토론	12 반증	13 도입	14 시점	15 조화

뷔페에서 더 많이 먹는 방법

지문 난이도 ★★★☆☆

(1,324자)

❶ › 경제학에서 합리적인 소비와 관련된 중요한 개념으로 한계 효용이라는 것이 있다. 한계는 '끝'을 의미하는 마지막 추가분, 효용은 어떤 재화를 소비할 때 얻어지는 효능이므로 한계 효용은 재화가 잇따라 소비할 때 마지막 한 단위의 재화로부터 얻어지는 만족감을 의미한다고 볼 수 있다.

1 한계 효용 이론 소개
▸ • 한계 효용의 개념: 마지막 한 단위의 재화로부터 얻어지는 만족감

❷ › 한계 효용은 다음과 같은 예를 통해 설명될 수 있다. 배고플 때 비빔면을 먹는다고 할 때, 처음 한 개는 상당히 맛있다. 비빔면 한 개의 양이 적은 편이니 두 개째도 맛있게 먹을 수 있지만, 처음 한 개 먹을 때만은 못하다. 하지만 세 개째라면 어떨까? 배가 불러 억지로 먹게 되어 맛을 거의 못 느낄 것이다. 마지막으로 네 개째를 먹는다면 이제는 더 먹을 수가 없어 고통으로 느낄 수도 있을 것이다. 이때의 한계 효용은 0으로, 이를 통해 소비자가 상품을 많이 구매할수록 그 상품의 한계 효용은 점점 감소하여 마침내 더 이상의 추가적인 구매가 필요 없게 되는 지점에 도달함을 알 수 있다. 일반적으로 어떤 재화의 소비량이 증가할 때 한계 효용은 차츰 감소하는데, 이를 ㉠한계 효용 체감의 법칙이라고 한다. 이를 그래프로 표현하면 〈그림〉과 같이 나타나는데, 비빔면을 한 개씩 더 먹을 때마다 만족감의 누적은 늘어나지만, 상대적 만족감은 줄어드는 것을 표현한 것이다. 이를 달리 말하면 비빔면의 총 효용은 증가하지만 한계 효용은 점차 감소한다고 할 수 있다. 따라서 합리적인 소비 생활은 한계 효용이 0이 되는 순간까지이고, 그 이하는 낭비가 된다.

2 한계 효용 체감 법칙 소개
▸ • 한계 효용이 마이너스가 되는 경우로, 합리적 소비가 아님(낭비)
▸ • 한계 효용 체감 법칙의 개념: 재화의 소비량이 증가할수록 한계 효용(만족감)은 감소함
▸ • 총 효용을 의미함
▸ • 한계 효용을 의미함

법칙 ①

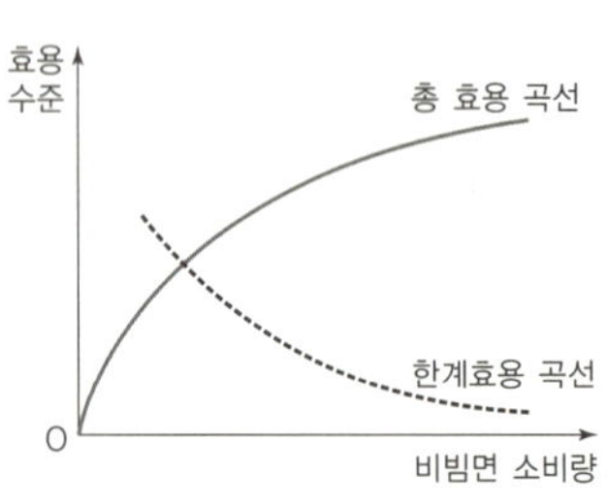

❸ › 한계 효용 체감의 법칙을 쉽게 찾을 수 있는 곳이 뷔페다. 우리는 뷔페에서 무한정 많은 음식을 먹을 수 있을 것 같지만 실제로 몇 접시 먹지 못하고 안타까워하면서 일어선 경험이 있을 것이다. 음식을 어느 정도 먹은 이후에는 한 접시를 더 먹을수록 만족감이 떨어져 더 이상 먹을 수 없기 때문이다. 그렇다면 뷔페에서 어떻게 먹어야 가장 큰 만족감을 얻을 수 있을까?

3 한계 효용 체감 법칙의 사례
▸ • 한계 효용 체감 법칙이 나타난 사례 – 뷔페에 가서 음식을 여러 접시 먹을 경우

❹ › ㉡한계 효용 균등의 법칙에서 이에 대한 답을 찾을 수 있다. 소비자가 일정한 소득으로 여러 가지 재화를 소비하면서 최대의 효용을 얻으려면, 각 재화의 한계 효용이 균등하게 되도록 소비를 해야 한다는 것이 한계 효용 균등 법칙이다.

4 한계 효용 균등 법칙의 개념
▸ • 한계 효용 균등 법칙의 개념: 여러 가지 재화를 소비하는 경우 각 재화의 한계 효용이 균등할 때 최대의 효용을 얻을 수 있음 → 합리적 소비에 해당됨

❺ › 자신이 갈비를 가장 좋아한다고 해도 갈비를 계속 먹는다면 한계 효용이 줄어든다고 하였다. 이때부터 치킨 등과 같은 다른 음식을 먹기 시작하면, 다른 음식의 효용이 갈비의 효용보다 커서 더 많이 먹을 수 있다. 이런 식으로 각각의 음식으로부터 얻는 한계 효용이 같아질 때까지 여러 음식을 먹으면서 효용을 최대화하는 것이 한계 효용 균등의 법칙이다. 결론적으로 뷔페에서는 여러 가지 음식을 조금씩 균등하게 먹는 것이 가장 경제학적인 식사인 것이다.

법칙 ②

5 한계 효용 균등 법칙의 구체적 적용
▸ • 한계 효용 균등 법칙의 사례 – 뷔페에서 각 음식의 한계 효용이 같아질 때까지 조금씩 여러 음식을 먹음 → 경제학적 식사

지문 정보 확인   1 X   2 ○   3 ○

지문 Point 분석 주제: 합리적 소비를 위한 한계 효용 체감의 법칙과 한계 효용 균등의 법칙의 적용

해제: 경제 활동에서 소비자의 합리적인 선택을 설명하기 위한 한계 효용 이론의 기본 원리가 되는 한계 효용 체감의 법칙과 한계 효용 균등 법칙에 대해 설명하고 있는 글이다. 한계 효용이란 마지막 한 단위의 재화로부터 얻어지는 만족감을 의미하는 것으로 일반적으로 재화의 소비량이 증가할 때 한계 효용은 차츰 감소하는데, 이를 '한계 효용 체감의 법칙'이라고 한다. '한계 효용 균등의 법칙'은 소비자가 일정한 소득으로 여러 가지 재화를 소비하려는 경우, 각 재화의 한계 효용이 균등하게 되도록 소비를 해야 최대의 효용을 얻을 수 있다는 법칙이다.

지문 구조 한눈에 보기

| 화제 제시 ❶ |
| 한계 효용 이론 |

↓

| 구체화 1 ❷ ❸ |
| 한계 효용 체감 법칙의 개념과 사례 |

↓

| 구체화 2 ❹ ❺ |
| 한계 효용 균등 법칙의 개념과 사례 |

1　▼ 핵심 정보 파악, 속담에 적용　답 ⑤

〈보기〉에서 ㉠과 ㉡의 내용과 유사한 성격을 지닌 속담을 바르게 짝지은 것은?

> **보기**
>
> ⓐ 콩 한 쪽도 나눠 먹는다.
> ⓑ 많아도 탈이요, 적어도 병이다.
> ⓒ 멧돼지 잡으려다 집돼지 놓친다.
> ⓓ 듣기 좋은 노래도 계속 들으면 싫다.
> ⓔ 아홉 가진 놈, 하나 가진 놈 부러워한다.

⑤ ㉠: ⓓ ㉡: ⓑ

⋯ 2문단에서 ㉠ '한계 효용 체감의 법칙'의 구체적 예로 비빔면을 먹을수록 만족감(한계 효용)은 점차 감소한다고 했다. '한계 효용 체감의 법칙'은 어떤 재화의 소비량이 증가할 때 한계 효용은 차츰 감소하는 현상이라고 했으므로, 이와 유사한 성격을 지닌 속담으로는 아무리 좋은 일이라도 여러 번 되풀이하여 대하게 되면 싫어진다는 의미를 지닌 '듣기 좋은 노래도 계속 들으면 싫다.'가 ㉠과 가장 유사하다고 볼 수 있다. 그리고 5문단에서 뷔페에서 한 음식만 집중적으로 먹는 것보다 각각의 음식으로부터 얻는 한계 효용이 같아질 때까지 즉 여러 음식을 먹는 것이 효용을 최대화시키는 것이라고 했다. 이를 ㉡ '한계 효용 균등의 법칙'이라고 했으므로 쓰려고 하는 물건이 너무 많지도, 적지도 않게 알맞게 소비하는 것이 좋다는 의미를 지닌 '많아도 탈이요, 적어도 병이다.'라는 속담이 ㉡과 가장 유사하다고 볼 수 있다.

➕ 오답 챙기기

① ㉠: ⓐ, ㉡: ⓑ
② ㉠: ⓑ, ㉡: ⓓ
③ ㉠: ⓒ, ㉡: ⓔ
④ ㉠: ⓒ, ㉡: ⓐ

ⓐ 콩 한 쪽도 나눠 먹는다.

⋯ ⓐ는 작은 것도 나누어 먹는다는 뜻으로 경제학에서는 공평 분배와 관련되는 속담이다.

ⓒ 멧돼지 잡으려다 집돼지 놓친다.

⋯ ⓒ는 지나친 욕심은 이미 가진 것도 잃게 한다는 뜻으로, 경제학에서는 선택의 문제와 관련된 기회비용(하나를 선택하면서 포기한 것들 가운데 가장 가치가 높은 것)과 관련되는 속담이다.

ⓔ 아홉 가진 놈, 하나 가진 놈 부러워한다.

⋯ ⓔ는 가지면 가질수록 더 욕심이 생긴다는 뜻으로 경제학에서는 희소성(세상의 재화는 한정되어 있는데 인간의 욕구는 다양하고 끝이 없음)과 관련되는 속담이다.

2　▼ 구체적 상황에의 적용　답 ②

윗글의 내용을 바탕으로 〈보기〉의 ㉮, ㉯에 들어갈 내용을 추론*한 것으로 적절한 것은?

> **보기**
>
> 민수는 주어진 돈으로 사과와 배를 사서 먹으려고 한다. 사과 1개를 먹었을 때의 한계 효용은 200이고, 2개일 때는 180, 3개일 때는 150이다. 배 1개를 먹었을 때의 한계 효용은 180, 2개일 때는 160, 3개일 때는 140이다. 사과와 배의 가격이 동일하다고 할 때 민수는 사과와 배를 각각 몇 개씩 사야 가장 합리적인 소비를 했다고 할 수 있을까? 한계 효용 균등의 법칙에 따르면 민수는 사과 (㉮)개, 배 (㉯)개를 구매했을 때 가장 합리적인 소비를 했다고 할 수 있을 것이다.
>
> (단, 민수에게 주어진 돈은 사과 또는 배 4개를 살 수 있는 범위이다.)

② ㉮ 2개 ㉯ 1개

⋯ 4문단에서 '한계 효용 균등의 법칙'을 소비자가 일정한 소득으로 여러 가지 재화를 소비하면서 최대의 효용을 얻으려면, 각 재화의 한계 효용이 균등하게 되도록 소비를 해야 한다는 법칙이라고 설명하고 있다. 따라서 〈보기〉에서 사과 2개를 먹을 때와 배 1개를 먹을 때 한계 효용이 180으로 같아지므로 가장 합리적인 소비는 사과 2개와 배 1개를 구매했을 때라고 볼 수 있다.

➕ 오답 챙기기

① ㉮ 1개 ㉯ 2개

⋯ 배 2개를 먹을 때의 한계 효용은 160이므로 사과 2개를 먹을 때의 한계 효용 180보다는 작으므로 가장 합리적인 소비로 볼 수 없다. 또한 사과 1개를 먹을 때의 한계 효용은 200이고, 배 2개를 먹을 때의 한계 효용은 160이므로 각 재화의 한계 효용이 균등하지 않다.

③ ㉮ 2개 ㉯ 2개

⋯ 사과 2개를 먹을 때의 한계 효용은 180이고, 배 2개를 먹을 때의 한계 효용은 160이므로 각 재화의 한계 효용이 균등하지 않다.

④ ㉮ 1개 ㉯ 3개

⋯ 배 3개를 먹을 때의 한계 효용은 140이므로 사과 3개를 먹을 때의 한계 효용 150보다는 작으므로 가장 합리적인 소비로 볼 수 없다. 또한 사과 1개를 먹을 때의 한계 효용은 200이고, 배 3개를 먹을 때의 한계 효용은 140이므로 각 재화의 한계 효용이 균등하지 않다.

⑤ ㉮ 3개 ㉯ 1개

⋯ 사과 3개를 먹을 때의 한계 효용은 150이고, 배 1개를 먹을 때의 한계 효용은 180이므로 각 재화의 한계 효용이 균등하지 않다.

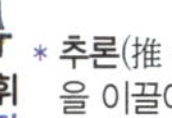

어휘 충전

* **추론**(推 옮길 추 論 논의할 론): 어떠한 판단을 근거로 삼아 다른 판단을 이끌어 냄.
* **동일**(同 같을 동 一 하나 일): 어떤 것과 비교하여 똑같음.
* **합리적**(合 합할 합 理 다스릴 리 的 과녁 적): 이론이나 이치에 합당한 것.

지문 난이도 ★★★☆☆

(1,486자)

1 » 어느 은행 경비원이 총을 들고 협박하는 강도로부터 자신을 방어하기 위하여 그 강도를 넘어뜨려 부상을 입혔다. 그렇다면 경비원은 그 행위가 범죄로 인정이 되어 처벌을 받게 될까? 범죄의 성립 요건은 범죄가 법률상으로 성립하기 위한 요건으로 구성 요건 해당성, 위법성, 유책성이 있는데, 이 세 가지 요건 중에서 어느 하나라도 결여되면 범죄는 성립되지 않아서 처벌을 할 수 없게 된다.

2 » 먼저 구성 요건 해당성은 범죄가 성립되려면 구체적으로 어떤 행위를 해서는 안 되는지 법률에 미리 정해져 있어야 한다는 것이다. 예를 들어 사람을 폭행한 행위가 범죄가 되려면 폭행을 금지하는 규정이 있어야 한다. 이렇게 법률로 정해 놓은 범죄 행위의 유형을 범죄의 구성 요건이라고 한다. [요건 ①]

3 » 다음으로 구성 요건이 충족되었다고 하여 바로 범죄가 성립하는 것은 아니다. 범죄가 되려면 법질서 전체의 관점으로 보아 위법성이 인정되어야 한다. 구성 요건에 해당하는 행위는 대개 위법성이 인정되지만, 예외적으로 그렇지 않은 때도 있다. 예를 들어 자신을 향해 돌진하는 자동차를 피하려고 가게로 몸을 피하다 가게의 물건을 파손한 경우에는 법질서 전체의 관점으로 보아 허용할 수 있는 일이기 때문에 위법하지 않고, 따라서 범죄가 성립되지 않는다. 이런 예외적인 경우를 위법성 조각 사유라고 하며, 그 종류로는 정당방위, 긴급 피난, 자구 행위, 피해자의 승낙, 정당 행위 등이 있다. 정당방위는 자기나 타인의 법익에 대한 현재의 부당한 침해를 방위하기 위한 상당한 이유가 있는 행위를 말하고, 긴급 피난은 자기나 타인의 법익에 대한 현재의 위난을 피하기 위한 상당한 이유가 있는 행위이다. 또 자구 행위는 자신의 권리를 침해당한 자가 법적 절차를 기다릴 수 없는 급한 상황에서 자신의 권리를 보존하기 위한 상당한 이유가 있는 행위이고, 피해자의 승낙은 피해자가 가해자에게 자신에게 손해가 되는 행위를 하도록 허락한 행위, 정당 행위는 법령에 근거한 행위, 업무상 행위, 기타 사회 규칙에 어긋나지 않는 행위를 말한다. [요건 ②]

4 » 마지막으로 유책성이란 어떤 행위가 구성 요건에 해당되고, 위법한 행위일지라도, 이것을 범죄로 단정하여 형벌을 과하기 위해서는 행위자에게 법률적으로 비난할 수 있는 책임이 있어야 한다는 것이다. 예를 들어 다른 사람을 폭행한 사람이 만 14세 미만인 미성년자이거나 14세 이상이라도 심각한 정신 분열증에 ㉠걸린 사람이라면 그 사람에게 책임을 물을 수 없으므로 그 사람의 행위는 범죄가 되지 않는다. 또 강요된 행위도 범죄가 성립하지 않는다. [요건 ③]

5 » 이로 볼 때 위의 경비원의 행위는 범죄의 성립 요건 중 구성 요건 해당성은 충족하지만 자신에게 가해지는 부당한 침해를 막기 위해 어쩔 수 없이 행한 정당방위에 해당되기 때문에 범죄가 성립되지 않을 것이다. 이처럼 법은 하나의 행위에 대하여 범죄로 평가하고 형벌을 부과하기 위해서는 여러 가지 엄격한 과정을 거치게 하고 있다. 법률의 이러한 다양한 장치들은 행위자, 피해자를 포함한 모든 국민의 자유와 권리, 즉 인권을 지키기 위한 것이다.

✎ 지문 정보 확인 1 ○ 2 X 3 ○

지문 Point 분석 주제: 범죄의 성립 요건과 이를 법률로 정한 목적 및 의의

해제: 범죄가 법률상으로 성립하기 위한 요건인 구성 요건 해당성, 위법성, 유책성에 대해 설명하고 있는 글이다. 이 요건 중 하나라도 결여되면 범죄가 성립되지 않는다. 구성 요건 해당성은 범죄가 성립되려면 구체적으로 어떤 행위를 해서는 안 되는지 법률에 미리 정해져 있어야 한다는 것이다. 위법성은 범죄가 되려면 법질서 전체의 관점에서 위법성이 인정되어야 한다는 것이고, 유책성은 어떤 행위가 구성 요건에 해당되고 위법한 때에도, 이것을 범죄로 단정하여 형벌을 부과하기 위해서는 행위자에게 법률적으로 비난할 수 있는 책임이 있어야 한다는 것이다. 법률의 이러한 장치들은 행위자, 피해자를 포함한 모든 국민의 인권을 지키기 위한 것이다.

지문 구조 해설

1 범죄가 성립하기 위한 세 가지 요건
▸ 화제 제시
  – 구체적 상황을 제시해 독자의 관심을 유도함
▸ 범죄가 성립하기 위한 세 가지 요건
  – 구성 요건 해당성, 위법성, 유책성

2 범죄가 성립하기 위한 요건 ①
  – 구성 요건 해당성
▸ 구성 요건 해당성의 개념: 범죄 행위의 유형을 미리 법률로 정해 놓아야 함

3 범죄가 성립하기 위한 요건 ②
  – 위법성
▸ 위법성의 개념: 법질서 전체의 관점으로 보아 위법성이 인정되어야 함
▸ 위법성 조각 사유의 예 → 긴급 피난에 해당
▸ 위법성이 인정되지 않는 행위(위법성 조각 사유에 해당되는 행위)의 종류
  – 정당방위
  – 긴급 피난
  – 자구 행위
  – 피해자의 승낙
  – 정당 행위

4 범죄가 성립하기 위한 요건 ③
  – 유책성
▸ 유책성의 개념: 행위자에게 책임이 있어야 함
▸ 유책성이 없는 행위의 예
  – 만 14세 미만 미성년자
  – 심각한 정신 분열증에 걸린 사람
  – 강요된 행위

5 범죄의 성립 요건을 법률로 정한 목적 및 의의
▸ 법률의 다양한 장치의 목적 및 의의: 모든 국민의 인권을 지키기 위한 것임

지문 구조 한눈에 보기

화제 제시 **1**
↓
구체화 **2 3** 구성 요건 해당성 / 위법성
4 유책성
↓
목적 및 의의 **5**

1 ▼ 내용 전개 방식 파악 답 ①

윗글에 대한 설명으로 적절하지 <u>않은</u> 것은?

① 범죄가 성립되는 과정을 구체적 예를 통해 상세하게 설명하고 있다.

⋯ 1문단에서 강도로부터 자신을 방어하기 위한 은행 경비원의 행위라는 구체적인 예를 제시하여 범죄 성립 요건에 대해 설명하고 있다. 범죄가 성립되는 과정을 구체적 예를 통해 상세하게 설명하고 있지 않다.

➕ 오답 챙기기

② 범죄의 성립 요건을 법률로 정한 것에 대한 목적과 의의를 밝히고 있다.

⋯ 5문단에서 법은 하나의 행위에 대하여 범죄로 평가하고 형벌을 부과하기 위해서는 여러 가지 엄격한 과정을 거치게 하고 있고, 법률의 이러한 다양한 장치들은 행위자, 피해자를 포함한 모든 국민의 자유와 권리, 즉 인권을 지키기 위한 것이라고 그 목적과 의의를 밝히고 있다.

③ 범죄가 법률상으로 성립하기 위한 요건을 분류한 뒤에 그 내용을 분석하고 있다.

⋯ 1문단에서 범죄가 법률상으로 성립하기 위한 세 가지 요건으로 구성 요건 해당성, 위법성, 유책성이 있다고 했고, 2~4문단에서는 이 세 가지 요건에 대한 내용을 설명하고 있다.

④ 범죄가 성립하지 않은 경우에 대한 구체적인 사례를 들어 독자의 이해를 돕고 있다.

⋯ 1문단과 5문단에서 은행 경비원의 행위, 3문단에서 자동차를 피하려다가 가게의 물건을 파손한 행위 등 범죄가 성립하지 않은 경우에 대한 구체적 사례를 제시하며 독자의 이해를 돕고 있다.

⑤ 위법성에 해당되지 않는 행위에 대한 사항들을 열거*한 뒤에 그에 대한 개념을 설명하고 있다.

⋯ 3문단에서 위법성에 해당되지 않는 위법성 조각 사유의 종류로 정당방위, 긴급 피난, 자구 행위, 피해자의 승낙, 정당 행위 등을 열거한 뒤에 이에 대한 개념을 설명하고 있다.

2 ▼ 반응의 적절성 파악 답 ⑤

논증 방법 파악 - 연역

윗글을 읽고 보인 반응으로 적절하지 <u>않은</u> 것은?

⑤ 집 주인이 자신의 집으로 침입하려다 조기에 발각된 도둑이 들고 있던 쇠파이프를 빼앗아 때려 뇌사 상태에 이르게 한 것은 피해자의 승낙에 해당하므로 범죄가 성립하지 않겠군.

⋯ 3문단에서 피해자의 승낙은 피해자가 가해자에게 자신에게 손해가 되는 행위를 하도록 허락한 행위라고 하였다. 그러나 자신의 집에 침입하려는 도둑을 때려 뇌사 상태에 이르게 한 것은 피해자가 가해자에게 자신의 손해를 허락한 행위라고 보기 어렵다. 또한 쇠파이프를 빼앗고 문을 닫아 막는 것만으로도 방위가 가능한데, 그를 때려 뇌사 상태에 빠지게 한 것은 침해를 방위하기 위한 상당한 이유가 있는 정당방위로도 보기 어렵다.

➕ 오답 챙기기

① 사형 집행인의 사형 집행 행위는 법령에 근거한 행위이므로 정당 행위에 해당되겠군.

⋯ 사형 집행인의 사형 집행 행위는 살인이라는 구성 요건에는 해당되지만 법에 의해 정해진 정당한 집행 행위인 정당 행위이므로 범죄가 성립되지 않는다.

② 자신의 지갑을 훔쳐 도망간 소매치기를 잡아 지갑을 되찾은 경우는 자신의 권리를 보존하기* 위한 행위이므로 자구 행위에 해당되겠군.

⋯ 자구 행위란 자신의 권리를 침해당한 자가 법적 절차를 기다릴 수 없는 급한 상황에서 자신의 권리를 보존하기 위한 상당한 이유가 있는 행위를 말한다. 이로 볼 때 소매치기가 훔쳐 도망간 지갑을 되찾은 행위는 자구 행위로 볼 수 있다.

③ 가족을 살해하겠다는 협박에 못 이겨 하는 수 없이 자신이 근무하는 회사의 신제품 기술을 범죄자에게 넘겨주었다면 강요*된 행위에 해당되므로 범죄가 성립되지 않겠군.

⋯ 신제품 기술을 넘겨주지 않으면 가족을 살해하겠다는 위협은 강요된 행위로 볼 수 있으므로 범죄의 성립 요건 중 유책성이 없는, 즉 책임이 있는 행위가 아니므로 범죄가 성립되지 않는다.

④ 자신에게 달려드는 맹견을 피하려다 어쩔 수 없이 남의 집 대문을 부수고 들어간 것은 현재의 위난*을 피하기 위한 상당한 이유가 있는 행위이므로 긴급 피난에 해당되겠군.

⋯ 긴급 피난은 자기나 타인의 법익에 대한 현재의 위난을 피하기 위한 상당한 이유가 있는 행위를 말한다. 이로 볼 때 사나운 개를 피하려다 남의 집 대문을 부수고 들어간 행위는 긴급 피난으로 볼 수 있다.

어휘 충전

* **안락사**(安 편안할 안 樂 즐길 락 死 죽을 사): 극심한 고통을 받고 있는 불치의 환자에 대하여, 본인 또는 가족의 요구에 따라 고통이 적은 방법으로 생명을 단축하는 행위. 위법성에 관한 법적 문제가 야기되는 경우가 있다.
* **보존**(保 보존할 보 存 있을 존)**하다**: 잘 보호하고 간수하여 남기다.
* **강요**(強 강할 강 要 중요할 요): 억지로 또는 강제로 요구함.
* **위난**(危 위태할 위 難 어려울 난): 위급하고 곤란한 경우.

3 ▼ 어휘의 문맥적 의미 파악 답 ③

밑줄 친 단어 중, ㉠과 문맥적 의미가 가장 가까운 것은?

③ 독감에 걸리지 않도록 따뜻하게 입고 다녀라.

⋯ ㉠의 '심각한 정신 분열증에 걸린 사람이라면'에서 '걸리다'는 '독감에 걸리지 않도록'의 '걸리다'와 마찬가지로 '병이 들다.'의 의미이다.

➕ 오답 챙기기

① 이 휴대폰은 전국 어디에서나 잘 걸립니다.

⋯ '전화가 되다.'의 의미이다.

② 갑자기 불어 닥친 바람에 연이 나무에 걸렸다.

⋯ '어떤 물체가 떨어지지 않고 벽이나 못 따위에 매달리다.'의 의미이다.

④ 엔진이 고장 났는지 시동이 잘 걸리지 않는다.

⋯ '기계 장치가 작동되다.'의 의미이다.

⑤ 그는 시험 중에 부정행위를 하다가 감독관에게 걸렸다.

⋯ '어떤 일을 하다가 도중에 들키다.'의 의미이다.

1 ㉣	2 ㉤	3 ㉠	4 ㉢	5 ㉥
6 ㉤	7 ㉣	8 ㉠	9 ㉢	10 ㉡
11 유책	12 누적	13 결여	14 침해	15 자구

대기 중의 골칫거리, 초미세 먼지 경보

출전 이노우에 히로요시, 『은밀한 살인자, 초미세 먼지 PM 2.5』 **지문 난이도** ★★★★☆

(1,508자)

1 » 요즈음 자주 듣게 되는 용어 중에 'PM 2.5'가 있다. PM 2.5는 대체 무엇일까? PM 2.5는 대기 오염 분야의 전문 용어로, '입자의 공기 역학적 지름이 2.5μm(마이크로미터) 이하인 입자상 물질'을 뜻하며 '초미세 먼지'로도 불린다. 1μm는 1mm의 1,000분의 1이라는 점을 고려하면, 2.5μm는 도저히 눈으로 볼 수 없는 크기이다. 국립환경과학원에 따르면 2019년 3월 5일 서울의 초미세 먼지 수치는 일평균 135μg/m³를 기록했을 정도로 한반도는 미세 먼지로 뒤덮였으며, 이제는 숨 쉴 자유를 빼앗겼다는 말조차 나오고 있는 상황이다.

2 » 초미세 먼지가 발생하는 원인은 복합적이지만 주된 원인은 산업화와 관련이 있다. 초미세 먼지는 일반적인 대기 오염과는 달리 중국의 황사 이외에도 자동차 배기가스, 화력 발전소에서 석탄을 태웠을 때 발생하는 매연, 지구 온난화로 인한 대기 정체 등 여러 물질들이 합쳐져서 생성된다.

3 » 그렇다면 초미세 먼지가 문제가 되는 것은 무엇 때문일까? 사실은 '아주 작다'는 특성이 초미세 먼지 문제의 핵심이다. '아주 작다'의 기준으로 10μm라는 수치를 기억해 두자. 이는 초미세 먼지(PM 2.5)의 약 4배 크기이다. 이 크기가 중요한 까닭은 체내에 들어온 이물질을 체외로 배출할 수 있는지 없는지의 분기점이 되기 때문이다. 원래 인체는 체내에 이물질이 들어오면 이를 없애거나 체외로 내보내는 기능이 있다. 황사라고 하더라도 공기 역학적 지름이 10μm 이상이면 기관(氣管)에 들어왔어도 기침이나 가래와 함께 체외로 배출된다. 문제는 지름이 10μm보다 작은 물질이 몸속으로 들어올 때이다. 그렇게 작은 물질은 이물질을 몸 밖으로 밀어내는 섬모 사이를 통과해 기관을 지나 폐에 이른다. 폐에 도달한 뒤에는 폐포에 부딪혀서 이를 망가뜨린다. 특히 초미세 먼지는 장까지 들어가서 문제를 일으키기도 한다.

4 » 크기가 작아서 생기는 문제는 또 있다. 예를 들어 정육면체의 물건이 있다고 했을 때 이를 2등분하면 부피는 변하지 않지만, 모서리 수는 2배로 늘어난다. 요컨대 전체 부피는 변하지 않지만 한 물체가 잘게 쪼개질수록 모서리 수는 늘어난다. 같은 부피라 하더라도 잘게 쪼개지면 전체 겉넓이가 커져서 그만큼 물체에 닿는 부분도 많아진다. 즉 어딘가에 부딪칠 때마다 상처를 많이 입힐 수 있다. 그러므로 초미세 먼지도 ________ ㉠ ________ .

5 » 결국 우리의 몸에 심각한 질병 요인을 유발하는 초미세 먼지 문제를 해결하기 위해서는 오염원이 될 물질의 발생을 억제하는 것 이외에 달리 방도가 없을 것이다. 배기가스 배출을 제한하는 것 이외에도 현재 중국 등에서 날아오는 황사에 대한 대책으로 최우선시되는 것이 바로 산림 조성이다. 식물 표피에 털 모양의 돌기가 있으면 초미세 먼지를 붙드는 능력이 커지는데 이는 여러 겹의 섬유로 만든 마스크가 초미세 먼지를 걸러내는 데 더 유리한 원리와 같다. 그럼에도 초미세 먼지 문제는 국제 경제 문제와도 밀접한 관련이 있다는 점을 고려할 때 국가 간 협력적 대책 마련이 뒷받침되지 않는다면 효과를 거두기 어려울 것이다.

✏ **지문 정보 확인** 1 X 2 ◯ 3 X

지문 Point 분석 주제: 초미세 먼지 문제의 심각성 및 대책 마련의 필요성

해제: 초미세 먼지는 눈으로 볼 수 없는 2.5μm 이하의 아주 작은 물질로 일반 대기 오염과는 달리 황사와 배기가스, 매연, 지구 온난화로 인한 대기 정체 등 여러 물질들이 합쳐져서 생성된다. 아주 작은 크기의 초미세 먼지는 체외로 배출되지 못하고 인체 기관의 장까지 머물러 문제를 일으키며, 인체에 여러 개의 상처를 입혀 질병을 초래하기도 한다. 따라서 초미세 먼지 문제를 해결하기 위해 오염원 물질 발생을 억제하는 것과 더불어 국가 간 협력적 대책 마련이 필요하다.

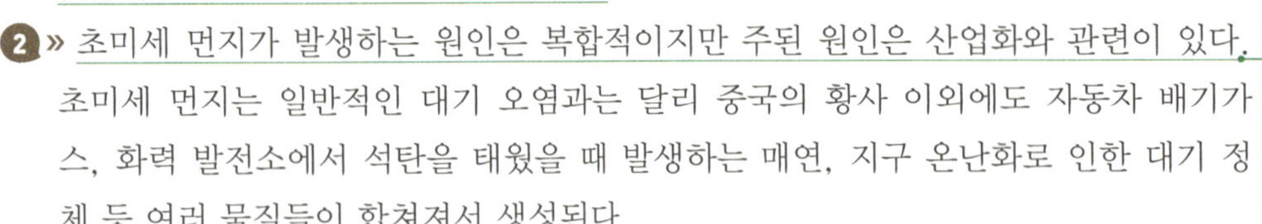

1 초미세 먼지의 정의 및 문제 상황

초미세 먼지 → 입자의 공기 역학적 지름이 2.5μm(마이크로미터) 이하인 입자상 물질

→ 한반도의 초미세 먼지 수치가 높아져 가는 만큼 환경 오염이 심각한 상황임

2 초미세 먼지가 발생하는 원인

· 산업화
– 자동차 배기가스, 석탄 태울 때 발생하는 매연, 지구 온난화로 인한 대기 정체 등이 합쳐져 생성됨

3 신체 기관의 기능에 부정적인 영향을 주는 초미세 먼지의 특성

초미세 먼지 특성		결과
체외로 배출되기 어려운 작은 크기	→	폐를 망가뜨리며, 장까지 문제를 일으킴

· 배출되지 못하는 원인
– 이물질을 몸 밖으로 밀어내는 섬모 사이를 미세 먼지가 통과해 기관을 지나감

4 초미세 먼지의 크기가 인체에 미치는 심각성

정육면체 특성		미세 먼지 심각성 유추
크기를 잘게 쪼갤수록 모서리 수가 늘어나 물체에 닿는 부분이 많아짐	→	크기가 작은 만큼 인체에 닿는 면적이 늘어나 상처를 많이 입힐 수 있음

5 초미세 먼지 문제 해결을 위한 대책 마련의 필요성

· 해결책
– 초미세 먼지를 유발하는 오염원 물질 발생 억제
– 국제 경제 문제와 밀접한 관련이 있음을 고려하여 국가 간 협력적 대책 마련

지문 구조 한눈에 보기

화제 제시 **1**
↓
구체화 **2 3** → 초미세 먼지 문제의 발생 원인
4 → 초미세 먼지 문제의 심각성 1 / 초미세 먼지 문제의 심각성 2
↓
마무리 **5**

1　▼ 세부 내용 파악　　　　　　　　　　　답 ③

윗글에서 언급한 내용이 아닌 것은?

③ 초미세 먼지 농도를 측정하는 방법

⋯ 이 글에서는 초미세 먼지 농도를 측정하기 위한 방법에 대해 언급하고 있지 않다.

➕ 오답 챙기기

① 초미세 먼지의 정의

⋯ 1문단에서 초미세 먼지를 '입자의 공기 역학적 지름이 2.5㎛(마이크로미터) 이하인 입자상 물질'로 정의하고 있음을 확인할 수 있다.

② 초미세 먼지가 발생하는 원인

⋯ 2문단에서 초미세 먼지의 원인이 중국의 황사 이외에도 자동차 배기가스, 화력 발전소에서 석탄을 태웠을 때 발생하는 매연, 지구 온난화로 인한 대기 정체 등 여러 물질들임을 확인할 수 있다.

④ 초미세 먼지를 해결하기 위한 방안

⋯ 5문단에서 초미세 먼지를 해결하기 위한 방안으로 오염원이 되는 물질의 발생 억제 및 국가 간 협력 대책 마련 등을 제시하고 있다.

⑤ 초미세 먼지가 인체 기관에 미치는 영향

⋯ 3문단을 통해 초미세 먼지의 작은 크기가 인체 기관에 미치는 영향에 대해서 확인할 수 있다.

2　▼ 논증 방식 파악　　　　　　　　　　　답 ④

㉠에 들어갈 내용으로 가장 적절한 것은?

④ 크기가 작은 만큼 인체 내에서 부딪치는 면적이 커지기 때문에 여러 개의 작은 상처를 내 심각한 질병으로 이어질 수 있다.

⋯ ㉠이 포함되어 있는 문단의 내용을 살펴보면 초미세 먼지의 작은 크기가 인체 내에서 얼마나 심각한 영향을 줄 수 있는지 유추를 통해 설명하고 있다. ㉠의 앞 내용에서 정육면체의 물체를 쪼갰을 때 모서리 수는 증가하면서 오히려 닿는 면적이 늘어날 수 있음을 제시하고 있으므로, 초미세 먼지도 정육면체와 마찬가지로 작다는 유사한 속성을 통해 인체 내에 그만큼 닿는 면적이 증가할 수 있기 때문에 상처를 많이 입힐 수 있음을 추론할 수 있다.

➕ 오답 챙기기

① 크기가 너무 작기 때문에 쉽게 인체에 미치는 질병의 정도*를 빨리 파악하기가 어렵다.

⋯ 이 글에서 같은 부피라 하더라도 잘게 쪼개지면 물체에 닿는 부분도 많아지기 때문에 상처를 많이 입힐 수 있음을 언급하고 있다.

② 인체 내에서 쉽게 증식*할 수 있기 때문에 전체 겉넓이가 커져서 생명에 위협*이 될 수 있다.

⋯ 이 글에 미세 먼지가 인체 내에서 쉽게 증식할 수 있다는 내용은 언급되어 있지 않다.

③ 잘게 쪼개질수록 모서리 수가 늘어나기 때문에 인체 내의 다른 물질과 결합하여 문제를 일으킨다.

⋯ 이 글에서는 정육면체의 물건을 예로 들어 한 물체를 잘게 쪼개질수록 모서리 수가 늘어난다고 설명하고 있으며, 이로 인해 물체에 닿는 부분도 많아져 상처를 많이 입힐 수 있다고 언급하고 있다. 그러나 모서리 수가 늘어나기 때문에 초미세 먼지가 인체 내의 다른 물질과 결합하여 문제를 일으키는지에 대해서는 이 글에 나타나 있지 않다.

⑤ 인체 내에서 부피가 커지며 부딪치는 부분도 점점 늘어나기 때문에 시간이 지날수록 치명적인 상처를 남길 수 있다.

⋯ 초미세 먼지는 인체 내에서 부피가 커지지 않으며, 이 글에서도 정육면체를 잘게 쪼갤수록 모서리 수는 증가하지만 전체 부피는 변하지 않음을 언급하고 있다.

> **어휘 충전**
> * **정도**(程 단위 정 度 법도 도): 사물의 성질이나 가치, 분량이나 수준을 파악하다.
> * **증식**(增 더할 증 殖 번성할 식): 늘어서 많아짐. 또는 늘려서 많게 함.
> * **위협**(威 위험 위 脅 으를 협): 힘으로 으르고 협박함.

3　▼ 어휘의 문맥적 의미 파악　　　　　　　답 ④

ⓐ와 가장 유사한 의미로 쓰인 것은?

④ 동생은 장난꾸러기라 말썽을 일으켜서 부모님께 혼이 난다.

⋯ ⓐ의 '일으키다'는 '어떤 사태나 일을 벌이거나 터뜨리다.'의 의미이다. 이에 가장 문맥적 의미가 유사한 것은 ④이다.

➕ 오답 챙기기

① 바람이 세차게 불어 파도를 일으켰다.

⋯ ①의 '일으키다'는 '물리적이거나 자연적인 현상을 만들어 내다.'의 의미이다.

② 외출하기 전에 거울을 보고 옷깃을 일으켜 세웠다.

⋯ ②의 '일으키다'는 '옷깃 따위를 올리다.'의 의미이다.

③ 아침에는 너무 피곤해서 몸을 일으키는 것이 힘들다.

⋯ ③의 '일으키다'는 '일어나게 하다.'의 의미이다.

⑤ 경제를 일으키는 것이 이번 선거에서 가장 중요한 공약이다.

⋯ ⑤의 '일으키다'는 '무엇을 시작하거나 흥성하게 만들다.'의 의미이다.

출전 이광식, 『KISTI의 과학 향기』 지문 난이도 ★★★★☆

(1,482자)

❶ » 태양은 뜨겁다. 얼마나 뜨거울까? 금속 중 녹는점이 가장 높은 텅스텐은 3,410℃가 되어야 녹는다. 태양의 표면 온도는 그보다 2배에 가까운 6천℃나 된다. 인류가 태양에 관해 400년 이상 연구해 왔지만 아직도 태양의 수많은 비밀이 풀리지 않은 채 있는 주된 이유가 바로 이 태양의 고온 때문이다. 그런데 이 지옥같은 태양 대기 속으로 우주 탐사선 파커가 2018년 8월에 발사되어 태양의 수수께끼를 풀기 위해 태양 둘레를 돌고 있는 중이다.

❷ » 태양은 우리가 그냥 눈으로 보면 겉보기에는 노란 원반처럼 보이지만, 실제로 대단히 복잡하다. 태양 내부는 크게 핵, 복사층, 대류층으로 구성되어 있고, 태양 외부는 태양 표면을 뜻하는 광구(光球), 맨 아래 대기층인 채층(彩層), 가장 바깥의 대기층인 코로나로 이루어져 있다. 태양 탐사선의 임무 중 하나는 바로 코로나와 태양에서 불어오는 태양풍의 신비를 벗겨 내는 것이다.

❸ » 태양의 첫 번째 수수께끼는 코로나의 고온에 관한 것이다. 물리 법칙에 따르면 열은 높은 온도의 물체에서 낮은 온도의 물체로 저절로 이동한다. 전구처럼 에너지와 빛을 내는 물질은 안쪽이 가장 뜨겁고 밖으로 갈수록 온도는 떨어지게 마련이다. 그렇다면 태양의 에너지가 중심에서 생성된다는 점을 고려할 때 우주에서도 ________㉠________. 그러나 태양 대기의 상층부, 즉 코로나의 온도는 태양 표면보다 무려 200배나 높은 수백만℃나 된다. 이것은 모닥불 바로 옆보다 멀리 떨어진 데가 더 뜨겁다는 역설적인 상황과 같다. 이로 인해 과학자들은 물리 법칙에 위배되는 것처럼 보이는 코로나의 고온 현상에 대한 실체를 알고 싶어 한다.

❹ » 탐사선이 풀어야 할 두 번째 수수께끼는 태양풍의 속도에 관한 것이다. 태양풍이란 말 그대로 태양에서 불어오는 대전된 입자 바람으로, '태양 플라스마'라고도 한다. 태양은 끊임없이 태양풍을 태양계 공간으로 내뿜고 있는데, 어떨 때는 엄청난 에너지를 뿜어내기도 한다. 거대한 플라스마 파도가 지구를 향해 초속 400~1,000km로 돌진하면서 대량의 입자들이 지구에 영향을 미치는데 이를 '태양 폭풍'이라 한다. 이 물질들은 대기를 통과하는 과정에서 사람에게 직접적인 해를 입히지는 않지만, 전자 시스템에 영향을 줄 수 있다. 이 경우 전력망, 스마트폰, GPS 등 위성 통신을 사용하는 서비스가 마비될 수 있으며, 대규모 정전 사태를 가져와 엄청난 재산상 피해를 일으킬 수도 있다. 그러나 이 태양풍의 엄청난 속도가 어떻게 만들어지는지를 아직까지 모르고 있기에 이번 탐사에서 풀어내야 할 큰 과제이다.

❺ » 앞으로 탐사선 파커는 이전 탐사선의 접근 거리보다 7배나 가까운 616만km의 거리까지 태양 표면으로 다가갈 계획이다. 이를 위해 2025년까지 24차례 태양에 근접비행하며 태양 궤도를 돈 후 태양 코로나 속으로 급강하할 예정이다. 특수 제작된 열 방패를 장착한 탐사선이 1,370℃에 가까운 태양의 열을 견디고 과연 태양의 2대 비밀을 풀 실마리를 찾아낼 수 있을지, 지금 과학자들은 한껏 기대에 부풀어 있다.

지문 정보 확인 1 ○ 2 X 3 ○

지문 Point 분석 주제: 코로나와 태양풍의 비밀을 풀기 위한 태양 탐사선 파커의 비행

해제: 태양의 고온을 견디며 태양의 2대 비밀을 풀기 위해 발사된 우주 탐사선 파커의 비행 목적을 설명하는 글이다. 우선 태양의 가장 바깥층에 위치하고 있지만 고온 현상을 보여 주는 코로나의 비밀을 풀어내는 것이 첫 번째 목적이다. 또한 지구의 전자 시스템에 영향을 줄 수 있는 태양풍의 속도가 어떻게 형성된 것인지 연구하는 것이 우주 탐사의 두 번째 목적임을 설명하고 있다.

지문 구조 해설

❶ 태양의 수수께끼를 풀기 위해 태양 둘레를 돌고 있는 우주 탐사선 파커
- 우주 탐사선 파커
 – 태양의 수수께끼를 풀기 위해 태양의 고온을 견디며 태양의 둘레를 돌고 있음

❷ 태양 탐사선의 임무 – 코로나와 태양풍의 연구
- 태양의 구성
 – 내부: 핵, 복사층, 대류층
 – 외부: 광구, 채층, 코로나

목적

| 태양 탐사선의 임무 | 코로나와 태양풍의 수수께끼를 해결하는 것 |

❸ 코로나의 고온 현상에 대한 의문점

의문점 ①

물리 법칙	예시
열은 높은 온도의 물체에서 낮은 온도의 물체로 이동함	전구처럼 에너지와 빛을 내는 물질은 가장 안쪽이 뜨거움

↓(유추)

- 태양의 에너지가 중심에서 생성된다는 점을 고려하면 태양 표면이 바깥쪽에 있는 코로나보다 온도가 뜨거워야 함. 그러나 실제 현상은 반대임

❹ 태양풍의 속도에 대한 의문 및 지구에 미치는 영향

의문점 ②

의문 대상	지구에 미치는 영향
태양풍의 속도	태양풍은 대기를 통과하는 과정에서 지구의 전자 시스템에 영향을 줄 수 있음

❺ 우주 탐사선 파커의 비행 계획 및 과학계의 기대
- 2025년까지 24차례 태양 둘레를 돈 후 코로나 속으로 급강하할 예정임

지문 구조 한눈에 보기

화제 제시 ❶	
구체화 ❷❸	태양 탐사선의 임무
	코로나에 대한 의문점
❹	태양풍에 대한 의문점
마무리 ❺	

1 ▼ 세부 내용 파악   답 ②

윗글을 읽고 〈보기〉와 같이 학습 활동을 수행하였다고 할 때, ㄱ~ㄹ 중 적절한 것만을 골라 바르게 묶은 것은?

보기

※ 윗글을 읽고, 아래 정보에 대해 맞으면 ○ 틀리면 ×를 표시하시오.

	정보	학생의 판단
ㄱ	태양의 외부에서 채층은 가장 바깥의 대기층에 위치에 있다.	○
ㄴ	'열은 높은 온도의 물체에서 낮은 온도의 물체로 이동한다.'라는 물리 법칙을 태양에서도 확인할 수 있다.	×
ㄷ	태양풍은 사람들에게 직접적인 해를 가할 뿐만 아니라 대규모 정전 사태를 일으키는 등 막대한 피해를 낳는다.	×
ㄹ	태양 탐사선은 특수 제작된 열 방패를 장착한 채 태양 궤도를 돈 후 임무를 마치고 다른 행성으로 급강하할 것이다.	○

② ㄴ, ㄷ

ㄴ. '열은 높은 온도의 물체에서 낮은 온도의 물체로 이동한다.'라는 물리 법칙을 태양에서도 확인할 수 있다. (×)

⋯ 3문단에서 물리 법칙이 태양의 코로나에서는 적용되지 않음을 언급하고 있으므로, ㄴ에 대해 × 표시한 것은 적절한 학습 활동의 결과이다.

ㄷ. 태양풍은 사람들에게 직접적인 해를 가할 뿐만 아니라 대규모 정전 사태를 일으키는 등 막대한 피해를 낳는다. (×)

⋯ 4문단을 통해 태양풍이 사람에게 직접적인 해를 입히지는 않지만 대규모 정전 사태 등 많은 피해를 남긴다는 것을 알 수 있다. 따라서 ㄷ에 대해 × 표시한 것은 적절한 학습 활동의 결과이다.

➕ 오답 챙기기

① ㄱ, ㄴ / ③ ㄷ, ㄹ / ④ ㄱ, ㄴ, ㄹ / ⑤ ㄴ, ㄷ, ㄹ

ㄱ. 태양의 외부에서 채층은 가장 바깥의 대기층에 위치에 있다. (○)

⋯ 2문단을 통해 태양의 외부에서 가장 바깥의 대기층에 위치한 것은 코로나임을 알 수 있다.

ㄹ. 태양 탐사선은 특수 제작된 열 방패를 장착한 채 태양 궤도를 돈 후 임무를 마치고 다른 행성으로 급강하할 것이다. (○)

⋯ 5문단을 통해 태양 탐사선은 특수 제작된 열 방패를 장착하고 있으며, 태양 궤도를 돈 후 태양 코로나 속으로 급강하할 예정임을 알 수 있다.

2 ▼ 논증 방식 파악   답 ⑤

논증 방법 파악 - 유추

㉠에 들어갈 내용으로 가장 적절한 것은?

⑤ 태양의 표면이 바깥 대기층인 코로나보다 온도가 높아야 할 것이다.

⋯ ㉠의 앞 내용을 살펴보면 물리 법칙에 따르면 열은 높은 온도의 물체에서 낮은 온도의 물체로 이동한다고 제시되어 있으며, 이러한 법칙에 따라 전구처럼 에너지와 빛을 내는 물질은 안쪽이 가장 뜨겁다는 것을 설명하고 있다. 우주에서도 태양 에너지가 중심부에서 생성된다는 대상의 속성을 고려할 때 태양 표면의 온도가 바깥 대기층인 코로나보다 온도가 높을 것이라고 유추할 수 있다.

➕ 오답 챙기기

① 태양 내부 핵의 온도와 코로나의 온도는 같을 것이다.

⋯ 이 글에 핵의 온도와 코로나의 온도를 비교하는 내용은 나타나지 않는다.

② 코로나의 높은 열이 태양 표면으로 이동되어야 할 것이다.

⋯ 물리 법칙에 따라 열이 높은 온도의 물체에서 낮은 온도의 물체로 이동한다면 태양의 에너지가 생성되는 중심 쪽인 태양의 표면이 열이 더 높아야 할 것이다. 따라서 태양의 표면에서 코로나로 열이 이동해야 한다.

③ 태양 외부인 코로나보다 태양 내부에 접근하기 어려울 것이다.

⋯ ㉠의 앞뒤 문맥을 살펴보면 코로나의 온도와 관련하여 내용이 전개되고 있으므로, ㉠에 우주 탐사선이 코로나보다 태양 내부에 접근하기 어려울 것이라는 내용이 들어갈 것이라고 추론하는 것은 적절하지 않다.

④ 물리 법칙에 따라 코로나의 온도는 태양의 표면보다 높을 것이다.

⋯ 태양의 에너지가 중심에서 생성된다는 점을 고려할 때 바깥 대기층에 위치해 있는 코로나의 온도는 물리 법칙에 따라 태양의 표면보다 낮을 것이라고 추측해야 한다.

STUDY **12** 어휘 확인   마무리 확인~!

1 ⓒ	2 ⓔ	3 ㉠	4 ⓑ	5 ⓓ
6 ⓒ	7 ㉠	8 ⓑ	9 ⓓ	10 ⓔ
11 요인	12 정전	13 생성	14 역설	15 방도

몽골 제국의 힘, 말

출전 미야자키 마사카츠, 『물건으로 읽는 세계사』　**지문 난이도** ★★★☆☆

(1,071자)

1 » 유라시아 중앙부에는 길이 약 팔천 킬로미터 남짓의 대초원이 펼쳐져 있다. 그곳에는 높은 산도 없어서 하루에 이백 킬로미터를 달리는 말을 타고 계속 가면 사십 일 만에 대초원을 ㉠주파할 수 있었다. 말은 장거리를 고속으로 달릴 수 있기 때문에 말을 타고 이동하면 거대한 영역과 남쪽에 여러 농경 지대에까지 도달할 수 있었다. 초원의 유목민은 재산인 양이나 말의 무리를 쫓아 초원을 이동하면서 ㉡간소한 가재도구, 조립식 주거를 사용하며 오아시스 농경민에게서 구입한 곡물로 생활했다. 초원에 퍼져 사는 유목민은 어렸을 때부터 말과 친숙한 관계를 맺었고, 말과 일심동체(一心同體)인 생활을 했다. 그들은 마구를 발달시켜 뛰어난 기마 기술을 개발했으며, 말 위에서 쏠 수 있는 단궁을 발전시켜 기마 군단을 성장시켰다. 그 정점에 몽골 기마 군단이 있었다.

2 » 어린 시절에 아버지가 독살 당해 시련 많은 청년 시절을 보낸 귀족 테무친은 1206년 몽골 고원을 통일하여 칸이라고 불리는 왕이 되었다. 그때 그는 '빛의 신'이라는 뜻의 '칭기즈'라는 이름을 부여받았다. 칭기즈 칸은 권력을 잡는 과정에서 엄격한 군율을 적용했고, 기마 군단을 중앙 집권적으로 지배하면서 강력한 집단을 만들어 냈다. '야사'라는 법률까지 제정해 자신이 최고 권력자임을 몽골인에게 보여 주었다. 칭기즈 칸은 몽골 고원에서 사육한 육십 만 마리의 말을 이용하여 이십 만 명의 기마 군단을 조직함으로써 대제국을 건설해 나갔다. 또한 실크 로드 초원길의 실질적 지배자로서 각지의 상인의 안전을 ㉢보장하고 그 대가로 상품의 십분의 일 정도의 세금을 ㉣징수했다.

3 » 몽골의 말은 유럽인이 '쥐와 같다'고 묘사할 만큼 유럽의 말에 비해 작고 빈약했다. 그러나 교묘한 기마 시술과 집단 전법, 말 위에서 쏠 수 있는 사정거리가 이백 미터나 되는 단궁으로 당시 몽골인은 유럽인에게 악마라고 불릴 정도로 두려움을 받는 존재가 된다. 또한 극심한 자연환경 속에서 생활하는 몽골인은 오랫동안 먹지 않고도 ㉤태연했으며 말 위에서 잠을 잘 수도 있었다. 이러한 기마 군단으로 칭기즈 칸은 중앙아시아를 평정하는 한편, 서양 정벌로 동서양에 걸친 대제국을 건설하는 기반을 쌓았다.

---

1 대초원에서 말의 역할과 유목민의 생활 방식
- 말을 활용하기에 유리한 자연 환경
- 달리는 말을 활용한 접근성 확대
- 초원 유목민의 생활 방식 ①
  - 양이나 말의 무리를 쫓아 초원을 이동함
  - 간소한 가재도구, 조립식 주거를 사용함
  - 오아시스 농경민에게서 구입한 곡물로 생활함
- 초원 유목민의 생활 방식 ②: 말과 친숙하면서 일심동체인 생활을 함
- 초원 유목민의 생활 방식 ③: 마구, 단궁을 발전시켜 기마 군단을 만듦

2 몽골 제국의 왕과 국가 운영의 특징
- 칭기즈 칸의 왕이 되기까지의 과정
- 칭기즈 칸의 몽골 제국 운영 방식
  - 엄격한 군율 적용
  - 중앙 집권적 기마 군단 지배
  - 법률 제정
  - 실크 로드를 오가는 상인들에게 세금 징수

3 몽골 제국 기마 군단의 특징

몽골 기마 군단의 특징
• 말이 작고 빈약함 • 교묘한 기마 전술과 단궁 활용함 • 극심한 자연환경을 이겨 냄
↓
대제국을 건설하는 기반이 됨

✏ 지문 정보 확인　1 ○　2 ✕　3 ○

🖐 **지문 Point 분석**　**주제: 칭키스 칸의 몽골 제국 건설과 말의 역할**

해제: 유라시아의 중앙부에는 대초원이 있었기에 유목민들은 말을 일상적으로 사용할 수밖에 없었다. 또한 초원을 이동하며 생활했던 유목민은 어린 시절부터 말과 친숙한 관계를 맺었고 마구가 발달했고 단궁을 사용했다. 이러한 생활 방식을 바탕으로 몽골 고원을 통일한 칭기즈 칸은 엄격한 군율을 적용하고 기마 군단을 육성하며 법률 제정과 실크 로드 상인에게 세금을 징수하며 몽골 제국을 운영하였다. 몽골의 기마 군단은 유럽에 비해 상대적으로 작고 빈약한 말 위에서 강력한 단궁을 사용하고 극심한 자연환경을 버텨 내는 능력을 바탕으로 대제국을 건설하는 기반을 쌓았다.

👀 **지문 구조 한눈에 보기**

화제 제시 **1**	초원 유목민의 생활
과정 **2**	몽골 제국의 건설
특징 **3**	몽골 기마 군단의 특징

1 ▼ 세부 내용 파악   답 ②

윗글에서 답을 얻을 수 있는 질문이 아닌 것은?

② 몽골 제국은 어떤 이유로 멸망하게 되었는가?

⋯▶ 이 글에는 몽골 제국이 번성하게 된 계기에 대한 설명이 제시되어 있고 몽골 제국이 멸망한 이유에 대한 설명은 제시되어 있지 않다.

➕ 오답 챙기기

① 과거 몽골의 왕은 무엇으로 불렸는가?

⋯▶ 2문단에서 과거 몽골 제국의 왕을 칸이라고 불렀으며 테무친은 '빛의 신'이라는 의미의 '칭기즈'가 붙어 '칭기즈 칸'이라고 불렸음이 제시되어 있다.

③ 몽골의 말이 유럽의 말과 다른 점은 무엇인가?

⋯▶ 3문단에서 몽골의 말은 유럽의 말에 비해 작고 빈약했음이 제시되어 있다.

④ 유라시아 중앙부에 위치한 대초원의 규모는 어느 정도인가?

⋯▶ 1문단에 유라시아 중앙부에는 길이 약 팔천 킬로미터 정도의 대초원이 펼쳐져 있음이 제시되어 있다.

⑤ 초원의 유목민들이 말 위에서 사용하던 무기는 어떤 것인가?

⋯▶ 1문단에서 초원의 유목민들은 마구를 발달시키며 강력한 단궁을 사용하였다고 제시되어 있다.

추론과 논증 방법 연습

2 ▼ 세부 정보의 추론   답 ⑤

윗글을 읽고 추론한 내용으로 적절하지 않은 것은?

⑤ 유럽인은 몽골 기마 군단의 규모*가 빈약함을 근거로 이들의 힘을 얕잡아 보았군.

⋯▶ 3문단에서 몽골의 기마 군단은 교묘한 기마 기술과 강력한 단궁을 앞세워 유럽인들에게 악마라고 불릴 정도의 두려움을 받는 존재였음을 확인할 수 있다. 따라서 유럽인이 몽골의 기마 군단을 얕잡아 보았다는 설명은 적절하지 않다.

➕ 오답 챙기기

① 거대한 몽골 제국을 건설함에 있어 말은 필수적*인 요소였군.

⋯▶ 2문단에서 칭기즈 칸은 몽골 고원에서 사육한 육십 만 마리의 말을 이용하여 이십 만 명의 기마 군단을 조직함으로써 대제국을 건설해 나갔다고 하였다.

② 몽골의 기마 군단은 남다른 생존력을 바탕으로 제국을 건설하였군.

⋯▶ 3문단에서 몽골의 기마 군단은 극심한 자연환경에서도 오랫동안 먹지 않고 버티며 말 위에서 잠을 잘 정도의 남다른 생존력으로 제국을 건설해 갔음을 확인할 수 있다.

③ 강력한 통치력을 행사하기 위해서는 법률을 엄격하게 적용해야 하는군.

⋯▶ 2문단에서 칭기즈 칸이 권력을 잡는 과정에서 군율을 엄격히 적용하였고, 법률까지 제정했음이 제시되어 있다.

④ 초원의 유목민들은 그들의 생활 방식*으로 인해 말과 친숙할 수밖에 없었겠군.

⋯▶ 1문단에서 초원의 유목민들은 초원을 이동하는 등의 생활을 하며 말과 어린 시절부터 친숙한 관계를 맺어 왔음을 확인할 수 있다.

어휘 충전

* **규모**(規 법 규 模 법 모): 사물이나 현상의 크기나 범위.
* **필수적**(必 반드시 필 須 모름지기 수 的 과녁 적): 꼭 있어야 하거나 하여야 하는 것.
* **생활 방식**(生 날 생 活 살 활 方 모 방 式 법 식): 일정한 환경에서 활동하며 살아가는 방법이나 형식.

---

3 ▼ 어휘의 사전적 의미 파악   답 ⑤

㉠~㉤의 사전적 의미로 적절하지 않은 것은?

⑤ ㉤: 보통 수준보다 훨씬 뛰어나다.

⋯▶ '보통 수준보다 훨씬 뛰어나다.'의 의미를 담고 있는 단어는 '비범하다'이다. ㉤의 '태연하다'는 '마땅히 머뭇거리거나 두려워할 상황에서 태도나 기색이 아무렇지도 않은 듯이 예사롭다.'라는 뜻을 가진 단어이다.

➕ 오답 챙기기

① ㉠: 도중에 쉬지 아니하고 끝까지 달리다.

⋯▶ ㉠의 '주파하다'는 '도중에 쉬지 아니하고 끝까지 달린다.'는 의미의 단어이다.

② ㉡: 간략하고 소박하다.

⋯▶ ㉡의 '간소하다'는 '간략하고 소박하다.'는 의미의 단어이다.

③ ㉢: 어떤 일이 어려움 없이 이루어지도록 조건을 마련하여 보증하거나 보호하다.

⋯▶ ㉢의 '보장하다'는 '어떤 일이 어려움 없이 이루어지도록 조건을 마련하여 보증하거나 보호하다.'는 의미의 단어이다.

④ ㉣: 나라, 공공 단체, 지주 등이 돈, 곡식, 물품 따위를 거두어들이다.

⋯▶ ㉣의 '징수하다'는 '나라, 공공 단체, 지주 등이 돈, 곡식, 물품 따위를 거두어들이다.'라는 의미의 단어이다.

사실주의의 특징과 쿠르베의 작품

출전 고종환, 『한 권으로 읽는 연극의 역사』 지문 난이도 ★★★★★

(1,113자)

1 » 사실주의는 1860년경 유럽 연극에서 발달했다. 낭만주의에 이어 새롭게 등장한 사실주의는 극작가들로 하여금 자신들이 살고 있는 당대 세계를 직접 관찰함으로써 가장 진실하게 묘사할 것을 요구했다. 또한 사실주의 극작가들에게 요구된 것은 낭만주의처럼 개인의 감정에 충실해서 자유롭게 쓰는 것이 아니라 최대한 객관적인 태도를 유지한 채 극을 쓰는 것이었다. 사실주의는 문학적 표현만이 아닌 당시 19세기 후반의 지배적인 경향이었고 문학과 연극은 물론 예술의 각 분야에 큰 영향을 주었다.

2 » 사실주의자들이 중시했던 것은 두 가지였는데 하나는 사회적 존재로서의 인간의 현실을 객관적으로 표현하기를 지향하는 것이었고, 다른 하나는 예술이 그 본질에 있어서 외적 현실을 모방하는 객관적 재현이라는 믿음이었다.

3 » 문학 비평가들에 의하면 사실주의가 문학 운동의 형태를 갖추게 된 것은 1850년경이라고 한다. 또한 사실주의라는 용어를 처음 사용한 사람은 문학가나 연극인이 아닌 화가 쿠르베였다고 한다. 이 말은 사실주의가 문학이 아닌 회화의 영역에서 먼저 시작되었다는 것을 의미한다. 화가 쿠르베는 당시의 관념적인 그림 양식에 반기를 들고 눈에 비치는 대로 최대한 사실적, 객관적으로 그릴 것을 주장했던 것이다. 농촌에서 태어나고 정치적으로는 사회주의자였던 쿠르베는 1848년경 유럽을 휩쓴 혁명적인 움직임의 충격 속에서 개인의 감정이나 상상력, 자유를 중시하는 낭만주의는 그 시대의 고통에서 도피하는 것에 불과하다고 믿었다. 쿠르베는 현대의 예술가라면 자기 자신이 직접 보고 경험한 것만 사실적으로 표현해야 한다고 생각했다. 그는 "나는 천사를 그릴 수 없다. 왜냐하면 나는 한 번도 천사를 직접 보지 못했기 때문이다."라고 하면서 화가는 최대한 리얼리스트(realist)여야 함을 주장했다. 쿠르베의 1849년 작품인 '돌 깨는 사람들'은 이러한 리얼리즘을 최대한 구사한 첫 작품이었다.

4 » 사실주의를 지향하는 극작가들은 과거에는 볼 수 없었던 지극히 현실적인 모습들을 가감 없이 최대한 사실적으로 묘사했으며 이는 연극 무대 위에서도 마찬가지였다. 이들이 만든 적나라한 인간 군상들의 모습과 극의 주제는 관객들에게 충격을 주었으며 빈곤, 질병에 대한 사회적인 책임과 같은 주제를 놓고 논쟁을 벌이게 만들기도 했다.

지문 구조 해설

1 사실주의의 등장과 영향
- 사실주의의 특징
- 사실주의 극작가에게 요구된 것 ⇔ 낭만주의
- 사실주의가 영향을 미친 분야

2 사실주의자들이 중시했던 것 두 가지
- 사실주의자들이 중시했던 것 ① : 인간의 현실을 객관적으로 표현하는 것
- 사실주의자들이 중시했던 것 ② : 예술의 본질 = 외적 현실을 객관적으로 재현하고 모방하는 것

3 사실주의의 유래와 쿠르베의 견해
- 사실주의의 유래: 회화 영역에서 시작됨
- 화가 쿠르베의 주장 ①: 현실을 사실적, 객관적으로 그릴 것

쿠르베		당대 화풍
사실적 객관적	⇔	관념적

- 화가 쿠르베의 주장 ②: 낭만주의는 시대의 고통에서 도피하는 것에 불과하다고 하면서 낭만주의 비판

쿠르베		낭만주의
낭만주의 = 도피	⇔	감정과 상상력 중시

- 화가 쿠르베의 말을 인용함

4 사실주의 연극의 특징
- 사실주의 연극의 특징

현실의 모습을 최대한 사실적으로 묘사
↓
관객들에게 충격
↓
사회 문제에 대한 논쟁을 유발함

지문 정보 확인 1 ○ 2 ○ 3 X

지문 구조 한눈에 보기

화제 제시 **1**
사실주의

구체화 1 **2**	→	사실주의가 중시했던 것
구체화 2 **3**		사실주의의 특징 – 쿠르베를 중심으로
구체화 3 **4**		사실주의 연극의 특징

지문 Point 분석 주제: 사실주의의 등장과 특징

해제: 1860년경 유럽 연극에서 발달한 사실주의는 예술의 각 분야에 큰 영향을 주었다. 사실주의는 인간의 현실을 객관적으로 표현하기를 지향했고 예술의 본질은 외적 현실을 객관적으로 재현하는 것이라고 믿었다. 화가 쿠르베는 당대의 관념적인 화풍과 감정과 상상력, 자유를 중시한 낭만주의를 비판하며 현대의 예술가는 자신이 직접 보고 경험한 것만 사실적으로 표현해야 한다고 하며 작품을 통해 사실주의를 주장했다. 사실주의 극작가들은 연극 무대 위에서 현실의 모습을 사실적으로 묘사했고 이는 사회적 책임 등의 주제에 대한 논쟁을 유발하기도 하였다.

추론과 논증 방법 연습

1 ▼ 세부 내용 추론   답 ②

윗글의 내용을 통해 알 수 있는 내용으로 적절한 것은?

② 사실주의 연극은 당대 사회가 지닌 문제점에 대한 논쟁을 유발하기도 했다.

┈ 4문단에서 사실주의 연극이 인간의 적나라한 모습 등을 보여 주며 관객들에게 충격을 주었고 당대 사회의 문제점에 대한 논쟁을 유발하기도 했다는 언급이 제시되어 있다.

➕ 오답 챙기기

① 사실주의는 유럽 연극에서 시작되어 다양한 분야에 영향을 미쳤다.

┈ 3문단에서 사실주의라는 용어는 화가 쿠르베가 처음 사용했으며 회화의 영역에서 먼저 시작되었다고 하였다. 따라서 사실주의가 유럽 연극에서 시작되었다는 설명은 적절하지 않다.

③ 사실주의 극작가들은 자신의 관념 속에 존재하는 세계를 진실하게 묘사했다.

┈ 1문단에서 사실주의는 극작가들로 하여금 자신들이 살고 있는 당대 세계를 직접 관찰함으로써 가장 진실하게 묘사할 것을 요구했고 최대한 객관적인 태도를 유지한 채 극을 쓰는 것을 추구했다고 하였다. 또한 4문단에서 지극히 현실적인 모습들을 가감 없이 최대한 사실적으로 묘사했다는 내용도 확인할 수 있다. 따라서 사실주의 극작가들이 관념 속의 세계를 묘사하고자 했다는 설명은 적절하지 않다.

④ 쿠르베는 당대의 유행에 따라 현실을 최대한 사실적으로 그리기 위해 노력했다.

┈ 3문단에 쿠르베는 당시의 관념적인 화풍에 반기를 들고 현실을 최대한 사실적으로 그리기 위해 노력했다는 내용이 제시되어 있다. 따라서 쿠르베가 당대의 유행에 따랐다는 설명은 적절하지 않다.

⑤ 사실주의 연극은 사실적인 현실 묘사로 관객들에게 현실에 대한 만족감을 선사하였다.

┈ 4문단에서 사실주의 연극은 사실적인 현실 묘사로 사회적 문제를 관객들에게 보여 주었고 이로 인해 관객에게 충격을 주었으며 논쟁을 유발하기도 하였다는 내용을 확인할 수 있다. 따라서 사실주의 연극이 현실에 대한 만족감을 선사했다는 설명은 적절하지 않다.

2 ▼ 구체적 사례에의 적용   답 ⑤

윗글의 '돌 깨는 사람들'과 〈보기〉의 작품인 '메두사의 뗏목'을 비교한 내용으로 적절하지 않은 것은?

보기

제리코의 '메두사의 뗏목'은 프랑스 낭만주의 미술의 새로운 장을 연 작품으로, 1816년 메두사 호가 식민지로 향하던 중 좌초된 실제 사건을 다루었다. 이 그림이 화제로 떠오른 이유는 막대한 부를 안겨 주는 식민지 사업을 위해 왕실에 뇌물을 주고 사업권을 따낸 무자격 선장 때문에 배가 좌초되어 무고한 사람들이 희생된 사건이기 때문이다. 이처럼 이 작품은 이상적·교훈적 내용보다는 사회적 부패와 인간이 처한 고통을 극대화하여 보여 주고자 한다. 또한 화가와 개인의 감정을 표현하는 데 초점을 맞추고 있다는 점에서 낭만주의의 문을 여는 작품으로 꼽힌다.

⑤ '돌 깨는 사람들'과 〈보기〉의 작품은 모두 예술의 본질은 현실을 객관적*으로 재현하는 데 있다는 생각에서 창작되었겠군.

┈ '돌 깨는 사람들'은 3문단을 통해 자신이 직접 보고 경험한 것을 사실적으로 표현한 작품임을 알 수 있다. 그러나 〈보기〉의 작품은 낭만주의 미술의 새로운 장을 연 작품으로 현실을 객관적으로 재현하기보다는 화가와 개인의 감정을 표현하는 데 초점을 맞추고 있다. 따라서 〈보기〉의 작품이 예술의 본질이 현실을 재현하는 데 있다는 생각에서 창작되었다는 설명은 적절하지 않다.

➕ 오답 챙기기

① '돌 깨는 사람들'의 작가인 쿠르베는 〈보기〉의 작품에 대해 비판적으로 생각하겠군.

┈ 〈보기〉의 작품은 낭만주의 작품으로 3문단에서 쿠르베가 '개인의 감정이나 상상력, 자유를 중시하는 낭만주의는 그 시대의 고통에서 도피하는 것에 불과하다'고 한 것에서 쿠르베가 〈보기〉의 작품을 비판적으로 생각할 것임을 알 수 있다.

② '돌 깨는 사람들'과 달리 〈보기〉의 작품은 개인의 감정을 표현하는 데 중점을 두고 있군.

┈ 사실주의 경향의 '돌 깨는 사람들'은 현실을 객관적으로 재현하는 데 목적을 두고 있으나, 〈보기〉의 작품은 낭만주의 경향의 작품으로 개인의 감정을 표현하는 데 중점을 맞추고 있다.

③ '돌 깨는 사람들'은 〈보기〉의 작품과 달리 세계를 가감* 없이 묘사해야 한다는 점에 중점을 두고 있군.

┈ '돌 깨는 사람들'은 사실주의 경향의 작품으로 화가 쿠르베는 자기 자신이 보고 경험한 현실을 사실적으로 표현하고자 했음을 확인할 수 있다. 반면 〈보기〉의 작품은 사회적 부패와 인간이 처한 고통을 극대화하여 보여 주고자 했음을 알 수 있다.

④ '돌 깨는 사람들'과 〈보기〉의 작품은 모두 현실에 있었던 사건을 바탕으로 하고 있다는 점이 유사하군.

┈ 화가 쿠르베는 자신이 목격한 현실만 그림으로 표현해야 한다고 언급했다. 따라서 '돌 깨는 사람들'은 현실에 있었던 사건을 바탕으로 하고 있음을 추론할 수 있다. 〈보기〉의 작품 역시 1816년 메두사 호가 좌초된 실제 사건을 배경으로 하고 있다는 점에서 현실에 있었던 사건을 바탕으로 하고 있음을 확인할 수 있다.

어휘 충전

* **객관적**(客 손님 객 觀 볼 관 的 과녁 적): 자기와의 관계에서 벗어나 제삼자의 입장에서 사물을 보거나 생각하는 것.

* **면모**(面 낯 면 貌 모양 모): 사람이나 사물의 겉모습. 또는 그 됨됨이.

* **가감**(加 더할 가 減 덜 감): 더하거나 빼는 일. 또는 그렇게 하여 알맞게 맞추는 일.

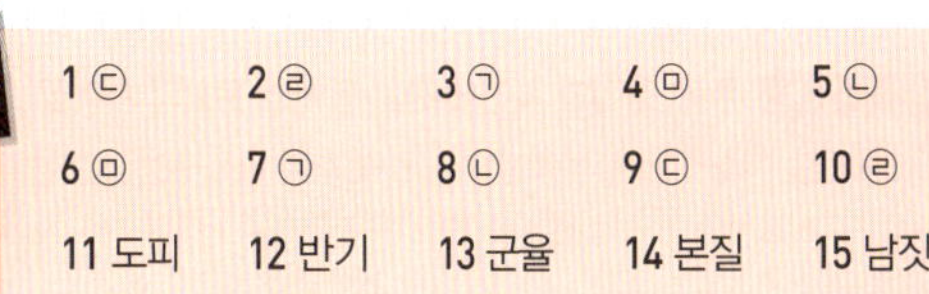

동서양의 공간과 시간을 바라보는 관점

출전 김홍식, 『한국의 모든 지식』　지문 난이도 ★★★★★

(1,328자)

❶ » [가] 서양은 플라톤의 이데아 사상과 피타고라스의 수학적인 사상의 지배를 받아 완전한 이상인 이데아가 있으며 이데아에 이르는 길은 수학이라는 생각이 문화의 근간을 이루게 되었다. 특히 종교 건축과 같은 권력의 상징성을 나타내는 건축물에서는 기하학과 수학이 공간 구성에서 빼놓을 수 없는 요소가 되었다. 예를 들어서 로마 판테온과 성 소피아 대성당의 평면, 단면을 보면 이 같은 성향을 쉽게 찾아볼 수 있다. 이렇듯 20세기 이전 서양에 지어진 권위적인 건축물들은 모두가 기하학적이고 수학적인 분석이 가능한 공간이다.

서양

❷ » 반면 동양에서는 대체로 비어 있는 것을 최고의 가치로 보며, 모든 것의 가치를 관계에 두고 있다. '空間(공간)'이라는 단어만 보더라도 비어 있는 것과 비어 있는 것의 사이, 즉 비움과 관계에 공간의 의미를 두고 있다. 이 같은 관계 중심의 사고는 한자의 구성 원리에도 나타나는데 '木(목)'과 '一(일)'이라는 두 개의 기본 글자의 상호 위치에 따라 '本(본)', '未(미)' 같이 다른 의미의 글자를 만들 수 있다. 반면 영어의 알파벳들은 축을 따라서 배열되며 알파벳의 순서를 바꾸면서 새로운 의미가 창출된다.

동양

❶ » [나] ㉠직선적 시간관이란 시간이 하나의 방향을 가지고 앞으로 나아간다는 관점이다. 즉, 시간은 과거를 거쳐 현재를 지나 미래로 향하며, 그 방향은 변하지 않고 항상 일정하다. 예를 들어 유리컵이 탁자 위에 놓여 있는 상태를 A라고 하고 산산이 부서진 상태를 B라고 한다면, 컵의 상태는 항상 A에서 B로만 향하지, B에서 A로 향하지는 않는다. 이렇듯 시간은 앞으로만 나아가고 절대 뒤로 돌아오지 않는 '불가역적 성질'을 갖는다.

서양

❷ » 시간에 대한 두 번째 관점은, 시간이 순환한다는 관점이다. 하루는 아침, 점심, 저녁, 밤을 지나 다시 아침이 된다. 시간이 앞으로 가기만 하는 것이 아니라 다시 되돌아온다는 것이다. 하루만이 아니라 일주일, 한 달, 계절도 모두 순환하여 다시 돌아온다. 이렇게 시간이란 되돌아오길 반복하는 순환적인 것이라는 관점이 시간에 대한 두 번째 관점인 '㉡원형적 시간관'이다.

동양

❸ » 위에서 살펴본 시간에 대한 두 가지 입장은 실제로 서양과 동양의 시간관을 형성했다. 직선적 시간관과 원형적 시간관은 각각 서양과 동양의 문화·종교의 밑바탕이 되었다. 예를 들어 서양에서 발생한 기독교는 직선적 시간관을 토대로 한다. 기독교의 세계에서 인간은 탄생하고 성장하여 죽음에 이른 후 영원한 세계로 나아간다. 반면 동양의 윤회 사상은 원형적 시간관을 토대로 한다. 불교의 가르침에 따르면 인간은 탄생하고 성장하여 죽음에 이른 후 중간 상태를 지나 다시 탄생을 맞이한다. 겨울이 지나고 다시 봄이 오듯 삶도 반복된다고 믿는 것이다.

지문 구조 해설

1 수학적인 사상의 지배를 받는 서양의 문화
- 서양 문화의 근간 :
  플라톤 사상 +
  피타고라스 수학적인 사상
  ↓
- 건축물에서 기하학과 수학이 중요함

2 관계에 가치를 두는 동양의 문화
- 공간: 비어 있는 것과 비어 있는 것의 사이 → 동양의 최고의 가치
- 한자의 구성 원리에도 관계 중심의 사고가 드러남

1 직선적 시간관의 개념
- 직선적 시간관: 시간이 앞으로 나아간다는 관점(과거 → 현재 → 미래)
- 시간의 불가역적 성질

2 원형적 시간관의 개념
- 원형적 시간관: 시간이 순환한다는 관점(아침·점심·저녁·밤·아침…)
- 시간의 순환하는 성질

3 직선적 시간관에 바탕을 둔 서양의 문화와 원형적 시간관에 바탕을 둔 동양의 문화
- 직선적 시간관 → 서양의 문화: 기독교 예시
- 원형적 시간관 → 동양의 문화: 불교 예시

지문 구조 한눈에 보기

[가]
| 구체화 **1** | 서양의 공간 개념 |
| 구체화 **2** | 동양의 공간 개념 |

[나]
구체화 **1**	서양의 시간 개념
구체화 **2**	동양의 시간 개념
비교 **3**	종교를 통한 예시

✏ 지문 정보 확인　1○　2✕　3○

🧠 지문 Point 분석　**주제: 공간과 시간에 관한 동서양 문화의 차이점**

해제: [가]와 [나]는 사상적, 철학적 배경으로 인해 각각 다르게 형성된 동양과 서양의 문화에 대해 각기 다른 관점으로 설명하고 있는 글이다. [가]는 플라톤 철학의 영향을 받아 이데아를 추구하며 수학적 공간 구성을 추구한 서양과, 관계 중심의 사고방식으로 비움과 관계에 주목한 동양의 공간 구성 방식에 대해 대조적으로 설명하고 있다. 한편 [나]는 서양의 직선적 시간관과 동양의 원형적 시간관을 구체적 예시를 통해 설명하면서 이것이 각각 서양과 동양의 문화·종교의 밑바탕이 되었다고 말한다.

1 ▼ 설명 방법 파악   답 ⑤

[가]와 [나]의 설명 방법을 비교한 내용으로 가장 적절한 것은?

⑤ [가]에서는 동서양의 공간 구성에 있어서의 차이점을, [나]에서는 동서양의 시간관*의 차이점을 대조*의 방식으로 설명하고 있다.

→ [가]와 [나]는 모두 동양과 서양이 각각 다른 사상적, 철학적 배경을 영향을 받아 서로 다른 문화를 형성했음을 설명하는 글이다. [가]에서는 수학적 사상의 지배를 받아 건축물에 있어서도 기하학적이고 수학적인 분석이 가능한 서양과, 관계를 중시하여 공간을 구성하는 동양을 대조하여 설명한다. [나]에서는 직선적 시간관을 가진 서양과 원형적 시간관을 가진 동양을 대조하여 설명하고 있다.

➕ 오답 챙기기

① [가]에서는 동서양의 대표적 철학자를, [나]에서는 동서양의 시간관의 차이점을 열거*의 방식으로 설명하고 있다.

→ [가]에서는 플라톤, 피타고라스의 영향을 받아 서양이 이데아 사상과 수학적인 사상의 지배를 받게 되었음을 설명하였지만 동서양의 대표적 철학자를 열거의 방식으로 설명한 것은 아니다. [나]에서는 동서양의 시간관의 차이점을 설명한 것은 맞지만 열거의 방식을 사용하지는 않았다.

② [가]에서는 동서양 문자의 구성 방식을, [나]에서는 동서양의 종교적 차이점을 구체적 예시를 들며 설명하고 있다.

→ [가]에서는 동양이 관계를 중시하는 사고를 한다는 것을 설명하며 한자의 구성 원리에도 관계 중심의 사고가 드러난다는 것을 예시를 들며 설명하고 있다. 하지만 동서양 문자의 구성 방식을 설명한 것은 아니다. [나]에서는 서양의 기독교와 동양의 불교가 직선적 시간관과 원형적 시간관의 영향을 받아 차이점이 있다는 것을 설명하고 있다.

③ [가]에서는 동서양 건축의 공통점을, [나]에서는 동서양의 시간관의 차이점을 구체적 예시*를 들며 설명하고 있다.

→ [가]에서는 동양과 서양의 건축에 있어서 공간 구성의 차이점을 설명하고 있으며 [나]에서는 동서양 시간관의 차이점을 예시와 함께 설명하고 있다. 따라서 [가]에서 동서양 건축에 있어서 공통점을 설명하였다는 것은 적절하지 않다.

④ [가]에서는 동서양이 수학을 대하는 방식의 차이점을, [나]에서는 동서양 종교의 차이점을 대조의 방식으로 설명하고 있다.

→ [가]에서는 서양이 피타고라스의 수학적인 사상의 지배를 받아 건축 등에 있어서 기하학적이고 수학적인 분석이 가능하다고 하였지만, 동서양이 수학을 대하는 방식에 차이가 있다는 내용은 아니다. [나]에서는 서양의 기독교가 직선적 시간관에, 동양의 불교가 원형적 시간관에 바탕을 두고 있다고 말하고 있으나, 이것은 동서양 문화에 시간관이 미친 영향을 설명하기 위한 것이지 동서양 종교의 차이점을 설명하기 위한 글이 아니다.

어휘 충전

* **시간관**(時 때 시 間 사이 간 觀 볼 관): 시간에 대한 관점이나 견해.
* **대조**(對 대답할 대 照 비출 조): 서로 달라서 대비가 됨.
  * **열거**(列 벌일 열 擧 들 거): 여러 가지 예니 시실을 낱낱이 죽 늘어놓음.
  * **예시**(例 법식 례 示 보일 시): 예를 들어 보임.

2 ▼ 내용 간의 인과관계 파악   답 ③

㉠과 ㉡을 비교한 내용으로 적절한 것은?

③ ㉠과 ㉡은 각각 서양과 동양의 문화와 종교를 형성하는 데 밑바탕이 되었다.

→ [나]의 3문단에서 직선적 시간관과 원형적 시간관은 각각 서양과 동양의 문화·종교의 밑바탕이 되었다고 말하고 있다. 예를 들어 직선적 시간관은 서양에서 발생한 기독교에, 원형적 시간관은 불교의 윤회 사상에 영향을 주었다.

➕ 오답 챙기기

① ㉠은 서양의 이데아 사상에, ㉡은 동양의 기하학적 사고에 각각 영향을 주었다.

→ 서양의 이데아 사상과 동양의 기하학적 사고는 [가]에 언급된 말로서, ㉠과 ㉡이 제시된 [나]와는 직접적인 관계가 없다.

② ㉠은 서양의 죽음을 중시하는 태도, ㉡은 동양의 생명을 중시하는 태도에 각각 영향을 주었다.

→ ㉠과 ㉡은 각각 직선적 시간관과 원형적 시간관으로 ㉠은 서양의 기독교에, ㉡은 동양의 불교에 영향을 주었으나 이것이 서양의 죽음을 중시하는 태도, 동양의 생명을 중시하는 태도에 영향을 주었다는 근거는 이 글에서 찾을 수 없다.

④ ㉠과 ㉡은 각각 서양과 동양이 자신들의 환경에 알맞은 건축물을 짓게 하는 본보기가 되었다.

→ [나]에서 언급된 ㉠과 ㉡은 각각 직선적 시간관과 원형적 시간관으로, 건축물과 공간 구성에 대한 내용은 [가]에 나타나 있다.

⑤ ㉠과 ㉡은 모두 서양과 동양이 서로의 문물을 교류하게 만드는 계기가 되었다.

→ ㉠과 ㉡은 각각 직선적 시간관과 원형적 시간관으로 서양과 동양의 시간관을 형성하여 문화·종교의 밑바탕이 되었으나, 이로 인해 서양과 동양이 서로의 문물을 교류하게 되었다는 말은 이 글에서 찾아볼 수 없다.

밀레니얼 세대

출전 박인호, 『신문 읽는 소크라테스』 | 지문 난이도 ★★☆☆☆

(1,245자)

1 » 최근 밀레니얼 세대(와이 세대)의 새 취향과 트렌드가 주목받고 있다. 일반적으로 밀레니얼 세대는 1980년대 후반에서 2000년대 사이에 태어난 세대를 아우른다. 이들은 새로운 가치관과 소비 성향을 보이면서 사회 과학자와 기업 마케팅 담당자의 관심을 끌고 있으며, 베이비 붐 세대 이후 최대 소비 주역으로 떠올랐다. 욜로족, 가심비, 워라밸 등의 신조어들이 밀레니얼 세대의 생활 양식의 단면을 보여 준다.

2 » 욜로(YOLO, You Only Live Once)족은 '한 번뿐인 인생'을 즐기며 현재 자신의 행복을 가장 중요하게 여기며 생활하고 소비하는 성향을 가진 세대를 말한다. 그들은 미래를 위해 현재를 희생하거나 저축하기보다는 현재의 만족을 위해 즐기고 소비한다. 기성세대가 집 마련과 노후 준비를 위해 절제하고 저축했던 것과는 대비된다. 욜로족은 당장의 만족을 위해 해외여행을 하고 비싼 자전거를 사는 등 취미 생활과 자기 계발에 아낌없이 소비한다. ㉠이들의 소비는 단순히 물욕을 채우기보다는 자신의 이상을 실현하고 취향을 즐긴다는 점에서 충동구매와 구별된다.

3 » 가심비(價心比)는 '가격 대비 마음'을 뜻하는 새로운 표현이다. 가성비가 비슷한 성능이면 가격이 저렴한 것을 사는 저성장 시대의 소비 방식이었다면, 가심비는 심리적 만족만 있으면 가격과 상관없이 물건을 구매하는 요즘 세대의 소비 방식이다. 가격이 비싸도 마음에 드는 옷이나 물건이 있으면 과감히 지갑을 여는 것이다. 이들은 연예인 캐릭터나 독특한 디자인에 큰돈을 쓰고도 아깝다고 생각하지 않으며 자신의 만족을 가장 중요한 가치로 삼는다.

4 » 한편 '일과 삶의 균형'을 의미하는 워라밸(Work and Life Balance)이라는 신조어도 등장했다. 학자들은 워라밸 세대를 1980년대 후반에서 1990년대 초반에 태어나 갓 사회에 진출한 젊은 직장인들로 정의한다. 사생활을 중시하고 자신만의 취미 생활을 즐기는 이들이 소비 시장의 중심으로 떠오르고 있으며, 워라밸 세대의 취향에 맞추어 직원들의 휴식과 문화생활이 있는 삶을 위해 애쓰는 기업도 늘고 있다.

5 » 최근에는 와이 세대의 뒤를 이어 제트 세대가 새롭게 주목받고 있다. 제트 세대는 1990년대 중반에서 2000년대 후반까지 태어난 세대로 이들은 어려서부터 인터넷을 자연스럽게 접하며 성장한 세대이다. 이들은 정보 기술(IT)에 익숙하고 소셜 네트워크 서비스(SNS)를 통해 자유롭게 소통한다. 밀레니얼 세대의 생활 양식인 욜로와 가심비, 워라밸 현상은 Z세대로 이어져 주류 소비문화를 이끌어 갈 것으로 보인다.

---

1 밀레니얼 세대의 개념과 특징

- 밀레니얼 세대:
  - 1980년대 후반에서 2000년대 사이에 태어남
  - 새로운 가치관과 소비 성향
  - 욜로족, 가심비, 워라밸

2 욜로족의 개념과 특징

- 욜로족의 개념: 현재 자신의 행복을 가장 중시하고 소비하는 성향을 가진 세대
- 욜로족의 특징: 미래를 위해 현재를 희생하거나 저축하기보다는 현재의 만족을 위해 즐기고 소비함

3 가심비의 개념과 특징

- 가심비의 개념: 심리적 만족만 있으면 가격과 상관없이 물건을 구매하는 요즘 세대의 소비 방식
- 가심비의 특징: 자신의 만족을 가장 중요한 가치로 삼음

4 워라밸의 개념과 워라밸 세대의 특징

- 워라밸의 개념: 일과 삶의 균형
- 워라밸 세대의 특징: 사생활을 중시하고 자신만의 취미 생활을 즐김

5 제트 세대의 개념과 특징

- 제트 세대의 개념: 1990년대 중반에서 2000년대 후반까지 태어난 세대로 어려서부터 인터넷을 자연스럽게 접하며 성장한 세대
- 제트 세대의 특징: 정보 기술(IT)에 익숙하고 소셜 네트워크 서비스(SNS)를 통해 자유롭게 소통함

✏ 지문 정보 확인 1 ○ 2 ○ 3 ✕

지문 Point 분석 | 주제: 밀레니얼 세대의 개념과 생활 양식

해제: 이 글은 새로운 가치관과 소비 성향을 보이며 최대 소비 주역으로 떠오른 밀레니얼 세대의 개념과 특징에 대해 소개하고 있다. 밀레니얼 세대의 생활 양식을 단적으로 보여 주는 세 가지 신조어인 욜로족, 가심비, 워라밸의 개념과 특징에 대해 설명하면서 글의 마지막 부분에서는 밀레니얼 세대의 뒤를 이어 미래의 주류 소비문화를 이끌어 나갈 제트 세대에 대해 언급하고 있다.

지문 구조 한눈에 보기

화제 제시 **1**
↓
밀레니얼 세대의 개념과 특징

구체화 **2 3 4**
↓
밀레니얼 세대의 생활양식 – 욜로족, 가심비, 워라밸

마무리 **5**
↓
제트 세대로 본 소비문화 전망

1 ▼ 세부 정보 파악   답 ④

윗글을 통해 해결할 수 있는 질문이 아닌 것은?

④ 기성세대가 밀레니얼 세대에 대해 어떤 시각을 가지고 있는가?

⋯ 1문단에서 밀레니얼 세대의 개념과 특징에 대해 소개하며 이들이 새로운 가치관과 소비 성향으로 최대 소비 주역으로 떠올랐다고 말하고 있다. 이들의 생활 양식과 소비 성향이 기성세대와는 구별된다는 것을 욜로족, 가심비, 워라밸이라는 신조어의 개념과 특징을 통해 설명하고 있다. 그러나 기성세대가 밀레니얼 세대에 대해 어떤 생각을 갖고 있는지는 이 글에 나타나 있지 않으므로 해결할 수 없는 질문이다.

➕ 오답 챙기기

① 가성비와 가심비의 차이점은 무엇인가?

⋯ 3문단에 따르면 가성비는 비슷한 성능이면 가격이 저렴한 것을 사는 저성장 시대의 소비 방식이었다면, 가심비는 심리적 만족만 있으면 가격과 상관없이 물건을 구매하는 요즘 세대의 소비 방식이라는 것을 알 수 있다.

② 워라밸 세대가 기업 문화에 끼친 영향은 무엇인가?

⋯ 4문단에 따르면 워라밸 세대의 취향에 맞추어 직원들의 휴식과 문화생활이 있는 삶을 위해 애쓰는 기업이 늘고 있다고 하였는데, 이는 워라밸 세대가 기업 문화에 끼친 영향이다.

③ 욜로족의 소비 성향이 기성세대와 다른 점은 무엇인가?

⋯ 2문단에 따르면 기성세대들이 집 마련과 노후 준비를 위해 절제하고 저축했던 것과는 대비되는 욜로족은 미래를 위해 현재를 희생하거나 저축하기보다는 현재의 만족을 위해 즐기고 소비한다고 하였다.

⑤ 밀레니얼 세대의 특징을 보여 주는 신조어에는 어떤 것들이 있는가?

⋯ 1문단에 따르면 욜로족, 가심비, 워라밸 등의 신조어들이 밀레니얼 세대의 생활 양식의 단면을 보여 준다는 것을 알 수 있다.

2 ▼ 관점의 적절성 파악   답 ②

관점 비교를 통한 평가

〈보기〉와 같은 의견을 갖고 있는 사람이 ㉠에 대해 제기한 의문으로 가장 적절한 것은?

> **보기**
>
> 욜로라는 말은 서구권에서 써 왔던 신조어로 최근 우리나라에서도 유행어*가 되었다. 하지만 욜로족의 소비는 자칫 과소비*로 이어질 수 있다는 점에서 비판의 목소리가 있다. 한 시장 조사 전문 기업에서 성인 남녀 1,000명을 상대로 설문 조사를 한 결과 응답자 중 약 71%는 "욜로라는 용어가 마케팅 수단으로 이용되는 것 같다."고 생각을 밝혔다. 개인의 무분별한* 소비가 기업의 배만 불린다는* 지적이다.
>
> 한편 욜로라는 말 때문에 오히려 박탈감을 느낀다는 반응도 있다. 한 회사원은 "욜로는 경제력이 어느 정도 있는 사람만 누릴 수 있는 특권 같다."며 "적은 봉급으로 생활하는 나에게 욜로는 너무 먼 말"이라고 말했다.

② 이상을 실현하고 취향을 존중한다는 말로 포장되어 있지만 사실은 기업의 이익을 위해 이용당하는 것 아닐까요?

⋯ 〈보기〉에서는 욜로족의 소비가 과소비로 이어질 수 있으며 개인의 무분별한 소비가 기업의 배만 불린다는 점, 경제력을 갖추지 못한 사람들에게는 오히려 박탈감을 느끼게 한다는 점을 들어 욜로에 대해 비판하고 있다. 따라서 이 글에서 욜로족의 소비가 자신의 이상을 실현하고 취향을 즐긴다는 점에서 충동구매와 구별된다는 ㉠에 대해 사실은 기업의 이익을 위해 이용당하는 것이 아닐지 의문을 제기할 수 있다.

➕ 오답 챙기기

① 서구권에서 온 신조어보다는 우리말로 된 어휘를 사용하여 생활 양식을 표현하는 것이 바람직하지 않을까요?

⋯ 〈보기〉는 욜로족이 자칫 과소비로 이어질 수 있고, 경제력을 갖추지 못한 사람들에게 박탈감을 준다는 점을 들어 비판하고 있다. 하지만 이것은 서구권에서 온 신조어보다 우리말로 된 어휘를 사용해야 한다는 의견과는 연관성이 없다.

③ 욜로족의 소비 성향이 대기업의 배만 불리는 결과를 가져올 수 있으므로 전통 시장을 이용하는 것이 좋지 않을까요?

⋯ 〈보기〉에서 욜로족의 무분별한 소비가 기업의 배만 불린다는 지적이 있다는 점을 언급하고 있지만, 그 대안이 전통 시장을 이용하는 것이라는 근거는 없다.

④ 개인의 경제력이 어느 정도인지와는 상관없이 자신만의 취향을 계발*하고 그것을 누리는 것은 현대인의 특권 아닐까요?

⋯ 〈보기〉에서 욜로는 경제력이 어느 정도 있는 사람만 누릴 수 있는 특권이며, 그렇지 않은 사람의 경우 오히려 박탈감을 느낀다고 말하고 있다. 따라서 〈보기〉의 의견을 갖고 있는 사람이 ㉠에 대해 경제력과 상관없이 자신만의 취향을 계발하고 누려야 한다는 말을 한다는 것은 적절하지 않다.

⑤ 경제력을 갖춘 사람들뿐만 아니라 적은 봉급으로 생활하는 회사원들도 욜로족이 될 수 있도록 기업의 지원이 필요하지 않을까요?

⋯ 〈보기〉에서는 적은 봉급으로 생활하는 회사원의 경우 욜로족을 보며 박탈감을 느낀다는 점을 들어 욜로를 비판하고 있다. 따라서 〈보기〉의 의견을 갖고 있는 사람이 ㉠에 대해 적은 봉급으로 생활하는 회사원들도 욜로족이 되어야 하며, 그것을 위해 기업이 지원해야 한다는 의문을 제기하는 것은 적절하지 않다.

어휘 충전

* **유행어**(流 흐를 유 行 다닐 행 語 말씀 어): 비교적 짧은 시기에 걸쳐 여러 사람의 입에 오르내리는 단어나 구절. 신어의 일종으로 해학성, 풍자성을 띠며 신기한 느낌이나 경박한 느낌을 주기도 한다.

* **과소비**(過 지날 과 消 꺼질 소 費 쓸 비): 돈이나 물품 따위를 지나치게 많이 써서 없애는 일.

* **무분별**(無 없을 무 分 나눌 분 別 다를 별)**하다**: 세상 물정에 대한 바른 생각이나 판단인 분별이 없다.

* **배**(를) **불리다[채우다]**: 재물이나 이득을 많이 차지하여 사리사욕을 채우다.

* **계발**(啓 열 계 發 필 발): 슬기나 재능, 사상 따위를 일깨워 줌.

STUDY 14 어휘 확인

1 ㉢	2 ㉣	3 ㉺	4 ㉠	5 ㉡
6 ㉢	7 ㉤	8 ㉡	9 ㉠	10 ㉣

| 11 단면 | 12 상호 | 13 불가역 | 14 절제 | 15 근간 |

STUDY 15 · 과학 — 환경 호르몬이 무서운 이유

출전 이은희, 『하리하라의 과학 블로그 1』 · 지문 난이도 ★★★☆☆

(1,328자)

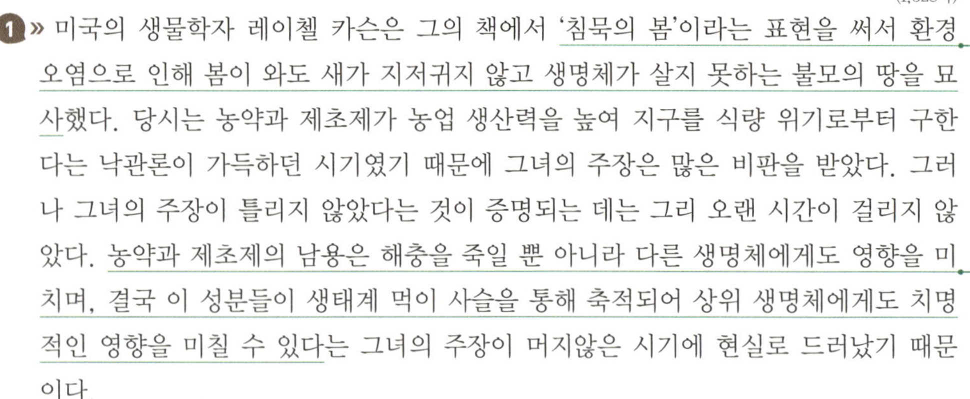

1 » 미국의 생물학자 레이첼 카슨은 그의 책에서 '침묵의 봄'이라는 표현을 써서 환경 오염으로 인해 봄이 와도 새가 지저귀지 않고 생명체가 살지 못하는 불모의 땅을 묘사했다. 당시는 농약과 제초제가 농업 생산력을 높여 지구를 식량 위기로부터 구한다는 낙관론이 가득하던 시기였기 때문에 그녀의 주장은 많은 비판을 받았다. 그러나 그녀의 주장이 틀리지 않았다는 것이 증명되는 데는 그리 오랜 시간이 걸리지 않았다. 농약과 제초제의 남용은 해충을 죽일 뿐 아니라 다른 생명체에게도 영향을 미치며, 결국 이 성분들이 생태계 먹이 사슬을 통해 축적되어 상위 생명체에게도 치명적인 영향을 미칠 수 있다는 그녀의 주장이 머지않은 시기에 현실로 드러났기 때문이다.

1 레이첼 카슨의 경고
- 농약과 제초제 남용의 위험성에 대한 비유적 표현
- 레이첼 카슨이 경고한 내용

2 » 그리고 미국의 동물학자 테오 콜본은 자신의 책 "도둑 맞은 미래"에서 카슨의 주장이 다소 극단적이지만 기우가 아님을 증명했다. 콜본은 미국과 캐나다의 국경 지역에 서로 잇닿아 있는 다섯 개의 호수 연안에 사는 새들 중 일부가 환경 오염 물질로 인한 행동 장애와 기형으로 멸종될 위기에 처해 있다는 것을 고발하였다. 그러면서 사회적으로 '환경 호르몬'에 대해 경종을 울렸다.

2 환경 호르몬 개념의 등장
- 레이첼 카슨의 경고를 증명한 테오 콜본
- 환경 호르몬의 위험성 제시

3 » 그렇다면 환경 호르몬이란 무엇일까? 환경 호르몬은 내분비계 교란 물질 즉, 외부의 물질이 체내로 들어와서 체내 호르몬을 교란시키는 물질을 말한다. 내분비계 교란 물질은 매우 안정되어 있어서 자연적으로 쉽게 분해되거나 파괴되지 않고 환경에 존재하다가 생물체에 흡수되면 체내에서 호르몬과 비슷한 작용을 하기 때문에 환경 호르몬이라고 불린다.

3 환경 호르몬의 개념
- 환경 호르몬의 정의
- 환경 호르몬의 특징
  - 자연적으로 쉽게 분해되거나 파괴되지 않음
  - 생물체에 흡수되면 체내에서 호르몬과 비슷한 작용을 함

4 » 환경 호르몬의 대부분이 생명체의 성장, 발육 그리고 생식에 관여하는 호르몬과 비슷한 작용을 한다. 우리 몸은 온몸의 세포 하나하나가 신경계와 호르몬의 유기적인 작용에 의해 연결되어 아주 세밀하게 조절되도록 되어 있다. 그런데 외부에서 환경 호르몬과 같이 잘못된 신호가 들어오면 단계를 거칠수록 증폭되어 인체에 심각한 영향을 미치게 된다. 잘못된 신호는 결국 신경계를 망가뜨리고 암을 일으킨다. 다수의 환경 호르몬이 발암 물질이고 생식 기능에 치명적인 해를 끼치게 되는데, 이것이 환경 호르몬이 무서운 이유이다.

4 환경 호르몬의 작용 및 영향
- 환경 호르몬의 작용
- 환경 호르몬의 영향
  - 신경계를 망가뜨림
  - 암을 일으킴(발암 물질)
  - 생식 기능에 치명적인 해를 끼침

5 » 세계 생태 보전 기금(WWF)에서는 67종, 일본의 관련 기관에서는 143종을 환경 호르몬 물질로 규정하고 있다. 기관마다 환경 호르몬을 판단하는 데 차이가 있지만 이들 기관이 공통적으로 규정하고 있는 환경 호르몬 물질로는 깡통의 내부 부식을 방지하기 위해 코팅제로 사용되는 비스페놀 에이, 농약과 살충제 성분이었던 디디티(DDT) 등이 있다. 우리나라는 각 단체에서 규정한 환경 호르몬 중 현재 사용이 금지된 것도 있지만 그대로 사용되는 것도 있어서 환경 호르몬의 위험에 대한 대비가 아직 미비함을 알 수 있다.

5 환경 호르몬에 대한 물질 규정과 대비
- 각 기관의 환경 호르몬 물질 규정
- 대표적인 환경 호르몬 물질 예시
- 환경 호르몬에 대한 대비 미흡

지문 구조 한눈에 보기

화제 제시 1 2
- 레이첼 카슨의 경고
- 테오 콜본의 환경 호르몬 제시

↓

구체화 3 4
- 환경 호르몬의 개념
- 환경 호르몬의 작용 및 영향

↓

마무리 5
환경 호르몬 물질 규정과 대비

✎ 지문 정보 확인 1 ○ 2 ✗ 3 ○

지문 Point 분석 주제: 환경 호르몬

해제: 레이첼 카슨이 자신의 저서에서 '침묵의 봄'을 통해 농약과 제초제의 성분이 먹이 사슬을 통해 축적되어 상위에 있는 생명체에게도 치명적일 수 있음을 주장한 이후 미국의 동물학자인 테오 콜본에 의해 증명되었다. 환경 호르몬은 내분비계 교란 물질로 체내에 들어온 외부 물질이 체내 호르몬을 교란시키는 것을 의미한다. 환경 호르몬은 분해나 파괴가 쉽지 않으며, 인체에 들어와 잘못된 신호를 발생시켜 신경계를 망가뜨리고 암을 일으키는 등의 영향을 끼친다. 기관마다 환경 호르몬 물질을 다르게 규정하고 있고 우리나라의 경우 환경 호르몬의 위험에 대한 대비가 아직 미비한 실정이다.

1 ▼ 세부 정보 파악　　　　　　　　　　　답 ④

윗글을 통해 답을 얻을 수 있는 질문이 <u>아닌</u> 것은?

④ 각 기관이 환경 호르몬 물질을 규정하는 기준은 무엇인가?

⋯▶ 5문단에서 각 기관이 환경 호르몬 물질을 달리 규정하고 있다는 내용이 제시되어 있기는 하나 이 기관들이 어떤 기준으로 환경 호르몬 물질을 규정하는지에 대한 언급은 제시되어 있지 않다.

➕ 오답 챙기기

① 환경 호르몬은 인체에서 어떤 작용을 하는가?

⋯▶ 3문단과 4문단에서는 환경 호르몬이 인체 내에서 호르몬과 유사한 작용을 하며 신경계 파괴 및 암 유발 등과 같은 악영향을 미칠 수 있음을 제시하고 있다.

② 레이첼 카슨의 주장은 당대에 어떤 평가를 받았는가?

⋯▶ 1문단에서 레이첼 카슨의 주장은 많은 비판을 받았다는 내용이 제시되어 있다.

③ 내분비계 교란 물질에는 구체적으로 어떤 것이 있는가?

⋯▶ 내분비계 교란 물질은 우리가 흔히 부르는 환경 호르몬으로 5문단에서 환경 호르몬의 구체적인 예인 비스페놀 에이와 디디티가 제시되어 있다.

⑤ 레이첼 카슨이 자신의 책을 통해 주장한 내용의 핵심은 무엇인가?

⋯▶ 레이첼 카슨은 자신의 책에서 '침묵의 봄'이라는 표현을 써서 농약과 살충제 성분이 먹이 사슬을 타고 다른 생명체에게까지 치명적인 영향을 미칠 수 있음을 주장했다.

비판 및 반응의 적절성 평가

2 ▼ 반응의 적절성 파악　　　　　　　　　　　답 ④

윗글을 읽은 학생들이 〈보기〉를 읽고 보일 수 있는 반응으로 적절하지 <u>않</u>은 것은?

> **보기**
>
> 　유아용 아쿠아 슈즈에서 기준치가 넘는 환경 호르몬이 검출되어 논란이 되고 있다. 제품을 안전한 물질로 만들었다는 기업을 믿고 구입한 소비자의 환불 및 소비자 단체의 피해 보상 요구가 높아지고 있다. 또한 제품의 환경 호르몬 검사를 책임지고 있는 정부 기관에서 기준으로 삼고 있는 환경 호르몬 물질과 일반적으로 소비자에게 알려진 환경 호르몬 물질이 달라서 환경 호르몬 검사 과정 전반 및 법적 제재에 대한 재검토가 요구되고 있다. 그러나 한편에서는 환경 호르몬이 산업화 과정에서 나타나는 불가피한 결과물이기 때문에 정부의 노력만으로는 환경 호르몬을 줄이는 데 한계가 있다는 의견을 내놓았다.
>
> 　최근 옥수수 등의 천연 물질을 활용하여 환경 호르몬 걱정이 없는 바이오 플라스틱이 개발되었다. 유아 젖병이나 장난감 등을 비롯한 다양한 분야에 활용될 것으로 예상되나 아직 일상적으로 쓰이기 위해서는 많은 비용이 필요하며 기술을 이전하기 위한 장치가 마련되지 못한 실정이다.

④ 환경 호르몬은 산업 구조의 변화로 나타나는 결과물이기 때문에 인체에 유입된 환경 호르몬 물질을 제거하는 방법을 찾는 노력이 필요하겠군.

⋯▶ 3문단에서 '내분비계 교란 물질은 매우 안정되어 있어서 자연적으로 쉽게 분해되거나 파괴되지 않는다.'고 하였다. 따라서 환경 호르몬 물질을 제거하는 방법을 찾는 노력이 필요하다는 반응은 적절하지 않다. 또한 〈보기〉에서 정부의 노력만으로는 환경 호르몬을 줄이는 데 한계가 있다는 것은 정부 이외의 노력이 더 필요하다는 것이지, 인체에 유입된 이후에 제거하는 방법을 찾아야 한다는 것이 아니다.

➕ 오답 챙기기

① 정부 기관에서 환경 호르몬 물질 기준을 통일하는 작업이 먼저 이루어져야 하겠군.

⋯▶ 〈보기〉에서는 정부 기관에서 기준으로 삼고 있는 환경 호르몬 물질과 일반적으로 소비자에게 알려진 환경 호르몬 물질이 다르다고 하였으므로, 정부 기관에서 환경 호르몬 물질 기준을 통일하는 작업이 선행되어야 한다는 반응은 적절하다.

② 다양한 분야에 바이오 플라스틱을 이용할 수 있도록 정부 차원의 경제적 지원이 필요하겠군.

⋯▶ 〈보기〉에서는 바이오 플라스틱이 다양한 분야에 활용될 것으로 예상되나 아직 일상적으로 쓰이기 위해서는 많은 비용과 장치가 마련되지 못했다고 했으므로, 정부 차원의 경제적 지원이 필요하다는 반응은 적절하다.

③ 정부 기관에서는 환경 호르몬 검사 절차와 규정 및 법적 제재를 점검하고 문제를 보완하는 것이 필요하겠군.

⋯▶ 〈보기〉에서는 환경 호르몬 검사 과정 전반 및 법적 제재에 대한 재검토가 요구되고 있다고 하였으므로, 정부 기관에서는 이를 보완하는 것이 필요하다는 반응은 적절하다.

⑤ 정부와 소비자 단체 등에서는 환경 호르몬 물질에 대한 정보를 제공하고 환경 호르몬에 대한 경각심을 줄 수 있도록 홍보하는 과정이 필요하겠군.

⋯▶ 〈보기〉에서는 관련 부처의 환경 호르몬 물질 기준이 일반적으로 소비자에게 알려진 환경 호르몬 물질과 다르다고 하였으므로, 소비자가 환경 호르몬 물질을 정확하게 알고 환경 호르몬에 대한 경각심을 가지도록 홍보하는 것이 필요하다는 반응은 적절하다.

와이파이와 라이파이

출전 『과학 기술 직업』 **지문 난이도** ★★★★☆

(1,324자)

1 » 와이파이(Wi-Fi)는 무선 접속 장치가 설치된 곳에서 전파나 적외선 전송 방식을 이용해 일정 거리 안에서 무선 인터넷을 할 수 있는 근거리 통신망 기술이다. 1997년 무선 랜과 관련한 표준 와이파이를 정한 이래 초고속 인터넷 ㉠보급이 확대되었다. 집과 사무실, 지하철, 카페 등 와이파이 중계기가 설치된 곳이면 무선으로 인터넷에 접속할 수 있게 되면서 와이파이는 사람들의 일상 깊숙이 파고들었다.

2 » 그런데 와이파이의 가장 큰 단점인 보안 취약이 문제가 되기 시작했다. 주파수를 사용하면 일정 범위 내의 모든 디바이스가 와이파이 중계기에 접속할 수 있다. 이때 정보가 암호화되지 않은 채 전송되기 때문에 중계기에 접속해 있는 사람이 간단한 해킹 기술을 사용하면 전화를 ㉡도청하듯 중간에서 정보를 수집할 수 있다. 이런 이유로 와이파이 공유기 해킹 사건이 빈번하게 일어났는데, 2014년 공유기를 변조해 사람들이 파밍 사이트에 접속하게 만들어 개인 정보를 탈취했던 해킹 사건은 피해 규모가 매우 컸다. 와이파이의 주파수 대역 할당 한계도 문제로 제기되었다. 오늘날 와이파이는 2.4 GHz과 5 GHz 대역 두 종류를 사용하는데 이 주파수 대역이 포화 상태에 이르렀고, 새로운 기술 도입의 필요성이 ㉢대두되고 있는 것이다.

3 » 전 세계적으로 환경에 대한 관심이 높아지면서 저전력 고효율의 특성을 가진 LED 조명이 주목받게 되었는데, 이 LED 조명을 이용해 전파가 아닌 불빛에 디지털 정보를 실어 보내는 통신 기술이 라이파이(Li-Fi)다. 2011년 영국 에든버러 대학의 해럴드 하스 교수 팀은 LED 조명이 초당 수만 번 빛을 깜빡여서 모스 부호처럼 통신하는 원리를 이용해 새로운 근거리 통신 기술인 라이파이를 개발하였다. 라이파이는 무선 통신의 전체 주파수보다 대역폭이 약 1만 배나 넓기 때문에 와이파이보다 속도가 100배 정도 빠르다. 또한 와이파이와 달리 주파수 혼선 등의 문제가 없으며, 기존보다 초고속 통신 서비스를 저렴한 비용으로 제공할 수 있어 공공 와이파이를 대체할 수 있을 것으로 예상된다.

4 » 라이파이가 ㉣상용화되면 가로등 불빛 아래 러닝 타임 2시간 영화 한 편을 1초 만에 다운로드 받을 수 있고, 도로를 달리는 자동차들이 전조등 불빛으로 정보를 주고받아 교통사고를 ㉤미연에 방지할 수 있으며, 전파를 쓸 수 없는 비행기 안이나 해저에서도 인터넷에 접속할 수 있다. 라이파이는 조명이 있는 곳이면 어디에서든 사용 가능하지만, 빛이 닿지 않는 곳에서는 통신이 차단된다는 한계를 드러낸다. 이처럼 아직 완성되지 않은 기술이지만, 라이파이는 전 세계적으로 큰 관심을 받으며 다른 무선 통신 기술과 융복합하는 시도 등 다양한 연구가 진행되고 있다.

지문 구조 해설

1 와이파이의 개념
- 와이파이의 정의
- 와이파이가 이용되는 사례

2 와이파이의 한계
- 와이파이의 한계 ① – 보완에 취약
- 와이파이가 보안에 취약한 이유
- 보안 취약이 드러난 실제 사례
- 와이파이의 한계 ② – 주파수 대역 할당 측면
- 새로운 무선 통신 기술이 필요한 이유

3 라이파이의 개념과 장점
- 라이파이의 등장 배경
- 라이파이의 원리와 개념
- 라이파이의 장점
  - 속도가 빠름
  - 주파수 혼선이 없음
  - 비용이 저렴함

4 라이파이의 분야와 한계 및 연구 방향
- 라이파이를 활용할 수 있는 다양한 분야
- 라이파이의 한계
- 라이파이의 전망

와이파이

라이파이

✎ 지문 정보 확인 1 X 2 ○ 3 ○

지문 Point 분석 주제: 와이파이와 라이파이의 개념과 특징

해제: 와이파이는 무선 접속 장치가 있는 경우 전파나 적외선을 이용하여 무선 인터넷을 할 수 있는 근거리 통신망 기술이다. 정보가 암호화되지 않은 채 전송되기 때문에 보안에 취약하며 주파수 대역이 포화 상태에 이르러 새로운 기술에 대한 필요성이 대두되었다. 이에 등장한 라이파이는 불빛을 이용한 새로운 통신 기술로, 속도 면에서 와이파이에 비해 월등하게 빠르며 주파수 혼선 등의 문제가 없고 저렴한 비용으로 초고속 인터넷 서비스를 제공할 수 있다. 아직 빛이 차단된 곳에서는 통신이 차단된다는 한계가 있으나 전 세계적으로 관심을 받으며 다양한 연구가 진행되고 있다.

지문 구조 한눈에 보기

화제 1 제시 **1** **2**
- 와이파이의 개념
- 와이파이의 한계

↓

화제 2 제시 **3** **4**
- 라이파이의 개념과 장점
- 라이파이의 한계와 전망

1 ▼ 내용 전개 방식 파악　답 ④

윗글의 내용 전개 방식으로 적절하지 <u>않은</u> 것은?

④ 스스로 질문을 던지고 답변하는 방식으로 대상을 소개하고 있다.

⋯ 스스로 묻고 스스로 대답하는 자문자답의 방식은 대상에 대한 흥미를 불러일으키는 내용 전개 방식이다. 그러나 이 글에서는 스스로 묻고 스스로 대답하는 방식이 제시되지 않았다.

⊕ 오답 챙기기

① 대상의 개념을 정의*하며 내용을 구체화하고 있다.

⋯ 1문단에서 와이파이의 개념의 정의하고 있고, 3문단에서 라이파이의 개념을 정의하면서 각각 내용을 구체화하고 있다.

② 두 대상의 차이점에 초점*을 맞춰 특징을 설명하고 있다.

⋯ 3문단의 '와이파이보다 속도가 100배 정도 빠르다. 또한 와이파이와 달리 주파수 혼선 등의 문제가 없으며, 기존보다 초고속 통신 서비스를 저렴한 비용으로 제공할 수 있어 공공 와이파이를 대체할 수 있을 것으로 예상된다.'에서 와이파이와 라이파이의 차이점에 초점을 맞춰 라이파이의 장점을 설명하고 있다.

③ 구체적인 사례*를 들어 대상에 대한 단점을 제시하고 있다.

⋯ 2문단의 '2014년 공유기를 변조해 사람들이 파밍 사이트에 접속하게 만들어 개인 정보를 탈취했던 해킹 사건은 피해 규모가 매우 컸다.'에서 구체적인 사례를 들면서 와이파이의 보안 취약과 관련된 단점을 제시하고 있다.

⑤ 대상의 한계와 연구 진행 방향을 언급하며 글을 마무리하고 있다.

⋯ 4문단에서 '빛이 닿지 않는 곳에서는 통신이 차단된다는 한계를 드러낸다. 이처럼 아직 완성되지 않은 기술이지만, 라이파이는 전 세계적으로 큰 관심을 받으며 다른 무선 통신 기술과 융복합하는 시도 등 다양한 연구가 진행되고 있다.'라고 하면서 라이파이의 한계와 연구 진행 방향을 언급하면서 글을 마무리하고 있다.

> **어휘**
> **충전**
> * **정의**(定 정할 정 義 옳을 의): 어떤 말이나 사물의 뜻을 명백히 밝혀 규정함. 또는 그 뜻.
> * **초점**(焦 그을릴 초 點 점찍을 점): 사람들의 관심이나 주의가 집중되는 사물의 중심 부분.
> * **사례**(事 일 사 例 법식 례): 어떤 일이 전에 실제로 일어난 예.

2 ▼ 반응의 적절상 파악　답 ⑤

윗글을 읽고 학생들이 보인 반응으로 적절하지 <u>않은</u> 것은?

⑤ 와이파이는 특별한 장치 없이도 일정 거리 안에서 무선 인터넷을 할 수 있는 통신망을 말하는군.

⋯ 1문단에서 와이파이는 무선 접속 장치가 설치된 곳에서 전파나 적외선 전송 방식으로 무선 통신이 가능한 시스템이라고 설명하고 있다. 따라서 와이파이가 특별한 장치 없이도 무선 인터넷이 가능하다는 설명은 적절하지 않다.

⊕ 오답 챙기기

① 라이파이는 빛이 차단된 공간에서는 제대로 기능을 발휘하기 어렵겠군.

⋯ 4문단에서 라이파이의 한계로 빛이 닿지 않는 공간에서는 통신이 차단된다. 즉 무선 통신이 어렵다는 점을 언급하고 있다.

② 라이파이는 와이파이와는 달리 불빛을 이용하는 새로운 통신 기술을 의미하는군.

⋯ 3문단에서 라이파이는 전파가 아닌 불빛에 디지털 정보를 실어 보내는 새로운 통신 기술임을 언급하고 있다.

③ 와이파이는 정보가 암호화되지 않은 채 전송되기 때문에 해킹의 가능성이 높겠군.

⋯ 2문단에서 와이파이의 한계로 보안의 취약을 언급하고 있는데, 이는 정보가 암호화되지 않은 채 전송되기 때문이라고 제시하고 있다. 또한 해킹 기술을 이용하면 전화를 도청하듯 중간에서 정보를 수집할 수 있다며 해킹의 가능성을 언급하고 있다.

④ 현재 와이파이 주파수 대역은 포화 상태이기 때문에 새로운 기술의 도입이 요구되고 있군.

⋯ 2문단에서 현재 와이파이 주파수 대역이 포화 상태이기 때문에 새로운 기술의 도입 필요성이 대두되고 있다고 언급되어 있다.

3 ▼ 어휘의 사전적 의미 파악　답 ④

다음 중 ㉠~㉤의 사전적 의미로 적절하지 <u>않은</u> 것은?

④ ㉣: 특별하게 씀.

⋯ '상용'은 '일상적으로 씀.'이라는 의미로 쓰이는 명사이다.

⊕ 오답 챙기기

① ㉠: 널리 펴서 많은 사람들에게 골고루 미치게 하여 누리게 함.

⋯ '보급'은 '널리 펴서 많은 사람들에게 골고루 미치게 하여 누리게 함.'이라는 의미의 명사이다.

② ㉡: 남의 이야기, 회의의 내용, 전화 통화 따위를 몰래 엿듣거나 녹음하는 일.

⋯ '도청'은 '남의 이야기 등을 몰래 엿듣거나 녹음하는 일.'을 뜻하는 명사이다.

③ ㉢: 어떤 세력이나 현상이 새롭게 나타남.

⋯ '대두'는 '어떤 세력이나 현상이 새롭게 나타남.'을 뜻하는 명사이다.

⑤ ㉤: 어떤 일이 아직 그렇게 되지 않은 때.

⋯ '미연'은 '어떤 일이 아직 그렇게 되지 않은 때.'라는 의미의 명사이다.

STUDY 15 어휘 확인

1 ㉡	2 ㉡	3 ㉤	4 ㉠	5 ㉣
6 ㉢	7 ㉣	8 ㉠	9 ㉤	10 ㉢
11 미비	12 취약	13 빈번	14 변조	15 발암

아름다움의 객관성과 주관성

출전 한기호, 『생각이 크는 인문학 2』 | 지문 난이도 ★★★★☆

(1,395자)

1 » 유명한 예술 작품을 볼 때 '사람들이 아름답다고 하는 유명한 예술 작품인데, 왜 내 눈엔 아름답게 보이지 않는 걸까?'라는 생각을 해 본 적이 있을 것이다. 이 물음에 두 가지로 답을 할 수 있다.

2 » 하나는 원래 아름다움이란 저마다 다르게 느끼는 것이기 때문에 다른 사람이 보기에는 아름답게 보여도 내 눈엔 그렇지 않을 수 있다는 것이다. 다른 하나는 사물 중에는 아름다움의 조건을 갖춘 것도 있고 그렇지 않은 것도 있는데, 만약 아름다움의 조건을 갖춘 사물을 보고 아름다움을 느끼지 못한다면 그것은 보는 사람이 아름다움을 보는 능력이 없기 때문이다. 첫 번째 대답은 아름다움이란 사람마다 기준이 다른 ⊙ 주관적인 느낌일 뿐이라는 주장이고, 두 번째 대답은 아름다움은 사물이 가진 성질로서 ⓒ 객관적인 기준이 존재한다는 주장이다.

3 » 영국의 철학자 데이비드 흄은 "아름다움은 사물 그 자체의 성질이 아니라 오로지 사물을 응시하는 사람의 머릿속에만 존재할 뿐이며, 모든 사람은 아름다움을 서로 다르게 느낀다."고 말했다. 아름다움이란 무게나 크기, 모양, 온도같이 사물에 있는 성질이 아니라 사물을 바라보는 인간의 내부에 있는 느낌이라는 뜻이다. 이에 따르면 객관적인 아름다움이란 존재하지 않는다.

4 » '취향은 논박의 대상이 아니다.'라는 말도 이와 통한다. 취향은 그저 개인의 선택일 뿐, 옳고 그름을 따지는 것은 의미가 없다는 말이다. 그러니 우리가 '아름답다'고 말할 때 그 말이 의미하는 바는 아름답게 '느껴진다'는 뜻이다. 미각에 이상이 없는 사람이라면 사탕에서 단맛을 느낀다. 그런데 단맛이 나는 사탕을 맛없다고 하는 사람과 맛있다고 하는 사람이 있다는 것이다. 혀끝에서 느껴지는 감각으로서의 맛은 누구나 동일하게 느낄 수 있는 객관적인 성질이지만, 그 음식을 먹고 느끼는 '맛있음'과 '맛없음'은 사람마다 다를 수 있다는 것이다.

5 » 반면 기원전 6세기 무렵 처음으로 아름다움에 대한 논의를 시작한 그리스의 피타고라스는 아름다움이란 '조화'와 '질서'같은 사물의 존재 방식에서 생겨난다고 주장하였다. 그가 연구하던 기하학에 수적인 조화가 존재하는 것처럼 세상 만물에도 그러한 질서가 담겨 있다는 생각을 하였던 것이다. 이러한 생각은 음악, 미술 등의 예술 분야에까지 확장되었고 플라톤에 이르러 구체화된다.

6 » 플라톤에게 아름다움이란 만물의 궁극적인 존재 원리였다. '아름다움의 이데아'라 불리는 이 존재 원리는 사물이 존재하기 위해 반드시 갖춰야 할 특징이며, 사물을 이해하거나 만들어 내기 위하여 필요한 규칙이기도 하다. 플라톤에게 조화와 비율은 아름다움의 객관적인 조건이라 할 수 있다. 조화와 비율을 강조하는 피타고라스와 플라톤에게 아름다움은 사물이 지닌 하나의 성질이며, 아름다움을 느끼는 것은 사람의 마음이지만 그것은 이미 그 대상에 조화와 비율이라는 아름다움을 유발하는 요소가 있기 때문이다.

✎ 지문 정보 확인 1 X 2 ○ 3 X

지문 Point 분석 **주제: 아름다움의 객관성과 주관성**

해제: 이 글은 유명한 예술 작품을 보고도 아름다움을 느끼지 못했던 경험을 바탕으로 아름다움의 성격에 관한 두 견해를 소개하고 있다. 아름다움에 관한 논의는 아주 오래 전부터 이어져 온 것으로, 아름다움이 주관적인 느낌인가 객관적인 성질인가에 대한 관점으로 나누어 생각해 볼 수 있다. 전자를 주장한 사람들은 아름다움의 기준은 사람마다 다른 것으로, 아름다움은 사람의 마음속에 존재하는 느낌이라고 보았다. 반면 후자를 주장하는 사람들은 아름다움은 대상이 지닌 객관적인 성질이므로 그것을 인식하는 것은 감상자의 능력에 달린 것으로 판단하였다.

지문 구조 해설

1 아름다움을 느끼는 문제에 관한 화제 제시
- 아름다운 예술 작품을 보고도 아름다움을 느끼지 못하는 경우에 관한 궁금증

2 아름다움의 성격에 대한 두 가지 대답

아름다움은 원래 저마다 다르게 느끼는 것	사물이 지닌 아름다움을 느끼지 못하는 것은 감상하는 사람의 능력
↓	↓
아름다움은 주관적인 것	아름다움은 객관적인 것

3 아름다움은 주관적이라는 것이라는 견해

데이비드 흄: 아름다움은 사물 그 자체의 성질이 아니라, 사람의 머릿속에만 존재하는 것
↓
객관적 아름다움은 존재하지 않는다. 아름다움의 기준은 사람마다 다르다.

4 아름다움의 주관성에 대한 설명

아름답다	=	아름답게 느껴진다

↓
'단맛'과 같은 감각을 느끼는 것이 아니라, 단맛을 '맛있다'고 느끼는 것
↓
사람마다 '맛있음'과 '맛없음'은 다를 수 있다.

첫 번째 대답

5 아름다움은 객관적인 것이라는 견해

피타고라스: 아름다움은 '조화', '질서' 같은 사물의 존재 방식에서 생겨남
↓
수적인 조화처럼 예술에도 조화가 존재함

6 아름다움의 객관성에 대한 설명

플라톤: 아름다움은 만물의 궁극적인 존재 원리
↓
피타고라스와 플라톤: 아름다움은 사물이 지닌 객관적인 성질이다.

두 번째 대답

지문 구조 한눈에 보기 👀

화제 제시 **1**
↓
두 견해 소개 **2**
↓
견해 1 구체화 **3** **4**
아름다움의 기준은 사람마다 다름
↓
견해 2 구체화 **5** **6**
객관적인 아름다움은 사물이 지닌 성질

정답 및 해설 1 ⑤ 2 ②   본문 102~103쪽

매체의 다양한 표현 방법과 의도 평가

1 ▼ 핵심 내용 정리 답 ⑤

학생이 '아름다움, 그 근원*을 파헤치다'라는 발표문을 작성하기 위하여, 윗글을 바탕으로 〈보기〉의 자료를 해석한 내용 중 적절하지 않은 것은?

보기

(가) 그리스의 파르테논 신전

(나) 현대 작곡가 존 케이지는 관객들이 내는 '우연적인 소음'을 음악으로 제시하였다. '4분 33초'라는 공연에서 연주자는 피아노를 치는 대신 건반 앞에서 4분 33초 동안 가만히 앉아 있었다. 존 케이지는 4분 33초 동안 들리는 사람들이 수군거리는 말소리, 헛기침 등 소음을 음악으로 들려주었다고 말한다.

⑤ 데이비드 흄은 (가)와 (나)를 모두 아름답다고 느끼는 사람에 대하여, 그 사람이 아름다움을 인식*하는 능력을 갖추었다고 평가할 것이다.

··· 3문단에 따르면 데이비드 흄은 '아름다움은 사물 그 자체의 성질이 아니라 오로지 사물을 응시하는 사람의 머릿속에만 존재할 뿐'이라고 하였다. 따라서 (가)와 (나)를 모두 아름답게 느끼는 사람에 대하여 데이비드 흄은 그것을 아름답게 느꼈기 때문에, 즉 사물을 바라보는 인간의 내부에 있는 느낌이 다른데 사물을 응시하는 사람이 아름답다고 느꼈다고 평가할 것이다. 이는 2문단에 설명하고 있는 '아름다움이란 사람마다 기준이 다른 주관적인 느낌일 뿐이라는 주장'에 해당한다. 그런데 아름다움을 인식하는 능력을 갖추었다는 것은 2문단에 따르면, 아름다움이 사물이 가지고 있는 속성이고 그것을 파악하는 것은 감상자의 능력이라는 생각과 가까운 것이다. 이는 '아름다움은 사물이 가진 성질로서 객관적인 기준이 존재한다는 주장'에 해당한다.

오답 챙기기

① 피타고라스와 플라톤의 입장에서는 (가)가 아름다운 이유는 그 안에 아름다움의 자질*을 가지고 있기 때문이라고 말할 것이다.

··· 5문단과 6문단에 따르면 피타고라스와 플라톤은 아름다움에 대한 객관적인 기준으로서 조화와 질서, 비율 등과 같은 것이 사물에 내재해 있다고 생각하는 입장이다. 따라서 (가)가 아름다운 이유 역시 그 안에 아름다움을 띠는 자질을 갖고 있기 때문이라고 말할 수 있다.

② (가)를 보고 아름다움을 느끼지 못하는 사람이 있다는 사실은 아름다움의 기준은 사람마다 다를 수 있다는 데이비드 흄의 견해*를 뒷받침할 수 있다.

··· 2문단과 3문단에 따르면 (가)와 같이 유명한 건축물을 보고도 아름다움을 느끼지 못하는 사람에 대해서 두 가지로 설명할 수 있다. 그 중 아름다움의 기준은 사람마다 다를 수 있다는 첫 번째 대답이 데이비드 흄의 견해에 부합한다. 따라서 아름다움은 인간의 내부에 있는 느낌이므로 사람마다 아름다움에 대한 생각이 다를 수 있다는 생각이 흄의 견해를 뒷받침할 수 있다.

③ 플라톤이 (나)를 아름답지 않다고 인식했다면, 그것은 (나)가 조화와 질서를 갖지 못했기 때문일 것이다.

··· 6문단에 따르면 플라톤은 조화와 비율이 아름다움의 객관적 조건이 될 수 있고, 이것은 그 대상에 담겨 있는 것이라고 보았다. 따라서 만약 플라톤이 (나)를 아름답지 않다고 인식했다면, 그것은 대상이 아름다움을 유발하는 요소가 없기 때문이라고 설명할 수 있다.

④ 개인의 취향에 따라 (나)를 아름답다고 느낄 수도 있고 아름답지 않다고 느낄 수도 있는 것은 아름다움이란 주관적* 성격을 갖는다고 보는 견해이다.

··· 3문단과 4문단에 따르면 아름다움의 객관적인 기준은 존재하지 않으며 개인이 마음속에 갖는 느낌이다. 따라서 이러한 입장에서는 (나)에 대해서 개인마다 다른 판단이 가능하다고 할 수 있다.

어휘 충전
- * **근원**(根 뿌리 근 源 근원 원): 사물이 비롯되는 근본이나 원인.
- * **인식**(認 알 인 識 알 식): 사물을 분별하고 판단하여 앎.
- * **자질**(資 재물 자 質 바탕 질): 타고난 성품이나 소질.
- * **견해**(見 볼 견 解 풀 해): 어떤 사물이나 현상에 대한 자기의 의견이나 생각.
- * **주관적**(主 주인 주 觀 볼 관 的 과녁 적): 자기의 견해나 관점을 기초로 하는 것.

2 ▼ 단어 간의 의미 관계 파악 답 ②

단어 간의 의미 관계가 ㉠:㉡과 다른 것은?

② 사과 : 딸기

··· ㉠은 '자기의 견해나 관점을 기초로 하는 것.'이라는 뜻이고, ㉡은 '자기와의 관계에서 벗어나 제삼자의 입장에서 사물을 보거나 생각하는 것.'이라는 뜻이므로, 둘은 서로 반대되는 의미를 가진 단어이다. 이와 같은 의미 관계를 반의 관계(반대말)라고 한다. 그런데 '사과:딸기'는 '딸기'가 '사과'와 반대말이라고 볼 수 없다.

오답 챙기기

① 동쪽 : 서쪽

··· '동쪽'과 '서쪽'은 서로 반대되는 방향을 가리키는 말이므로 반대말이라고 할 수 있다.

③ 살다 : 죽다

··· '살다'와 '죽다'는 생존 여부에 대한 반대말이라고 할 수 있다.

④ 아이 : 어른

··· '아이'와 '어른'은 나이를 기준으로 보았을 때 반대말이라고 할 수 있다.

⑤ 뜨겁다 : 차갑다

··· '뜨겁다'와 '차갑다'는 온도를 기준으로 보았을 때 반대말이라고 할 수 있다.

한국의 민속 무용

출전 김매자, 『한국의 춤』 **지문 난이도** ★★★☆☆

(1,234자)

❶ » 1. 민속 무용이란

춤에 빠지다
(Dance)
우리나라, 동양,
서양 춤을 모두
사랑합니다.
프로필 ▶ 쪽지 ▶
+ 이웃 추가

민중이 즐기는 여러 세시 풍속 가운데 자연 발생적으로 생겨나고 민중과 밀착되어 이들과 호흡을 같이 하면서 발달해 온 춤이다. 궁중 무용처럼 고정적이거나 형식적이라기보다는 민중의 생활을 자유로운 몸짓으로 표현한다. _____㉠_____ 화려한 의상이나 거대한 무대 장치 없이 평민 계급의 소박한 생활 감정을 춤으로 표현한 것이다.

> 민속 무용 외에 한국 춤의 종류가 궁금하다면?

민속 무용의 개념
- 자연 발생적으로 생겨나고 민중과 밀착되어 발달해 옴
- 궁중 무용에 비해 자유로움
- 평민 계급의 소박한 생활 감정을 담음
- 주제 외에 다른 정보를 추가적으로 제시함(블로그의 형식적 특징)

❷ » 2. 민속 무용의 특징: 신명 나는 춤, 누구나 즐길 수 있는 춤!

카테고리
– 전체 보기(301)

– 한국 춤
↘ 한국 춤의 발달
↘ 한국 춤의 분류
↘ 춤 동영상
↘ 공연 사진
– 동양의 춤
– 서양의 춤
– 춤에 관한 생각
– 일상

한국 춤의 특징을 흔히 '신명'의 춤이라고 말한다. 신명이란 흥겨움을 뜻하는 말로, 고통이나 좌절로 응어리진 것을 해소시킬 수 있다. 신명은 민중의 생활을 표현한 예술의 원천으로서 삶의 비극을 희극적인 것으로 바꾸어 주고 어둠에서 빛의 세계로, 눈물에서 웃음으로 나아갈 수 있게 한다. 신명의 춤인 민속 무용은 실제 생활 속에서 우러난 것이기 때문에 누구나 쉽게 춤을 출 수 있고 즐길 수 있다. 민속 무용 중 널리 알려진 것으로는 강강술래, 농악, 승무, 살풀이 등이 있다.

민속 무용의 특징
- 신명의 춤: 민중의 고통을 해소할 수 있음
- 누구나 쉽게 출 수 있고, 즐길 수 있음
- 대표 유형: 강강술래, 농악, 승무, 살풀이 등

❸ » 3. 민속 무용의 종류

☆ 강강술래

강강술래에서 '강'은 '동그라미'를 뜻하고, '술래'는 '둘레'라는 뜻으로, '주위를 경계하라'라는 의미를 지닌다고 한다. 이러한 어원으로 인해 강강술래의 발생이 임진왜란 때 왜군에게 조선의 군사가 많다는 것을 보이기 위한 부녀자들의 군무에서 시작되었다는 설도 있다.

> 강강술래의 기원에 대한 또 다른 해설이 궁금하다면?
> 삼한 시대의 제천 의식이 강강술래였다고?

춤은 풍성한 수확을 기원하는 뜻에서 보름달을 의미하는 큰 원형을 이루며 진행한다. _____㉡_____ 춤과 노래와 오락의 총체적인 춤으로 놀이적인 성격이 강하며, 하체 중심으로 활발하게 움직이는 율동으로 구성되어 있다.

민속 무용의 종류 1: 강강술래
- 강강술래의 의미
- 강강술래의 기원에 관한 설명
  - 임진왜란 배경
  - 제천 의식 배경에 대한 추가 설명 제공(블로그의 형식적 특징)
- 강강술래 춤의 특징
  - 원형으로 이루어짐. 풍성한 수확 기원
  - 춤, 노래, 오락의 총체적인 춤. 놀이적인 성격이 강함

(종류 ①)

❹ » ☆ 농악

농악이라는 명칭은 '농사꾼이 하는 음악'이라는 뜻에서 지어진 것으로 추측할 수 있다. 우리나라 춤 가운데 가장 오랜 역사를 가지고 있으며, 우리 민족의 심성이 가장 잘 표현된 춤이라고 볼 수 있다. 나발, 태평소, 꽹과리, 북, 징, 소고, 장구 따위를 불거나 치면서 이루어지는 농악은 흥겨운 가락을 연주하므로 참여하는 모든 사람들이 즐겁게 춤을 추게 된다. 농악의 춤은 상모놀이를 위주로 한 윗놀이춤과 손짓, 발짓을 다양하게 움직이는 밑놀이춤으로 나뉘는데 윗놀이춤은 빠른 춤이기 때문에 역동적이며, 밑놀이춤은 느린 춤이기 때문에 멋이 있고 낙천적이다. 이러한 춤을 통해 민중적인 아름다움이 담긴 구수한 멋, 풍자적인 멋 등을 느낄 수 있다.

민속 무용의 종류 2: 농악
- 농악이라는 명칭의 유래
- 농악의 특징
  - 우리나라 춤 중 가장 오랜 역사를 가짐
  - 우리 민족의 심성이 잘 표현된 춤
  - 흥겨운 느낌을 줌
- 농악에서 이루어지는 춤의 특징
  - 윗놀이춤과 밑놀이춤으로 나눌 수 있음

(종류 ②)

✎ 지문 정보 확인 1 ✕ 2 ○ 3 ○

지문 Point 분석 주제: 민속 무용의 특징과 종류

해제: 민속 무용의 등장 배경과 개념, 특징을 차례대로 설명하고 그 중 일부인 강강술래와 농악에 대해 간략히 설명한 글이다. 블로그에 실린 글의 형식으로 되어 있어 설명이 간략하고 사진 자료나 동영상, 링크 자료 등이 추가되어 있다. 궁중 무용과 구별되는 민속 무용의 특징을 설명하고, 그중에서도 강강술래와 농악의 기원과 핵심적인 특징을 소개하고 있다.

지문 구조 한눈에 보기

화제 제시 ❶
민속 무용의 개념

↓

특성 ❷
민속 무용의 특징

↓

종류 ❸ ❹	강강술래의 특징 농악의 특징

영상으로 보기

• 농악 공연 장면에 대한 영상(블로그의 형식적 특징)

정답 및 해설 1 ⑤ 2 ④ 3 ① 📖 본문 104~105쪽

1 ▼ 핵심 내용 파악 답 ⑤

윗글을 통해 알 수 있는 내용이 아닌 것은?

⑤ 세시 풍속에 따른 민속 무용의 종류

⋯ '1. 민속 무용이란'에서 세시 풍속을 즐기며 민속 무용이 생겨나게 되었다고 하였으나, 세시 풍속별로 어떤 민속 무용을 즐기는지 세시 풍속에 따른 민속 무용의 종류는 제시되어 있지 않다.

➕ 오답 챙기기

① 강강술래라는 용어의 어원

⋯ '3. 민속 무용의 종류' 중 강강술래에 관한 설명에서 "'강'은 '동그라미'를 뜻하고, '술래'는 '둘레'라는 뜻으로, '주위를 경계하라'라는 의미를 지닌다'고 강강술래라는 용어의 어원을 제시하였다.

② 민속 무용이 발달해 온 배경

⋯ '1. 민속 무용이란'에서 민속 무용은 세시 풍속 가운데에서 자연스럽게 발생하고 민중과 호흡을 함께하며 발달해 왔다고 하였다.

③ 궁중 무용과 민속 무용의 차이점

⋯ '1. 민속 무용이란'에서 궁중 무용은 민속 무용에 비해 고정적, 형식적이며, 민속 무용은 상대적으로 자유로운 몸짓으로 표현한다는 것을 알 수 있다. 또한 민속 무용이 화려한 의상이나 무대 장치 없이 소박한 생활 감정을 드러낸다는 점에서 궁중 무용은 그렇지 않다는 것을 추측할 수 있다.

④ 농악에서 느낄 수 있는 멋의 특징

⋯ '3. 민속 무용의 종류'의 제일 마지막 부분에서 농악의 춤을 통해 민중적인 아름다움이 담긴 구수한 멋, 풍자적인 멋을 느낄 수 있다고 제시하였다.

2 ▼ 표현 의도와 효과 파악 답 ④

매체의 다양한 표현 방법과 의도 평가

매체의 특성을 고려하여 윗글을 이해한 내용으로 적절하지 않은 것은?

④ 글쓴이가 중요하다고 생각하는 정보에 미리 표시를 하여 독자가 글쓴이의 의도를 추측할 수 있다.

⋯ 본문은 블로그에 제시된 글로, 글쓴이가 다양한 방식을 활용하여 자신의 표현 의도를 드러낼 수 있다. 그러나 이 글에서는 자신이 중요하다고 생각하는 정보에 미리 표시를 하는 방식으로 중요도를 드러내지 않았다.

➕ 오답 챙기기

① 본문의 내용과 관련된 시각 자료를 제공하여 본문에 대한 이해를 돕고 있다.

⋯ 농악과 관련된 시각(영상) 자료를 제시하여 독자가 농악에 대해 잘 알 수 있도록 돕고 있다.

② 본문과 관련 있는 정보를 추가로 제시하여 독자가 원할 경우에만 확인할 수 있도록 하였다.

⋯ '1'에서 민속 무용 이외에 한국 춤의 종류와 '3'에서 강강술래의 기원에 대한 또 다른 자료를 클릭하여 확인할 수 있는 하이퍼텍스트(사용자에게 비순차적인 검색을 할 수 있도록 제공되는 텍스트. 문서 속의 특정 자료가 다른 자료나 데이터베이스와 연결되어 있어 서로 넘나들며 원하는 정보를 얻을 수 있다.) 형태로 제시하였다. 이와 같이 링크(인터넷 홈페이지에서, 지정하는 파일이나 문자열로 이동할 수 있도록 걸어 놓은 홈페이지 간의 관련.)를 통해 추가 자료를 제시한 경우, 이를 필요로 하는 독자가 클릭을 해야 해당 자료를 확인할 수 있다.

③ 본문에 번호를 매기고 소제목을 붙여서 독자가 글의 주요 내용을 미리 알기 쉽도록 하였다.

⋯ 본문에 '1~3'까지 번호를 붙이고 해당 부분에서 제시할 글의 내용을 제목을 붙여 제시하였다. 독자는 글을 읽기 전에 소제목을 보고 어떤 내용이 제시되어 있는지 추측할 수 있다.

⑤ 본문의 왼쪽에 매체에서 제공 중인 정보의 목차를 제시하여 독자가 자신이 필요한 정보를 쉽게 선택할 수 있다.

⋯ 본문의 왼쪽에서 블로그에 제시되어 있는 전체 게시물의 수를 제시하였고, 그 아래에서 게시물을 주제별로 분류해 놓아 독자가 자신이 필요로 하는 정보를 선택할 수 있도록 하였다.

3 ▼ 접속 부사의 의미 파악 답 ①

㉠과 ㉡에 공통적으로 들어갈 말로 가장 적절한 것은?

① 또한

⋯ 문장과 문장을 연결하는 접속 부사는 앞뒤의 문장이 어떤 의미 관계를 맺고 있느냐에 따라 두 문장을 긴밀하게 연결하기 위해 쓰인다. ㉠과 ㉡은 모두 앞뒤의 문장을 대등하게 연결해 주는 접속 부사인 '또한'이 쓰이는 것이 자연스럽다. '또한'은 '어떤 것을 전제로 하고 그것과 같게.'의 의미이다.

➕ 오답 챙기기

② 한편

⋯ 어떤 일에 대하여, 앞에서 말한 측면과 다른 측면을 말할 때 쓰는 말이다.

③ 그래서

⋯ 앞의 내용이 뒤의 내용의 원인이나 근거, 조건 따위가 될 때 쓰는 접속 부사이다.

④ 그러나

⋯ 앞의 내용과 뒤의 내용이 상반될 때 쓰는 접속 부사이다.

⑤ 그러므로

⋯ 앞의 내용이 뒤의 내용의 이유나 원인, 근거가 될 때 쓰는 접속 부사이다.

STUDY 16 어휘 확인

1 ㉠ 2 ㉣ 3 ㉤ 4 ㉢ 5 ㉡
6 ㉠ 7 ㉡ 8 ㉣ 9 ㉤ 10 ㉢

11 응시 12 세시 13 유발 14 신명 15 취향

온정적 간섭주의와 자유주의적 간섭주의

지문 난이도 ★★★★☆

(1,311자)

1 ❯ 자유주의 기본 신념은 개인의 선택이 타인의 이익에 반하지 않는 한 이를 최대한 존중해야 된다는 것이다. 이와 배치되는 것으로, ㉠'온정적 간섭주의'가 있는데, 개인의 선택이 사회의 공익이나 개인의 이익에 부합하지 않는 경우에 정부가 개인이 바람직한 선택을 할 수 있도록 개인의 의사 결정에 강제적 개입을 할 수 있다는 입장이다. 대표적으로 정부가 안전벨트 착용을 의무화하거나 공공장소에서 흡연을 금지하는 정책 등은 개인의 안전과 건강을 보호한다는 측면에서 정당화되는 예이다.

2 ❯ 온정적 간섭주의가 자유주의와 배치된다는 논리적 갈등을 해결하기 위해 등장한 것이 ㉡'자유주의적 간섭주의'이다. 자유주의적 간섭주의는 개인이 바람직하지 못한 선택을 하는 이유가 개인이 합리적 판단에 필요한 충분한 정보와 자기 통제 능력을 가지고 있지 못해서라고 보고 개인이 스스로 바람직한 결정을 할 수 있도록 충분한 정보와 환경을 제공함으로써 개인의 선택에 영향을 주는 접근 방식이다.

3 ❯ 도박 중독은 사회의 여러 문제를 야기하기 때문에 온정적 간섭주의에서는 정부가 도박장 출입 금지 대상자 목록을 만들어 도박 중독자의 출입을 금지하는 것을 정당화한다. 반면 자유주의적 간섭주의에서는 정부가 직접 출입을 금지하기보다는 도박 중독의 위험에 대한 충분한 정보를 도박 중독자에게 제공해 주고, 도박 중독자가 스스로 자신의 이름을 출입 금지 목록에 올리도록 하여 약한 자아의 잘못된 선택을 방지하도록 한다. 또 다른 예는 연금 제도이다. 개인의 무분별한 소비를 방지하고 불확실한 미래를 대비하도록 정부가 강제로 연금 제도를 운영하는 것은 온정적 간섭주의지만, 가입은 의무로 해 두되 개인이 언제든지 탈퇴할 수 있는 선택 권리를 주는 것은 자유주의적 간섭주의이다.

4 ❯ 자유주의적 간섭주의는 온정적 간섭주의에 비해 정부가 개인의 자유를 제약하는 위험을 줄일 수 있고, 바람직한 행동을 유도하는 정보를 제공하고 인센티브를 만들어 준다는 점에서 개인의 저항을 줄이고 정책의 집행 비용을 줄이게 된다. 또한 개인의 자발적인 행태 변화를 유도함으로써 정책의 효과를 장기적으로 지속시킬 수 있다.

5 ❯ 온정적 간섭주의는 정부가 판단한 바람직한 선택이 과연 개인 스스로의 바람직한 선택보다 더 나은지에 대한 의문에 대해서 적절한 대답을 제공하지 못한다. 자유주의적 간섭주의는 정치인들의 신념을 좀 더 교묘한 형태로 개인에게 강요하는 것이 아니냐는 비판을 받기도 한다. 이는 자유주의적 간섭주의 역시 궁극적으로는 정부의 가치에 대한 강요일 뿐이라는 비판이 가능하다. 또한 개인 의사 결정의 오류 못지않게 정부의 의사 결정의 오류가 존재한다면 자유주의적 간섭주의의 논거도 마찬가지로 약해질 수밖에 없다.

---

1 온정적 간섭주의의 성격

- 온정적 간섭주의의 성격: 사회의 공익이나 개인의 이익을 위해 정부가 개인의 의사 결정에 강제적으로 개입함
- 온정적 간섭주의의 예: 안전벨트 착용 의무화, 공공장소에서의 금연

2 자유주의적 간섭주의의 성격

- 자유주의적 간섭주의가 등장하게 된 배경
- 자유주의적 간섭주의의 성격: 개인의 자율성을 보장함. 개인의 바람직한 선택을 위해 정부가 충분한 정보와 환경을 제공함

3 온정적 간섭주의와 자유주의적 간섭주의의 사례 비교

- 온정적 간섭주의의 예: 도박 중독자의 도박장 출입 금지(정부의 강제적 개입)
- 자유주의적 간섭주의의 예: 도박 중독자에게 도박 중독의 위험에 대한 정보 제공. 스스로 도박장 출입 금지 목록에 이름을 올리도록 함(개인 스스로 올바른 선택을 할 수 있도록 정보 제공. 개인의 자율성 존중)

4 자유주의적 간섭주의의 장점

- 자유주의적 간섭주의의 장점
  – 개인의 자유를 제약하지 않음
  – 개인의 저항을 줄임
  – 정책 집행 비용을 줄임
  – 정책의 효과가 오래 지속됨

5 온정적 간섭주의와 자유주의적 간섭주의의 한계

- 온정적 간섭주의의 한계
  – 정부의 선택이 바람직하지 않을 수도 있음
  – 정부의 선택보다 개인의 선택이 더 우월한 판단일 수도 있음
- 자유주의적 간섭주의의 한계
  – 정부의 가치에 대한 강요의 성격을 지닐 수도 있음

지문 구조 한눈에 보기

화제 및 개념 제시 1 2
온정적 간섭주의와 자유주의적 간섭주의

↓

사례 비교 3
온정적 간섭주의와 자유주의적 간섭주의 사례 비교

↓

부연 설명 4
자유주의적 간섭주의의 장점

↓

| 한계 및 문제점 5 |

✎ 지문 정보 확인　1 ○　2 ✕　3 ○

지문 Point 분석　주제: 온정적 간섭주의와 자유주의적 간섭주의의 특징과 한계

해제: 온정적 간섭주의와 자유주의적 간섭주의에 대해 설명하고 있다. 온정적 간섭주의는 개인의 이익을 위해 개인의 의사 결정에 정부가 강제적 개입을 할 수 있다는 주장이고, 자유주의적 간섭주의는 개인이 스스로 바람직한 결정을 할 수 있도록 충분한 정보와 환경을 제공함으로써 개인의 선택에 영향을 주는 접근 방식이다. 온정적 간섭주의는 정부의 판단이 과연 바람직한 선택인지에 대한 본질적인 문제점을 지니고 있고, 자유주의적 간섭주의는 궁극적으로 정부의 가치에 대한 강요일 뿐이라는 비판을 받을 수 있다.

1 ▼ 내용들 간의 의미 관계 파악   답 ③

㉠과 ㉡에 대한 이해로 적절하지 <u>않은</u> 것은?

③ ㉠에 비해 ㉡은 정부가 정책을 실시하는 데 있어 더 많은 비용이 들어간다.

⋯ 4문단에서 자유주의적 간섭주의(㉡)는 온정적 간섭주의(㉠)에 비해 바람직한 행동을 유도하는 정보를 제공하고 인센티브를 만들어 준다는 점에서 개인의 저항을 줄이고 정책의 집행 비용을 줄이게 된다고 설명하고 있다. 따라서 정책을 실시하는 데 있어 온정적 간섭주의(㉠)가 더 많은 비용이 들어간다.

➕ 오답 챙기기

① ㉠은 개인의 선택을 최대한 존중해야 한다는 자유주의 신념*과 일치하지 않는다.

⋯ 1문단에서 온정적 간섭주의(㉠)는 개인의 선택이 타인의 이익에 반하지 않는 한 이를 최대한 존중해야 된다는 자유주의의 기본 신념과는 배치된다고 설명하고 있다.

② ㉡은 필요한 정보와 자기 통제* 능력의 부족으로 개인이 잘못된 판단을 한다고 본다.

⋯ 2문단에서 자유주의적 간섭주의(㉡)는 개인이 바람직하지 못한 선택을 하는 이유가 개인이 합리적 판단에 필요한 충분한 정보와 자기 통제 능력을 가지고 있지 못해서라고 설명하고 있다.

④ ㉡에 비해 ㉠은 개인의 자유를 제약하는 강제적* 성격이 강하다.

⋯ 1문단에서 온정적 간섭주의(㉠)는 개인의 의사 결정에 강제적 개입을 할 수 있다고 하였다. 반면에 2문단에서 자유주의적 간섭주의(㉡)는 충분한 정보와 환경을 제공함으로써 개인의 선택에 영향을 주는 접근 방식이라고 했다. 또한 4문단에서 자유주의적 간섭주의(㉡)는 온정적 간섭주의(㉠)에 비해 정부가 개인의 자유를 제약하는 위험을 줄일 수 있다고 했다. 이로 볼 때 온정적 간섭주의(㉠)는 자유주의적 간섭주의(㉡)보다 개인의 자유를 제약하는 강제적 성격이 강하다고 볼 수 있다.

⑤ ㉠과 ㉡ 모두 개인이 바람직한 선택을 할 수 있도록 정부가 영향을 끼친다.

⋯ 1문단에서 온정적 간섭주의(㉠)는 정부가 개인이 바람직한 선택을 할 수 있도록 개인의 의사 결정에 강제적으로 개입을 할 수 있는 입장임을 알 수 있다. 그리고 2문단에서 자유주의적 간섭주의(㉡)는 개인이 스스로 바람직한 결정을 할 수 있도록 충분한 정보와 환경을 제공함으로써 개인의 선택에 영향을 주는 접근 방식이라고 했다. 이로 볼 때 온정적 간섭주의(㉠)와 자유주의적 간섭주의(㉡) 모두 개인이 바람직한 선택을 할 수 있도록 직·간접적으로 정부가 영향을 끼치는 것임을 알 수 있다.

📌 어휘 충전
* 신념(信 믿을 신 念 생각할 념): 굳게 믿는 마음.
* 자기 통제(自 스스로 자 己 몸 기 統 거느릴 통 制 억제할 제): 자기를 제어하여 그때그때의 상황에 맞는 행동을 취하는 일.
* 강제적(強 강할 강 制 억제할 제 的 과녁 적): 권력이나 위력으로 남의 자유의사를 억눌러 원하지 않는 일을 억지로 시키는 것.

2 ▼ 구체적 상황에의 적용   답 ②

윗글을 바탕으로 〈보기〉를 이해한 반응으로 적절하지 <u>않은</u> 것은?

> 보기
>
> (가) 21세기 대한민국의 청소년에게 신데렐라와 같은 일이 일어났다. 이는 만 16세 미만 청소년들이 밤 12시부터 다음날 아침 6시까지 온라인 게임 접속을 할 수 없게 하는 셧다운 제도에 관한 것이다. 이 제도는 청소년의 인터넷 게임 중독을 예방하기 위해 정부에서 법으로 제정해 2011년 11월부터 시행 중인 합법 제도이다. 인터넷 게임을 서비스하는 업체들은 이 시간대에 연령과 본인 인증을 통해 청소년의 게임 이용을 원천적으로 차단해야 한다.
>
> (나) 병원의 한 환자가 극도의 좌절감에 빠져 먹지 않고 물조차 마시지 않고 있었다. 며칠 뒤에 간호사가 결국 환자에게 강제로 음식을 먹였고, 그렇게 하여 그는 다시 활기를 찾았다.

② (가)를 자유주의적 간섭주의 입장에서 보면 개인의 선택이 사회의 공익이나 개인의 이익에 해가 된다고 보고 정부가 강제적으로 법을 제정했다고 긍정적인 평가를 할 수 있겠어.

⋯ 2문단에서 자유주의적 간섭주의는 개인이 스스로 바람직한 결정을 할 수 있도록 충분한 정보와 환경을 제공함으로써 개인의 선택에 영향을 주는 접근 방식이라고 했고, 4문단에서 개인의 자발적인 행태 변화를 유도하는 것이라고 했다. 따라서 (가)에 대해 자유주의적 간섭주의 입장에서 강제적 법을 제정할 수 있다고 보고 긍정적인 평가를 하는 것은 적절하지 않다. 법의 제정보다는 청소년이 늦은 시간까지 게임을 하는 선택을 하지 않도록 하는 정보와 환경을 제공해야 한다는 입장일 것이다.

➕ 오답 챙기기

① (가)를 자유주의 입장에서 보면 밤에 게임 이용을 원천적으로 차단하는 것은 게임을 할 개인의 자유를 침해하는 것이라고 주장할 수 있겠어.

⋯ 1문단에서 자유주의의 기본 신념은 개인의 선택이 타인의 이익에 반하지 않는 한 이를 최대한 존중해야 된다고 설명하고 있다. 이를 통해 자유주의의 입장에서 (가)에 대해 게임 이용을 원천적으로 차단하는 것은 게임을 할 개인의 자유를 침해하는 것이라고 볼 것임을 알 수 있다.

③ (나)는 자유주의 입장에서 보면 음식을 거부한 환자의 선택을 존중하며 그냥 내버려 두는 것이 바람직하다고 말할 수 있겠어.

⋯ 1문단에서 자유주의의 기본 신념은 개인의 선택을 최대한 존중해야 된다고 설명하고 있으므로 자유주의 입장에서 보면 환자가 식음을 전폐한 행동을 존중하며 그냥 내버려 두었을 것이다.

④ (나)는 자유주의적 간섭주의 입장에서 보면 음식을 먹지 않으면 목숨이 위태로워질 수 있다는 사실을 강조하면서 환자 스스로 밥을 먹도록 유도하는 것이 바람직하다고 주장할 수 있겠어.

⋯ 2문단에서 자유주의적 간섭주의는 개인이 스스로 바람직한 결정을 할 수 있도록 충분한 정보와 환경을 제공하여 개인의 선택에 영향을 주는 접근 방식이라고 했으므로 자유주의적 간섭주의 입장에서 보면 환자 스스로 밥을 먹도록 유도하려고 했을 것이다.

⑤ (가)와 (나) 모두 개인의 이익을 위해 개인의 의사 결정에 강제적으로 개입하는 온정적 간섭주의의 성격을 지니고 있어.

⋯ (가)는 정부가 청소년들의 게임 중독 예방을 위해 강제적으로 셧다운 제도를 제정했고, (나)는 환자의 생명 유지를 위해 간호사가 강제적으로 환자에게 음식을 먹였으므로 (가)와 (나) 모두 개인의 의사 결정에 강제적 개입을 할 수 있다는 온정적 간섭주의의 성격을 지녔다고 볼 수 있다.

📎 관점, 적절성 평가 연습

간접 광고와 가상 광고

지문 난이도 ★★★☆☆

(1,399자)

❶ » TV 프로그램을 시작할 때 제시되는 "본 프로그램은 가상 광고 및 간접 광고를 포함하고 있습니다."라는 문장을 접한 경험이 있을 것이다. 이는 방송법 시행령에서 프로그램 방송 전에 가상 광고와 간접 광고가 포함되어 있음을 자막으로 표기하여 시청자가 명확히 인지할 수 있도록 해야 한다고 규정하고 있기 때문이다. 그렇다면 가상 광고와 간접 광고는 무엇이고 어떤 장점이 있을까?

❷ » 간접 광고는 방송 프로그램 안에서 상품이나 상표, 회사 등의 명칭이나 로고 등을 노출시키는 형태의 광고로, PPL(Product Placement)이라고도 한다. 최근 과도한 PPL은 프로그램 내용의 몰입을 방해하거나 이야기 흐름에 영향을 주는 경우가 있어 시청자로부터 비판을 받기도 한다. 방송법 시행령에 따르면 간접 광고는 교양 또는 오락에 관한 방송 프로그램에만 허용되고, 해당 상품 등의 구매 및 이용 권유를 금지하고 있다. 또 대사를 통해 상품 등을 직·간접적으로 언급하는 등 부적절한 노출 효과를 주면 안 되고, 방송 광고가 금지된 품목 및 업종을 간접 광고로 노출해서도 안 된다고 되어 있다. 한편 간접 광고의 시간은 해당 방송 프로그램 시간의 100분의 5 이내로, 상품 등의 크기는 화면의 4분의 1을 초과하지 않는 범위 내에서 허용한다고 규정하고 있다.

❸ » 간접 광고는 해당 프로그램의 시청률에 따라 광고 효과가 다르게 나타나므로 광고 효과가 불확실하다고 볼 수 있다. 그러나 스폿 광고의 경우 1회 15초 당 1,000만 원 정도의 비싼 가격인데다 소비자가 중간에 채널을 돌려 버리는 위험을 안고 있다. 따라서 시청률이 잘 나오는 프로그램일 경우에 간접 광고가 스폿 광고에 비해 가격 대비 큰 효과를 볼 수 있다.

❹ » 가상 광고는 방송 프로그램에 컴퓨터 그래픽을 이용하여 만든 가상의 이미지를 삽입하는 형태의 광고로, 운동 경기 중계방송에서 주로 볼 수 있다. 실제 경기장에는 존재하지 않는 로고, 브랜드, 제품 등 가상의 이미지를 시청자들에게만 보이도록 경기장 펜스나 바닥, 수영장 표면 등 화면 안에 넣어 노출하는 것으로, 유럽 등의 나라에서는 우리나라보다 먼저 시행되어 이미 일반화되어 있다. 2010년 1월 개정된 방송법 시행령에 따르면 우리나라의 가상 광고는 지상파 방송의 운동 경기를 중계하는 방송과 오락에 관한 방송 프로그램, 스포츠 분야의 보도에 관한 방송 프로그램에 한하여 할 수 있다고 규정하고 있다. 또 운동 경기 중계방송의 경우 선수나 심판, 관중 위에 노출할 수 없다. 이외에 가상 광고의 시간과 크기는 간접 광고와 동일한 수준으로 적용되고, 구매 및 이용 권유, 방송 광고 금지 품목에 대해서는 가상 광고도 허용되지 않는다.

❺ » 가상 광고는 일반 광고와 달리 시청자들에게 자연스럽게 광고 메시지를 전달할 수 있고, 다양한 형태의 이미지를 창의적인 방식으로 노출할 수 있으므로 높은 주목도와 화제성을 동시에 얻을 수 있다.

---

1 간접 광고와 가상 광고 소개
- 중심 화제 제시
  - 간접 광고와 가상 광고의 표기 의무화
  - 간접 광고와 가상 광고의 개념과 장점을 설명할 것임을 알 수 있음

2 간접 광고의 개념과 방송법 시행령의 간접 광고 규정
- 간접 광고의 개념
- 간접 광고의 부작용
- 간접 광고의 허용 범위
- 간접 광고의 시간, 크기에 관한 규정

개념

3 간접 광고의 장점
- 간접 광고의 광고 효과
- 간접 광고의 장점

장점

4 가상 광고의 개념과 방송법 시행령의 가상 광고 규정
- 가상 광고의 개념
- 가상 광고의 허용 범위
- 가상 광고의 시간, 크기에 관한 규정

개념

5 가상 광고의 장점
- 가상 광고의 특징과 장점

장점

✎ 지문 정보 확인 1 X 2 ○ 3 ○

지문 구조 한눈에 보기

중심 화제 제시 **❶**
간접 광고와 가상 광고

↓

구체화 1 **❷ ❸**
간접 광고 세부 규정 및 장점

↓

구체화 2 **❹ ❺**
가상 광고 세부 규정 및 장점

지문 Point 분석 주제: 간접 광고와 가상 광고의 개념과 특징

해제: 간접 광고와 가상 광고에 대해 설명하고 있는 글이다. 프로그램 방송 전에 시청자가 간접 광고와 가상 광고가 포함되어 있음을 알 수 있도록 반드시 자막으로 표기해야 한다고 방송법 시행령은 규정하고 있다. 간접 광고는 방송 프로그램 안에서 상품이나 상표, 회사 등의 명칭이나 로고 등을 노출시키는 형태의 광고를 말하고, 가상 광고는 컴퓨터 그래픽을 이용하여 만든 가상의 이미지를 방송 프로그램에 삽입하는 형태의 광고이다. 방송법 시행령에는 간접 광고와 가상 광고의 프로그램 허용 범위 및 광고 시간, 크기, 방송 광고 금지 품목에 대한 세부 내용이 규정되어 있다.

1　▼ 세부 정보 파악　　　　　　　　　　답 ⑤

윗글의 내용과 일치하지 <u>않는</u> 것은?

⑤ 방송법 시행령은 간접 광고에 대사를 통해 해당 상품 구매 권유*를 허용*하고 있다.

···▶ 2문단에서 방송법 시행령은 간접 광고의 정도에 대해 해당 상품 등의 구매 및 이용 권유를 금지하고 있고, 대사를 통해 상품 등을 직·간접적으로 언급하는 등 부적절한 노출 효과를 주어서도 안 된다고 규정하고 있음을 확인할 수 있다.

➕ 오답 챙기기

① 가상 광고는 우리나라보다 유럽에서 먼저 시행*되었다.

···▶ 4문단에서 가상 광고는 유럽 등의 나라에서는 우리나라보다 먼저 시행되어 이미 일반화되어 있는 광고 형식이라고 설명하고 있다. 따라서 가상 광고는 우리나라보다 유럽에서 먼저 시행되었다고 볼 수 있다.

② 과도한 간접 광고는 시청자들의 프로그램 몰입에 방해가 된다.

···▶ 2문단에서 최근 과도한 간접 광고(PPL)은 프로그램 내용의 몰입을 방해하거나 이야기 흐름에 영향을 주는 경우가 많아 시청자로부터 비판을 받기도 한다고 설명하고 있다.

③ TV 방송에는 해당 프로그램의 광고 포함 여부*가 제시되어 있다.

···▶ 1문단에서 프로그램 방송 전에 가상 광고가 포함되어 있음을 자막으로 표기하여 시청자가 명확히 인지할 수 있도록 해야 한다고 규정하고 있다고 하였다.

④ 가상 광고의 크기는 전체 화면 크기의 일정한 비율 이내로 제한*되어 있다.

···▶ 4문단에서 가상 광고의 시간과 크기는 간접 광고와 동일한 수준으로 적용된다고 했다. 그리고 2문단에서 간접 광고로 노출되는 상품 등의 크기는 화면의 4분의 1을 초과하지 않는 범위 내에서 허용한다고 규정하고 있다고 하였다. 따라서 가상 광고의 크기도 이와 동일하게 전체 화면 크기의 1/4 이내로 제한된다.

> **어휘 충전**
> * **권유**(勸 권할 권 誘 꾈 유): 어떤 일 따위를 하도록 권함.
> * **허용**(許 허락할 허 容 얼굴 용): 허락하여 너그럽게 받아들임.
> * **시행**(施 베풀 시 行 다닐 행): 법령을 공포한 뒤에 그 효력을 실제로 발생시키는 일.
> * **여부**(與 더불 여 否 아닐 부): 그러함과 그러하지 아니함.
> * **제한**(制 억제할 제 限 한계 한): 일정한 한도를 정하거나 그 한도를 넘지 못하게 막음.

2　▼ 구체적 상황에의 적용　　　　　　답 ③

관점, 적절성 평가 연습

윗글을 바탕으로 〈보기〉의 (가), (나)와 같은 형태의 광고에 대한 설명으로 적절하지 <u>않은</u> 것은?

보기

(가) 드라마 속 장면　　(나) 스포츠 중계 화면

③ (나)는 지상파 방송의 운동 경기를 중계하는 방송에서만 가능하다.

···▶ (가)는 간접 광고, (나)는 가상 광고에 해당한다. 4문단에서 우리나라의 가상 광고는 지상파 방송의 운동 경기를 중계하는 방송과 오락에 관한 방송 프로그램, 스포츠 분야의 보도에 관한 방송 프로그램에 한하여 할 수 있다고 규정하고 있다. 따라서 운동 경기를 중계하는 방송에서만 가능한 것이 아니라 오락에 관한 방송 프로그램, 스포츠 분야의 보도에 관한 방송 프로그램에서도 가상 광고가 가능하다.

➕ 오답 챙기기

① (가)는 시청률이 높은 프로그램의 경우, 스폿 광고보다 광고 효과가 높다.

···▶ 3문단에서 시청률이 잘 나오는 프로그램일 경우에 간접 광고가 스폿 광고에 비해 가격 대비 큰 효과를 볼 수 있다고 하였다. 따라서 시청률이 높은 프로그램의 경우, 간접 광고가 스폿 광고보다 광고 효과가 높다.

② (가)는 프로그램 전체 시간에서 해당 상품의 이미지를 노출하는 시간의 제약이 있다.

···▶ 2문단에서 간접 광고의 시간은 해당 방송 프로그램 시간의 100분의 5 이내로 규정하고 있다고 하였다. 따라서 간접 광고는 프로그램 전체 시간에서 상품의 이미지를 노출하는 시간의 제약이 있다.

④ (나)는 실제 현장에서는 상품이 존재하지 않고 시청자에게만 이미지가 보이게 되어 있다.

···▶ 4문단에서 가상 광고는 실제 경기장에는 존재하지 않는 로고, 브랜드, 제품 등 가상의 이미지를 시청자들에게만 보이도록 경기장 펜스나 바닥, 수영장 표면 등 화면 안에 넣어 노출하는 것이라고 설명하고 있다. 따라서 실제 현장에서는 광고하려는 상품이 존재하지 않고 시청자에게만 이미지가 보이게 되어 있다.

⑤ (가)와 (나)는 모두 방송에 노출해서는 안 되는 금지 품목이 규정되어 있다.

···▶ 2문단에서 방송 광고가 금지된 품목 및 업종을 간접 광고로 노출해서는 안 된다고 하였다. 또 4문단에서 방송 광고 금지 품목에 대해서는 가상 광고도 허용되지 않는다고 하였다. 따라서 간접 광고와 가상 광고는 모두 방송에 노출해서는 안 되는 금지 품목이 규정되어 있다.

STUDY 17　어휘 확인

1 ⑫	2 ⑨	3 ⑧	4 ⑥	5 ⑤
6 ⑨	7 ⑥	8 ⑧	9 ⑤	10 ⑫
11 가상	12 부합	13 인지	14 배치	15 논거

소독의 중요성

출전 이은희, 『하리하라의 몸 이야기』　지문 난이도 ★★★☆☆

(1,455자)

1 » 2009년 신종 플루가 전 세계적으로 유행하면서부터 지금까지 사람들이 많이 다니는 장소마다 눈에 띄는 것이 하나 생겼다. 바로 다양한 종류의 손 소독제들이 늘어난 것이다. 사람들은 손을 씻지 않으면 당장이라도 병원균이 몸으로 달려든다고 생각하여 열심히 손을 씻어 댔다. 언론에서도 연일 손만 깨끗이 씻어도 전염병의 80퍼센트는 예방할 수 있다고 선전하면서 손 씻기 열풍을 부추겼다.

2 » 하지만 불과 150여 년 전만 하더라도 이런 것에 누구도 신경 쓰지 않았다. 의사는 피 묻는 가운과 넥타이를 자랑스럽게 매고 돌아다녔으며, 환자의 상처를 치료하느라 피고름이 묻은 맨손으로 다음 환자의 환부에 손대기 일쑤였다. 의사는 분명 환자를 치료하기 위해 애를 썼지만 자신이 일종의 '전염병 원인'으로 작용하고 있다는 사실을 꿈에도 몰랐다.

3 » 의사가 환자를 살리는 구원자가 아니라 환자를 병들게 하는 원인이 될지도 모른다고 의심한 최초의 인물은 헝가리의 의사 이그나즈 제멜바이스였다. 그는 어느 날 산부인과 병동에서 일어나는 이상한 현상에 주목하였다. 당시 산부인과는 1과와 2과 두 개의 병동으로 나뉘어 있었는데, 의사가 아이를 받는 1과와 산파가 아이를 받는 2과에서 산모의 사망률이 큰 차이가 있었다. 놀랍게도 1과의 사망률이 더욱 높았으며 제멜바이스가 면밀하게 관찰한 결과, 의사의 '손'이 주범이라는 사실을 알게 되었다. 전염성 미생물에 대한 개념이 없었던 그 당시, 의사들은 시체를 해부한 뒤 제대로 손을 씻지 않고 바로 산과로 돌아와 아이를 받고 있었다. 반면 산파는 산모만을 상대할 뿐, 전염병을 지닌 환자와 접촉하지 않아 상대적으로 '깨끗한 손'을 가지고 있었기 때문이었다. 이를 알아차린 제멜바이스는 의료진에게 '손 씻기'를 권유하였다. 그 결과 1과 산모의 사망률은 18.3퍼센트에서 1.2퍼센트로 급격히 떨어졌다.

4 » 그러나 당시 의사들은 자신들의 실수를 인정하고 싶지 않아 제멜바이스의 가르침에 대한 거부감이 컸다. 그가 주장했던 '깨끗한 손'의 중요성은 이후, 영국의 외과 의사 조지프 리스터가 '무균 수술법'을 만들어 냄으로써 의사의 손뿐만 아니라 의료 기구를 석탄산으로 소독하면 수술 환자의 이차 감염을 줄이고 사망률을 떨어뜨린다는 것을 확실하게 보여 주었다. 사실 인간의 피부는 매우 단단한 보호 장벽이어서 세균을 직접 피부에 발라도 대개의 경우 병을 일으키지 못한다. 그런데 아무리 철옹성과 같은 피부라도 상처로 인해 피부에 틈이 벌어지면 이 사이로 세균이 얼마든지 침입할 수 있다. 환부에 직접 닿는 물건을 소독해 상처를 안전하게 유지하는 리스터의 소독법은 많은 생명을 살릴 수 있었다.

5 » 이처럼 제멜바이스가 손 씻기를 강조한 시기부터 리스터에 의해 실제로 소독과 살균의 중요성이 널리 알려지기까지는 거의 30년에 가까운 세월이 걸렸다. 현대식 병원에서는 소독과 멸균이 매우 중요한 요소로 자리 잡고 있지만 의학의 발전은 이처럼 수많은 시행착오를 바탕으로 지금의 수준에 이르렀던 것이다.

✎ 지문 정보 확인　1 X　2 X　3 ○

지문 Point 분석　주제: 소독의 중요성을 강조한 제멜바이스의 연구

해제: 과거 환자들의 전염병의 원인은 소독의 중요성을 알지 못했던 의사들에게 있었음을 제멜바이스가 증명하여 의사들에게 손 씻기의 중요성을 강조하였다. 이후 조지프 리스터가 무균 수술법을 만들어 냄으로써 손과 더불어 의료 기구 소독도 중요함을 강조하여 환자들의 사망률을 줄일 수 있게 되었다. 이러한 과정을 통해 현대 의학에서도 소독과 멸균이 매우 중요한 요소로 자리잡게 되었다.

---

1 전염병 예방을 위한 손 씻기 열풍 현상

- 전염병 예방을 위한 다양한 종류의 손 소독제들이 늘어났으며, 사람들도 손 씻기 열풍에 동참하고 있음

2 전염병의 원인을 제공하고 있던 과거 의사들의 치료법

원인

- 과거 전염병의 원인
  – 피고름이 묻은 맨손으로 환자의 상처에 손을 대는 의사들의 치료법

3 현상 비교를 통해 의사들의 손 씻기의 중요성을 강조한 제멜바이스

현상 비교 대상		비교 결과
1과 병동 (의사)과 2과 병동(산파)의 사망률 비교	→	1과 병동의 사망률이 매우 높음

↓(유추)

해결책 ①

- 원인
  – 위생을 준수하지 않은 의사들의 '손'
- 해결책 제시
  – 의료진에게 '손 씻기'를 권유하였으며, 그 결과 1과 병동 사망률이 떨어짐

4 의료 기구 소독의 중요성을 강조한 무균 수술법

해결책 ②

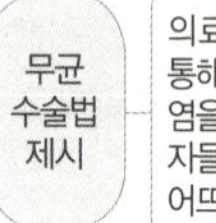

무균 수술법 제시	의료 기구 소독을 통해 환자의 2차 감염을 줄임으로써 환자들의 사망률을 떨어뜨림

5 제멜바이스와 리스터의 연구가 현대 의학에 끼친 의의

- 현대 의학에 소독과 멸균이 중요한 요소로 자리 잡을 수 있게 함

지문 구조 한눈에 보기 👀

화제 제시 **1**

↓

구체화 **2 3** 　전염병의 원인 규명
　　　　　　　　제멜바이스의 해결책 제시

4 　리스터의 해결책 제시

↓

마무리 **5**

1 ▼ 세부 내용 파악 답 ③

윗글의 내용과 일치하지 <u>않는</u> 것은?

③ 제멜바이스가 손 소독의 중요성을 강조하자 의학계에서는 이를 적극적으로 수용하려고 하였다.

⋯ 4문단을 통해 의사들이 전염병의 원인이 자신들에게 있었다는 사실을 인정하고 싶지 않아 제멜바이스의 가르침, 곧 손 소독의 중요성을 받아들이지 않으려고 했음을 알 수 있다.

➕ 오답 챙기기

① 전염병의 원인이 의사의 손임을 처음 밝힌 사람은 제멜바이스이다.

⋯ 3문단에서 의사의 '손'이 환자의 전염병의 원인이 될 수 있음을 최초로 의심한 사람이 제멜바이스임을 언급하고 있다.

② 산파는 전염병 환자와 접촉하지 않았기에 의사보다 산모의 사망률을 낮출 수 있었다.

⋯ 3문단에서 의사와는 달리 산파는 산모만 상대할 뿐, 전염병 환자와 접촉하지 않아 상대적으로 의사보다 '깨끗한 손'을 가지고 있었기에 산모의 사망률을 낮출 수 있었다고 언급하고 있다.

④ 무균 수술법은 피부의 틈에 침입할 수 있는 세균의 감염을 막기 위해 도구를 소독하는 수술법이다.

⋯ 4문단에서 무균 수술법이 피부 틈 사이로 침입할 수 있는 세균을 막기 위해 의료 기구를 소독하는 방법임을 언급하고 있다.

⑤ 현대에 이르러 많은 사람들은 전염병을 예방하기 위한 손 소독의 중요성을 인지하고 실천하려고 한다.

⋯ 1문단에서 오늘날에 이르러 다양한 손 소독제들이 늘어나고, 사람들이 전염병을 예방하기 위해 손 씻기에 적극 동참하고 있음을 언급하고 있다.

➕ 오답 챙기기

① 병원 내부보다 병원 외부에서 침입하는 바이러스가 전염병을 악화*시킬 수 있는 요인이 되는군.

⋯ 이 글과 〈보기〉에서는 모두 전염병의 원인을 병원 내부에서 찾고 있다.

② 모든 바이러스는 항생제를 통해 쉽게 치료할 수 있으므로 약품 개발에 대한 지원이 중요하겠군.

⋯ 〈보기〉에서 슈퍼 박테리아는 항생제에 내성을 갖고 있으며 내성이 강한 변종 바이러스가 발생하고 있는 문제 상황을 언급하고 있다.

③ 의료인의 손이 슈퍼 박테리아 감염의 주된 원인이므로 의료진과 환자의 접촉을 최대한 줄여야겠군.

⋯ 이 글과 〈보기〉에서는 의료인의 손이 슈퍼 박테리아 감염의 원인이 될 수 있다고 언급하고 있으나, 해결책으로 손 씻기를 강조하고 있을 뿐 환자와의 접촉을 줄여야 한다는 내용은 나타나 있지 않다.

④ 전염병 사망률을 줄이기 위해 정부에서 치료비 부담이 어려운 환자들에 대한 경제적 지원 대책을 마련해야겠군.

⋯ 〈보기〉에서는 질병 문제에 따른 사회 경제적 손실을 언급하고 있지만, 치료비 부담이 어려운 환자들에 대해 대책 마련이 필요함을 언급하고 있지 않다. 이 글에서도 질병 감염의 원인을 규명하고 이를 해결하기 위한 예방 문제에 초점을 맞추고 있다.

> **어휘 충전**
> * **내성**(耐 견딜 내 性 성품 성): 환경 조건의 변화에 견딜 수 있는 생물의 성질.
> * **조기**(早 일찍 조 期 기약할 기): 이른 시기.
> * **전파**(傳 전할 전 播 뿌릴 파): 전하여 널리 퍼뜨림.
> * **악화**(惡 악할 악 化 될 화): 일의 형세가 나쁜 쪽으로 바뀜.

문제의 해결 방안, 대안 탐색

2 ▼ 구체적 상황에의 적용 답 ⑤

윗글을 바탕으로 〈보기〉를 이해한 내용으로 가장 적절한 것은?

> **보기**
>
> 환자의 사생활 보호를 위해 병상마다 개별 배치된 커튼 다수에서 항생제 내성*균, 이른바 슈퍼 박테리아가 발견됐다는 연구 결과가 발표됐다. 우리나라는 매년 9,000여 명의 슈퍼 박테리아 환자가 발생하고 있으며, 약 3,900여명이 조기*에 사망한다. 이들에 대한 의료비, 간병비, 조기 사망에 따른 생산성 손실 등을 감안하면, 최소 3,313억 원에서 최대 7,523억 원의 사회적 비용이 발생한다. 질병관리본부가 가장 우려하는 것은 병원 내에서 살고 있는 '내성이 강한 변종 바이러스'이며, 항생제조차 듣지 않는 이 균들이 의료 시설(환경)과 의료인의 손을 통해 전파*된다고 지적한다.

⑤ 내성이 강한 바이러스의 전파를 막기 위해 의료진 및 병원 내 시설 물품들에 대한 소독과 감염 관리를 철저히 해야겠군.

⋯ 〈보기〉에서는 오늘날 환자들을 둘러싸고 있는 병원 내 시설에서도 슈퍼 박테리아가 발견되고 있으며, 의료인의 손과 의료 시설을 통해 감염되고 있는 문제 상황을 보여 주고 있다. 이 글에서는 병원 내 소독과 멸균의 중요성을 강조하고 있으므로 〈보기〉와 같은 상황에 대한 해결책으로 소독과 감염 관리에 대한 철저한 대책 마련을 강조할 수 있다.

디지털 포렌식

출전 한세희, 『미래를 읽다 과학 이슈 11 season 7』 지문 난이도 ★★★☆☆

(1,443자)

1 » 하루 종일 스마트폰을 끼고 살며, 컴퓨터로 업무를 처리하는 현대인은 수많은 디지털 흔적을 곳곳에 흘리고 다닌다. 오늘날 범죄 수사에서 부검만큼 중요한 것이 바로 범인이나 용의자의 휴대 전화 확보이다. 스마트폰은 이제 우리의 모든 것을 담는 만능 블랙박스가 되었기 때문이다. 이메일이나 문자, 메신저로 누구와 어떤 내용으로 연락을 주고받았는지, 어디를 다니며 누구와 어떤 사진을 찍었는지, 포털 사이트에서 무엇을 검색했는지 모두 알 수 있다.

2 » 이처럼 디지털 기기의 정보를 수집하고 분석해 어떤 사건의 원인과 과정을 ⓐ밝혀내는 활동을 '디지털 포렌식(digital forensics)'이라고 한다. '포렌식'은 '법의학적인', '범죄 과학 수사의'라는 의미의 영어 단어이다. 스마트폰을 분석해 안에 담긴 사진이나 통화 내용 등의 각종 데이터를 샅샅이 들여다보는 작업은 시신을 부검하는 것과 마찬가지이다. 컴퓨터가 가정과 기업에 널리 보급되고, 사람들의 일거수일투족이 스마트폰에 담기는 세상에서 디지털 포렌식의 중요성은 점차 확대되고 있다.

3 » 스마트폰에 대한 디지털 포렌식은 내장된 저장 매체에 담긴 데이터와 사진, 파일 등을 조사하고, 시스템 파일에서 특이한 점을 찾는 과정으로 이루어진다. 삭제된 메신저 대화나 사진의 복구는 사건을 해결하기 위한 필수 과정이 되었다. 여기에 더해 법원 영장을 발부받아 통신사에서 통화 내역이나 대략의 이동 경로 등도 파악할 수 있다. 이러한 일련의 과정들은 범죄의 증거 등 민감한 사안을 다루는 일인 만큼 논란의 여지가 생기지 않도록 투명하고 정확한 절차에 따라야 한다.

4 » 스마트폰에서 얻을 수 있는 정보가 많아지면서 이를 둘러싼 사생활 침해 문제 역시 민감한 문제로 대두되고 있다. 최신 휴대 전화는 지문이나 홍채 인식, 얼굴 인식 등의 기법으로 개인 정보를 보호하며, 대부분의 사람들이 비밀번호나 패턴을 사용해 다른 사람이 자기 휴대 전화를 들여다보지 못하게 한다. IT 기업들은 사생활 침해에 민감한 고객들을 위해 점점 더 강력한 개인 정보 보호 기술을 적용한다. 또한 일부에서는 보안 기능을 해제하는 기술을 만들어 수사 기관에 제공하는 것은 해커들이 사용자의 개인 정보에 접근할 뒷문을 열어 두는 셈이라고 반발하여 큰 논란이 일어나기도 하였다.

5 » 이처럼 기술력의 강화는 스마트폰에 담긴 개인 정보를 효과적으로 보호하지만, 한편으로는 다양한 종류의 휴대 전화를 분석하기 어렵게 만들어 수사에 지장을 주기도 한다. 결국 IT 기술의 발달은 디지털 포렌식에 새로운 도전을 던지며 정보기관의 입장에 따라 창과 방패의 싸움으로 그 양상이 전개되고 있다. 최근에는 보안성이나 안정성의 이유로 세계 여러 곳의 서버에 분산 저장되고 있는 클라우드 서비스가 인기를 얻고 있어 거대 IT 기업의 방대한 서버 인프라를 대상으로 작업해야 한다. 기술이 지속적으로 변화하고 발전되는 한 디지털 포렌식의 적용 기술의 범위와 역할도 새롭게 도전받을 수밖에 없는 상황인 것이다.

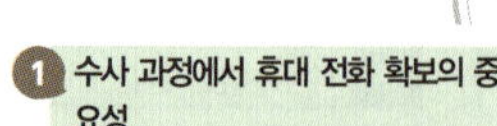

1 수사 과정에서 휴대 전화 확보의 중요성
- 범죄 수사의 단서를 찾기 위한 휴대 전화 확보의 중요성

2 디지털 포렌식의 정의 및 중요성

디지털 포렌식 → 디지털 기기의 정보를 수집하고 분석하여 사건의 원인과 과정을 밝혀내는 활동

→ 사람들 일거수일투족이 휴대 전화에 기록되는 상황에서 디지털 포렌식의 중요성은 높아져 감

3 디지털 포렌식이 이루어지는 과정
- 저장 매체에 담긴 데이터와 사진, 파일 등을 조사, 시스템 파일에서 특이한 점을 찾아냄
- 법원 영장 발부를 통해 통화 내역이나 이동 경로 파악이 가능함

4 디지털 포렌식에 대한 논란 — 사생활 침해 문제

논란 대상		결과
사생활 침해 문제	→	IT 기업의 개인 정보 보호 기술 강화

→ 보안 기능 해제 기술 제공은 해커들의 개인 정보 접근 가능성을 높일 우려가 있음

5 다양한 휴대 전화를 분석하기 어려운 디지털 포렌식 기술의 한계
- 휴대 전화를 분석할 수 있는 기술의 한계에 부딪힘 → 디지털 포렌식 기술의 적용 범위가 확대되고 있음

지문 구조 한눈에 보기

화제 제시 **1**
↓
구체화 **2** **3**
디지털 포렌식의 정의 및 과정
↓
구체화 **2** **4** **5**
디지털 포렌식의 논란 및 한계점

✎ 지문 정보 확인 1 ○ 2 X 3 ○

지문 Point 분석 주제: 디지털 포렌식의 중요성 및 한계점

해제: 휴대 전화의 기록 내용들을 분석하여 사건의 원인과 과정을 밝혀내는 디지털 포렌식은 현대의 범죄 수사에서 중요한 역할을 차지한다. 그러나 사생활 침해 논란이 일어나면서 IT 기업들이 더 강력한 개인 정보 보호 기술을 휴대 전화에 적용함으로써 디지털 포렌식 기술에도 한계가 발생한다. IT 기술의 발달에 따라 디지털 포렌식 기술은 새롭게 도전받을 수밖에 없는 상황이다.

1 ▼ 세부 내용 파악　　답 ②

윗글을 통해 알 수 있는 내용으로 적절하지 <u>않은</u> 것은?

② 중대한 사건이 발생하면 법원의 영장 발부 없이도 개인의 휴대폰을 포렌식하는 것이 가능하다.

⋯ 3문단에서 휴대 전화 포렌식 과정에서 통화 내역이나 이동 경로 등을 파악하기 위해 법원의 영장 발부가 필요함을 언급하고 있으며, 중대한 사건 여부에 따라 법원 영장 발부가 필요 없다는 내용은 제시되어 있지 않다.

➕ 오답 챙기기

① 휴대 전화에는 메시지 내용과 인터넷 검색 기록 등 개인의 일상 활동들이 담겨져 있다.

⋯ 1문단을 통해 스마트폰이 이제 우리의 모든 것을 담는 만능 블랙박스가 되었다고 비유적으로 설명하며, 휴대 전화에 메시지 내용과 인터넷 검색 기록 등이 담겨 있음을 언급하고 있다.

③ 휴대 전화의 보안 기능이 해제되면 개인 정보에 불법으로 접근하는 집단에게 악용될 가능성이 높아진다.

⋯ 4문단에서 수사 기관에 보안 기능 해제 기술을 제공하는 것은 해커들이 사용자의 개인 정보에 접근할 가능성을 높여 준다고 언급하고 있다.

④ 최신 휴대 전화에는 사람의 생체 인식을 통해서 휴대 전화에 접근할 수 있도록 한 개인 정보 보호 기술이 사용되고 있다.

⋯ 4문단에서 개인 정보 강화를 위해 지문이나 홍채 인식, 얼굴 인식 등의 기법이 적용되고 있음을 언급하고 있다.

⑤ 보안성과 안정성을 확보하기 위해 개인 정보가 세계 여러 곳의 서버에 분산되어 저장되는 서비스가 이용되고 있다.

⋯ 5문단에서 세계 여러 곳의 서버에 개인 정보를 분산 저장하는 클라우드 서비스가 이용되고 있음을 언급하고 있다.

2 ▼ 구체적 상황에의 적용　　답 ⑤

윗글을 바탕으로 〈보기〉의 사례에 대해 이해한 내용으로 적절한 것은?

> **보기**
>
> 　메신저 중에서도 속도가 빠르고 보안성이 뛰어난 것으로 알려진 해외 메신저를 사용하는 이들이 증가하고 있다. 모든 대화는 암호화되어 제삼자가 볼 수 없으며, 비밀 대화 기능을 사용하면 서버를 거치지 않고 대화 상대에게 바로 전달돼 일정 시간이 지나면 내용이 자동으로 사라진다. 사건이 벌어질 경우 경위 파악에 핵심이 되는 수사 정보를 얻기 위한 수사 기관의 어려움은 늘어날 수밖에 없다.

⑤ 수사 기관에서는 강화된 보안 기능에 대응할 수 있는 디지털 포렌식 기술을 강화*할 수밖에 없겠군.

⋯ 〈보기〉는 보안성이 뛰어난 해외 메신저 사용이 급증하고 있는 사례를 보여 준다. 개인 정보가 일정 시간이 지나면 자동으로 사라진 만큼 기록이 남지 않기에 사건이 발생할 경우 수사에 어려움이 생길 수 있음을 예상할 수 있다. 이 글에서도 기술력이 강화된 스마트폰으로 인해 디지털 포렌식의 기술이 위협받고 있음을 언급하고 있으며 따라서 강화된 보안 기능에 대응할 수 있는 기술 강화의 필요성을 제시할 수 있다.

➕ 오답 챙기기

① IT 기업들과 수사 기관이 좀 더 협조적*인 관계가 될 수 있겠군.

⋯ 이 글에서는 사생활 침해 문제로 IT 기업에서 디지털 수사 기관에 협조하지 않는 상황에 대해서만 언급되어 있기에 적절하지 않다.

② 디지털 포렌식은 인권* 침해 요소가 있어 투명한 절차가 필요하겠군.

⋯ 디지털 포렌식 과정에서 개인 정보 침해 문제가 발생하고 있지만, 〈보기〉에서는 강화된 개인 정보 보호 기술로 인한 디지털 포렌식의 어려움을 언급하고 있기 때문에 이에 대한 결론으로 적절하지 않다.

③ 스마트폰이 더 이상 개인 정보를 효과적으로 보호할 수 있는 수단*이 되지 못하는군.

⋯ 〈보기〉에서는 스마트폰을 통해 개인 정보의 보안성이 뛰어난 메신저 사용이 늘어나고 있음을 언급하고 있다.

④ 해커들이 개인 정보를 불법적으로 침해할 수 있는 가능성을 근본적*으로 차단*할 수 있겠군.

⋯ 〈보기〉에서는 개인 정보 보호 기술이 강화됨에 따라 수사 기관의 디지털 포렌식의 어려움을 언급하고 있다. 따라서 해커와 관련된 내용은 〈보기〉에서 중점이 되는 사항이 아니다.

어휘 충전

* **강화**(强 강할 강 化 될 화): 세력이나 힘을 더 강하고 튼튼하게 함.
* **협조**(協 도울 협 助 도울 조): 힘을 보태어 도움.
* **인권**(人 사람 인 權 권세 권): 인간으로서 당연히 가지는 기본적 권리.
* **수단**(手 손 수 段 구분 단): 어떤 목적을 이루기 위한 방법. 또는 그 도구.
* **근본**(根 뿌리 근 本 근본 본): 사물의 본질이나 본바탕.
* **차단**(遮 막을 차 斷 끊을 단): 다른 것과의 관계나 접촉을 막거나 끊음.

3 ▼ 어휘의 문맥적 의미 파악　　답 ④

ⓐ와 가장 유사한 의미로 쓰인 것은?

④ 무슨 일이 있어도 이번 일은 꼭 진실을 밝혀야만 한다.

⋯ ⓐ의 '밝히다.'는 '진리, 가치, 옳고 그름 따위를 판단하여 드러내 알리다.'의 의미이다. 이에 가장 문맥적 의미가 유사한 것은 ④이다.

➕ 오답 챙기기

① 방 안이 어두워서 촛불을 밝혀 놓았다.

⋯ ①의 '밝히다'는 '빛을 내는 물건에 불을 켜다.'의 의미이다.

② 먹을 것을 너무 밝히는 습관을 고쳐야 한다.

⋯ ②의 '밝히다'는 '드러나게 좋아하다.'의 의미이다.

③ 조명이 사방을 밝히자 실내 분위기가 달라졌다.

⋯ ③의 '밝히다'는 '불빛 따위로 어두운 곳을 환하게 하다.'의 의미이다.

⑤ 밤을 꼬박 밝혔더니 그 다음날 공부에 집중하기 힘들었다.

⋯ ⑤의 '밝히다'는 '자지 않고 지내다.'의 의미이다.

1 ⓒ	2 ⓖ	3 ⓔ	4 ⓓ	5 ⓒ
6 ⓖ	7 ⓔ	8 ⓒ	9 ⓛ	10 ⓜ
11 발부	12 주범	13 장벽	14 해제	15 열풍

인문 **참된 도덕이란 무엇인가**

출전 한국 철학 사상 연구회, 「한국 철학 스케치 2」 지문 난이도 ★★★☆☆

(1,383자)

❶ » 참된 도덕은 무엇인가? 눈 내리는 추운 겨울날 춥고 배고픈 할아버지 한 분이 계신다고 하자. 그 할아버지를 보고 불쌍한 마음이 들어 어떻게든 도와드리고 싶은데 돈이 없을 때 어떻게 하면 좋을까? 도와주고 싶은 마음만 간직한 채 그냥 지나갈 수도 있겠고, 친구에게 돈을 빌려 빵을 사 드릴 수도 있다. 그런데 이는 올바른 방법은 아니다. 왜 그런 것인가?

❷ » 먼저, 불쌍하다는 생각이 들었으나 주머니에 돈이 없어 그냥 지나치면 할아버지는 여전히 춥고 배고플 것이다. 마음만으로 해결될 수 있는 것은 아무것도 없다. 보다 중요한 것은 춥고 배고픈 현실 문제를 해결할 수 있는 실천이기 때문이다. 성리학에서 말하는 '사람은 착하게 살아야 하고 예절을 잘 지켜야 한다.'는 것이 나쁜 것은 아니지만 사람이 굶어 죽게 된 형편에 예절을 지킬 여유가 있을 리 없다. 단순히 도덕을 지키라는 외침만 가지고는 곤란하다. 조선 후기 실학자 ㉠박지원은 성리학자들이 삼강오륜(三綱五倫)을 떠들어 대지만, 사실은 그들이 착함과 도덕을 훔치는 도둑이라고 했다.

❸ » 다음으로, 착한 일을 하기 위해서 친구에게 돈을 빌려서 도와주는 것은 지나친 것이다. 누군가를 도와주려고 했을 때 내게 없으면 할 수 없는 것이다. 박지원은 참된 도덕이란 생각과 행동이 모두 알맞아야 한다고 했다. 위의 경우에 아침마다 일찍 일어나 아버지 신발을 깨끗이 닦아 드리고 용돈을 받아 할아버지께 조금 드린다면 그것이 훨씬 좋은 방법일 것이다. 스스로 노력해서 할아버지를 도와 드렸기 때문이다.

❹ » 박지원은 삼강오륜이나 도덕이 필요 없다고 한 것은 아니지만, 말로만 외치는 삼강오륜은 참된 도덕이 아니라고 생각했다. 그것은 마치 그림의 떡과 같은 것이다. 또한 참된 도덕은 경제적인 안정이 뒷받침되어야만 싹트기 때문에 백성들의 생활에 도움이 되는 실천이 더 급하다고 주장했다. 성리학자들과는 정반대의 생각이었다. 성리학자들은 먹고사는 것도 중요하지만 삼강오륜과 예절을 지키는 것이 보다 근본적이며 중요하다고 생각했기 때문이다.

❺ » 박지원은 사람들이 보다 더 풍족하게 사는 방법에 대해 누구보다 많은 생각을 하며 여러 가지 방안을 제시했다. 그는 첫째, 수레와 같은 실생활에 사용하기 편리한 도구를 많이 만들어야 한다고 했다. 둘째, 편리한 생활 도구를 만들려면 앞선 과학 기술을 배워야 한다고 했다. 청나라를 오랑캐라고 얕잡아 볼 것이 아니라 그들에게서 기술을 배워 오자고 했다. 셋째, 농업 기술을 발전시키자고 주장했다. 농업 기술이 발전되면 적은 노력으로도 많은 수확을 할 수 있게 된다. 생산량이 늘어나면 생활이 풍족해 질 것이다. 넷째, 외국과 무역을 하자고 했다. 우리나라에서 많이 나는 것과 다른 나라에서 많이 나는 것을 바꾼다면 서로에게 이익이 될 것이다. 이처럼 그는 이용후생(利用厚生)을 참된 도덕의 밑거름으로 보았다.

✎ 지문 정보 확인 1 ○ 2 ○ 3 X

지문 Point 분석 주제: 박지원이 바라본 참된 도덕의 의미와 방안

해제: 조선 후기 실학자 박지원의 사상과 사람들의 삶을 보다 윤택하게 하기 위한 여러 가지 방안에 대해 설명하고 있는 글이다. 박지원은 말로만 도덕을 외치는 성리학자들의 위선을 비판하면서 참된 도덕은 생각과 행동이 알맞아야 한다고 했다. 또한 참된 도덕은 경제적 안정이 뒷받침되어야만 싹트기 때문에 백성들의 생활에 도움이 되는 실천이 더 급하다고 주장했다. 이처럼 박지원은 도덕을 바르게 실천하기 위해서는 먼저 먹고사는 문제가 해결되어야 한다고 하면서 이용후생을 참된 도덕의 밑거름으로 보았다.

지문 구조 해설

1 참된 도덕의 의미에 대한 고민
- 구체적인 상황을 제시하여 중심 화제에 접근
- 물음의 방식을 통해 독자의 관심 유도

2 참된 도덕의 의미 ① – 실천의 중요성
- 참된 도덕의 의미 ① – 실천의 중요성
- 위선적인 성리학자들에 대한 비판

의미 ①

3 참된 도덕의 의미 ② – 생각과 행동의 적절성
- 참된 도덕의 의미 ② – 생각과 행동의 적절성
- 물음의 답변 – 노력의 중요성 강조

의미 ②

4 참된 도덕의 전제 조건 – 경제적 안정
- 참된 도덕의 전제 조건 – 경제적 안정
- 박지원과 성리학자의 대립적 관점

박지원	성리학자
도덕의 실천보다 경제적 안정이 더 중요함	의식주보다 도덕의 실천이 더 중요함

5 사람들의 삶을 윤택하게 하기 위한 여러 가지 방안
- 사람들의 삶을 윤택하게 하기 위한 방안
  - 편리한 도구 제작
  - 청나라의 문물 수용
  - 농업 기술의 개발
  - 외국과의 무역
- 참된 도덕의 바탕이 되는 박지원의 사상
  - 이용후생의 중요성을 역설함

지문 구조 한눈에 보기

화제 제시 **1**
참된 도덕

↓

구체화 1 **2** **3**
참된 도덕의 의미

↓

부연 **4**
참된 도덕의 전제 조건

↓

구체화 2 **5**
경제적 윤택을 위한 여러 가지 방안

1 ▼ 내용 전개 방식 파악   답 ④

윗글에 대한 설명으로 적절하지 <u>않은</u> 것은?

④ 논의*된 내용을 종합한 후 상반된 새로운 문제를 제기*하고 있다.

┈ 4문단에서 참된 도덕은 경제적인 안정이 뒷받침되어야 하고, 생활이 풍족해야 도덕도, 삼강오륜도 지킬 수 있다는 내용을 종합하여 다시 한 번 강조하고 있지만, 이를 바탕으로 상반된 새로운 문제를 제기하고 있지는 않다. 이어지는 내용은 앞의 문제에 대한 구체적 방법이라고 볼 수 있다.

➕ 오답 챙기기

① 중심 화제에 대한 대립적* 관점을 제시하고 있다.

┈ 4문단에서 박지원은 참된 도덕은 경제적인 안정이 뒷받침되어야만 싹튼다고 했고, 성리학자들은 먹고사는 것도 중요하지만 삼강오륜과 예절을 지키는 것이 보다 근본적이며 중요하다고 했다. 따라서 도덕에 대한 대립적인 관점이 드러나 있다.

② 물음의 방식을 통해 독자의 관심을 유도*하고 있다.

┈ 1문단에서 '참된 도덕은 무엇인가?', '그런데 이는 올바른 방법은 아니다. 왜 그런 것인가?'라고 하면서 물음의 방식을 통해 독자의 관심을 유도하고 있다.

③ 구체적인 상황을 예로 들어 중심 화제를 설명하고 있다.

┈ 1문단에서 '눈 내리는 추운 겨울날 춥고 배고픈 할아버지'에 대한 구체적 상황을 예로 든 후에 3문단에서 중심 화제인 '참된 도덕'의 의미에 대해 스스로 노력해서 할아버지를 도와 드린 방법을 예를 들어 설명하고 있다.

⑤ 화제와 관련한 다양한 해결 방안과 그에 따른 효과를 제시하고 있다.

┈ 5문단에서 참된 도덕의 밑거름이 되는 이용후생을 실현하기 위한 여러 가지 방안과 그에 따른 효과를 제시하고 있다.

📌 **어휘 충전**
* **논의**(論 논의할 논 議 의논할 의): 서로 의견을 내어 토의함.
* **제기**(提 끌 제 起 일어날 기): 의견이나 문제를 내어 놓음.
* **대립적**(對 대답할 대 立 설 립 的 과녁 적): 서로 반대되거나 모순되는 (것).
* **유도**(誘 꾈 유 導 이끌 도): 사람이나 물건을 목적한 장소나 방향으로 이끎.

2 ▼ 구체적 사례 파악   답 ⑤

다음 중 윗글에서 주장하고 있는 '참된 도덕'의 행위로 가장 적절한 것은?

⑤ E는 아프리카 어린이들이 굶주림으로 고통 받는 것을 알고, 이를 안타깝게 여겨 자신이 모아 왔던 용돈을 구호 단체에 기부했다.

┈ 2문단에서 참된 도덕에 있어 '중요한 것은 춥고 배고픈 현실 문제를 해결할 수 있는 실천'이 필요하다고 했다. 또 3문단에서 '참된 도덕이란 생각과 행동이 모두 알맞아야' 한다고 했다. 이로 볼 때 E가 아프리카 어린이들의 굶주림을 안타까워하는 것에서 그치지 않고 자신이 모아 왔던 용돈을 구호 단체에 기부한 행위는 이 글에서 설명하고 있는 참된 도덕을 실천한 행위로 볼 수 있다.

➕ 오답 챙기기

① A는 지진으로 인해 막대한 피해를 입은 수많은 사람들이 굶주림에 떨고 있다는 뉴스를 보고 불쌍한 생각이 들었다.

┈ 2문단에서 할아버지가 불쌍하다는 생각이 들었으나 주머니에 돈이 없어 그냥 지나치는 상황을 예로 들면서, 참된 도덕은 실천이 있어야 한다고 했다. 이로 볼 때 A는 측은하다는 생각만 했을 뿐 이에 따른 실천을 하지 않았으므로 참된 도덕의 행위로 볼 수 없다.

② B는 친구가 은행으로부터 대출한 돈을 갚을 처지가 안 되는 것을 보고 자신의 부모에게 돈을 빌려 대신 갚아 주었다.

┈ 3문단에서 착한 일을 하기 위해서 친구에게 돈을 빌려서 도와주는 것은 지나친 것이라고 했다. 이로 볼 때 B가 친구의 빚을 대신 갚으려고 자신의 부모에게 돈을 빌리는 것은 지나친 행위이므로 참된 도덕의 행위로 볼 수 없다.

③ C는 고객들로부터 신용을 얻어서 더 많은 이익을 남기기 위해 모든 사람들에게 똑같은 가격으로 공정하게 물건을 판매했다.

┈ C가 모든 사람들에게 똑같은 가격으로 공정하게 물건을 판매한 것은 자신의 이익을 위한 것으로 도덕적 행위와는 상관없는 것으로 볼 수 있다.

④ D는 할머니가 무거운 짐을 들고 가는 것을 보고 안타깝게 생각하여 옆에 있는 친구에게 할머니의 짐을 들어 주라고 부탁했다.

┈ 2문단에서 참된 도덕은 실천이 있어야 한다고 했다. 이로 볼 때 D는 안타깝다는 생각만 하고 할머니를 도와주는 것을 친구에게 미룬 채 실천을 하지 않았으므로 참된 도덕의 행위로 볼 수 없다.

3 ▼ 세부 내용 파악   답 ③

㉠에 대한 이해로 적절하지 <u>않은</u> 것은?

③ 상업보다 농업 기술의 발전을 더 중요하다고 생각했다.

┈ 5문단에서 박지원은 백성들의 삶을 풍족하게 하려면 농업 기술을 발전시키고 외국과 무역을 하자고 주장했다. 하지만 박지원이 농업 기술의 발전을 상업보다 더 중요하게 생각했다는 내용은 이 글에서 확인할 수 없다.

➕ 오답 챙기기

① 성리학자들의 위선적인 면을 비판했다.

┈ 2문단에서 박지원은 '성리학자들이 삼강오륜을 떠들어 대지만, 사실은 그들이 착함과 도덕을 훔치는 도둑'이라고 비판하고 있다.

② 경제적 안정이 참된 도덕의 밑바탕이 된다고 보았다.

┈ 4문단에서 박지원은 '참된 도덕은 경제적 안정이 뒷받침되어야만 싹튼다'고 했다.

④ 다른 나라와의 무역은 풍요로운 삶을 사는 데 도움이 된다고 보았다.

┈ 5문단에서 박지원은 '우리나라에서 많이 나는 것과 다른 나라에서 많이 나는 것을 바꾼다면 서로에게 이익이 될 것'이라고 했다.

⑤ 편리한 생활 도구를 만들기 위해 청나라의 문물을 받아들여야 한다고 했다.

┈ 5문단에서 박지원은 사람들의 삶을 풍족하게 하려면 편리한 도구를 만들고, 이를 위해 청나라에게서 '기술을 배워 오자'고 했다.

지문 난이도 ★★★★★

(1,356자)

1 » 17세기 초 유럽의 음악 양식에 새로운 시대가 열린 것으로 인정할 만큼 중대하고 신선한 변화가 일어났다. 이때 형성된 새로운 양식이 18세기 중반까지 서유럽의 지배적인 음악 문화를 이루었는데, 20세기 초의 음악학자들은 이 시대를 바로크 시대라고 이름 붙였다. 바로크 시대에는 우리가 오늘날 고전 음악으로 인식하는 양식들이 형성되었다. 기악 음악이 성악 음악과 동등하게 인정을 받으면서 기악 음악의 대표적 장르인 소나타와 협주곡이 확립되었다. 그리고 바로크 시대의 가장 위대한 음악적 발명인 오페라가 탄생하였다.

2 » 기악 음악의 발전에 있어 이탈리아의 현악기, 특히 바이올린 제작자와 연주자들의 뛰어난 기술은 큰 역할을 했다. 바이올린을 위한 소나타와 협주곡은 바로크 시대의 가장 중요한 기악 음악 작품이었다. 소나타는 '소리 내다'라는 뜻의 이탈리아어 '소나레(sonare)'에서 유래되었으며, 적은 수의 악기를 위해 작곡된 실내악 작품으로, 몇 개의 대조되는 악장으로 구성되었다. 지속 저음, 하나의 악기를 위한 독주 소나타(solo sonata), 지속 저음과 2개의 악기를 위한 트리오 소나타(trio sonata)가 있는데, 지속 저음은 일반적으로 하프시코드와 첼로 같은 낮은 현악기로 이루어졌다.

3 » 협주곡은 하나의 악기와 관현악 연주를 위한 곡으로 콘체르토(concerto)라고도 하는데, '경쟁하다.' 또는 '협동하다.'를 의미하는 동사 '콘체르타레(concertare)'에서 유래되었다. 소나타보다 더 넓은 공간에서의 연주를 위한 더 큰 규모의 작품이며, 독주자들과 오케스트라가 연주했다. 협주곡은 독주자들과 오케스트라가 함께 연주하기도 하고, 따로 연주하기도 하고, 대조되는 음악을 연주하기도 하고, 같은 음악을 연주하기도 했는데, 서로의 이러한 극적인 균형과 대조는 협주곡의 핵심이었다. 보통의 독주자들은 2대의 바이올린과 지속 저음으로 구성되지만 다른 악기 그룹도 가능했고, 오케스트라는 바이올린, 비올라, 첼로, 지속 저음으로 구성되었다.

4 » ㉠오페라는 노래를 중심으로 연주, 대본, 무대 장치, 춤, 연기 등이 함께 어우러져서 만들어진 종합 무대 예술이다. 오페라의 주요 주제는 그리스와 로마 신화나 역사였고, 오페라에 사용된 주요 성악 형식은 아리아와 레치타티보였다. 아리아는 각 배역을 맡은 사람들이 하는 독창으로 음악적인 선율을 중시하면서 가창력과 화려한 기교를 표현한다. 레치타티보는 대사를 말하듯이 노래하는 창법으로, 선율을 아름답게 부르는 아리아에 비해 대사 내용에 중점을 두어서 주인공이 처한 상황을 알려 주거나 이야기를 전개해 준다. 오페라는 1,600년경 이탈리아 피렌체에서 처음 만들어진 '다프네'를 시작으로 1,900년까지 이탈리아 음악을 지배했고, 프랑스를 제외한 전 유럽에서 유행하였다.

---

1 바로크 시대의 도래와 주요 음악 양식
- 바로크 음악 시대의 도래(17세기 초 ~ 18세기 중반)
- 바로크 음악의 특징 – 기악 음악이 중요시됨
- 바로크 시대의 대표적 음악 양식

기악 음악	성악 음악
소나타 협주곡	오페라

2 바로크 시대의 기악 음악 – 소나타
- 소나타의 어원
- 소나타의 개념과 특징
- 소나타의 종류

독주 소나타	트리오 소나타
지속 저음 + 1개의 악기	지속 저음 + 2개의 악기

양식 ①

3 바로크 시대의 기악 음악 – 협주곡
- 협주곡의 개념 및 어원
- 협주곡의 특징 및 구성

특징	구성
균형과 대조	독주자들 + 오케스트라

양식 ②

4 바로크 시대의 성악 음악 – 오페라
- 오페라의 성격 – 성악 음악 형태의 종합 무대 예술
- 오페라에 사용된 창법의 개념과 특징

아리아	레치타티보
각 배역을 맡은 사람들의 독창	대사 내용에 중점을 두고 이야기를 전개

양식 ③

지문 구조 한눈에 보기

화제 제시 **1**
바로크 시대의 음악

↓

구체화 1 **2**
소나타

↓

구체화 2 **3**
협주곡

↓

구체화 3 **4**
오페라

✎ 지문 정보 확인 1○ 2✕ 3○

지문 Point 분석 주제: 바로크 시대의 주요 음악 양식의 종류 및 특징

해제: 바로크 시대의 주요 음악 양식인 소나타, 협주곡, 오페라의 개념과 특징에 대해 설명하고 있는 글이다. 소나타는 적은 수의 악기를 위해 작곡된 실내악 작품으로 몇 개의 대조되는 악장으로 구성되어 있으며, 지속 저음과 하나의 악기를 위한 독주 소나타와 2개의 악기와 지속 저음을 위한 트리오 소나타가 있다. 협주곡은 소나타보다 더 큰 규모의 음악 양식으로 독주자와 오케스트라가 연주했다. 오페라는 바로크 시대가 낳은 최고의 음악 장르로 노래를 중심으로 연주, 대본, 무대 장치, 춤, 연기 등이 함께 어우러져서 만들어진 종합 무대 예술이었다.

1　▼ 세부 내용 파악　　　　　　　　답 ②

윗글에 대한 이해로 적절하지 <u>않은</u> 것은?

② 소나타와 달리 협주곡은 대조적 성격을 띤 악장으로 구성되어 있다.

⋯ 2문단에서 소나타는 '적은 수의 악기를 위해 작곡된 실내악 작품으로, 몇 개의 대조되는 악장으로 구성되었다.'고 설명하고 있다. 또 3문단에서 협주곡은 '대조되는 음악을 연주하기도 하고, 같은 음악을 연주하기도 했는데, 서로의 이러한 극적인 균형과 대조는 협주곡의 핵심이었다.'고 설명하고 있다. 이로 볼 때 소나타와 협주곡 모두 대조적 성격을 띤 악장으로 구성되어 있다고 볼 수 있다.

➕ 오답 챙기기

① 오페라는 바로크 시대 이탈리아 음악의 주요 장르였다.

⋯ 4문단에서 오페라는 1,600년경 이탈리아 피렌체에서 처음 만들어진 '다프네'를 시작으로 1,900년까지 이탈리아 음악을 지배했다고 설명하고 있다. 그리고 1문단에서 바로크 시대를 17세기 초에서 18세기 중반으로 규정하고 있다.

③ 소나타와 협주곡 모두 지속 저음이 공통적인 구성 요소로 들어가 있다.

⋯ 2문단에서 소나타는 '지속 저음, 하나의 악기를 위한 독주 소나타, 지속 저음과 2개의 악기를 위한 트리오 소나타가 있는데, 지속 저음은 일반적으로 하프시코드와 첼로 같은 낮은 현악기로 이루어졌다.'고 설명하고 있다. 그리고 3문단에서 협주곡은 '보통의 독주자들은 2대의 바이올린과 지속 저음으로 구성'되고 '오케스트라는 바이올린, 비올라, 첼로, 지속 저음으로 구성되었다.'고 설명하고 있다. 이로 볼 때 소나타와 협주곡 모두 지속 저음이 공통적인 구성 요소로 들어가 있다.

④ 바로크 시대 이전에는 기악 음악이 성악 음악보다 상대적으로 지위가 낮았다.

⋯ 1문단에서 바로크 시대에는 기악 음악이 성악 음악과 동등하게 인정을 받았다고 설명하고 있다. 이를 추론해 보면 바로크 시대 이전에는 기악 음악이 성악 음악보다 상대적으로 지위가 낮았다고 볼 수 있다.

⑤ 바로크 시대에 기악 음악이 발전한 것에는 바이올린 제작자와 연주자의 역할이 컸다.

⋯ 2문단에서 '기악 음악의 발전에 있어 이탈리아의 현악기, 특히 바이올린 제작자와 연주자들의 뛰어난 기술은 큰 역할을 했다.'고 설명하고 있다.

2　▼ 구체적 사례에의 적용　　　　　답 ①

참고 자료 활용 및 사례 파악

윗글의 ㉠과 〈보기〉의 ㉡을 비교하여 이해한 내용으로 적절하지 <u>않은</u> 것은?

> ── 보기 ──
>
> ㉡판소리란 한 사람의 소리꾼이 한 명의 고수*의 북 반주에 맞추어 서사적*인 긴 이야기를 소리와 아니리, 발림을 곁들여 청중들 앞에서 구연하는 공연 예술이다. 소리는 소리꾼이 진양조, 중모리, 자진모리와 같은 장단에 선율을 얹어서 부르는 가창 부문을 가리킨다. 아니리는 판소리에서 소리와 소리 사이에 가락을 붙이지 않고 이야기하듯 줄거리를 설명하는 부분이고, 발림은 소리꾼이 소리의 극적인 전개를 돕기 위하여 소리의 가락이나 시설*의 내용에 띠리시 몸깃과 손깃으로 니디내는 동작을 말한다. 판소리는 갖가지 음악 언어와 표현 방법이 총결집된 우리 민속 음악의 정수라고 할 만한 것이며 연극적인 표현 요소까지 구사하는 종합적 예술이다.

① ㉠의 아리아는 ㉡의 아니리와 유사한 성격을 지니고 있다.

⋯ 4문단에서 아리아는 '각 배역을 맡은 사람들이 하는 독창으로 음악적인 선율을 중시하면서 가창력과 화려한 기교를 표현한다.'고 설명하고 있다. 레치타티보는 '대사를 말하듯이 노래하는 창법'으로, '아리아에 비해 대사 내용에 중점을 두어서 주인공이 처한 상황을 알려 주거나 이야기를 전개해 준다.'고 했다. 그리고 〈보기〉에서 소리는 소리꾼이 '장단에 선율을 얹어서 부르는 가창 부문'을 가리키고, 아니리는 '판소리에서 소리와 소리 사이에 가락을 붙이지 않고 이야기하듯 줄거리를 설명하는 부분'이라고 했다. 이로 볼 때 오페라의 '아리아'는 판소리의 '소리'와, 오페라의 '레치타티보'는 판소리의 '아니리'와 유사한 성격을 지니고 있다고 볼 수 있다.

➕ 오답 챙기기

② ㉠은 여러 사람이 각 배역을 노래하고, ㉡은 한 사람이 북 반주에 맞추어 여러 역할을 노래한다.

⋯ 4문단에서 오페라의 아리아는 '각 배역을 맡은 사람들이 하는 독창'이라고 설명하고 있고, 〈보기〉에서 판소리란 한 사람의 소리꾼이 북 반주에 맞추어 서사적인 긴 이야기를 소리와 아니리, 발림을 곁들여 청중들 앞에서 구연하는 공연 예술이라고 설명하고 있다. 따라서 오페라는 여러 사람이, 판소리는 한 사람이 북 반주에 맞추어 노래한다는 설명은 적절하다.

③ ㉠과 ㉡ 모두 노래 외에 몸동작이 가미*된 극적 움직임이 있다.

⋯ 4문단에서 오페라는 노래를 중심으로 연주, 대본, 무대 장치, 춤, 연기 등이 함께 어우러져서 만들어진 종합 무대 예술이라고 하였고, 〈보기〉에서 판소리도 한 사람의 소리꾼이 서사적인 긴 이야기를 소리와 아니리, 발림(몸짓, 손짓)을 곁들여 청중들 앞에서 구연하는 공연 예술이라고 설명하고 있다. 따라서 오페라와 판소리 모두 몸동작이 가미된 극적 움직임이 있다.

④ ㉠과 ㉡ 모두 서사적 줄거리가 있는 극적 성격을 지니고 있다.

⋯ 4문단에서 오페라는 레치타티보를 통해 '주인공이 처한 상황을 알려 주거나 이야기를 전개해 준다.'고 설명하고 있고, 〈보기〉에서 판소리도 소리꾼이 서사적인 긴 이야기를 청중들 앞에서 구연하는 공연 예술이라고 설명하고 있다. 따라서 오페라와 판소리 모두 서사적 줄거리가 있는 극적 성격을 지니고 있다.

⑤ ㉠과 ㉡ 모두 노래가 중심이 되는 성악 음악의 성격을 지니고 있다.

⋯ 4문단에서 오페라는 '노래를 중심으로' 공연된다고 설명하고 있고, 〈보기〉에서 판소리도 소리꾼이 장단에 선율을 얹어서 부르는 가창 부문인 소리를 통해 구연된다고 설명하고 있다. 따라서 오페라와 판소리 모두 성악 음악의 성격을 지니고 있다.

어휘 충전

* **고수**(鼓 북 고 手 손 수): 북이나 장구를 치는 사람.
* **서사적**(敍 줄 서 事 일 사 的 과녁 적): 어떤 사건이나 상황을 시간의 흐름에 따라 있는 그대로 나열한.
* **극적**(劇 심할 극 的 과녁 적): 어떤 상황이나 사건이 마치 연극을 보는 듯한 긴장이나 감동을 불러일으키는. 연극의 특성을 띤 (것).
* **사설**(辭 말씀 사 說 말씀 설): 판소리나 노래 따위의 가사.
* **가미**(加 더할 가 味 맛 미): 다른 요소를 보태어 넣음.

STUDY 19　어휘 확인

1 ㉢	2 ㉤	3 ㉣	4 ㉠	5 ㉒
6 ㉣	7 ㉤	8 ㉤	9 ㉠	10 ㉡

11 도덕　12 성악　13 선율　14 독주자　15 풍족

국가 간 교역을 하는 것이 유리할까?

출전 박인호, 『신문 읽는 소크라테스』　지문 난이도 ★★★☆☆

(1,317자)

❶ » 15~18세기 자본주의 초기에 유럽 국가들 사이에서는 중상주의가 유행했다. 중상주의는 자기 나라의 부를 증대시키기 위해 수출을 늘리고 수입은 억제하는 무역 정책이다. 그 중상주의를 비판하며 자유 무역의 필요성을 주장한 학자들이 있었는데, 무역 이론의 창시자로 여겨지는 영국의 고전파 경제학자 데이비드 리카도(1772~1823)가 대표적이다.

1 자유 무역의 필요성을 주장한 리카도
- 중상주의의 개념
- 중상주의를 비판하며 자유 무역의 필요성을 주장한 대표적인 학자 → 데이비드 리카도

❷ » 리카도는 투입되는 노동량이 생산력을 결정하는 가장 중요한 요인이라고 보았다. 생산비는 곧 그 상품에 투입되는 노동 비용과 같다는 것이다. 예를 들어 직물 1 단위 생산에 영국은 100, 포르투갈은 90의 생산비가 들고 포도주 1 단위 생산에 영국은 120, 포르투갈은 80의 생산비가 든다고 가정하자. 포르투갈은 영국에 비해 직물과 포도주 모두 저렴한 비용으로 생산할 수 있다. 즉 포르투갈은 직물과 포도주 모두 영국에 대해 ㉠절대 우위를 갖고 있다. 과연 이 경우에도 교역을 하는 것이 유리할까?

2 절대 우위의 상황 가정
- 리카도는 투입되는 노동량이 생산력을 결정하는 가장 중요한 요인으로 봄 → 생산비 = 노동 비용
- 직물과 포도주 모두 포르투갈이 절대 우위인 상황 가정 → 교역의 필요성 여부 판단

❸ » 리카도에 따르면 두 나라 모두 교역을 하는 것이 그렇지 않을 때보다 이득이다. 그 원리는 다음과 같다. 직물에 대해서는 포르투갈 대 영국이 90대 100, 포도주에 대해서는 포르투갈 대 영국이 80대 120이니 포르투갈은 포도주를 상대적으로 더 저렴하게 생산할 수 있다. 교역을 하지 않을 때 포르투갈은 직물과 포도주 각 1 단위씩을 생산하는 데 90+80=170의 생산비가 들지만, 포도주에 특화하여 2 단위를 생산한 다음 1 단위를 영국의 직물과 바꾸면 80+80=160의 생산비로 동일한 결과를 얻게 된다. 그러므로 포르투갈은 교역을 통해 노동 10만큼 이득이 생긴다. 이 노동 10을 포도주에 다시 투입하면, 포도주 생산비 80 중의 10, 즉 8분의 1만큼의 포도주를 더 얻게 되는 것이다. 영국 역시 교역을 하지 않을 경우 직물과 포도주 각 1 단위씩 생산하는 데 220의 생산비가 들지만, 직물에 특화하여 교역을 하게 되면 200의 생산비로 동일한 결과를 얻게 되므로 노동 20만큼의 이득이 생겨 10분의 1만큼의 직물을 추가로 생산할 수 있게 된다. 즉 한 국가가 다른 국가에 비해 절대 우위를 갖고 있다고 하더라도 자유 무역을 하는 것이 서로에게 이득이 된다는 것이 비교 우위론의 핵심이다.

3 절대 우위의 상황에서 교역의 필요성
- 포르투갈은 상대적으로 더 저렴하게 생산 가능한 포도주에 특화하여 2 단위 생산(80+80=160)
  ↓
- 그중 1 단위를 영국의 직물과 교환
  ↓
- 포도주와 직물을 각각 1 단위씩 생산한 경우(90+80=170)에 비해 10 이득
  ↓
- 10을 다시 포도주 생산에 투입하면 포도주 10/80만큼 생산 가능
- 절대 우위(포르투갈)의 경우에도 교역을 하는 것이 이득

❹ » 리카도에 따르면 포르투갈은 포도주에, 영국은 직물에 비교 우위가 있다고 설명한다. 한 국가가 상대적으로 더 적은 기회비용으로 상품을 생산할 수 있을 때, 이 상품에 대해 비교 우위가 있다고 말한다. 여기서 기회비용은 어떤 것을 선택함으로써 포기한 것들 가운데 가장 가치가 큰 것을 의미한다. 이 경우 비교 우위가 있는 상품을 특화해 수출하고 다른 상품을 수입하는 방식으로 교역이 이루어지게 된다.

4 비교 우위의 개념과 비교 우위론의 핵심 주장
- 비교 우위의 개념: 한 국가가 상대적으로 더 적은 기회비용으로 상품을 생산할 수 있을 때
- 비교 우위가 있는 상품을 특화해서 수출하고 다른 상품을 수입하는 방식으로 교역하면 서로에게 이득임 (비교 우위론의 핵심 주장)

지문 구조 한눈에 보기

화제 제시 **❶**
리카도 소개
↓
상황 가정 및 사례 **❷ ❸**
절대 우위의 상황 가정
사례를 통한 교역의 필요성 제시
↓
핵심 주장 제시 **❹**
비교 우위론의 핵심

✎ 지문 정보 확인　1 X　2 ○　3 X

지문 Point 분석　주제: 구체적 사례를 통한 비교 우위론의 개념 설명

해제: 중상주의를 비판하며 자유 무역을 주장한 대표적인 학자인 리카도의 비교 우위론에 대해 설명하고 있는 글이다. 리카도에 따르면 한 나라가 여러 상품에 대해 절대 우위를 갖고 있다 하더라도 교역을 하는 것이 더 이익이기 때문에, 비교 우위가 있는 상품을 특화해 수출하고 다른 상품을 수입하는 방식으로 교역해야 한다고 주장하였다. 즉, 모든 국가는 상대적으로 효율성이 높은 제품을 생산해서 무역을 하면 이득을 얻을 수 있다는 것이 비교 우위론의 중심 내용이다.

1

▼ 세부 정보 파악　　답 ③

윗글의 내용과 일치하지 <u>않는</u> 것은?

③ 한 국가가 상대적*으로 더 큰 기회비용으로 상품을 생산할 수 있을 때, 이 상품에 대해 비교 우위가 있다고 말한다.

…▶ 4문단에 따르면 한 국가가 상대적으로 더 적은 기회비용으로 상품을 생산할 수 있을 때, 이 상품에 대해 비교 우위가 있다고 말한다는 것을 알 수 있다. 여기서 말하는 기회비용이란 어떤 것을 선택함으로써 포기한 것들 가운데 가장 가치가 큰 것을 말한다.

➕ 오답 챙기기

① 자본주의* 초기에 유럽 국가들 사이에는 중상주의가 유행하였다.

…▶ 1문단에서 15~18세기 자본주의 초기에 유럽 국가들 사이에서 중상주의가 유행했다고 말한 부분에서 확인할 수 있다.

② 리카도는 노동량이 생산력을 결정하는 가장 중요한 요인*이라고 보았다.

…▶ 2문단에서 리카도는 투입되는 노동량이 생산력을 결정하는 가장 중요한 요인이라고 보았다고 하였다. 즉 생산비는 곧 그 상품에 투입되는 노동 비용과 같다고 하였다.

④ 비교 우위가 있는 상품을 특화해 수출하고 다른 상품을 수입하는 방식으로 교역이 이루어질 때 이득이 발생한다.

…▶ 4문단에서 포르투갈과 영국의 사례를 통해 비교 우위가 있는 상품을 특화해 수출하고 다른 상품을 수입하는 방식으로 교역이 이루어지며, 이것이 서로에게 이득이 된다고 말하고 있다.

⑤ 비교 우위론에서는 한 국가가 특정 상품에서 절대 우위를 갖고 있다고 하더라도 자유 무역을 하는 것이 이득이 된다고 말한다.

…▶ 4문단에서 한 국가가 다른 국가에 비해 특정 상품에서 절대 우위를 갖고 있다고 하더라도 자유 무역을 하는 것이 서로에게 이득이 된다는 것이 비교 우위론의 핵심이라고 하였다.

> **어휘 충전**
> * **상대적**(相 서로 상 對 대답할 대 的 과녁 적): 서로 맞서거나 비교되는 관계에 있는 것.
> * **자본주의**(資 재물 자 本 근본 본 主 주인 주 義 옳을 의): 생산 수단을 자본으로서 소유한 자본가가 이윤 획득을 위하여 생산 활동을 하도록 보장하는 사회 경제 체제.
> * **요인**(要 중요할 요 因 인할 인): 사물이나 사건이 성립되는 까닭. 또는 조건이 되는 요소.

2

▼ 구체적 상황에의 적용　　답 ④

〈보기〉의 상황에서 ㉠과 관련하여 리카도가 주장했을 법한 내용으로 가장 적절한 것은?

> **보기**
>
> 　자동차를 1 단위 생산하는 데 중국은 50, 일본은 60의 생산비가 들고 반도체 1 단위 생산하는 데 중국은 40, 일본은 80의 생산비가 든다고 했을 때, 중국은 자동차와 반도체 모두에서 일본에 대해 절대 우위를 갖는다.

④ 중국은 반도체 2 단위를 생산한 후 그중 1 단위를 일본의 자동차 1 단위와 바꾸는 것이 바람직하다.

…▶ 중국이 자동차와 반도체를 모두 생산한다면 50+40=90의 생산비가 들지만, 반도체 2 단위를 생산한다면 40×2=80의 생산비가 든다. 즉 중국은 80의 생산비로 반도체 2 단위를 생산한 후 그 중 1 단위를 일본의 자동차 1 단위와 바꾼다면 생산비 10을 절약할 수 있다.

➕ 오답 챙기기

① 중국과 일본은 서로 교역을 하든 안 하든 얻는 이득에는 차이가 없다.

…▶ 리카도는 자유 무역의 필요성을 주장한 학자로서, 한 국가가 다른 국가에 비해 특정 상품에서 절대 우위를 갖고 있다고 하더라도 자유 무역을 하는 것이 서로에게 이득이 된다는 비교 우위론을 주장하였다. 따라서 서로 교역을 하든 안 하든 얻는 이득에 차이가 없다는 것은 리카도의 주장과 일치하지 않는다.

② 중국은 일본과 교역을 할 필요 없이 스스로 자동차와 반도체를 만드는 것이 이득이다.

…▶ 〈보기〉의 자료를 통해 중국은 일본에 비해 자동차와 반도체 모두에서 절대 우위를 갖고 있다는 것을 알 수 있다. 하지만 리카도는 한 국가가 다른 국가에 비해 특정 상품에서 절대 우위를 갖고 있다고 하더라도 자유 무역을 하는 것이 서로에게 이득이 된다고 주장하였다.

③ 일본은 자동차 2 단위를 생산한 후 생긴 이득으로 반도체를 추가로 생산하는 것이 이득이다.

…▶ 일본의 경우 자동차와 반도체를 모두 생산한다면 60+80=140의 생산비가 들지만 자동차 2 단위를 생산하면 60×2=120이 든다. 그중 1 단위를 중국의 반도체 1 단위와 바꾼다면 120의 생산비로 같은 결과를 얻게 되어 20을 절약할 수 있다. 3문단에서 포르투갈의 경우 포도주에 특화하여 생긴 이득을 다시 포도주에 투입한다고 했고, 영국의 경우 직물에 특화하여 생긴 이득을 다시 직물에 투입한다고 했다. 이는 생산비가 저렴하여 비교 우위에 있는 품목을 특화했기 때문에, 이득 역시 다시 같은 품목에 투입하는 것이 이득이기 때문이다. 이에 따르면 일본은 자동차를 생산한 후 생긴 이득으로 반도체가 아닌 자동차를 추가로 생산하는 것이 더 이득임을 알 수 있다.

⑤ 중국은 자동차 2 단위를 생산한 후 그중 1 단위를 일본의 반도체 1 단위와 바꾸는 것이 가장 이득이다.

…▶ 4문단에 따르면 상대적으로 더 적은 기회비용으로 상품을 생산할 수 있을 때, 이 상품에 대해 비교 우위가 있다고 말하며 비교 우위가 있는 상품을 특화해 수출하고 다른 상품을 수입하는 방식으로 교역이 이루어질 때 이득이 생긴다는 것을 알 수 있다. 〈보기〉에서 중국은 반도체를 생산할 때 기회비용이 더 적기 때문에 반도체를 특화하여 교역하는 것이 더 이득이다.

학교 학습에서의 귀인 이론

출전 이성진, 『교육심리학서설』　**지문 난이도** ★★★☆☆

(1,284자)

① 》 귀인 이론은 개인이 어떤 상황에서의 성공 혹은 실패인 성취 결과에 대하여 그 원인을 무엇이라고 생각하느냐에 따라 그의 행동이 결정된다고 가정한다. 학생들은 자신이 경험해 온 학교 성적에서의 성공과 실패를 주로 능력, 노력, 과제 난이도, 행운의 네 가지 원인으로 설명하려고 한다. 이 원인들은 비슷한 중요도를 가질 수도 있고, 어떤 결과에 대해서는 하나나 두 개의 요인이 크게 작용할 수도 있다. 예를 들어 수학 시험에서 100점을 받은 학생이 "나는 수학을 잘해."와 같은 능력이나 "수학 시험을 잘 치기 위해서 열심히 공부했어."와 같은 노력에 주로 원인을 돌리고, "수학 시험이 별로 어렵지 않았어."와 같은 과제 난이도에는 약간의 원인을, "추측해서 맞춘 것은 하나도 없어."와 같은 행운에는 거의 영향을 돌리지 않는 경우를 볼 수 있다.

② 》 이들 원인들은 원인의 소재, 안정성, 통제 가능성의 세 가지 차원으로 분류될 수 있다. 원인의 소재 차원이란 원인을 학생 자신에게서 찾느냐 외부에서 찾느냐의 문제로서 내적 또는 외적 차원으로 나뉜다. 원인의 안정성 차원이란 찾아진 원인이 시간이 흐르거나 상황이 바뀌어도 잘 변하지 않는 안정적인 것이냐, 아니면 때와 장소에 따라 수시로 변화될 수 있는 것이냐의 문제로서 안정적 또는 불안정적 차원으로 나뉜다. 원인의 통제 가능성 차원이란 찾아진 원인이 학생의 의지에 의해 통제될 수 있느냐, 아니면 통제될 수 없느냐의 문제로서 통제 가능 또는 통제 불가능의 차원으로 나뉜다.

③ 》 예를 들어, 능력은 내적이고 상대적으로 안정적이면서 통제 불가능한 요인이다. 노력은 개인의 의지에 의해서 통제 가능한데, 대개 내적이고 불안정한 요인으로 분류되지만 평소의 노력은 안정적인 요인으로 분류될 수 있다. 과제 난이도와 행운은 통제 불가능한 요인인데, 전자는 외적이고 상대적으로 안정적인 요인이며 후자는 외적이고 불안정한 요인으로 분류될 수 있다.

	내적		외적	
	안정	불안정	안정	불안정
통제 가능	평소의 노력	순간적 노력	교사의 편견	타인의 도움
통제 불가능	개인의 능력	기분	과제 난이도	행운

④ 》 귀인 이론을 통해 우리가 알 수 있는 것은 학교 학습에서의 성공과 실패에 대하여 그 원인을 무엇이라고 생각하느냐에 따라 이어지는 학업적 노력, 미래 학습에서의 성공과 실패에 대한 기대 등이 상당히 달라진다는 것이다. 그러므로 학생이 성취 결과에 대한 원인을 무엇이라고 생각하고 있는지를 알면, 그의 미래의 학업 성취도를 예측할 수 있고, 나아가서는 학생이 생각하는 원인을 바람직한 것으로 변경시키면 미래의 학업 성취도를 증진시킬 수 있다. 그러므로 학업 성취도를 높이는 데 방해가 되는 적절하지 못한 귀인은 바뀌어야 할 필요가 있다. 귀인 이론가들에 의하면 귀인 변경 프로그램을 통해서 학생들의 귀인은 변화 가능하다.

✏ **지문 정보 확인** 1 ○ 2 ○ 3 ✕

지문 Point 분석 **주제: 학교 학습에서의 귀인 이론의 적용과 그 효과**

해제: 이 글은 학습자가 성취 결과에 대한 원인을 무엇이라고 생각하는지 알아보는 것이 매우 중요함을 말하고 있다. 학생들이 학습에서의 성공과 실패에 대하여 그 원인을 무엇이라고 생각하느냐에 따라 이어지는 학업적 노력, 미래 학습에서의 성공과 실패에 대한 기대 등이 상당히 달라질 수 있다. 따라서 적절하지 못한 귀인을 변경함으로써 미래의 학업 성취도를 증진시킬 수 있으며 이것은 귀인 변경 프로그램을 통해 가능하다.

지문 구조 해설

1 학교 성적에서의 귀인 이론 적용
- 귀인 이론의 개념: 행동의 원인을 찾아내기 위해 추론하는 과정
- 학교 성적에서의 일반적 귀인: 능력, 노력, 과제 난이도, 행운

2 학교 성적에서 귀인의 세 가지 분류 기준
- 소재 차원: 원인이 학생 내부에 있는지 여부
- 안정성 차원: 시간에 따른 변화 여부
- 통제 가능성 차원: 의지에 의해 통제 가능한지 여부

3 기준에 따른 원인 분류의 예시
- 능력: 내적, 안정적, 통제 불가능
- 노력: 내적, 불안정적, 통제 가능 (평소의 노력은 안정적)
- 과제 난이도: 외적, 안정적, 통제 불가능
- 행운: 외적, 불안정적, 통제 불가능

4 학교 학습에서 귀인 이론의 적용으로 얻을 수 있는 효과
- 원인을 무엇이라고 생각하느냐 → 이어지는 학업적 노력, 미래 학습에서의 성공과 실패에 대한 기대 등이 달라짐
- 원인을 바람직한 것으로 변경 → 미래의 학업 성취도 증진

지문 구조 한눈에 보기

화제 제시 ①
귀인 이론
↓
구체화 1 ②
귀인의 세 가지 분류 기준 제시
↓
구체화 2 ③
기준에 따른 분류의 예시
↓
중심 화제의 효용성 ④
귀인 이론의 효과

1　▼ 세부 정보 파악　답 ①

윗글에 대한 설명으로 가장 적절한 것은?

① 구체적인 예를 들면서 중심 화제와 관련된 내용을 설명하고 있다.

⋯ 이 글에서는 학교 학습에서의 귀인 이론에 대해 설명하며, 학생들이 학교 성적에서의 성공과 실패를 능력, 노력, 과제 난이도, 행운의 네 가지 원인으로 설명하고 있다. 1문단에서 이와 관련하여 수학 시험에서 100점을 받은 학생이 각각의 요인에 대해 중요도를 달리하며 귀인을 하는 것을 구체적인 예시로 제시하며 중심 화제인 학교 학습에서의 귀인 이론에 대해 설명하고 있다.

➕ 오답 챙기기

② 특정 현상의 원인들을 다양한 관점에서 심층적*으로 분석*하고 있다.

⋯ 학교 학습에 귀인 이론을 적용하기 위해 학생들이 주로 학교 성적의 원인으로 돌리는 능력, 노력, 과제 난이도, 행운에 대해 분석하였지만 이것이 특정 현상의 원인들을 다양한 관점으로 분석하기 위한 것은 아니다. 귀인 이론이라는 하나의 관점에서 분석한 것으로 볼 수 있다.

③ 화제에 대한 상반된 견해를 대비하며 절충적* 대안*을 제시하고 있다.

⋯ 귀인 이론의 입장에서 학습자가 원인을 무엇이라고 생각하는지를 알아보고, 더 나아가 이 원인을 바람직한 것으로 변경시키면 미래의 학업 성취도를 증진시킬 수 있다고 설명하고 있으나 여기에 대해 상반된 견해와 절충적 대안을 제시하고 있지는 않다.

④ 특정 사건이 발생한 원인을 분석하고 문제의 해결 방안을 제안*하고 있다.

⋯ 학습자들이 학교 성적에서의 성공과 실패에 대한 원인을 능력, 노력, 과제 난이도, 행운에 주로 돌린다는 점을 밝히고 있으나 이것이 특정 사건이 발생한 원인을 분석하고 문제의 해결 방안을 제안하는 것은 아니다.

⑤ 핵심 용어*의 개념이 변화된 원인과 시간에 따른 변화 과정을 소개하고 있다.

⋯ 이 글에서 귀인 이론을 포함한 핵심 용어의 개념이 변화된 원인 또는 변화 과정에 대해서 언급하고 있지는 않다.

🔖 어휘 충전

* **심층적**(深 깊을 심 層 층 층 的 과녁 적): 정도나 경지가 깊이 있고 철저한. 또는 그런 것.
* **분석**(分 나눌 분 析 가를 석): 얽혀 있거나 복잡한 것을 풀어서 개별적인 요소나 성질로 나눔.
* **절충적**(折 꺾을 절 衷 속마음 충 的 과녁 적): 서로 다른 사물이나 의견, 관점 따위를 알맞게 조절하여 서로 잘 어울리게 하는. 또는 그런 것.
* **대안**(代 대신할 대 案 책상 안): 어떤 안(案)을 대신하는 안.
* **제안**(提 끌 제 案 책상 안): 안이나 의견으로 내놓음. 또는 그 안이나 의견.
* **용어**(用 쓸 용 語 말씀 어): 일정한 분야에서 주로 사용하는 말.

2　▼ 구체적 상황에의 적용　답 ②

구체적 상황이나 자료에의 적용

〈보기〉를 읽고 귀인 이론의 입장에서 ⓐ에 대해 조언한 것으로 적절한 것은?

> **보기**
>
> 나래: 한수야, 어제 국어 수업에서 발표 활동을 했다며? 잘 했니?
>
> 한수: 그게…… 기대했던 것보다 선생님의 평가가 좋지 않아서 실망스러웠어.
>
> 나래: 그래? 선생님께서 왜 좋은 평가를 해 주시지 않았을까?
>
> 한수: ⓐ나는 아무래도 발표에는 소질이 없는 것 같아. 지난 학기에도 발표 수행 평가에서 좋은 점수를 받지 못했거든.

② 통제 불가능한 요인인 개인의 능력보다는 통제 가능한 평소의 노력에 원인을 돌리는 것이 좋다.

⋯ 한수가 자신이 발표에 소질이 없는 것 같다는 것은 실패의 원인을 통제 불가능한 요인인 개인의 능력에 돌리는 것으로, 오히려 학업 성취도를 높이는 데 방해가 될 수 있는 귀인이다. 따라서 귀인 이론의 입장에서는 통제 불가능한 요인인 개인의 능력보다는 통제가 가능한 평상시의 노력에 원인을 돌림으로써, 다음 번에는 평상시에 좀 더 많은 노력을 하여 학업 성취도를 높일 수 있도록 유도하는 것이 적절하다.

➕ 오답 챙기기

① 통제 불가능한 요인인 개인의 능력보다는 통제 가능한 기분에 원인을 돌리는 것이 좋다.

⋯ 이 글의 표에 따르면 기분은 내적이고 불안정하며 통제 불가능한 원인이다. 따라서 기분을 통제 가능한 요인이라고 설명한 것은 적절하지 않다.

③ 통제 불가능한 요인인 평소의 노력보다는 통제 가능한 타인의 도움에 원인을 돌리는 것이 좋다.

⋯ 이 글의 표에 따르면 평소의 노력은 내적, 안정적, 통제 가능한 원인이고, 타인의 도움은 외적, 불안정, 통제 가능한 원인이다. 따라서 평소의 노력을 통제 불가능한 요인이라고 설명한 것은 적절하지 않다.

④ 통제 불가능한 요인인 평소의 노력보다는 통제 가능한 교사의 편견에 원인을 돌리는 것이 좋다.

⋯ 이 글의 표에 따르면 평상시의 노력은 내적, 안정적, 통제 가능한 원인이고, 교사의 편견은 외적, 안정적, 통제 가능한 원인이다. 따라서 평소의 노력을 통제 불가능한 요인이라고 설명한 것은 적절하지 않다.

⑤ 통제 가능한 원인인 개인의 능력에 원인을 돌림으로써 미래의 학업 성취도를 증진할 수 있는 가능성이 높아졌다.

⋯ 개인의 능력은 통제 불가능한 원인이기 때문에 실패의 원인을 개인의 능력으로 돌린다면 그 학생은 앞으로의 성공에 대한 기대가 낮아질 것이고 이는 학업 성취도의 저하로 이어질 가능성이 많다.

STUDY 20 어휘 확인　마무리 확인~!

1 ㉡	2 ㉣	3 ㉤	4 ㉢	5 ㉠
6 ㉠	7 ㉢	8 ㉤	9 ㉣	10 ㉡
11 특화	12 투입	13 전자	14 우위	15 통제

출전 『시사 상식 사전』 | 지문 난이도 ★★★★☆

(1,437자)

1 » 블랙홀(black hole)은 중력이 너무 커서 심지어 빛조차도 빠져나갈 수 없는 천체를 말한다. 블랙홀은 1789년 영국의 존 미첼, 프랑스의 수학자 라플라스 등이 처음으로 생각해 낸 것으로 오랫동안 이론상으로만 존재해 왔다. 그러다가 아인슈타인의 상대성 이론에 의해 이론적으로 입증되었으며, 인공위성에서 찍은 X선 망원경으로 백조자리에 있는 시그너스 X-1이라는 이름의 블랙홀이 발견되면서 블랙홀의 존재가 확실해졌다.

2 » 우리가 별이나 은하를 볼 수 있는 것은 그 별에서 빛이 나오기 때문인데 블랙홀은 빛이 나오지 못하므로 눈으로 볼 수 없다. 따라서 블랙홀의 존재를 확인하는 방법은 관측이 아닌 다른 방법에 의해서 이루어진다. 블랙홀 근처에 어떤 별이 있다면 이 별에서 방출되는 기체가 블랙홀로 끌려들어가면서 X선이 방출된다. 별이 보이지 않는 우주 공간에서 X선이 방출되고 있는 것이 전파 망원경으로 확인되면 블랙홀이 있는 위치를 알 수 있다. 또 블랙홀 반대편에 있는 별이 블랙홀 근처를 지날 때에는 그 빛이 휘어서 우리 눈에 도달하므로 블랙홀의 위치를 알 수 있다.

3 » 블랙홀은 다음과 같이 두가지 과정에 의해서 생성된다. 첫째, 블랙홀은 질량이 매우 큰 별의 진화 마지막 단계에서 만들어질 수 있다. 별의 진화 과정에서 작은 별은 마지막에 백색 왜성이라는 최후 진화 단계를 거치지만, 태양보다 8배 이상 무거운 별은 적색 초거성이 되며, 초신성 폭발을 일으켜 중성자별로 남는다. 중성자별은 밀도가 물의 1,014배에 이르는데, 이중 밀도가 무한대에 가까운 것을 ㉠블랙홀이라고 한다. 이러한 별들은 부피가 0이고 밀도가 무한대인 특이점(singularity)으로 압축된다. 특이점은 블랙홀의 중심을 ㉮이루고 있으며 사건의 지평선(event horizon)이라는 블랙홀의 표면으로 가려져 있다. 사건의 지평선 안에서는 천체의 중력장에서 벗어나기 위한 물체의 탈출 속도가 빛의 속도보다 커서 빛조차 우주 공간으로 벗어날 수 없다. 둘째, 원시 블랙홀이라는 것이 있는데, 이는 약 150억 년 전 우주가 대폭발(Big Bang)에 의해서 창조될 때 물질이 크고 작은 덩어리로 뭉쳐져서 블랙홀이 무수히 생겨난 것이다.

4 » EHT 연구 팀은 지구에서 빛의 속도로 5,500만 년 이동해야 도착할 수 있는 거대 은하인 처녀자리 중심부에 위치한 블랙홀 M87을 관측한 후 2년 간의 분석을 거쳐 공개했다. 연구진은 6개 대륙 8개 망원경으로 블랙홀에서 나오는 1.3mm 파장대 전파를 동시에 관측하고 분석하는 방식을 활용해 정밀도를 극대화했다. 이 블랙홀은 빛이 중력에 의해 휘어져 형성된 지름 400억 킬로미터의 고리 모양 구조 안쪽에 위치하며, 질량은 태양의 65억 배에 달하며 지름은 약 160억 킬로미터인 것으로 관측되었다. 이 관측은 아인슈타인이 1915년 일반 상대성 이론에서 블랙홀의 존재를 예측한지 100여 년 만에 인류 최초로 존재를 확인했다는 데 의의를 가진다.

---

1 블랙홀의 정의와 블랙홀 존재의 입증
- 블랙홀의 정의
- 블랙홀에 대한 인식의 변화

18세기	이론상으로만 존재
20세기	X선 망원경으로 블랙홀 발견

2 블랙홀의 존재를 확인하는 방법
- 블랙홀을 볼 수 없는 이유
- 블랙홀의 존재를 확인하는 방법 ① : 별이 보이지 않는 우주 공간에서 X선 방출 확인
- 블랙홀의 존재를 확인하는 방법 ② : 별빛의 휘어짐으로 확인

3 블랙홀이 생성되는 과정
- 블랙홀이 생성되는 과정 ① : 별의 진화 과정

질량이 작은 별	질량이 큰 별
백색 왜성	적색 초거성
	▼ 초신성 폭발
백색 왜성	중성자별

중성자별 중 밀도가 무한대에 가까운 것이 블랙홀임

- 블랙홀이 생성되는 과정 ② : 우주가 창조되는 시점 물질의 크고 작은 덩어리가 뭉쳐져서 블랙홀 생성

4 최근 블랙홀을 발견한 사례와 의의
- 최근 블랙홀을 발견한 사례
- 블랙홀 발견의 의의

✏️ 지문 정보 확인   1○ 2○ 3✕

지문 구조 한눈에 보기

화제 제시 **1**

↓

구체화 **2**	블랙홀을 발견하는 방법
구체화 **3**	블랙홀이 생성되는 과정
구체화 **4**	실제 블랙홀을 발견한 사례

🖊 지문 Point 분석 **주제: 블랙홀의 생성과 발견**

해제: 블랙홀은 중력이 너무 커서 심지어 빛조차 빠져나갈 수 없는 천체로 빛이 나오지 못해서 인간이 볼 수 없었다. 블랙홀을 발견하기 위해서는 우주 공간에서 X선을 찾거나 빛이 휘어지는 양상을 확인해야 했다. 과학자들은 블랙홀이 매우 큰 별의 진화 마지막 단계에서 만들어지거나 우주가 대폭발할 때 크고 작은 덩어리가 뭉쳐져서 블랙홀이 만들어졌을 것이라 보고 있다. EHT 연구팀은 빛의 휘어짐을 통해 블랙홀의 존재를 확인했는데, 이는 아인슈타인의 예측을 실제로 확인했다는 점에서 의의가 있다.

1　▼ 내용 전개 방식 파악　　답 ④

윗글에 대한 설명으로 적절한 것은?

④ 특정 대상이 생성되는 과정을 밝히고 이를 관측한 사례와 그 의의*에 대해 언급*하고 있다.

┄ 지문에서는 블랙홀이 생성되는 과정에 대한 과학자들의 두 가지 견해를 소재하고 빛의 휘어짐으로 블랙홀을 관측한 사례와 그 관측의 의의를 제시하고 있다.

➕ 오답 챙기기

① 특정 대상의 원인에 대한 다양한 이론을 밝히고 이를 절충하여* 결론을 내리고 있다.

┄ 블랙홀이 생성되는 원인에 대한 두 가지 견해를 언급하고 있으나 이를 절충하여 결론을 내리고 있지는 않다.

② 특정 대상이 등장하게 된 배경을 설명하고 이로 인해 야기된 문제점을 밝히고 있다.

┄ 이 글에서는 블랙홀이 생성되는 원인에 대한 언급은 있으나 블랙홀로 인해 발생하는 문제점은 밝히고 있지 않다.

③ 특정 대상을 개념을 정의하고 다른 대상과의 비교*, 대조*를 통해 특징을 설명하고 있다.

┄ 1문단에서 블랙홀의 개념을 제시하고 이후 그 특징에 대해 언급하고 있지만 다른 대상과의 공통점과 차이점을 들어 설명하고 있지는 않다.

⑤ 특정 대상을 관측하는 과정에서 확인된 문제점을 통해 앞으로의 연구 과제를 제시하고 있다.

┄ 블랙홀은 빛이 없기 때문에 인간의 눈으로 볼 수 없다는 점을 언급하였으나 향후 어떤 연구 과제가 있는지에 대한 언급은 제시되어 있지 않다.

> 📌 **어휘 충전**
> * **의의**(意 뜻 의 義 옳을 의): 어떤 사실이나 행위 따위가 갖는 중요성이나 가치.
> * **언급**(言 말씀 언 及 미칠 급): 어떤 문제에 대하여 말함.
> * **절충**(折 꺾을 절 衷 속웃 충)**하다**: 서로 다른 의견 등을 알맞게 조절하여 서로 어울리게 하다.
> * **비교**(比 견줄 비 較 견줄 교): 둘 이상의 사물을 견주어 서로 간의 유사점, 차이점, 일반 법칙 따위를 고찰하는 일.
> * **대조**(對 대답할 대 照 비출 조): 둘 이상인 대상의 내용을 맞대어 같고 다름을 검토함.

2　▼ 핵심 정보 파악　　답 ②

㉠에 대해 알 수 있는 내용으로 적절한 것을 〈보기〉에서 모두 고른 것은?

> **보기**
> ⓐ ㉠의 중심은 부피가 0이고, 밀도가 무한대에 가깝다.
> ⓑ ㉠을 발견하기 위해서는 ㉠ 정면에 있는 별빛의 휘어짐을 관측해야 한다.
> ⓒ ㉠을 사람의 눈으로 관측할 수 없는 이유는 빛이 나오지 못하기 때문이다.
> ⓓ EHT 연구 팀은 일정 파장대의 전파를 차례로 관측하는 방식으로 ㉠을 발견했다.

② ⓐ, ⓒ

ⓐ ㉠의 중심은 부피가 0이고, 밀도가 무한대에 가깝다.

┄ 3문단에서 블랙홀의 발생 과정을 설명하며 중성자별 중 밀도가 무한대에 가까운 것이 블랙홀이라고 설명하고 있다. 또한 블랙홀의 중심을 이루는 특이점은 부피가 0임을 제시하고 있다.

ⓒ ㉠을 사람의 눈으로 관측할 수 없는 이유는 빛이 나오지 못하기 때문이다.

┄ 2문단에서 블랙홀을 눈으로 보기 어려운 이유가 빛이 못 나오기 때문이라는 내용이 제시되어 있다.

➕ 오답 챙기기

① ⓐ, ⓑ / ③ ⓐ, ⓓ / ④ ⓑ, ⓒ / ⑤ ⓑ, ⓓ

ⓑ ㉠을 발견하기 위해서는 ㉠ 정면에 있는 별빛의 휘어짐을 관측해야 한다.

┄ 2문단에 블랙홀은 빛이 나오지 않기 때문에 블랙홀의 반대편에 있는 별이 블랙홀 근처를 지날 때 빛이 휘어지는지를 관측하여 존재를 알 수 있다는 내용이 제시되어 있다.

ⓓ EHT 연구 팀은 일정 파장대의 전파를 차례로 관측하는 방식으로 ㉠을 발견했다.

┄ 4문단에서 연구 팀은 일정 파장대의 전파를 동시에 관측하고 분석하는 방식으로 블랙홀을 관측하는 데 성공했다는 내용이 제시되어 있으므로 전파를 차례대로 관측했다는 설명은 적절하지 않다.

3　▼ 단어의 의미 파악　　답 ③

밑줄 친 부분의 문맥적 의미가 ㉡와 가장 유사한 것은?

③ 사물을 이루고 있는 요소 중 핵심은 분자에 숨어 있다.

┄ ㉡는 '몇 가지 부분이나 요소들을 모아 일정한 성질이나 모양을 가진 존재가 되게 하다.'라는 의미를 지닌 단어이다. ③의 '이루다'의 의미가 이것과 동일하다.

➕ 오답 챙기기

① 비가 갠 뒤의 저녁 노을이 장관을 이루었다.

┄ ①의 '이루다'는 '어떤 대상이 일정한 상태나 결과를 생기게 하거나 일으키거나 만들다.'라는 의미를 나타낸다.

② 그는 목적을 이루었다는 생각에 편히 잠들 수 있었다.

┄ ②의 '이루다'는 '뜻한 대로 되게 하다.'라는 의미를 나타낸다.

④ 그녀는 노총각인 막냇동생이 혼사를 이루게 된 것을 자랑했다.

┄ ④의 '이루다'는 '예식이나 계약 따위를 진행되게 하다.'라는 의미를 나타낸다.

⑤ 이 식당은 아침 일찍 찾아온 손님들로 문전성시를 이루고 있다.

┄ ⑤의 '이루다'는 '어떤 대상이 일정한 상태나 결과를 생기게 하거나 일으키거나 만들다.'라는 의미를 나타낸다.

인간이 할 수 있는 일의 양

출전 홍준의 외, 『살아 있는 과학 교과서 1』　**지문 난이도** ★★★★★

(1,381자)

① » 인간 체력의 한계에 도전하는 철인 경기는 수영과 사이클, 마라톤을 연이어 겨루는 지구력 경기다. 철인 경기에 참가한 선수가 제한 시간 내에 경기를 완주하면 철인 칭호를 받게 된다. 평범한 사람과 비교해서 철인 칭호를 받는 사람이 할 수 있는 일의 양은 더 많을까? 무한대로 높일 수 있을까? 에너지의 관점에서 사람이 할 수 있는 일의 양이 얼마인지 살펴보자.

② » 영양학에서 사용하는 에너지의 단위는 킬로칼로리(kcal)이다. 일반적인 성인 남성이 하루에 음식물로 섭취해야 할 에너지는 2,400kcal이다. 음식물은 화학 에너지를 가지고 있는데, 이는 연소될 때 열로 변한다. 1cal를 일과 에너지의 국제단위인 줄(J)로 표현하면 4.2J에 해당되므로 2,400cal는 10,080,000J이다. 와트(W)는 1초 동안 1줄(J)의 일을 하는 일률의 단위이고, 여기에 3,600초를 곱한 것이 1와트(W)의 전력으로써 한 시간에 하는 일의 양인 전략량 와트시(Wh)이다. 따라서 음식물로 섭취한 칼로리를 에너지의 양으로 환산하면 10,080,000J÷3,600초=2,800Wh가 된다. 이 에너지가 모두 사람의 근육 노동에 이용된다고 가정하고 24시간 연속해서 일을 한다면 2,800Wh÷시간=약 120W가 되어, 사람은 일률이 약 120W인 작업 기계라고 할 수 있을 것이다.

③ » 그러나 사람은 자고 있을 때에도 호흡과 혈액의 순환 등의 기초 활동에 에너지를 소비한다. 따라서 사람이 근육 노동을 할 때의 평균적인 일률은 100W 이하이다. 사람의 근육 노동의 효율이 0.3이라고 할 때, 100W의 일률로 1년 동안 할 수 있는 일의 양은 100W×365일×8시간×0.3=87,600Wh=87.6kWh로, 기껏해야 100kWh 이하이다. 이것을 전기 요금으로 환산하면 약 5,000원이다.

④ » 인류는 약 200년 전까지만 해도 동력원으로 사람이나 말의 근육에 의존하였다. 자연이 주는 풍력이나 수력은 범선이나 물레방아와 같이 한정된 지역에서만 이용할 수 있었다. 그러나 ㉠과학 기술의 발달로 증기 기관·발전기·모터 등의 새로운 동력원이 발명되면서 개인의 에너지 소비량에도 큰 변화를 가져왔다.

⑤ » 지식 경제부의 통계에 따르면, 우리나라에서 2000년 한 해 동안 사용한 1차 에너지의 양은 1인당 4,100만kcal였다. 이는 4만 8,000kWh에 해당한다. 이 에너지 가운데 25%를 유효하게 이용하였다고 보고 사람의 근육 노동량을 1년에 100kWh라고 하면, 결과적으로 1인당 약 120명 분량의 노동력을 이용한 것이 된다. 이러한 에너지 소비량의 증가는 사람들의 생활에도 큰 변화를 주었다. 밤에도 낮처럼 환한 상태에서 생활하게 되어 24시간 활동이 가능해졌다. 에너지 소비량의 증가는 1970년대 이후 우리나라의 사회 경제적 변화를 이해하는 중요한 열쇠 중 하나이다.

---

1 에너지의 관점에서 사람이 할 수 있는 일의 양에 대한 의문
- 철인 경기의 종목
- 이 글의 핵심 소재: 에너지의 관점에서 사람이 할 수 있는 일의 양

2 사람이 한 시간동안 하는 일의 양 계산
- 사람이 한 시간동안 하는 일의 양을 계산하는 방법

1단계	1cal = 4.2J이므로 2,400kcal = 10,080,000J
2단계	1단계 값을 1시간에 사용하는 에너지의 양으로 전환 → 2,800Wh
3단계	2단계의 값을 24시간 연속해서 일을 하는 경우로 변환하면 120W

3 인간이 할 수 있는 일의 양
- 사람의 평균 일률이 생각보다 낮은 이유
- 사람이 하루 동안 할 수 있는 평균적인 일의 양: 100W 이하
- 사람이 1년 동안 할 수 있는 일의 양: 100kWh 이하(전기 요금 5,000원)

4 새로운 동력원의 등장과 이로 인한 변화
- 200년 전까지 인류의 동력원: 사람이나 말의 근육에 의존함
- 에너지원으로서 풍력과 수력의 한계
- 새로운 동력원의 등장: 과학 기술의 발달로 인한 증기 기관, 발전기, 모터 등이 발명됨

5 에너지 소비량의 증가가 가지는 의미
- 증가한 일률의 의미
- 에너지 증가가 가지는 의미

✎ 지문 정보 확인　1○　2✕　3○

지문 Point 분석　주제: 인간이 할 수 있는 일의 양

해제: 에너지의 관점에서 사람이 할 수 있는 일의 양을 설명하는 글이다. 보통 성인 남성이 하루에 음식물로 섭취해야 하는 에너지를 2,400kcal라고 할 때, 사람은 일률이 120W인 작업 기계라고 할 수 있다. 사람은 자고 있을 때도 에너지를 소비하기 때문에 근육 노동을 할 때의 일률은 100W 이하이며 이를 1년으로 환산하면 100kWh 이하이다. 과학 기술의 발전으로 새로운 동력원이 개발되었고 개인이 소비하는 에너지의 소비량은 점차 증가하였다. 이는 사회 경제적 변화를 이해하는 중요한 열쇠가 된다.

지문 구조 한눈에 보기 👀

화제 제시 **1**

↓

구체화 **2 3**	사람의 일률 계산하는 방법

구체화 **4**	과학 기술의 발달과 일률 변화

↓

에너지 소비 증가의 의미 **5**

1

▼ 글의 제재 파악　　　　　　　　　　답 ③

윗글에 언급되지 않은 것은?

③ 증기 기관 발명이 가져온 역기능

⋯ 4문단에서 증기 기관의 발명으로 에너지 활용 측면에서 큰 변화가 일어났다고 언급하고 있지만, 역기능에 대해서는 언급하고 있지 않다.

➕ 오답 챙기기

① 에너지 소비량 증가의 의미

⋯ 5문단에서 에너지 소비량의 증가가 사회 경제적 변화를 이해하는 데 중요한 기능을 한다고 하였다.

② 철인 경기를 구성하는 종목

⋯ 1문단에서 수영과 사이클, 마라톤을 연이어 겨루는 지구력 경기를 철인 경기라고 한다고 설명하고 있다.

④ 영양학에서 사용하는 에너지의 단위

⋯ 2문단에서 영양학에서 사용하는 에너지의 단위를 킬로칼로리(kcal)라고 한다고 설명하고 있다.

⑤ 우리나라에서 한 해 동안 사용한 1차 에너지의 양

⋯ 5문단에서 지식 자원부 통계를 인용하여 우리나라에서 한 해 동안 사용한 1차 에너지의 양을 제시하고 있다.

2

▼ 세부 정보 파악　　　　　　　　　　답 ②

윗글의 내용과 일치하는 것은?

② 성인 남자는 음식물을 섭취, 연소하여 활동에 필요한 에너지를 얻는다.

⋯ 2문단에서 성인 남성이 음식물로 섭취해야 할 에너지양을 언급하고 있고, 이 음식물이 지닌 화학 에너지를 연소시켜 열로 전환, 일에 이용한다는 내용이 제시되어 있다.

➕ 오답 챙기기

① 철인 경기를 참여한 모든 선수에게 철인이라는 칭호를 준다.

⋯ 1문단에서 철인 경기에 참가한 선수 중 제한 시간 내에 완주한 경우에 한해 철인의 칭호를 준다고 하였다.

③ 사람은 수면 중에는 에너지 소비의 효율성을 위해 기초 활동을 하지 않는다.

⋯ 3문단에서 사람은 자고 있을 때에도 호흡과 혈액의 순환 등의 기초 활동을 통해 에너지를 소비한다고 하였다.

④ 바람을 이용하여 에너지를 얻는 방법은 이용 지역의 제한이 없다는 장점이 있다.

⋯ 4문단에서 풍력이나 수력은 범선이나 물레방아와 같이 한정된 지역에서만 이용할 수 있다고 하였다. 따라서 이용 지역의 제한이 없다는 설명은 적절하지 않다.

⑤ 사람이 1년 동안 할 수 있는 일의 양은 100W로, 이는 전기 요금 약 5,000원에 해당된다.

⋯ 2문단에서 에너지가 모두 근육 노동에 이용되고, 24시간 연속해서 일을 한다고 가정했을 때 사람의 일률은 120W라고 하였다. 그리고 3문단에서 기초 활동과 근육 노동 효율을 반영하면 사람의 일률은 100W 이하라고 하였다. 또한 3문단에서 사람의 일률 100W로 1년 동안 할 수 있는 일의 양은 100kWh이하이고, 이를 전기 요금으로 환산하면 5,000원이라고 하였다. 따라서 사람이 1년 동안 할 수 있는 일의 양을 100W라고 설명한 내용은 적절하지 않다.

3

▼ 새로운 관점과의 비교　　　　　　　　답 ③　　창의적 이해 적용 연습

〈보기〉의 관점에서 ㉠의 상황에 대해 보일 수 있는 반응으로 적절한 것은?

> **보기**
>
> 　19세기 초에 산업 혁명으로 대량 생산이 가능해지자 사람의 노동을 대신하는 기계가 노동자의 일자리를 빼앗는다고 생각하여 이러한 기계를 파괴하는 운동을 이끈 사람을 러다이트라고 한다. 러다이트(Luddite) 운동은 무장 노동자인 러다이트들에 의한 방직 기계 파괴가 조직적으로 일어난 것을 말한다. 이것은 약 6년 동안 지속되었는데, 영국 정부는 러다이트들을 이기적인 폭력 집단으로 규정하고 강력하게 대처하였다. 하지만 러다이트들은 자신들이 반대하는 것은 기계나 기술 자체가 아니라 대중이 제어할 수 없으며 대중의 집단적 복지와 이해에 해로운 기술의 사용이라고 하였다.

③ 러다이트들은 증기 기관을 대중이 적절히 제어하지 못하면 해로운 것이라 보겠군.

⋯ 〈보기〉의 내용에 따르면 러다이트들은 기계나 기술 그 자체에 반대하는 것이 아니라 대중이 제대로 제어하지 못하는 경우 해로울 수 있음을 언급하면서 이를 경계하고 있다. 따라서 증기 기관·발전기·모터 등의 새로운 동력원이 발명되면서 큰 변화가 오는 ㉠에 대해 증기 기관을 적절히 제어하지 못하면 해로울 것이라 보는 의견은 적절하다.

➕ 오답 챙기기

① 러다이트들은 모터를 사용하는 이들을 이기적인 폭력 집단으로 규정하겠군.

⋯ 〈보기〉에 영국 정부가 러다이트를 이기적인 폭력 집단으로 규정했음이 제시되어 있다. 따라서 러다이트들이 모터를 사용하는 이들을 폭력 집단으로 규정했다는 설명은 적절하지 않다.

② 러다이트들은 새로운 동력원의 등장으로 인한 사회 변화를 적극 지지했겠군.

⋯ 〈보기〉에서 러다이트들은 기계나 기술이 사회에 해로울 수 있다고 하였다. 따라서 러다이트들이 새로운 동력원의 등장으로 인한 사회 변화를 지지했다는 설명은 적절하지 않다.

④ 러다이트들은 발전기의 발명 자체가 사회적으로 문제가 될 수 있다고 규정하겠군.

⋯ 〈보기〉를 통해 러다이트들은 기계나 기술 그 자체를 반대하지 않았음을 알 수 있다. 따라서 러다이트들이 발전기의 발명 자체가 사회적으로 문제가 될 수 있다고 보았다는 설명은 적절하지 않다.

⑤ 러다이트들은 증기 기관 등 해로운 기술을 올바르게 사용할 방법을 찾기 위해 노력했겠군.

⋯ 〈보기〉를 통해 러다이트들은 기계나 기술이 사회에 해로울 수 있다고 생각했음을 알 수 있다. 다만 올바르게 사용할 방법을 찾았는지는 제시된 내용을 통해 확인할 수 없다.

STUDY 21 어휘 확인

1 ㉡	2 ㉢	3 ㉤	4 ㉠	5 ㉣
6 ㉤	7 ㉣	8 ㉠	9 ㉡	10 ㉢
11 천체	12 입증	13 윤곽	14 철인	15 도달

memo

메가스터디BOOKS

www.megastudybooks.com

내용 문의 | 02-6984-6897   구입 문의 | 02-6984-6868,9